ETUDES
SUR VIRGILE.

IMPRIMERIE ET FONDERIE DE J. PINARD,
RUE D'ANJOU-DAUPHINE, N° 8.

ÉTUDES
SUR VIRGILE,

COMPARÉ

AVEC TOUS LES POÈTES ÉPIQUES ET DRAMATIQUES
DES ANCIENS ET DES MODERNES,

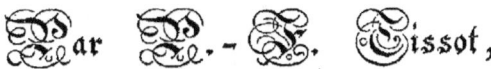 Par P.-F. Tissot,

ANCIEN PROFESSEUR DE POÉSIE LATINE, SUCCESSEUR DE DELILLE
AU COLLÉGE DE FRANCE,

PRÉCÉDÉES DE CONSIDÉRATIONS PRÉLIMINAIRES
DESTINÉES A SERVIR D'INTRODUCTION.

TOME DEUXIÈME.

A PARIS,

CHEZ MÉQUIGNON-MARVIS, LIBRAIRE,
RUE DU JARDINET, N° 13.

1825.

ÉTUDES

SUR

L'ÉNÉIDE

DE

VIRGILE.

LIVRE IV.

La passion de Didon pour le prince troyen n'est pas une passion ordinaire : préparée par la pitié pour le malheur, commencée par l'admiration pour des vertus sublimes et touchantes, accrue par la présence d'un héros revêtu d'une beauté divine, attisée par l'Amour lui-même, elle fait des progrès rapides comme ceux de la flamme qui dévore les moissons mûries par le soleil. Un sage emploi du merveilleux a préservé le poëte de plusieurs écueils, et sauvé à ses personnages des situations difficiles à concilier avec leurs caractères connus. Nous voyons ici l'Amour lui-même triompher d'une faible mortelle, et non pas l'époux de Créuse séduire la veuve de Sichée. Grâces au même artifice, la femme héroïque qui a vengé des cendres chéries n'abjure pas tout-à-coup le souvenir de sa vertu et la religion des serments; il a fallu la puissance et la volonté d'un dieu pour effacer par degrés l'image de Sichée dans un cœur qu'il remplissait tout entier. Didon ne cède point à une passion faible ou volontaire : victime dévouée à un fatal sacrifice, elle est subjuguée par un ascendant suprême; sa perte est inévitable. A tant de séductions réunies contre une femme, Virgile ajoute le pouvoir de l'éloquence. Didon, suspendue aux lèvres du héros, s'enivre du poison de l'amour en l'écoutant. Une partie de la nuit a été consacrée à entendre les récits d'Énée; l'aurore se lève, et trouve la reine malade, comme Phèdre, d'une mélancolie douloureuse, atteinte d'une blessure incurable, qu'elle se plaît à nourrir, et consumée par un feu secret. Sans cesse le courage d'Énée, la splendeur de la race des Troyens, reviennent assiéger son esprit; les traits et les paroles du héros restent profondément gravés dans son cœur, et les chagrins de l'amour ont écarté d'elle le paisible sommeil de l'innocence.

Il y a des choses à peu près semblables et plus vives encore, parcequ'elles sont pour ainsi dire en action, dans le poëme des Argonautes d'Apollonius. Médée, sans cesse occupée de l'objet de sa passion, le voit sans cesse devant elle. La figure, les vêtements, les discours, le maintien de Jason lorsqu'il était assis, sa démarche lorsqu'il sortait de la salle du festin, tout est encore présent aux yeux de la fille d'Eétès; elle a retenu surtout l'accent de la voix du héros et la douceur de ses paroles[1].

Ovide a peint avec vivacité dans quelques vers la passion de Sextus Tarquin, enflammé par le souvenir et l'image de Lucrèce :

> Carpitur attonitos absentis imagine sensus
>   Ille : recordanti plura magisque placent.
> Sic sedit, sic culta fuit, sic stamina nevit;
>   Neglectæ collo sic jacuere comæ ;
> Hos habuit vultus ; hæc illi verba fuere ;
>   Hic decor, hæc facies, hic color oris erat.
> Ut solet a magno fluctus languescere flatu,
>   Sed tamen a vento qui fuit ante tumet :
> Sic, quamvis aberat placitæ præsentia formæ,
>   Quem dederat præsens forma, manebat amor.

Voici la traduction de ce passage tiré du deuxième livre des Fastes[2] :

« L'image de Lucrèce absente remplit d'une ardeur inquiète les sens étonnés de Sextus; plus sa mémoire lui retrace Lucrèce, et plus il la trouve belle. « Oui, disait-il, voilà son attitude; telle était sa parure; ses cheveux tombaient ainsi négligem-

---

[1] Troisième chant, vers 443 et suivants.
[2] Vers 779 et suivants.

ment; ce sont là ses regards; j'entends encore ses douces paroles; voilà sa beauté modeste, l'air de son visage, la couleur de son teint. Comme, après avoir été battue des aquilons, la mer, qui commence à tomber, gronde, encore grosse de la tempête excitée par leur souffle puissant qui n'est plus; ainsi, malgré l'absence de la beauté, l'amour, allumé par sa présence adorée, demeurait au fond du cœur de Sextus. »

Dans Virgile, Didon ne fait qu'entendre le récit des combats de l'ami d'Hector; dans Valérius, les choses mêmes se passent sous les yeux de Médée. Junon, d'accord avec Vénus pour séduire la fille d'Éétès, a pris les traits de Chalciope, et lui inspire le désir de voir le théâtre des combats où l'intérêt du roi précipite Jason.

« Ma sœur, dit-elle, le peuple tout entier, debout sur nos murs, jouit du plaisir de contempler les armes divines des héros de la Grèce; et seule tu te condamnes à rester dans le palais de ton père. Quand te sera-t-il donné de contempler ainsi une armée de rois? » Médée ne répond rien, Junon ne le permet pas; elle lui donne la main, et l'entraîne à grands pas vers les remparts. La vierge étonnée, sans aucun soupçon du malheur qui la menace, se confie à la trompeuse déesse. Tel on admire, parmi les couleurs du printemps, un lis éclatant de blancheur, dont la vie est si courte : la fleur brille un moment de tout son éclat; mais déjà le Notus, avec ses ailes sombres, plane au-dessus d'elle. En ce moment Hécate du haut d'un bois sacré pleure sur sa prêtresse[1]. »

La déesse et Médée arrivent au sommet des remparts; elles regardent; l'aspect des guerriers et le bruit des clairons les font frissonner d'horreur: ainsi lorsque les nuages du ciel deviennent menaçants, les oiseaux vont se cacher avec tristesse sous les rameaux où la peur les retient attachés pendant l'orage.

Le combat commence; il s'échauffe, il devient terrible. Médée suit toutes les scènes de ce grand événement, elle reconnaît tous ces rois à travers les nuages de poussière qui les couvrent; mais il est un héros qu'elle cherche par l'inspiration secrète de la déesse. Tout-à-coup elle aperçoit de loin la tête du brillant Ésonide, et tourne vers lui seul ses yeux, ses sens, ses vœux favorables:

---

[1] On croit lire ici dans le texte un passage de Virgile : sentiments, image, style, tout est digne de lui :

    Ducitur infelix ad mœnia summa, futuri
    Nescia virgo mali, et falsæ commissa sorori :
    Lilia per vernos lucent velut alba colores
    Præcipue, quis vita brevis, totusque parumper
    Floret honor, fuscis et jam Notus imminet alis.
      Hanc residens altis Hecate Perseia lucis
    Flebat.

elle suit ou devance les mouvements divers et les exploits du héros, compte les coursiers qu'il renverse, les armes qu'il enlève, les guerriers suppliants qu'il moissonne avec le glaive. Partout où les regards de Médée, interprètes de son silence, s'étendent pour chercher un frère ou l'époux qu'elle attend, le redoutable Jason se présente seul, et reparaît sans cesse devant l'infortunée. Tout-à-coup, feignant de ne pas connaître le héros, elle goûte en secret le bonheur de l'entendre vanter par la fausse Chalciope. Cependant Jason, que la reine des dieux anime d'une force divine, s'agrandit à chaque instant aux yeux de son amante, et domine sur le champ de bataille, comme une comète en feu, ministre du courroux de Jupiter, contre les règnes injustes. Médée le poursuit dans la carrière, et attache sur lui ses yeux enflammés; et déjà quelque tristesse s'empare de son cœur à l'aspect des combats : bientôt, se reprochant ses frayeurs, ignorant quels sont les soins qui l'agitent, elle regarde si Chalciope présente est vraiment sa sœur; dans l'emportement de son amour, elle n'ose pas croire à une telle imposture, et la voilà retombée dans tout son bonheur : l'imprudente se laisse entraîner au charme d'une flamme qui cache des douleurs cruelles. Quand l'aquilon effleure à peine le sommet des bois frémissants, il se joue en murmures, et soudain les malheureux nochers ont ressenti toute la puissance de sa colère ; ainsi Médée, qui jouait avec l'amour, passe tout-à-coup aux dernières fureurs. Quelquefois l'imprudente ose toucher la ceinture et les ornements fatals que Vénus a prêtés à Junon : le vol de la flamme n'est pas plus prompt que les effets de cette dangereuse parure de la déesse de Cythère. Transportée d'admiration, d'amour, de crainte et de pitié, Médée ouvre enfin son cœur à Junon, qu'elle prend pour Chalciope sa sœur, et lui dit : « Crois-tu que mon père tiendra ses promesses ? Ah ! combien il devrait remercier les dieux de lui avoir donné pour hôte ce guerrier de la Thessalie ! A quels périls ce héros vient exposer sa tête pour un peuple qu'il ne connaît pas ! ». Junon, sûre du succès de sa fraude et de son dessein, abandonne Médée au milieu de ce discours. Sans suivre sa sœur, sans la regarder même, la vierge amante, plus libre en ses coupables transports, suspendue et penchée sur le sommet des remparts, plonge plus avidement sur la scène des combats ; et toutes les fois que les adversaires de Jason, pressés autour de lui, font pleuvoir sur sa tête une grêle de dards, chaque coup, chaque trait retentit sur le cœur de celle qui l'adore. »

Voici une autre peinture des effets de l'amour sur un jeune cœur surpris par la beauté qui relève la gloire,

Gratior et pulchro veniens in corpore virtus[1].

La vestale Tarpeia venait de puiser dans une fontaine l'eau des sacrifices; elle voit Tatius préluder aux combats dans la plaine, et sa blonde chevelure flottante sur son habit guerrier. Étonnée de la beauté du héros, de l'éclat de ses royales armes elle demeure immobile d'étonnement; l'urne d'argile qu'elle portait échappe des mains de la vierge, qui a tout oublié pour le voir. Souvent elle accuse de mauvais présages la lune innocente, et prend le prétexte d'aller se purifier dans les eaux du fleuve. Si elle offre des lis d'une blancheur éclatante sur l'autel des nymphes, c'est pour détourner par leurs secours les flèches romaines du visage de Tatius. Elle ne revient qu'au moment où la fumée commence à s'élever autour du Capitole; dans sa route, ses bras sont ensanglantés par les ronces. Elle s'arrête au sommet de la citadelle qu'habite Jupiter, et verse des larmes, en découvrant ainsi les blessures de son cœur, malgré la présence du dieu, qu'irrite une passion criminelle:

« Ignes castrorum, et Tatiæ prætoria turmæ,
Et formosa oculis arma sabina meis,
O utinam ad vestros sederem captiva penates,
Dum captiva mei conspicer esse Tatî!

---

[1] Ce vers s'applique, dans le cinquième livre de l'Énéide, au jeune Euryale.

Romani montes, et montibus addita Roma,
    Et valeat probro Vesta pudenda meo.
Ille equus, ille meos in castra reponet amores,
    Cui Tatius dextra collocat ipse jubas.
Quid mirum in patrios Scyllam sevisse capillos?
    Candidaque in sævos inguina versa canes?
Prodita quid mirum fraterni cornua monstri,
    Cum potuit lecto stamine torta via?
Quantum ego sum Ausoniis crimen factura puellis,
    Improba virgineo lecta ministra foco!
Palladis extinctos si quis mirabitur ignes;
    Ignoscat: lacrymis spargitur ara meis.....
Et jam quarta canit venturam buccina lucem,
    Ipsaque in Oceanum sidera lapsa cadunt.
Experiar somnum, de te mihi somnia quæram.
    Fac veniat oculis umbra benigna meis. »
Dixit, et incerto permisit bracchia somno,
    Nescia se flammis accubuisse novis.
Nam Vesta Iliacæ felix tutela favillæ
    Culpam alit, et plures condit in ossa faces [1].

« Feux du camp des Sabins, tentes des escadrons qui gardent Tatius, armes si belles à mes yeux, plût au ciel que je fusse assise en captive auprès de vos foyers, pourvu qu'on vît en moi la captive de mon cher Tatius! Adieu Rome et les sept montagnes sur lesquelles tu t'assieds comme une reine; adieu, Vesta, qui rougis de ma honte. Ah! qu'il ramène bientôt mes amours dans son camp, ce coursier belliqueux, ce coursier dont Ta-

---

[1] Properce, IVe livre, 4e élégie.

tius lui-même dispose la crinière flottante! Pourquoi s'étonner que la cruelle Scylla ait pu sacrifier le cheveu fatal de son père, que la fille de Phorcius ait subi une affreuse métamorphose? Faut-il être surpris de ce que la jeune Ariane livra jadis le monstre son frère, en révélant à Thésée, par un fil secourable, les détours du labyrinthe? De quelle honte je vais couvrir le front des filles de l'Ausonie, moi ministre infidèle du feu commis à la garde des vierges! Ah! si quelqu'un s'étonne de ce que j'ai laissé éteindre le feu sacré de Pallas, qu'il me pardonne : l'autel de la déesse est arrosé de mes larmes. . . . . La quatrième veille a sonné; les astres de la nuit se précipitent vers l'Océan : essayons le sommeil. Tatius, je vais chercher des songes de toi; fais que ton ombre caressante vienne sourire à mes regards. » Elle dit, et s'abandonne à un sommeil sans repos; malheureuse! elle se couche, sans le savoir, sur un lit de flammes! La déesse, gardienne des feux tutélaires d'Ilion, nourrit la fureur criminelle de sa prêtresse, et fait couler de nouvelles ardeurs dans ses veines.

C'est une faute peut-être d'avoir fait naître sitôt des réflexions coupables et des résolutions extrêmes dans le cœur de Tarpeia : à son âge on ne se familiarise pas d'abord avec le crime; on peut quelquefois le commettre par un entraînement irrésistible, mais on ne le médite pas; cette corruption subite de la volonté est rare dans la jeunesse. Ovide et Valerius Flaccus ont été des observateurs plus exacts de la nature, en peignant la passion de Médée surprise aussi par l'amour. Mais l'élégie de Properce, et surtout les vers que j'ai cités, n'en sont pas moins des modèles de vérité, de grace et de passion.

Le Tasse a imité avec génie l'invocation de Properce. Herminie, princesse d'Antioche, fille du roi Cassan, est tombée, après la prise de ses états, entre les mains de Tancrède, qui l'a honorée comme une reine, et rendue à la liberté. Tant de générosité devait toucher son cœur; elle aime le héros chrétien : mais l'impérieuse voix de la raison lui a prescrit de le quitter. Accueillie par le tyran de la Palestine, et bientôt couverte d'un voile lugubre, nous la voyons réduite à pleurer la mort de sa mère; une douleur légitime et vraie ne peut toutefois éteindre l'ardeur d'une passion semblable à celle d'Ériphile pour le fils de Thétis. L'approche de Tancrède, qui s'avance vers Jérusalem, réveille son espoir. Chaque jour elle monte sur une tour antique pour regarder le camp des chrétiens. C'est de là qu'elle a vu un combat terrible entre Argant et Tancrède. Effrayée par les blessures qu'a reçues son amant, instruite, comme les filles des rois de l'Orient, à connaître les vertus secrètes des plantes, elle forme la résolution de lui porter des secours.

Elle prend les habits de Clorinde, et se prépare à voler vers la tente de Tancrède. Un combat s'élève entre l'amour et l'honneur virginal; l'amour triomphe en prenant conseil de la pitié, mais aussi parceque des pensées de gloire et d'hymen font illusion au cœur de la princesse. Attentive toutefois à garder les convenances de son sexe, elle envoie un écuyer à Tancrède, pour obtenir, sans être connue d'avance, la permission de lui rendre la santé : Tancrède accueille avec joie le mystérieux message. Pendant l'absence de son écuyer, Herminie éprouve tous les tourments de l'inquiétude et de l'attente; enfin, elle presse son coursier, et monte sur une hauteur d'où elle commence à découvrir le camp de Godefroi. C'est alors que le poëte dit :

>La nuit enveloppait l'univers de ses voiles,
>Le sombre azur des cieux étincelait d'étoiles ;
>La lune, en ce moment de calme et de fraîcheur,
>Versait de ses rayons la naissante blancheur.
>A la nature entière, autour d'elle muette,
>Aux astres, aux vallons Herminie inquiète
>Racontait ses chagrins, pleurait, et ses sanglots
>En troublaient le silence et le profond repos.
> Sur le camp des Latins elle arrête sa vue :
>Que votre aspect est doux à mon âme éperdue !
>O camp si redouté, pavillons glorieux,
>Disait-elle, combien vous enchantez mes yeux !
>Dans votre heureuse enceinte, ah ! quel zéphyr murmure,
>Et rafraîchit mes sens de son haleine pure !
>Il me semble renaître en m'approchant de vous.

Et je crois des destins apaiser le courroux[1].
Si du ciel quelque jour ma prière exaucée
Console ma jeunesse errante et délaissée,
Je veux dans votre sein habiter désormais.
Recevez Herminie, et rendez-moi la paix,
Cette paix que l'amour dès long-temps m'a ravie;
Laissez-moi reposer ma languissante vie,
Et retrouver encor auprès de mon vainqueur
Une pitié si douce et si chère à mon cœur.
Je ne demande pas ma première couronne;
Herminie aux Latins sans regret l'abandonne:
Heureuse, en me cachant sous vos fameux drapeaux,
De voir le calme enfin succéder à mes maux[2].

Les beautés de cet épisode, dont la suite est si

---

[1] L'Italien dit avec un charme particulier :

L'innamorata donna iva col cielo
Le sue fiamme sfogando ad una ad una :
E secretarj del suo amore antico
Fra i muti campi, e quel silenzio amico.
    Poi rimirando il campo, ella dicea :
O belle agli occhi miei tende latine,
Aura spira da voi che mi ricrea
E mi conforta, pur che m'avvicine.

Voici la traduction littérale des trois derniers vers : « O tentes des Latins, si belles à mes yeux, il vient de vous jusqu'à moi un souffle qui récrée mes sens et me fortifie, toutes les fois que je m'approche de vous. » Voilà ce qu'il faut rendre sans altération pour faire sentir toute la grace de la pensée; ensuite il reste à imiter la mélodie du Tasse; et c'est là une grande difficulté, même pour un poëte habile.

[2] J'emprunte ces vers à la belle traduction de M. Baour-Lormian.

touchante, ne peuvent échapper à personne. Je me contenterai de remarquer qu'on y respire un parfum de pudeur et d'innocence qui suffirait seul pour donner à l'imitation, sur l'original, tout l'avantage qu'un amour vertueux a sur une passion qui commence sous de sinistres auspices, et dont les plus douces pensées, les plus agréables inspirations, sont obscurcies par des images odieuses.

Nous avons laissé Didon occupée tout entière de son amour, et ne pouvant trouver le repos qu'elle implore. Aussi passionnée, mais moins malheureuse que Phèdre, parcequ'elle peut parler sans avouer un crime odieux au ciel et à la terre, Didon est dans cet état où le secret long-temps renfermé demande à s'échapper dans le sein de l'amitié. Éperdue, hors d'elle-même, elle va trouver sa sœur, fidèle confidente de toutes ses pensées, et lui parle ainsi :

« Élise, ma sœur, quelles sont donc les images
» qui troublent mon sommeil et jettent dans mon
» âme incertaine une terreur inconnue ? Quel est
» cet étranger nouvellement admis dans mon em-
» pire ? quel air majestueux ! quel courage du
» cœur ! quelle intrépidité au milieu des combats [1].

---

[1] Le courage et la gloire dans un homme touchent le cœur de toutes les femmes. L'altière Viriate dit aussi, comme la reine de

» Ah! je le crois, et mon cœur me l'assure, il
» est du sang des dieux; toujours quelque crainte
» décèle une âme dégénérée. Comme les destins
» ont pris plaisir à tourmenter ce héros! combien
» de fois n'a-t-il pas épuisé toutes les fureurs de la

Carthage, mais d'une autre manière : Quam fortis pectore et armis !

> J'aime en Sertorius ce grand art de la guerre
> Qui soutient un banni contre toute la terre ;
> J'aime en lui ces cheveux tout couverts de lauriers,
> Ce front qui fait trembler les plus braves guerriers,
> Ce bras qui semble avoir la victoire en partage.
> *Sertorius*, acte II, scène 1re.

L'Hermione de Racine est pleine du même enthousiasme que Didon et Médée, lorsqu'elle dit à sa confidente :

> Sais-tu quel est Pyrrhus? t'es-tu fait raconter
> Le nombre des exploits... Mais qui peut les compter?
> Intrépide, partout suivi de la victoire,
> Charmant, fidèle enfin ; rien ne manque à sa gloire.

Le même sentiment éclate dans le discours où Phèdre, entraînée par une passion fatale, s'emporte jusqu'à vanter la pudeur et la beauté d'Hippolyte devant lui-même :

> Charmant, jeune, traînant tous les cœurs après soi,
> Tel qu'on dépeint nos dieux, ou tel que je vous voi.

On peut encore rappeler ici le portrait de Thésée par Ariane, dans Thomas Corneille, et surtout ces beaux vers de Bérénice :

> De cette nuit, Phénice, as-tu vu la splendeur?
> Tes yeux ne sont-ils pas tout pleins de sa grandeur ?
> Ces flambeaux, ce bûcher, cette nuit enflammée,
> Ces aigles, ces faisceaux, ce peuple, cette armée,
> Cette foule de rois, ces consuls, ce sénat,

»guerre! Si je n'avais pas formé le dessein irrévoca-
»ble de ne jamais renouer une autre chaîne, de-
»puis le jour fatal où la mort a déçu mon premier
»amour et mes espérances de bonheur; si le lit de
»l'hymen et ses flambeaux ne m'étaient devenus
»odieux, peut-être voici la seule erreur où j'au-
»rais pu tomber. Oui, ma sœur, je l'avouerai, de-
»puis le cruel trépas du malheureux Sichée, de-
»puis le moment qui vit rejaillir sur nos dieux
»pénates son sang versé par un frère impie, ce

Qui tous de mon amant empruntaient leur éclat.
Ce port majestueux, cette douce présence.
Acte I, scène v.

On peut citer aussi les expressions suivantes, où respire l'enthousiasme de Zaïre pour Orosmane :

Mets-toi devant les yeux sa grace, ses exploits ;
Songe à ce bras puissant, vainqueur de tant de rois,
A cet aimable front que la gloire environne.
Acte I, scène iv.

Au quatrième acte, Zaïre dit encore :

Généreux, bienfaisant, juste, plein de vertus,
S'il était né chrétien, que serait-il de plus ?

On trouve dans Shakespeare une admirable et naïve peinture des impressions profondes que fait sur un jeune cœur le héros qui raconte ses malheurs et ses exploits. Le duc de Venise demande à Othello s'il a, par des moyens iniques et violents, soumis et empoisonné les affections de Desdémona. Le Maure, après avoir prié le duc de l'entendre elle-même, ajoute :

« Son père m'aimait; il m'invitait souvent, toujours il me ques-

» Troyen seul a ému mes sens, et entraîné vers lui
» ma volonté chancelante. Je reconnais les traces
» du feu dont j'ai brûlé; mais que la terre ouvre
» ses abîmes sous mes pas, que le puissant maître
» des dieux me précipite, avec sa foudre, dans le sé-
» jour des ombres, des pâles ombres de l'Érèbe et
» de la nuit profonde, avant, ô pudeur, que je
» viole tes lois et mes serments. Le premier qui
» m'unit à son cœur a emporté mes amours; qu'il
» les garde avec lui et les conserve dans le tom-

---

tionnait sur l'histoire de ma vie, sur les batailles, les siéges où je m'étais trouvé, les hasards que j'avais courus... Pendant mes récits, Desdémona, sérieuse et attentive, se penchait pour m'écouter; et si elle était distraite par quelques soins domestiques, elle rentrait aussitôt, et, d'une oreille avide, dévorant mes discours, elle tâchait d'en reprendre le fil. Je profitai de cette remarque; je saisis un moment favorable, et je trouvai le moyen de disposer son cœur à me faire une prière : c'était de lui raconter tout mon pèlerinage dans l'univers. J'y consentis, et souvent je surpris des larmes dans ses yeux quand je rappelais quelque aventure malheureuse de ma jeunesse. Desdémona, profondément émue, s'écria que mon sort était digne de pitié, digne de la plus grande pitié. Elle souhaitait de ne l'avoir pas entendu;... et cependant elle souhaitait que le ciel l'eût fait naître homme et mise à ma place. Elle me remercia, et me dit, « si j'avais un ami qui l'aimât, de lui apprendre seulement à raconter mon histoire, et qu'il saurait comment la rendre sensible. » A cette ouverture de son cœur, je parlai : elle m'aima pour les dangers que j'avais courus, je l'aimai pour la pitié qu'elle donnait à mes malheurs; voilà ma seule magie. »

» beau. » Elle dit, et des larmes inondent son visage et son sein. »

Examinons en détail les beautés de ce morceau, tout dépouillé qu'il est du charme et de la magie des vers du plus parfait des poëtes. D'abord, l'état d'un cœur profondément blessé, qui souffre et se plaît dans ses douleurs ; cet aveuglement de la passion, qui ne se connaît pas elle-même : ensuite, les souvenirs qui lui servent d'aliment; ces souvenirs s'enflamment devant une image adorée qui obtient un culte de tous les moments.

Virgile dit :

> Hærent infixi pectore vultus
> Verbaque.

En rejetant le mot *verba* à la fin du tableau, il observe la gradation des effets de l'amour : l'objet chéri nous apparaît dans l'absence avec tous ses charmes, et nous cause des ravissements; mais sa voix, dont l'impression nous reste, a pour notre oreille une mélodie qui touche notre âme par je ne sais quel rapport des paroles et de l'accent avec les sentiments qu'ils expriment[1].

Le moment de l'aveu est bien choisi : c'est à

---

[1] Toute voix qui me parle de Roméo a pour moi un son céleste. SHAKESPEARE.

Dans la même pièce, les chants de l'alouette matinale parais-

l'aube naissante que Didon, troublée, pâle, et portant sur son front tous les ennuis qui la dévorent, va chercher du secours auprès de sa sœur. Élise, en regardant Didon, sait déjà la moitié du secret que l'on vient déposer dans son sein.

A la première exclamation de la reine, on voit qu'elle a lu avec effroi dans son propre cœur [1]. D'où vient cet effroi? de l'étranger admis dans sa cour : majestueux, plein de courage, il est du sang des dieux; Didon l'assure. L'enthousiasme d'une femme qui s'enivre d'amour par ses propres paroles ne peut aller plus loin. Tour à tour entraînée par l'admiration et la pitié pour un héros, la veuve de Sichée s'est dit en secret : « Quel honneur de s'unir à tant de gloire! quel plaisir à consoler de si cruelles infortunes! » Amante déclarée, Didon sent si bien l'ardeur de ses vœux, qu'elle cherche, dans ses résolutions passées, des armes contre elle-même. La femme qui vient de tracer un si brillant portrait du prince troyen, de plaindre hautement ses malheurs, prononce

---

sent discors et désagréables à Juliette, parcequ'ils annoncent le jour, qui force Roméo à s'éloigner.

Rousseau a dit : « Le chant si gai des bécassines, au lieu de m'égayer, m'attristait. »

[1] On peut appliquer à Didon ce vers de Zaïre, que Lekain disait avec une si admirable expression :

Quelle lumière affreuse a passé dans mon cœur!

sans doute à voix basse, et en baissant les yeux, comme Andromaque au nom d'Hector, ces paroles qui la trahissent : « Si je n'avais pas formé le » dessein irrévocable de ne jamais renouer une » autre chaîne, depuis le jour où la mort a déçu » mon premier amour et mes espérances de bon- » heur ; si le lit de l'hymen et ses flambeaux ne » m'étaient pas devenus odieux, peut-être voici la » seule erreur où j'aurais pu succomber. »

Le mot d'hymen, qui sort du cœur de Didon, aussitôt après le magnifique éloge d'Énée, est un trait de lumière : plus elle s'applique à nous persuader de son éloignement pour la chaîne conjugale, plus elle affirme que, malheureuse dans son premier lien, elle ne veut pas recommencer de cruels ennuis; plus nous sentons qu'elle est réduite à combattre un penchant irrésistible et un dessein arrêté. Ces deux vers,

Si non pertæsum thalami tædæque fuisset,
Huic uni forsan potui succumbere culpæ,

ces deux vers, dont le rapprochement est si habile, expriment, par la plus heureuse des oppositions, l'état de langueur et d'ennui dans lequel l'amour a surpris la tendre Didon, et les douces illusions qui succèdent à la tristesse du veuvage. La grâce même de ses souvenirs nous découvre ses espérances nouvelles : peut-être croit-elle les cacher; mais, si vous voulez savoir ce qu'elle éprouve, remarquez comment elle colore du nom de faute une faiblesse dont la seule pensée lui aurait paru un crime avant son égarement. Hélas ! la faute est déjà commise ! Voilà le caractère du langage des passions : leurs serments les plus solennels sont souvent des mensonges involontaires ; leurs aveux les plus timides, des révélations de la vérité. O mystères du cœur humain, qui allie les choses les plus contraires en apparence, le regret d'un passé plein de charmes, et le désir d'essayer un autre bonheur promis par le présent ! C'est en rappelant avec tristesse le trépas de Sichée, où peut-être sa passion entrevoit une excuse ; c'est devant l'ombre sanglante qui a reçu tant de promesses d'une fidélité éternelle, que Didon laisse échapper le secret qui va les démentir ! Son époux et son amant lui apparaissent ensemble : le premier n'est plus qu'une ombre, chérie il est vrai, mais dont la mort a voilé la beauté ; l'autre, brillant de gloire, éclate comme un astre après l'orage : peut-on douter un moment qu'il n'emporte la victoire ?

Solus hic inflexit sensus, animumque labantem
Impulit.

Ici Didon semble hésiter encore entre l'amour et le devoir ; enfin son cœur se révèle tout entier par ce trait célèbre :

Agnosco veteris vestigia flammæ.

Racine a dit :

> De mes feux mal éteints je reconnus la trace ;

et tout le monde s'est récrié sur la beauté de la traduction : cependant, placé dans la bouche d'Oreste, l'admirable trait de Virgile a perdu à la fois et son caractère dramatique et toute l'énergie du sens qu'il a dans l'original. Rien de plus ordinaire qu'un amour qui se rallume à la vue d'une femme ; et l'on pourrait ajouter que le poëte, après avoir exprimé avec tant de chaleur le réveil de la passion de Phèdre,

> J'ai revu l'ennemi que j'avais éloigné :
> Ma blessure, trop vive, aussitôt a saigné,

s'est oublié lui-même, en prêtant au violent Oreste ces antithèses qui auraient donné de l'humeur à Boileau dans un opéra :

> Je sentis que ma haine allait finir son cours,
> Ou plutôt je sentis que je l'aimais toujours.

La renaissance des feux d'un ambassadeur, obstiné à poursuivre l'amante et presque l'épouse de Pyrrhus, nous touche assez médiocrement dans cette première scène, qui n'a pas toujours la couleur du sujet ; mais la veuve de Sichée voyant, avec effroi, s'élever dans son sein une ardeur nouvelle, mais la vertu près de céder à un penchant qu'elle combat, mais la passion qui se déclare tout-à-coup par un aveu involontaire, long-temps renfermé dans le cœur, nous inspirent un tout autre intérêt que les confidences, quelquefois un peu froides, du fils d'Agamemnon.

On trouve dans *la Divine Comédie* une imitation du passage de Virgile, affaibli par Racine; c'est le Dante qui parle en son propre nom : « A travers un nuage de fleurs qui de tous côtés s'échappaient de la main des anges, il m'apparut, la tête sous un voile blanc, et avec une couronne d'olivier, une femme qui avait les épaules couvertes d'un manteau vert et le corps vêtu d'une draperie de la couleur d'une flamme ardente. Mon esprit, qui depuis si long-temps n'avait pas éprouvé ce tremblement et cette crainte dont il était saisi en sa présence, sans avoir besoin que mes yeux l'instruisissent davantage, et par la vertu secrète qui se répandit autour d'elle, reconnut la grande puissance d'un ancien amour. Aussitôt que je ressentis, à la vue de l'objet aimé, cette atteinte dont j'avais déjà été frappé presque au sortir de l'enfance, je me tournai vers la gauche pour respirer un moment, comme un enfant qu'on voit accourir vers sa mère quand il a peur ou quand il est affligé. Je voulais dire à Virgile : Je n'ai pas une goutte de sang qui ne soit agitée ; je reconnais les traces de ma première flamme. »

Cette imitation est une imitation de génie, et cependant elle n'égale pas encore l'original. En effet, les lecteurs attentifs pourront remarquer, dans le trait de Virgile et dans la place qu'il occupe, un genre de beauté qui manque à la copie du Dante. Didon, en commençant son discours à sa sœur par cette exclamation,

Anna, soror, quæ me suspensam insomnia terrent!

avait au fond du cœur, et peut-être sur les lèvres, la vérité qu'elle avoue avec des préparations et des détours familiers à la passion : ce qui l'effrayait en ce moment, ce qu'elle aurait dit d'abord si elle l'eût osé, c'est,

Solus hic inflexit sensus, animumque labantem
Impulit. Agnosco veteris vestigia flammæ !

A peine ces mots sont-ils sortis du cœur, qu'effrayée de son infidélité, Didon implore la foudre et demande la mort. Quelle issue des plus beaux commencements! voilà donc où conduit la passion! Cette femme si grande, si généreuse, que nous avons vue naguère dans tout l'éclat de la puissance et de la beauté, cette reine imposante qui donnait des lois à un peuple et fondait un empire, souhaite d'être précipitée dans le noir séjour de Pluton! c'est là son unique asile pour échapper aux dernières conséquences de sa fureur, déjà prévues dans sa pensée. Que l'apostrophe à la pudeur est bien placée dans ce moment extrême[1]! comme elle sert d'une heureuse transition

---

[1] Valerius Flaccus, après avoir représenté le cœur de Médée

au tendre souvenir exprimé dans ces deux vers :

> Ille meos, primus qui me sibi junxit, amores
> Abstulit: ille habeat secum servetque sepulcro [1].

Par cette tardive expiation des aveux qu'elle a faits, la malheureuse victime des desseins de Vénus se met sous la protection de Sichée; elle le prie de la défendre d'elle-même, de ne pas lui permettre un nouvel amour; elle demande secours, ou plutôt grâce, à celui dont elle n'osera plus prononcer le nom [2].

---

rempli tout entier de la puissance et de la divinité de l'amour, ajoute avec un rare bonheur :

> Extremus roseo pudor errat in ore.

M. Dureau de Lamalle a essayé de rendre ainsi ce trait charmant :

> Un reste de pudeur sur ses touchants attraits
> Erre un moment encore, et s'efface à jamais.

Mais il a détruit l'image du poëte.

[1] Ma flamme par Hector fut jadis allumée;
Avec lui dans la tombe elle s'est enfermée.
Andromaque, acte III, scène IV.

[2] Zaïre éprouve les mêmes sentiments lorsqu'elle dit :

> Fatime, j'offre à Dieu mes blessures cruelles;
> Je mouille devant lui de larmes criminelles
> Ces lieux où tu m'as dit qu'il choisit son séjour.
> Je lui crie en pleurant : Ote-moi mon amour,
> Arrache-moi mes vœux, remplis-moi de toi-même.
> Acte IV, scène I.

Après cet effort, ses larmes et son silence achèvent de vous dire qu'elle est vaincue.

La réponse d'Élise, marquée au coin d'un art qui se cache sous un naturel exquis, et pleine de cette faiblesse compatissante qui a tant de charmes dans l'amitié des femmes, est un modèle d'éloquence insinuante. Élise représente à sa sœur la tristesse du veuvage et de la solitude, les charmes de l'hymen et les plaisirs de la famille. Après un seul mot sur Sichée, qu'elle se garde bien de nommer, pour ne pas réveiller une blessure, elle montre Didon quitte envers la cendre d'un époux par des refus qui ont éclaté devant toute l'Afrique; puis, encourageant l'amour par un trait qui va droit au cœur de Didon, elle lui dépeint, en les exagérant, les périls qui les environnent de tous côtés[1]. Maintenant, voici les dieux mis en scène par une exclamation pleine d'enthousiasme : ce sont eux qui ont amené les vaisseaux troyens sur

---

[1] Le Franc de Pompignan, *dans sa Didon qui fut de Métastase*, suivant l'expression de Voltaire, traduit ainsi les vers de Virgile :

> Ici les Africains, peuple indomptable et fier ;
> Plus loin d'affreux écueils, des rochers et des sables,
> D'un pays inconnu limites effroyables ;
> De stériles déserts, de vastes régions,
> Que l'œil ardent du jour brûle de ses rayons.
>
> Acte I, scène III.

les rivages de l'Afrique. « O ma sœur, s'écrie Élise, » quel empire tu verras s'élever sous les auspices » d'un tel hyménée! Soutenue de l'alliance des armes » troyennes, par quels exploits va grandir la gloire » de Carthage [1]! » Élise répète ici en termes plus magnifiques les choses que la reine a dites elle-même, et rallume ainsi cette admiration, le principe de son amour. Le reste est d'une femme qui pardonne, sans peine, une faute qu'elle pourrait partager. Élise adorerait Énée si Didon ne l'eût pas prévenue; on sent cette disposition secrète à chacune de ses paroles.

Le poëte ajoute : « Ce discours acheva d'enflam- » mer l'amour qui brûlait déjà dans le cœur de Di- » don ; il offrit l'attrait de l'espérance à ce cœur en- » core irrésolu, et rompit les derniers liens de la » pudeur [2]. » On n'a vu ici dans ce passage du texte que deux beaux vers; on aurait dû y remarquer

---

[1] Didon, charmée de voir sa sœur si bien dans toutes ses pensées, pourrait dire comme Viriate dans Sertorius :

Je ne veux point d'amant, mais je veux un époux,
Mais je veux un héros, qui, par son hyménée,
Sache élever si haut le trône où je suis née,
Qu'il puisse de l'Afrique être l'heureux soutien,
Et laisser de vrais rois de mon sang et du sien.
            Acte IV, scène II.

[2] On lit dans la tempête de Shakespeare : « Si tu romps la ceinture virginale avant que les cérémonies saintes soient rem-

un singulier rapport de situation entre Didon et Phèdre. A peine la première a vu briller à ses yeux l'espérance, qu'elle cesse de rougir de sa flamme, et qu'elle court offrir une coupable prière aux dieux, qu'elle avait long-temps pris à témoin de sa vertu : aussitôt que la seconde a cru saisir, dans la nouvelle de la mort de Thésée, une occasion d'excuser son crime et d'en jouir, nous l'entendons violer la pudeur d'Hippolyte par un aveu qui fait horreur. Sans la funeste complaisance d'Élise et d'OEnone, Didon et Phèdre resteraient innocentes : l'espérance, imprudemment présentée à une passion encore retenue par le frein de la honte, causera la perte de l'une et de l'autre victime [1].

---

plies, jamais le ciel ne fera descendre sur vous ses douces rosées pour faire prospérer cette union ; mais la haine stérile, le dédain au regard amer, et la discorde, sèmeront votre lit nuptial de tant d'épines odieuses, que vous le prendrez tous deux en haine. Ami, songe à veiller sur ton amour jusqu'à ce que le flambeau de l'hymen vous éclaire. »

[1] Racine, qui avait tant de prévoyance dans l'esprit, tant de suite et de conséquence dans ses créations, n'a pas manqué de nous faire pressentir cette vérité. Phèdre dit à OEnone :

> J'ai déclaré ma honte aux yeux de mon vainqueur,
> Et l'espoir, malgré moi, s'est glissé dans mon cœur.
> Toi-même, rappelant ma force défaillante,
> Et mon âme déjà sur mes lèvres errante,
> Par tes conseils flatteurs tu m'as su ranimer ;
> Tu m'as fait entrevoir que je pouvais l'aimer.
> > Acte III, scène 1.

La nourrice de l'épouse de Thésée, dans l'Hippolyte d'Euripide, parle avec la faiblesse d'une femme de sa condition, pour les fautes d'une reine qu'elle nomme sa fille depuis le berceau; mais une véritable mère, dans quelque rang que vous la choisissiez, ne pourrait s'exprimer ainsi sans blesser toutes les convenances.

Sénèque fait jouer au même personnage un rôle indigne de la tragédie; il prostitue Bercé, ainsi que Phèdre elle-même, à l'odieux emploi de vaincre par des conseils effrontés la pudeur d'Hippolyte. La faute est d'autant plus grande, que le poëte avait d'abord prêté à la nourrice le langage de la sagesse; témoin ce beau trait, choisi entre d'autres que l'on pourrait citer :

> Scelus aliqua tutum, nulla securum tulit.

« Le coupable a trouvé quelquefois la sûreté dans le crime, mais jamais la sécurité. »

Racine, dans son plan, avait également besoin de la complaisance d'OEnone : aussi ne la voit-on opposer qu'une molle résistance à la passion de Phèdre; on ne l'entend pas s'écrier comme dans Sénèque :

> Per has senectæ splendidas supplex comas,
> Fessumque curis pectus, et cara ubera,
> Precor, furorem siste, teque ipsam adjuva :
> Pars sanitatis, velle sanari, fuit.

« O ma fille, par ces cheveux blancs de ma vieillesse, par ce cœur fatigué d'ennuis, par le sein qui vous a nourrie, je vous en supplie, réprimez cette fureur; vous-même aidez-vous : la volonté de guérir fut souvent une partie de la guérison. »

L'OEnone de Racine cherche aussi à émouvoir le cœur de Phèdre par des souvenirs du premier âge, mais c'est pour la presser de rompre le silence et de révéler le mystère de la douleur qui la consume. C'est un chef-d'œuvre d'adresse que la manière dont l'auteur nous a préparés à supporter, dans une tragédie, un pareil personnage. D'abord OEnone se montre profondément touchée de la mélancolie mortelle de Phèdre, elle presse, elle prie, elle répand des larmes; mais à peine a-t-elle vaincu une longue résistance, que le nom d'Hippolyte la fait frissonner d'horreur :

> Juste ciel! tout mon sang dans mes veines se glace!
> O désespoir! ô crime! ô déplorable race!
> Voyage infortuné! rivage malheureux,
> Fallait-il approcher de tes bords dangereux!

Le premier mouvement du cœur, la première impression produite par une telle confidence, sont rendus avec vérité. Le poëte habile n'ajoute pas un mot de plus : il laisse Phèdre poursuivre son récit; l'amour, après avoir commencé un tel aveu, a besoin de parler long-temps encore : c'est un torrent qui a rompu ses digues, rien ne peut plus l'arrêter. Phèdre continue la peinture de la naissance et des progrès de sa passion [1], et finit ainsi la scène :

> J'ai conçu pour mon crime une juste terreur ;
> J'ai pris la vie en haine et ma flamme en horreur ;
> Je voulais, en mourant, prendre soin de ma gloire,
> Et dérober au jour une flamme si noire :
> Je n'ai pu soutenir tes larmes, tes combats ;
> Je t'ai tout avoué ; je ne m'en repens pas :
> Pourvu que, de ma mort respectant les approches,
> Tu ne m'affliges pas par d'injustes reproches,
> Et que tes vains secours cessent de rappeler
> Un reste de chaleur tout prêt à s'exhaler.

Dans ce moment, Panope vient annoncer la mort de Thésée. OEnone, qui cessait, dit-elle, de presser sa maîtresse de vivre, saisit cette nouvelle avidement, et sa pitié lui suggère une excuse pour une flamme devenue désormais innocente par le malheur qu'on vient d'apprendre. Le sentiment sévère des convenances, même dans une scène où la passion franchit toutes les bornes, exigeait qu'OE-

---

[1] Athènes me montra mon superbe ennemi :
Je le vis, je rougis, je pâlis à sa vue ;
Un trouble s'éleva dans mon âme éperdue ;
Mes yeux ne voyaient plus, je ne pouvais parler ;
Je sentis tout mon corps et transir et brûler.

Tout ce passage est évidemment emprunté de la seconde idylle de Théocrite, intitulée *la Pharmaceutrie*. C'est le même art, ce sont les mêmes préparations, la même chaleur que dans le poëte grec, qui a pu même pousser plus loin encore la peinture du désordre physique et moral où l'amour a jeté la malheureuse Simèthe.

none fût présente à la déclaration de Phèdre : Racine sentait d'ailleurs le besoin qu'il avait de l'effet moral du spectacle déchirant de tant d'amour, de désespoir et d'humiliation sur le cœur de la faible Œnone. Cependant, lorsque Phèdre, qui a dû fuir après ce cri de fureur,

> Ou, si d'un sang trop vil ta main serait trempée,
> Au défaut de ton bras, donne-moi ton épée,

reparaît devant nous, Œnone lui conseille d'étouffer son fatal amour ; mais ce n'est point avec cette force d'entraînement, avec cette éloquence que donne la conviction intime : on sent à ses discours qu'au fond du cœur elle plaint la passion de Phèdre ; aussi ne refuse-t-elle pas d'aller fléchir le cœur d'Hippolyte en lui offrant la couronne. Tout-à-coup elle revient sur ses pas, rappelée par l'arrivée subite de Thésée. Ce changement inattendu, les premiers reproches de Phèdre, sa terreur, ses remords, et surtout ses périls, bouleversent Œnone tout entière, et c'est dans ce désordre que lui échappe l'affreux projet d'accuser l'innocence : elle se charge du crime, et Phèdre n'a le temps ni de refuser ni de consentir. Thésée a paru devant son épouse, qui n'a pu supporter sa présence. Œnone exécute ce qu'elle avait promis, et souille les yeux paternels par d'affreuses images. Hippolyte est condamné ; il part, chargé des imprécations de Thésée. Un remords faisait voler Phèdre au secours de ce prince, lorsqu'elle apprend la passion d'Hippolyte pour Aricie. OEnone survient ; Phèdre donne un libre cours à ses jalouses fureurs, que suit bientôt l'expression du plus brûlant des remords. Comme Oreste, Phèdre voit les enfers entr'ouverts sous ses pas; mais, plus malheureuse encore que lui, au lieu d'embrasser avec joie son affreux supplice, elle recule d'épouvante devant l'image de son père, armé pour la punir. OEnone ne peut supporter ce spectacle; et celle qui a osé calomnier la vertu ne balance pas maintenant à vouloir excuser, par l'exemple des dieux eux-mêmes, l'amour incestueux de Phèdre, adorant Hippolyte sous les yeux de Thésée! A peine a-t-elle franchi ce dernier pas, qu'elle reçoit, dans les imprécations de sa maîtresse, le salaire de son double crime. Voilà de belles, de savantes combinaisons, et toutes puisées dans le cœur humain. Quand nous ne repoussons pas d'abord avec énergie une pensée coupable, on ne saurait prévoir les excès auxquels la mollesse de notre volonté, les lâches complaisances de notre cœur, peuvent nous conduire : de faiblesse en faiblesse, une faute devient par degrés un crime énorme qui mérite la mort. Il faut l'avouer, les anciens, souvent plus vrais, plus naturels, plus pathétiques encore que les tragiques français, n'ont pas d'exemples d'un art aussi profond dans les développements d'un caractère et la conduite d'une action ; mais aussi on n'y trouverait pas des taches pareilles à celles qu'il faut bien relever ici, puisque la critique des défauts donne seule du prix à l'éloge senti des beautés.

Dans l'ordre naturel des choses, et quand il n'y a point de crime en perspective comme dans Phèdre, on admettrait l'indulgence d'une nourrice qui, vaincue par une tendresse aveugle, et craignant de voir sa maîtresse s'obstiner à mourir, se laisse entraîner à flatter une passion déclarée, qu'elle n'espère pas guérir : mais comment excuser, dans un sage gouverneur, les conseils d'amour que Théramène donne à son élève ? comment concevoir que le judicieux Racine ait placé dans la bouche d'un vieillard ces vers qui semblent être la traduction de quelques traits du discours d'Élise à Didon, et qui n'appartiennent qu'à une femme ?

> Enfin, d'un chaste amour pourquoi vous effrayer ?
> S'il a quelque douceur n'osez-vous l'essayer [1] ?

Ce qui suit est bien plus condamnable encore. Au reste, Théramène, racontant à Hippolyte les conquêtes amoureuses et les perfidies de Thésée, ne montrait pas beaucoup de prudence : non seulement on doit du respect à la pudeur de la jeunesse, mais encore il faut éviter de l'entretenir des

---

[1] Ne croit-on pas entendre Élise dire à sa sœur :
Placitone etiam pugnabis amori?

passions dont la peinture a quelque chose d'empoisonné qui reste et fermente dans le cœur. Plus sage que son maître, Hippolyte interrompait des discours qui blessaient la gloire de Thésée : ce trait honore le jeune héros, mais il rabaisse le caractère de Théramène. Virgile a bien fait de substituer Élise au personnage de la nourrice; les confidences de Didon en ont bien plus de charme : mais Apollonius lui avait fourni un modèle de cet heureux changement, dans son poëme des Argonautes.

Médée, tout occupée de Jason, effrayée par un songe prophétique, sort de son lit, où elle a veillé la nuit entière : les pieds nus, sans autre voile qu'un long manteau, elle ouvre la porte de sa chambre, impatiente d'aller trouver Chalciope sa sœur. A peine a-t-elle franchi le seuil, que la honte la saisit; elle reste quelque temps dans le vestibule, et rentre ensuite dans son appartement. Bientôt elle en sort une seconde fois : entraînée par l'amour, la pudeur la retient; retenue par la pudeur, l'amour lui rend de nouveau sa hardiesse. Trois fois elle tenta d'exécuter son dessein, trois fois la crainte le fit évanouir. Enfin elle se précipite éperdue sur son lit, semblable à une jeune épouse que la mort a privée d'un époux avant qu'ils eussent goûté les douceurs de l'hymen, et qui, les yeux attachés sur leur couche déserte, déplore en secret son malheur. Une esclave entre, voit les pleurs de Médée, et avertit Chalciope : celle-ci vole, interroge sa sœur, et ne peut rien obtenir; Médée n'a point la force de parler. Enfin l'amour lui inspire un artifice qui engage Chalciope elle-même à réclamer, au nom de ses enfants, que seul il peut sauver, les secours de Médée pour l'étranger. A ce mot, Médée tressaille de joie; elle rougit, et, s'abandonnant à son transport : «Ma sœur, je ferai ce que vous désirez. » Voilà le cri du cœur. Elle ajoute : « Que l'aurore ne luise plus pour moi, s'il est rien dans le monde qui me soit aussi cher que vous et vos enfants! » Telles sont les illusions de l'amour, qui se trompe lui-même, ou cherche à se tromper. Médée ne voit, ne respire que Jason, quand elle parle des enfants de sa sœur.

Cette scène est vraie : les deux sœurs versant des larmes dans le sein l'une de l'autre sont plus touchantes qu'Élise et Didon. Mais les combats de la jeune Médée, qu'Apollonius a rendus avec beaucoup de grâce et de vérité, ne convenaient point à la muse sévère de Virgile; aucun artifice ne devait entrer dans le cœur de la généreuse reine de Carthage : elle avouera son amour avec peine, mais elle ne proférera pas un mensonge pour le cacher.

Ovide nous offre ici un exemple du précepte de Boileau :

ÉNÉIDE, LIVRE IV.

Il n'est point de serpent ni de monstre odieux
Qui par l'art imité ne puisse plaire aux yeux.

Myrrha, effrayée du crime qu'elle a dans le cœur, veut se donner la mort. Sa nourrice s'éveille au bruit des apprêts funestes, arrache la ceinture virginale préparée pour le même usage que le diadème de Monime; elle répand des larmes, embrasse sa fille, et veut savoir la cause d'un si grand désespoir. Myrrha pleure et se tait : Bercé s'obstine à vaincre un silence qui lui semble d'un triste présage. Ses prières sont bien plus éloquentes, ses paroles ont bien plus de tendresse que celles de l'OEnone de Racine. Un dernier mot qu'elle prononce porte le trouble dans le cœur de Myrrha : déjà son secret est sur ses lèvres; mais une horreur pareille à celle de Phèdre l'arrête encore, et redouble ainsi la curiosité de Bercé, qui se précipite aux genoux de la vierge accablée de honte. Enfin Myrrha s'explique par un seul nom qui fait dresser les cheveux de Bercé sur sa tête : remontrances, avis, prières, elle n'épargne rien pour vaincre un amour odieux. Myrrha n'écoute point : comme Phèdre, elle veut mourir, puisqu'elle ne peut jouir de son crime. Bercé, hors d'elle-même, promet ce bonheur coupable; elle fait plus, elle y conduit la fille de Cynire à la faveur de la nuit. Cette composition est si belle, si bien conduite, si dramatique, que le poëte ne nous laisse pas penser un moment à la bassesse du rôle de Bercé : elle inspire de l'effroi, et non pas ce mépris qui dégraderait toute la scène [1].

Dans le septième chant de Valérius Flaccus, Cypris, prenant la forme de Circé, vient tenter, par ses exemples, la fille d'Éétès. Médée croit la reconnaître pour la sœur de son père, s'élance au-devant d'elle, l'embrasse, et lui dit : « O cruelle Circé, vous voilà donc rendue à mes vœux! Quelle est cette fuite rapide qui vous a éloignée de nous? quel charme a pu vous retenir si long-temps loin de la patrie? Fallait-il que le malheureux Jason parcourût tant de mers et vînt au bord du Phase pour que l'amour de la patrie se réveillât dans votre cœur? » Ma fille, répond Vénus en l'interrompant, tu es la seule cause de mon voyage; je viens, au prix de mon repos, secourir ta jeunesse. Du reste, cesse de me plaindre et de m'accuser d'avoir cherché un meilleur sort : le monde nous appartient; les mêmes dieux sont communs à tous les êtres vivants; la patrie est partout où l'on jouit de la clarté du jour [2]. J'ai quitté Colchos; tu le peux comme moi. Regarde, je suis reine, épouse de Picus, maître de l'Italie, où jamais d'affreux taureaux ne noircissent les champs de leur brû-

---

[1] *Métamorphoses*, livre X, vers 258 et suivants.
[2] La patrie est aux lieux où l'âme est enchaînée.

lante haleine; je commande à la mer de Tyrrhène. Mais toi, fille trop digne de pitié, tu serais réservée à l'amour et à la couche infidèle de quelque Sarmate farouche! »

Il y a peu d'adresse dans ce détour, et le poëte a mal imité le langage maternel. Médée s'indigne presque à la pensée d'un hymen avec un roi barbare; mais elle a besoin de consolation, et elle en demande : « Hélas! ma mère, dit-elle, arrache-moi aux ennuis, aux craintes qui me tourmentent, à la flamme qui brûle dans mon cœur. Nulle paix, nul repos : prends pitié de mon délire; guéris ou suspends mes maux; rends mon esprit tranquille; laisse-moi toucher quelque vêtement enchanté qui me procure le sommeil. Hélas! toi-même, ô ma mère, tu ne me sers de rien; j'étais plus forte quand j'étais seule. Je vois un lit funeste, des auspices affreux, et les serpents des sœurs infernales se dresser sur ta tête[1]. » Elle dit, et tombant, tout en larmes dans le sein de Vénus, elle lui montrait sa blessure ouverte et la flamme cachée dans le

---

[1] Depuis l'exclamation, *hélas! ma mère*, tout ce passage de Valérius respire l'éloquence désordonnée des passions. *Laisse-moi toucher quelque vêtement enchanté qui me procure le sommeil; hélas! toi même, ô ma mère, tu ne me sers de rien; j'étais plus forte quand j'étais seule*, sont des cris du cœur qu'on aimerait à trouver dans le quatrième livre de Virgile ou dans la Phèdre de Racine.

fond de son cœur [1]. Vénus, au lieu de la calmer, s'empare de l'infortunée, lui prodigue des baisers empoisonnés, et lui inspire un amour mêlé au ferment de la haine : la déesse ajoute à ses cruelles caresses des paroles plus dangereuses encore. « Lorsque, d'un vol léger, mon char descendait vers toi, j'ai vu sur le rivage un vaisseau superbe : tout-à-coup un guerrier, d'une beauté qui de loin m'a frappée moi-même d'admiration, s'avance, et, me prenant pour l'une de tes compagnes, il m'a priée d'implorer ton assistance. Jusqu'ici deux

---

[1] Cette image, qui peint d'une manière si vive la confiance de Médée, et l'abandon d'un jeune cœur qui se montre tout entier aux regards de l'amitié, dont il implore les secours, était digne d'entrer aussi dans le quatrième livre, soit pour les pensées, soit pour l'expression ; assurément Virgile n'eût pas rejeté les vers que je vais citer :

> Talia verba dabat, conlabsaque flebat iniquæ
> In Veneris Medea sinus, pestemque latentem
> Ossibus, atque imi monstrabat pectoris ignem.
> Occupat amplexu Venus, et furialia figit
> Oscula, permixtumque odiis inspirat amorem.
> Vers 334 et suivants.

Dans Virgile, Vénus dit à son fils, qu'elle invite à prendre la ressemblance d'Ascagne pour tromper Didon :

> Ut, quum te gremio accipiet lætissima Dido
> Regales inter mensas laticem que Lyæum,
> Quum dabit amplexus atque oscula dulcia figet,
> Occultum inspires ignem, fallasque veneno.
> Livre I, vers 685 et suivants.

déesses l'ont protégé, mais elles l'abandonnent; et, sans l'appui de Médée, c'en est fait de ses jours. Si la fière Hippodamie a eu horreur des triomphes barbares de son père, si Ariane, disait-il, a sacrifié son propre frère à Thésée, pourquoi Médée refuserait-elle de défendre des guerriers dignes de ses secours, et d'adoucir pour eux les cruels champs d'Éa. Périssent à jamais les affreuses moissons de Cadmus et ces taureaux qui vomissent des flammes à la vue d'un étranger! Ah! je ne pourrai jamais lui offrir d'assez nobles récompenses; qu'elle sache pourtant que, sauvé par elle de la mort, mon cœur lui appartient. Aura-t-elle pitié de moi? répondez, ou je vais... A ce moment, il s'élançait sur son épée toute nue. J'ai promis; ne fais pas mentir mes paroles, je t'en conjure. Touchée moi-même des discours et des malheurs de ce héros, j'ai préféré qu'il vînt t'adresser sa prière; tu es plus digne que moi d'entendre un tel suppliant. Il est temps, pour toi, d'acquérir une gloire qui surpasse tous les prodiges de mon art[1]. »

Quel que soit l'intérêt attaché au discours d'Élise, il n'a rien que ne puisse dire une femme tendre, et sensible à l'amitié; mais je trouve des grâces et une séduction particulière dans les paroles de Vénus : on ne saurait surprendre et en-

---

[1] Chant VII, vers 257 et suivants.

lacer plus habilement un jeune cœur, qui balance encore et résiste au danger par un instinct de vertu.

Nous avons vu Didon flattée dans sa passion par une amitié qui s'aveuglait elle-même : les deux sœurs, presque coupables de la même faute, vont demander la faveur des dieux et peut-être un pardon. La veuve de Sichée a tellement perdu la raison, qu'elle ose invoquer l'auguste gardienne des lois de l'hyménée, la déesse qui a reçu ses premiers serments ! D'abord, majestueuse comme une reine en offrant les sacrifices, bientôt, ivre d'amour et de crédulité, les yeux fixés sur les entrailles vivantes des victimes, elle y cherche son sort. « Ah ! vaine science des devins ! que peuvent des vœux, des temples, sur une amante en fureur ? Pendant qu'elle vous consulte et fait fumer l'encens, une flamme dévorante court dans toutes ses veines, et nourrit la blessure secrète de son cœur [1].

---

[1] Racine a imité ce passage de Virgile dans Phèdre :

De victimes moi-même à toute heure entourée
Je cherchais dans leurs flancs ma raison égarée.
D'un incurable amour remèdes impuissants !
En vain sur les autels ma main brûlait l'encens :
Quand ma bouche implorait le nom de la déesse,
J'adorais Hippolyte, et le voyant sans cesse,
Même aux pieds des autels que je faisais fumer,
J'offrais tout à ce dieu, que je n'osais nommer.

La malheureuse Didon ne cesse de brûler, et parcourt toute la ville comme une femme en délire : telle une biche, surprise de loin dans la Crète par un chasseur qui l'a blessée sans le savoir, parcequ'il n'a pas suivi le vol de la flèche légère, franchit, dans sa fuite rapide, les rochers et les bois de Dicté, emportant avec elle le trait mortel attaché à ses flancs. Toujours possédée du même objet, tantôt Didon conduit Énée au milieu de ses remparts, lui vante les richesses de Sidon, lui montre cette ville toute prête ; elle veut poursuivre,

---

Colardeau, dans l'épître d'Héloïse, a donné encore plus de développement à cette dernière pensée :

> Dans l'instant redouté des augustes mystères,
> Au milieu des soupirs, des chants et des prières,
> Quand le respect remplit les cœurs d'un saint effroi,
> Mon cœur brûlant n'invoque et ne pleure que toi.

Virgile nous fait sentir et deviner ce que les deux autres poëtes nous montrent à découvert.

Alzire dit de même à Zamore :

> . . . . . . Quand Montèze, peut-être un dieu vengeur,
> Nos chrétiens, ma faiblesse, au temple m'ont conduite,
> Sûre de ton trépas, à cet hymen réduite,
> Enchaînée à Gusman par des nœuds éternels,
> J'adorais ta mémoire au pied de nos autels.
> Nos peuples, nos tyrans, tous ont su que je t'aime ;
> Je l'ai dit à la terre, au ciel, à Gusman même ;
> Et dans l'affreux moment, Zamore, où je te vois
> Je te le dis encor pour la dernière fois.
>
> Acte III, scène v.

et s'arrête au milieu d'un discours commencé. Tantôt, à la chute du jour, elle recherche des festins semblables à celui qui l'a enivrée d'amour. L'insensée redemande encore les malheurs de Priam, et ne peut s'arracher à des récits qui la transportent. Avide de les entendre, elle demeure encore suspendue aux lèvres du héros. Si la nuit les sépare, au moment où Phœbé, qui s'éclipse à son tour, retire sa lumière, où les astres, sur leur déclin, semblent inviter les mortels au sommeil, Didon, seule, verse des larmes dans son palais désert; elle s'assied sur le lit abandonné par Énée : absente, elle entend, elle voit le héros absent [1]. Quelquefois, séduite par son image, qu'elle retrouve dans un fils, comme Phèdre retrouvait Thésée dans Hippolyte [2], elle retient et caresse le jeune Ascagne : heureuse si

---

[1] Télémaque, ne pouvant voir le visage d'Eucharis, regardait ses beaux cheveux noués avec grâce, ses habits flottants et sa belle démarche. Il aurait voulu pouvoir baiser la trace de ses pas; lors même qu'il la perdit de vue, il prêtait encore l'oreille, s'imaginant entendre sa voix. Quoique absente, il la voyait elle-même peinte et comme vivante devant ses yeux. Il croyait même parler à elle, ne sachant plus où il était, et ne pouvant écouter Mentor.

Virgile a dit tout cela, ou plutôt a su le peindre avec moins de paroles.

[2] Je l'évitais partout, ô comble de misère!
Mes yeux le retrouvaient dans les traits de son père.

Phèdre, acte I, scène III.

elle pouvait tromper ainsi les chagrins et les vœux d'un amour incurable! Les tours commencées cessent de s'élever dans les airs; la jeunesse ne s'exerce plus aux armes ; on ne pense plus à creuser des ports ou à bâtir des remparts; les travaux s'arrêtent : tout reste interrompu, et les murailles d'une hauteur menaçante qui semblent suspendues dans les airs, et les masses énormes qui touchent déjà les cieux. »

Quelle vive peinture, quelle leçon de morale, dans la présence et les vœux de Didon devant les autels de la sœur de Jupiter! Infidèle aux promesses qu'elle avait faites à des cendres chéries, elle espère rendre complice de sa faute l'auguste gardienne de l'union conjugale! N'oublions pas encore que l'imprudente allume déjà, dans sa pensée, les flambeaux d'un second hymen, sans connaître les sentiments d'Énée. On ne sent nulle part qu'il lui ait accordé une parole d'espérance ou un regard d'amour. La passion de la reine n'a pas même le prétexte, sa fierté n'a pas même l'excuse que la situation de Bajazet fournit à l'erreur de Roxane ; elle ne peut pas dire, ainsi que la rivale d'Atalide :

J'ai cru, dans son désordre, entrevoir sa tendresse.

Mais la vie d'un peuple sauvé par sa bonté, un empire offert à un prince sans asile, lui paraissent des engagements sacrés pour le héros ; et, comme la sultane, elle se croit souveraine d'un cœur touché du souvenir de ses immenses bienfaits. Au moment où Didon consulte les entrailles des victimes et leur demande avec inquiétude des auspices heureux, le poëte, par cette exclamation dramatique, « Vaine science des devins, qui prétend connaître et guérir les maux des mortels[1]! que sont des vœux, des autels et des temples, pour une amante en furie? » produit sur nous une illusion telle, qu'il nous semble entendre Didon elle-même s'écrier :

> Ce n'est plus une ardeur en mes veines cachée ;
> C'est Vénus tout entière à sa proie attachée.

Si Élise était capable d'entendre la voix du devoir, si elle n'avait pas tout oublié pour s'associer à l'erreur de Didon, elle lui dirait tout bas : « Reine, les dieux nous voient, et ton peuple nous regarde; ta folle ardeur se déclare malgré toi. » Mais Élise partage la faiblesse de sa sœur, et quand elle donne ces conseils d'amour avec l'accent d'une femme qui caresse un penchant dont elle a pitié,

> Tu modo posce deos veniam, sacrisque litatis
> Indulge hospitio, causasque innecte morandi,

Didon, qui écoute avec toute la préoccupation d'un cœur toujours prêt à saisir ce qui la flatte,

---

[1] On lit dans l'OEdipe-roi de Sophocle : « Il suborne ce misérable devin, éclairé sur ses intérêts, aveugle dans son art. » (Acte II, scène ii.)

traduit *indulge hospitio* par *indulge amori*. La passion a sa manière d'interpréter ce qu'on lui dit, aussi nous éprouvons bien des mécomptes avec elle! quand nous croyons l'avoir détournée ou vaincue, elle poursuit avec ardeur une pensée unique, exclusive, absolue. Suivons les divers mouvements du cœur de la reine de Carthage; elle vient d'offenser la majesté des dieux dans leur temple, et peut-être de faire murmurer la piété des Tyriens : maintenant elle s'expose, comme une bacchante de l'amour, aux regards de toute une ville. La comparaison par laquelle Virgile exprime l'égarement du cœur et le désordre des courses de la reine de Carthage est au-dessus de tous les éloges, parce-qu'elle achève la peinture par des traits qui sont d'une parfaite similitude, et grave plus avant dans notre cœur la pensée du poëte.

Il m'est cependant survenu un scrupule sur le fond même des choses : Didon devait-elle être ainsi transformée à nos yeux? Je sais que sa passion a été allumée par le plus puissant des dieux, et qu'elle doit être portée aux dernières extrémités : mais ne fallait-il pas conserver à la vertu quelque respect d'elle-même? une femme si courageuse, une si grande reine, ne devait-elle pas garder quelque soin de sa gloire? Ovide[1] applique la

---

[1] *Métamorphoses*, livre IX, vers 640 et suivants.

même comparaison à une femme possédée par les furies du crime, et désespérée par un juste abandon, à Biblis, qui poursuit son frère Caunus et court à la mort[1]. Dans Valérius Flaccus, une légère précaution suffit pour éviter tout reproche au poëte. Il nous peint Médée semblable à la bacchante qui résiste à son premier transport et s'abandonne ensuite au dieu[2].

Fénélon dit : « Calypso, plus furieuse qu'une lionne à qui on a enlevé ses petits, courait au travers de la forêt, sans suivre aucun chemin, et ne sachant où elle allait[3]. » Mais, dans la situation dont il s'agit, Calypso, près de se voir enlever Télémaque, est tombée dans un délire de rage et de douleur, et se livre aux transports de la vengeance. Un peu plus loin, le même écrivain fait ressembler

---

[1] Dans l'Hippolyte de Sénèque, Phèdre exprime ainsi les combats de sa raison avec la fatale passion qui l'égare : « Ce que tu me représentes est vrai, je le sais, ô ma nourrice : mais une fureur aveugle m'entraîne vers le mal. Mon esprit se précipite volontairement dans le danger ; il revient à lui, et cherche en vain à s'attacher aux conseils de la sagesse. Je ressemble au malheureux nocher qui lutte vainement contre les vagues, et dont le vaisseau vaincu finit par s'engloutir sous les ondes. Ce que la raison demande, une passion furieuse et souveraine le rejette ; un dieu puissant domine sur mon âme tout entière. (Acte II, scène II.)

[2] Livre VII, vers 755 et suivants.

[3] Livre VII.

Calypso à une bacchante; il est vrai que Calypso a dès long-temps abjuré la pudeur; et d'ailleurs, lorsque nous la voyons courir les forêts, armée d'un dard dont elle menace les nymphes qui ne la suivraient pas, elle est réduite au désespoir par une jalousie semblable à celle de Phèdre, et par des mépris pareils à ceux d'Hippolyte. Mais Fénélon n'a rien d'égal au reste de la peinture de Virgile. Comment ne pas reconnaître une intelligence particulière des passions, dans le moment où Didon, errante au milieu de Carthage, montre à Énée les richesses de la nouvelle Tyr et cette ville toute prête!..... Ces deux seuls mots font beaucoup entendre; la ville, le palais, le cœur, le lit d'hyménée, tout attend le prince troyen. Virgile indique ce que Didon n'ose pas dire, et par un repos après les mots *urbemque paratam*, et par le trait suivant: « Elle commence à parler, et s'arrête au milieu de ses paroles. » Il n'y a rien de plus touchant que des demi-aveux, suivis d'un silence qu'un seul regard peut rendre si éloquent. Bientôt l'infortunée redemande Énée à ses festins du soir: femme et reine, elle recherche le héros, sans s'apercevoir que toute sa cour a les yeux fixés sur elle, et qu'en la voyant de nouveau suspendue aux lèvres du Troyen, tout le monde va découvrir sa fatale passion! voilà où en est venue la veuve de Sichée et le modèle de la pudeur! Les Troyens sont partis; Didon veille seul dans son palais, qui lui paraît un désert; elle goûte cette volupté des larmes que Phèdre regrette avec tant d'amertume dans ces vers de Racine :

> Encor, dans mon malheur de trop près observée,
> Je n'osais dans mes pleurs me noyer à loisir ;
> Je goûtais en tremblant ce funeste plaisir ;
> Et sous un front serein déguisant mes alarmes,
> Il fallait bien souvent me priver de mes larmes.

Une illusion se glisse par degrés dans son cœur : assise sur le bord du lit du héros absent, elle l'entend, elle le contemple à cette lumière rêveuse et pâlissante de la lune, qui attendrit le cœur ; elle parle, comme si Élise et d'autres témoins étaient encore là devant elle, et voici les paroles qui lui échappent; je les lis dans ses gestes et dans ses regards : « Qu'on fasse silence; que personne n'interrompe par le plus léger murmure : écoutez tous comme moi; je ne veux rien perdre d'un sujet si intéressant, je veux tout entendre et tout voir. » Elle dit, et s'arrête pour prêter l'oreille aux discours qu'elle attend. Enfin, le charme se dissipe, Énée a disparu... Alors l'infortunée, réveillée d'un songe heureux, se dit en secret : « Eh bien, cherchons du moins à nous tromper; retrouvons-le dans sa vivante image. » Alors vous la voyez presser dans ses bras le jeune Ascagne, qu'elle a retenu; et peut-être, par une illusion d'un cœur enivré d'espérance, le nommet-elle son fils. Il y a dans tout ce passage une tendresse, une mélancolie, des silences, du délire d'amour, et une mélodie qu'aucune expression ne peut rendre. C'est encore avec un art infini que Virgile fait succéder à cette scène touchante ces beaux vers sur l'interruption des grands travaux de Carthage ; ils expriment, de la manière la plus vive, comment les passions des princes nuisent à la prospérité des empires, et que l'exemple de leur mollesse peut répandre dans une nation l'oubli des plus grands intérêts[1]. Avant l'arrivée des Troyens, Didon était tout entière à ses devoirs de reine ; maintenant, quoique environnée d'ennemis et de périls, quoiqu'elle ait à craindre la fureur de Pygmalion et les rois de l'Afrique, elle oublie de fortifier sa ville naissante : son génie ne veille plus sur les Tyriens, et tout le monde tombe dans le découragement. Phèdre est dans le même état que Didon, lorsque Racine lui fait dire :

Moi régner, moi ranger un état sous ma loi,
Quand ma faible raison ne règne plus sur moi,

---

[1] On lit dans l'Hippolyte de Sénèque le passage suivant ; c'est Phèdre qui parle : « Les travaux de Pallas sont oubliés, la toile échappe de mes mains. On ne me voit plus remplir les temples de mes offrandes et de mes vœux, ni entourer les autels à la tête d'un chœur de jeunes Athéniennes, ni agiter les flambeaux sacrés, seuls témoins admis avec nous aux mystères d'Éleusis,

Lorsque j'ai de mes sens abandonné l'empire !
Quand sous un joug honteux à peine je respire !
Quand je me meurs !. . . . .
Acte III, scène 1.

On pourrait encore tirer du passage qui a donné lieu à ces réflexions une autre leçon morale. Un jeune homme donne les plus heureuses espérances ; son génie commence à paraître, il s'élève, il grandit tous les jours. Tout-à-coup, une passion exclusive et dominatrice s'empare de lui : les études cessent, les grands travaux sont suspendus, et les magnifiques promesses du talent semblent se démentir, quelquefois même elles avortent pour toujours. Le tendre Fénélon a peint, avec un charme inexprimable, cette métamorphose de la jeunesse, arrêtée dans ses progrès et flétrie dans sa fleur. On dirait, en le lisant, qu'il pensait alors aux dangers que le jeune duc de Bourgogne allait courir dans un palais où l'amour et les passions qui le suivent étaient comme sur le théâtre de leurs triomphes.

Ovide est bien loin de Virgile dans la peinture de la solitude d'Alcyone après le départ de Céyx [1]. Le même poëte retrace avec trop de recherche la douleur d'Ariane [2], si éloquemment peinte par Ca-

---

ni aborder avec un encens pur et de pieux sacrifices la grande déesse qui préside à la terre comme à son empire. » Act. I, sc. 11.

[1] *Métamorphoses*, liv. XI, v. 477 et suivants.
[2] Neuvième héroïde, v. 50 et suivants.

tulle, dans l'épithalame de Thétis et de Pélée. Les souvenirs du bonheur passé sont une chose triste et sérieuse, qui demande un langage et un accent auxquels l'esprit seul ne peut suppléer. Le Dante a dit : « Il n'y a pas de plus grande douleur au monde, que de se rappeler ses félicités au temps de son infortune [1]. »

Un passage de Valérius Flaccus donne lieu à un parallèle qui n'est pas sans gloire pour lui.

Après les mouvements tumultueux que les combats et la gloire du chef des Argonautes ont excités dans le cœur de Médée, la nuit, si douce pour les mortels, mais non pas pour cette amante, la sépare de Jason. Tout son bonheur a fui ; elle s'éloigne lentement : malade d'amour, elle arrive enfin jusqu'à sa couche ; les ténèbres même redoublent sa flamme. Dans une longue insomnie, des plaintes sortent de son cœur ; elle périt d'un mal qu'elle ignore : bientôt elle ose se l'avouer et parler de Jason, mais sans le nommer. Enfin, lasse de s'agiter sur sa couche brûlante et d'y chercher vainement le sommeil, elle voit l'horizon blanchi par l'aurore, dont les premières clartés sont pour elle ce qu'une fraîche ondée est aux fleurs languissantes [2].

---

[1] *Enfer*, chant V.

[2] Livre VII, depuis le vers 5 jusqu'au 25e.

Un autre passage du même poëte, que l'on trouvera plus loin,

Mais si l'on doit de l'estime aux créations de Valérius, le tableau de Virgile est achevé : la réflexion cherche en vain ce qu'elle y pourrait reprendre ou désirer. Cet éloge, souvent dû au chantre d'Énée, ne peut être accordé que rarement aux plus grands écrivains et surtout aux plus grands artistes. Les connaisseurs reprochent des imperfections ou demandent quelque chose de plus au chef-d'œuvre de Raphaël, à sa Transfiguration par exemple. Mais quand Virgile est inspiré par son propre génie, quand il peint les passions qui étaient innées en lui, comme l'amour, la pitié pour le malheur, alors la nature et l'art se réunissent pour faire de ses tableaux le modèle de la perfection.

Cependant Junon, qui a résolu d'empêcher Énée de fonder en Italie l'empire que les destins lui promettent, veut l'arrêter en Afrique. Profitant de la passion effrénée de Didon, elle vient proposer à Vénus le mariage de cette princesse avec le héros troyen, et l'union du peuple de Tyr avec celui de Priam. Son discours, empreint d'un orgueil qui ne peut s'empêcher de mêler quelque offense parmi des paroles de paix [1], amène une réponse pleine

---

peut servir aussi à un parallèle plus honorable encore pour lui, parcequ'il offre des traits heureux d'imagination. (Livre VII, vers 100 et suivants.)

[1] On y lit :

Egregiam vero laudem et spolia ampla refertis,

de l'ironie légère et douce qui convient au caractère de la molle déesse. Pour bien comprendre la finesse de cette ironie, il faut se rappeler que Vénus était l'image de cette beauté suprême, la volupté des hommes et des dieux; il faut se souvenir du tendre accueil et des promesses de Jupiter à sa fille : alors on sentira que, fière de ses avantages et sûre de son empire, Vénus triomphe de sa rivale par ces traits piquants : « Vous êtes l'épouse de Ju- » piter; c'est à vous qu'il est donné d'essayer, sur » son cœur, le pouvoir de la prière. Commencez, » je vous suis[1]. »

« Ce soin me regarde, reprend Junon. » Et en même temps elle révèle à Vénus son dessein de susciter un orage pendant la chasse à laquelle Énée doit conduire la reine; effrayés par cet orage, et séparés de leur cortége, les deux amants seront

---

   Tuque puerque tuus, magnum et memorabile nomen,
   Una dolo divum si femina victa duorum est !

Racine a reproduit le dernier vers dans une heureuse imitation :

   Ces dieux qui se sont fait une gloire cruelle
   De séduire le cœur d'une faible mortelle.
          Phèdre.

[1] Racine a mis un trait pareil dans la bouche de la jalouse Hermione, implorée par Andromaque :

   S'il faut fléchir Pyrrhus, qui le peut mieux que vous ?
   Faites-le prononcer ; j'y souscrirai, madame.

forcés de chercher un asile dans une grotte. Junon les suivra, et si elle obtient l'aveu de Vénus, elle-même les unira par un lien indissoluble : l'Hymen sera présent. Cette ruse qui montre jusqu'où les caractères les plus altiers peuvent descendre, quand l'intérêt s'élève au-dessus de leurs autres passions, fait sourire la déesse des amours.

Empruntée peut-être d'une riante fiction de l'Iliade, cette scène, peu digne de la gravité épique, n'a ni ce naturel exquis, ni cette grâce naïve, ni ces traits d'imagination qui donnent du charme à tout dans Homère. L'invention est pauvre, et les détails mesquins; le rire malin de Vénus suffit seul pour faire la critique d'une invention convenable tout au plus dans une épopée comique. Junon, il faut l'avouer, se prépare à jouer un rôle assez étrange ; Vénus elle-même en est étonnée[1].

Dans Apollonius, Junon conçoit le projet d'avoir recours à Vénus, et de l'engager à prier son fils d'enflammer le cœur de Médée pour Jason. Cette idée sourit, on ne sait trop comment, à la sage Minerve. Vénus accueille dans son palais les deux déesses, et reçoit leurs prières. Après avoir parlé,

---

[1] Le folâtre Arioste a su éviter cette inconvenance, il couvre la faute d'Angélique en lui faisant contracter avec Médor, sous les auspices de l'amour, un hymen auquel préside la femme du berger qui les a recueillis tous deux. Chant IX, strophe xxxiii.

en mère irritée, contre un enfant indocile, elle promet son secours, et va chercher son fils dans les lieux les plus secrets de l'olympe. Elle le trouve enfin, dans un bosquet fleuri, seul avec Ganymède : ils jouaient ensemble comme deux enfants du même âge, avec des osselets d'or. Tout le reste est d'une naïveté pareille à plusieurs détails de l'Odyssée, ou d'un dialogue de Lucien entre Jupiter et le jeune fils de Tros. De tels détails pouvaient ne pas paraître assez graves à Virgile; mais Apollonius devait du moins l'avertir d'éviter la sécheresse, et d'ajouter quelques ornements à la vérité, pour la rendre moins commune et plus intéressante [1].

Valérius Flaccus, imitateur d'Homère, fait aussi emprunter par Junon la ceinture de Vénus; mais, outre l'étonnante différence de style, si riche dans l'Iliade, si sec et si nu dans l'Argonautique, la riante fiction du poëte grec, mutilée indignement, est employée d'une manière peu judicieuse. Dans Homère, la ceinture de Vénus sert à rallumer l'amour de Jupiter; dans Valérius Flaccus, elle est consacrée à seconder le crime de la reine des dieux, qui descend du ciel pour corrompre le cœur d'une vierge innocente. Il vaut mieux, comme Virgile, laisser désirer quelque chose au lecteur, que d'in-

---

[1] Apollonius, chant III.

venter ou d'imiter comme Flaccus le fait quelquefois. A la vérité, ce poëte a souvent fait preuve d'imagination ; on trouve chez lui des scènes et des tableaux, surtout des traits de passion admirables : mais combien il est loin d'égaler jamais l'élégance et l'éclat d'une description pareille à celle du cortége de la reine de Carthage, prête à partir pour la chasse ! Delille lutte ici de bonheur avec l'original :

> L'aurore enfin se lève et sort du sein des flots.
> Aussitôt, arrachée aux douceurs du repos,
> De jeunes Tyriens une brillante élite,
> En foule, hors des murs vole et se précipite.
> Les chevaux africains, aussi prompts que l'éclair,
> Les filets, les épieux armés d'un large fer,
> Tout est prêt; et des chiens qui palpitent de joie
> L'instinct intelligent flaire déjà sa proie.
> Sous son noble fardeau prêt à prendre l'essor,
> Le coursier de Didon, brillant de pourpre et d'or,
> Contient, fier et soumis, l'ardeur qui le consume,
> Et ronge, en frémissant, son frein blanchi d'écume.
> Tous les grands de l'état, à la fête appelés,
> Autour du seuil royal déjà sont assemblés :
> Tous de leur souveraine attendent la présence.
> Au milieu de sa cour la reine enfin s'avance :
> A peine on aperçoit son front majestueux,
> Tous les rangs ont ouvert leurs flots respectueux.
> Pour elle, se courbant en agrafe brillante,
> L'or rassemble les plis de sa pourpre flottante ;
> L'or couvre son carquois; l'or, en flexibles nœuds,
> Sur son front avec grâce assemble ses cheveux ;
> Et l'aiguille savante, imitant la peinture,

De sa mante royale embellit la bordure.
Ascagne cependant, qu'enchante ce beau jour,
Et les seigneurs troyens viennent grossir sa cour.
Seul plus brillant qu'eux tous, leur roi marche à leur tête,
Et seul semble l'objet et le dieu de la fête.
Tel, quand des Lyciens quittant le long hiver,
Et le Xante lui-même à son amour si cher,
Apollon vient revoir son île maternelle,
Lorsque, renouvelant sa fête solennelle,
Maures, Scythes, Crétois, célèbrent l'immortel,
Et sautent en cadence autour de son autel;
Lui, dans tout l'appareil de sa dignité sainte,
D'un pas tranquille et fier, sur les hauteurs du Cynthe,
Au milieu des parfums, et des chants et des vœux,
Il marche; au gré des vents flottent ses longs cheveux;
Le laurier immortel, serpentant avec grâce,
De son feuillage vert mollement les embrasse,
Et l'or d'un nœud brillant en captive les flots;
Il vient, un arc en main, un carquois sur le dos;
Sur l'épaule du dieu ses flèches retentissent;
Et tous les cœurs émus d'un saint respect frémissent.
Tel paraît le héros; tel cet enfant des dieux
A charmé tous les cœurs, et fixé tous les yeux.

 Mais déjà l'on s'éloigne, on brave avec audace,
Et des monts escarpés, et des routes sans trace.
Des taillis ténébreux, des antres enfoncés,
Les peureux habitants en foule sont chassés;
Surprises dans la nuit de leurs profonds ombrages,
Du chevreuil, du chamois les compagnes sauvages
Hâtent de roc en roc leurs sauts impétueux;
Le daim cherche des bois les sentiers tortueux;
Et des cerfs élancés du sommet des montagnes
Les bataillons poudreux franchissent les campagnes.
Ascagne, aiguillonnant un coursier plein de cœur,
Court, vole, va, revient, et dans sa jeune ardeur

Voudrait qu'un fier lion, un sanglier sauvage
Vînt d'un plus beau triomphe honorer son courage.
 Tout-à-coup le ciel gronde, et le feu des éclairs,
Et la grêle et la pluie, ont sifflé dans les airs;
Et du sommet des monts les ondes élancées
Poursuivent des chasseurs les troupes dispersées.
On court, on se dérobe à ces bruyants éclats;
Didon fuit dans un antre, Énée y suit ses pas :
L'amour à l'hyménée en a montré la route.
A peine ils sont entrés sous cette obscure voûte,
Deux grandes déités, de cet hymen fatal,
A la nature entière ont donné le signal.
Complices de Junon, soudain les cieux tonnèrent;
Cybèle y répondit, les montagnes tremblèrent;
Les nymphes de long cris remplirent les coteaux;
La nuit servit de voile, et l'éclair de flambeaux.
O malheureuse reine! amante infortunée!
Combien tu paîras cher ce funeste hyménée!
C'en est fait de ta gloire; et ce fatal bonheur
Te coûte le repos, et la vie et l'honneur!...
Didon ne cache plus les secrets de son âme;
Son cœur en liberté laisse éclater sa flamme,
Et, pour couvrir l'erreur de ce malheureux jour,
Voile du nom d'hymen les larcins de l'amour.
Ainsi ces deux amants, au sein de la mollesse,
Goûtaient nonchalamment leur amoureuse ivresse.

On ne peut s'empêcher de remarquer ici que cette description, traduite par Racine, dans un poëme allégorique composé pour Louis XIV, aurait eu tant de traits de ressemblance avec une de ces brillantes parties de chasse, qui étaient souvent des fêtes de l'amour, que toute la cour eût été dans l'admiration d'une allégorie si juste et si heureuse.

Racine, plus loué que pour Andromaque ou pour
Phèdre, serait devenu, pendant un mois, l'éternel
sujet des entretiens dans les grands et surtout dans
les petits appartements, et nous aurions sur son
triomphe quelque charmante narration de madame
de Sévigné. Il faut avouer aussi que le bonheur de
la comparaison eût été vraiment propre à frapper
des esprits délicats. En effet, comme tout se rapporte dans les objets en parallèle ! à Versailles
comme à Carthage, les premiers de l'état qui attendent dans l'intérieur des appartements; au
dehors le brillant cortége, les gardes de la personne royale, les apprêts de la chasse, l'appareil
d'une fête, dont une femme est l'héroïne, et cette
ivresse communiquée à des sujets qui, séduits par
l'éclat du trône ou fascinés par une sorte de magie, semblent applaudir à la faiblesse, et prendre
leur part des plaisirs de leur maître! Parmi les
coursiers impatients de s'élancer, il en est deux,
brillants de pourpre et d'or, l'un pour la reine de
Carthage, l'autre pour Énée. Didon, qui paraît la
première, dans tout l'éclat de la parure et de la
beauté, nous rappelle madame de Montespan ou
Henriette d'Angleterre, au moment de leur triomphe sur le cœur du monarque. Après quelque intervalle, les portes du palais semblent s'ouvrir
d'elles-mêmes, comme celles de l'olympe; une es-
corte choisie de princes, de héros, de favoris,

prêts à s'incliner devant lui, se précipite au dehors pour ne pas retarder un moment la marche du prince, qui ne doit jamais attendre. Enfin, du fond d'une vaste galerie, semblable à l'une des avenues du palais du soleil, s'avance le plus majestueux représentant de la royauté que l'on ait jamais vu sur le trône. A son seul aspect, l'ennui d'une longue attente, écrit sur tous les fronts, se dissipe comme un nuage aux rayons du soleil; la joie éclate dans tous les regards; un murmure respectueux se fait entendre. Louis XIV, entouré des vœux, du silence et de l'admiration de sa cour, représente, encore plus vivement qu'Énée, le dieu de Délos marchant sur les hauteurs du Cynthe, au milieu de ses adorateurs. Nous ne pouvons le regarder, dans toute la pompe qui l'environne, sans nous rappeler les vers de Bérénice, que La Vallière répétait chaque fois qu'elle avait le bonheur de contempler les splendeurs de son amant :

> Ciel! avec quel respect et quelle complaisance
> Tous les cœurs en secret l'assuraient de leur foi !
> Parle : peut-on le voir sans penser, comme moi,
> Qu'en quelque obscurité que le sort l'eût fait naître
> Le monde en le voyant eût reconnu son maître?

Enfin, pour que rien ne manque à la comparaison, il nous est permis de jeter, dans le cortége royal, le duc de Bourgogne, et de voir en lui le jeune Ascagne, emporté par son courage, et brûlant de trouver des périls dans un divertissement qui est une image de la guerre.

Il est assurément curieux de trouver, à deux mille ans de distance, de semblables rapports entre deux époques, je pourrais dire entre deux règnes. En effet, le sang de César avait inutilement coulé aux pieds de la statue de Pompée ; la mort violente du dictateur n'empêchait pas que Rome n'eût déjà un véritable roi dans Auguste ; et ce roi, caché sous des noms moins odieux aux Romains, avait une cour qui ressemblait beaucoup à celle de Louis XIV. Je n'abandonnerai pas la brillante description de Virgile sans remarquer combien elle convient aussi, par la sagesse et le goût, au génie, un peu sévère, de notre langue poétique, ennemie du luxe au point de manquer parfois de richesse.

Si, dans la peinture de l'orage et dans la scène qui le suit, nous ne considérons que la rapidité, la précision et l'harmonie imitative du style, une espèce d'attendrissement, dont Fénélon ne pouvait pas se défendre en lisant les vers du poëte de Mantoue, ne nous laissera point apercevoir ce qui manque à cet épisode. Mais, en l'examinant avec les yeux de la raison, nous deviendrons plus sévères. Le poëte n'a-t-il point à se reprocher le défaut d'imagination, et je ne sais quel prestige sans illusion ? Si mon jugement ne me trompe pas, le goût pourrait désirer ici une opposition entre l'orage qui conduit Didon à l'écueil de sa vertu, et les enchantements de la grotte : on devrait y sentir la présence de Vénus, qui sème partout des fleurs sur ses pas. La séduction des lieux entre pour beaucoup dans l'amour, et il y a des conseils de volupté jusque dans l'air qu'on respire [1]. Quel heureux effet auraient produit ici des vers pleins de mollesse, comme ceux que j'emprunte au premier livre de l'Énéide !

> At Venus Ascanio placidam per membra quietem
> Irrigat ; et fotum gremio dea tollit in altos
> Idaliæ lucos, ubi mollis amaracus illum
> Floribus et dulci adspirans complectitur umbra.

> Vénus sourit, et, cueillant des pavots,
> Verse à son cher Ascagne un paisible repos,
> Le berce dans ses bras, l'enlève et le dépose
> Sur la verte Idalie, où le myrte et la rose,
> D'une haleine odorante exhalant les vapeurs,
> L'environnent d'ombrage et le couvrent de fleurs.

Virgile a mérité des éloges pour avoir gardé le silence de la retenue sur ce qui se passe de mystérieux dans la grotte ; mais il a pris ici les conseils d'une muse trop sévère. Comment ne nous a-t-il pas laissé sentir que les Grâces avaient présidé à l'entretien des deux amants ? Après nous avoir montré Didon si brillante et si belle au moment du départ, le poëte

---

[1] La grotte où se retirent Angélique et Médor pour s'entretenir de leur amour a plus de charmes dans l'Arioste.

se devait à lui-même de répandre l'illusion sur sa faute, qu'elle appelle un moment son bonheur. Quelques traits, pleins de pudeur et de charme, auraient formé d'ailleurs une opposition, vivement sentie, avec les cris de douleur poussés par les nymphes, et les auspices funestes qui accompagnent le faux hymen de Didon [1]. Si Racine eût osé lever le voile qui couvrait la première faiblesse de la tendre La Vallière, assurément il aurait employé d'autres

---

[1] On lit dans Milton :

« Elle dit, et dans ce fatal instant, elle éleva une main téméraire vers le fruit, le cueillit et en mangea. La nature sentit le coup qui la frappait, et, poussant un gémissement, qui du fond de son sein se répandit dans tous ses ouvrages, elle annonça par des signes funestes que tout était perdu. »

Au moment où Ève, pour achever la séduction, embrasse son époux, le poëte ajoute : « Dans son transport de joie, elle verse des larmes de tendresse ; elle triomphe en voyant Adam ennoblir son amour, jusqu'au point d'oser affronter, par complaisance pour elle, la colère divine et la mort. En récompense, (car c'est une telle récompense que mérite une si coupable faiblesse), elle lui présenta, d'une main libérale, la branche dont les beaux fruits excitaient l'envie ; et lui, malgré son guide intérieur qui le conseillait mieux, n'hésita point de manger. Il ne fut pas séduit, il fut honteusement vaincu par les charmes d'une femme.

» La terre fut ébranlée jusqu'au fond de ses entrailles, comme éprouvant de nouvelles douleurs ; la nature poussa un second gémissement : le ciel, en s'obscurcissant, fit entendre un murmure pareil à celui d'un tonnerre qui gronde sour-

couleurs que celles de Virgile pour peindre une scène si vive et si tendre en même temps. Mais, pour donner plus de poids à ces réflexions, il suffira de rappeler qu'Homère a mis bien d'autres grâces dans la scène conjugale entre Jupiter et Junon, que Virgile dans les amours de la reine de Carthage et du fils d'Anchise.

M. de Châteaubriand, après avoir répandu beaucoup de charme et une profonde mélancolie sur la passion de Velléda pour Eudore, peint d'une manière extrêmement dramatique les derniers combats de la vertu de ce jeune confesseur de la foi. « Épuisé par les combats que j'avais soutenus contre moi-même, je ne pus résister au dernier témoignage de l'amour de Velléda. Tant de beauté, tant de passion, tant de désespoir, m'ôtèrent à mon tour la raison; je fus vaincu!

» Non, dis-je au milieu de la nuit et de la tempête, non, je ne suis pas assez fort pour être chrétien!

» Je tombe aux pieds de Velléda!... L'enfer donne le signal de cet hymen funeste; les esprits de ténèbres hurlent dans l'abîme; les chastes épouses des pa-

---

dement, et laissa tomber quelques tristes larmes au moment où s'accomplissait le crime qui a infecté toute la nature humaine. Adam n'y fit point attention; il n'était occupé que du fruit dont il se rassasiait. »

L'imitation est fort belle; et l'on remarque aussi une véritable connaissance des passions, dans le poëte anglais.

triarches détournent la tête; et mon ange protecteur, se voilant de ses ailes, remonte vers les cieux[1]. »

Cette imitation dramatique me paraît d'une grande beauté.

Milton n'a point adopté la réserve de Virgile, il a tout dit sur l'amour et même sur les mystères de l'hymen : cependant, il surpasse autant le poëte latin par la pudeur des images que par la grâce des détails. Supérieur, en fécondité d'imagination, aux deux auteurs que j'ai cités, et même à Homère, leur modèle, il a fait du paradis un lieu de délices. Toutefois, le séjour de l'innocence, créé par Dieu lui-même, s'embellit encore pour applaudir à l'union céleste de deux créatures qui portent sur le front le caractère de la beauté suprême et les traces de leur céleste origine. Milton a poussé l'audace et l'art plus loin encore; il fait raconter par la jeune Ève, il montre presque à Satan ce que le poëte latin a caché avec tant de soin; et la vérité nue, mais pleine de grâce, est plus chaste que le voile dont la délicatesse de Virgile a voulu la couvrir [2].

Voltaire a bien senti ce qu'on pouvait reprocher au faible et froid Énée. Il a voulu répandre quelque intérêt sur la passion de Henri IV et de Ga-

---

[1] Martyrs, livre X.
[2] Voyez le quatrième chant du *Paradis perdu*.

brielle, par la description du temple de l'amour; mais, outre que ses peintures conviendraient mieux à une héroïde qu'à l'épopée, il n'a guère mieux réussi que Virgile, non pas qu'il soit aussi sec et aussi peu orné, mais parcequ'il fait du monarque à qui saint Louis vient de prédire ses hautes destinées une faible image de Renaud enchaîné par la magicienne Armide. D'autres motifs, qui tiennent au souvenir des mœurs du Béarnais, font que l'amour ne convient pas plus à Henri IV, dans un poëme épique, qu'au pieux Énée.

C'était une faute de prêter cette passion au prince troyen; elle a forcé Virgile à s'interdire des tableaux que le Tasse et Milton ont semés comme d'heureux ornements dans leur poëme. Avant eux, Valérius Flaccus avait saisi l'occasion de nous présenter différentes scènes de passion entre le chef des Argonautes et la fille d'Éétès.

On a vu tous les mouvements de Médée pendant le combat de Jason[1], les paroles qu'elle adresse à sa sœur, la mélancolie de sa veille amoureuse, et tous les troubles de son cœur: la jeune et triste victime va bientôt subir de nouvelles épreuves. Jason vient de sauver l'empire d'Éétès, qui, par la plus noire ingratitude, impose encore au vainqueur la cruelle nécessité de labourer la terre avec les

[1] Pages 5 et 6.

deux taureaux de Vulcain, qui vomissent la flamme et la mort. A cette proposition d'un tyran furieux, Médée, d'abord immobile d'effroi, lève son front décoloré par la pâleur, vers le jeune héros; elle appréhende que l'infortuné, n'écoutant que son audace, veuille affronter des périls qu'il ne connaît pas, et ne se flatte d'en triompher. Jason lui-même, frappé d'horreur et muet de colère, garde d'abord le silence : mais enfin sa rage éclate; il accepte les périls qu'on lui propose, et, en attendant le jour du combat, il se hâte de quitter une exécrable cour.

Alors, tremblante, abandonnée, seule au milieu des siens, la vierge garde le silence; elle voudrait en vain fixer toujours la terre, ses yeux se lèvent malgré elle; et ses tristes regards, tournés vers la porte qu'il vient de franchir, aperçoivent encore le héros qui s'éloigne. Jamais il ne parut plus beau à son amante que dans ce moment du départ; il reste de lui des traces enchantées dans le cœur de Médée. Elle voudrait s'échapper hors du palais; mais la pudeur retient ses pieds, qui brûlent de suivre Jason. Telle Io, qu'Érinnys force d'entrer dans la mer, et que les femmes de Memphis appellent de leurs cris, balance long-temps avant de se livrer à l'élément perfide : ainsi Médée hésite, et s'avance, et s'arrête; elle attend que son père adouci rappelle Jason. Déçue dans son espoir, elle revient chercher l'image du héros à la place déserte qu'elle arrose de ses larmes. Quelquefois, se réfugiant dans le sein d'une sœur tendre, elle s'efforce de parler, et se tait. Bientôt elle s'éloigne, et va s'informer comment Phryxus a pu aborder aux rivages d'Éa, comment des dragons ailés ont emporté Circé dans les airs. L'infortunée essaie de trouver quelque plaisir parmi les vierges ses compagnes ; son cœur avide ne peut être rempli que par l'amour [1]. Tout-à-coup, plus caressante, elle s'attache à ses parents, et couvre tour à tour de baisers leurs mains paternelles. Ainsi, accoutumé à la maison et à la table d'un maître qu'il aime, le chien, si doux de sa nature, mais déjà malade et frappé des pressentiments d'une rage cruelle, parcourt, avec des cris plaintifs, les pénates chéris qu'il est près de quitter [2]. »

Alors, d'un léger reproche effleurant son amour,

---

[1] On trouve un trait pareil dans le *Lévite d'Ephraïm*, de J. J. Rousseau. « Toutefois, la jeune fille s'ennuya du lévite, peut-être parcequ'il ne lui laissait rien à désirer. Elle se dérobe, et s'enfuit vers son père, vers sa tendre mère, vers ses folâtres sœurs. Elle croit retrouver les plaisirs innocents de son enfance, comme si elle y portait le même âge et le même cœur.» (Chant Ier.)

[2] Cette comparaison blesserait peut-être notre délicatesse ; mais elle est si juste, si vraie, si touchante, qu'il serait fâcheux qu'une fausse dignité nous empêchât de permettre au

elle s'accuse elle-même d'aimer celui qui, peut-être déjà fugitif, ne se souviendra pas même de son nom : puis la pitié revient ; elle s'attendrit sur un héros issu du sang des dieux, et soumis à l'ordre des destins. « Ah! puisse-t-il triompher par quelque moyen que ce soit, puisse-t-il ne pas connaître mes vœux pour lui, et surtout ne point haïr mon père! » Elle dit, et se jette sur sa couche, pour voir si le sommeil aura pitié d'elle; mais le repos, plus cruel encore qu'une veille douloureuse, la trouble de mille images funestes : éperdue de terreur, elle est sans cesse entre un père furieux et un hôte qui la supplie. Alors la reine des dieux envoie Vénus pour achever la victoire de l'amour : Vénus embrasse avec joie une mission odieuse. D'un autre côté, Junon charge Iris d'amener Jason vers le bois sacré où l'entrevue doit avoir lieu entre lui et la fille d'Éétès. A peine la reine d'Idalie approche, que Médée sent couler dans son sein une langueur inconnue; et c'est alors qu'elle murmure les plus touchantes paroles qui soient jamais sorties du cœur d'une femme; elle s'adresse en ces termes au héros absent : « Ah! si tu avais maintenant une mère ou une sœur pour te prêter

---

poëte un genre de beautés si naïves. Les vers de Valérius sont d'ailleurs aussi parfaits de style qu'on puisse les attendre d'un véritable poëte.

le secours des charmes de Thessalie! Moi, vierge, que puis-je, sinon verser des larmes sur tes malheurs! Plaise aux dieux qu'on ne me force point à suivre ma cruelle sœur, à regarder tes derniers moments. L'infortuné! il croit que personne n'est touché de son sort, que personne ne se souvient de lui; il hait toute ma famille et moi-même peut-être! Ah! s'il succombe, j'irai recueillir ses cendres et les débris de lui, épargnés par la flamme; je leur donnerai un dernier asile. Sans doute, alors, il me sera permis de chérir des mânes et d'épancher mes ennuis sur un tombeau! »

C'est alors que Vénus vient, comme nous l'avons dit, sous les traits de Circé, augmenter encore par ses artifices l'amour de Médée.

Ici est la scène de la séduction que nous avons rapportée plus haut, et qui fait tant d'honneur au talent de Valérius Flaccus. La colère de Médée repousse d'abord les conseils perfides de Vénus; dans son effroi, elle voudrait se cacher au fond de la terre pour ne plus rien entendre. Vénus sort du palais, et lui ordonne de la suivre. L'épouvante, le repentir, l'amour, les jugements de la postérité, les périls de Jason, des présages funestes, la tourmentent tour à tour. Enfin elle se sent vaincue par je ne sais quelle divinité qui triomphe de tous les conseils de sa pudeur; elle cède, et va chercher les charmes qui doivent sauver Jason. A leur aspect, le remords se réveille; elle veut choisir le plus sûr de ces poisons pour se donner la mort. Viennent alors de doux regrets de la vie, le souvenir des plaisirs de la jeunesse, son frère dont elle ne verra pas les joues se revêtir du léger duvet de l'adolescence, la pitié pour Jason, qui mourra dans la fleur de l'âge, si elle suit la résolution de mourir. Elle accuse son père de l'avoir exposée à l'amour par l'accueil trompeur qu'il a fait à Jason. « Moi-même, dit-elle, je voulais alors son trépas; tu le sais, ô fille du soleil. C'en est fait, je te prendrai pour guide, je suivrai tes conseils; ma jeunesse doit en croire à la fin ton âge et ton expérience. » Dès ce moment elle est tout à Jason; vivre ou mourir pour lui, voilà ses vœux. Enfin, chargée d'un philtre redoutable, elle s'enfonce tremblante dans les ténèbres de la nuit. Vénus la guide par la main, et l'entraîne, en charmant sa terreur par de douces paroles. Le courage manque à Médée, qui marche au milieu de la ville couverte par les ombres; elle a peur du silence qui règne dans toutes ces demeures; un remords l'arrête, mais en vain, sur le seuil de la porte. Une seconde fois la faiblesse de son cœur se trahit par des larmes; elle tourne les yeux vers la déesse, balance un moment en prononçant ces mots à demi-voix: « Jason lui-même me supplie, tu me l'assures; c'est bien lui qui m'implore? N'y aurait-il pas ici quelque faute secrète, de dangers pour la pudeur, de soupçon d'amour? N'est-il pas honteux pour une vierge d'obéir en esclave aux prières d'un homme [1]?» Vénus ne répond rien, et interrompt, en marchant, des discours inutiles.

Médée s'avance et déploie son pouvoir magique: le ciel, la terre, les troupeaux renfermés dans leur bercail, les tombeaux, la nuit, tout s'émeut à sa présence. Vénus tremblante ne suit plus que de loin sa compagne. On arrive sous les arbres élevés du bois consacré à Hécate. En ce moment, Jason, que l'espoir de Médée n'attendait pas encore, brille à ses yeux d'un vif éclat, et la vierge effrayée est la première à le voir. Iris s'élève dans les airs, Vénus s'échappe: Jason et Médée s'apparaissent tous deux au milieu des ombres de la forêt. Étonnés, debout, ils ressemblaient aux sapins muets, aux cyprès immobiles, dont l'auster n'a point encore entremêlé les branches agitées.

Tous deux restaient en silence et les yeux attachés sur la terre. Cependant la nuit poursuivait son cours. Médée souhaite que Jason soit le premier à lever les yeux et à prononcer quelques pa-

---

[1] Les vers du poëte sont, ici, dignes d'être cités, parcequ'ils ont bien l'accent des paroles du personnage :
 Ipse rogat certe, meque ipse implorat Iason.
 Nullane culpa subest? labes non ulla pudoris?
 Nullus amor? nec turpe viro servire precanti?
     Livre VII, vers 390 et suivants.

roles. Le héros a vu l'effroi de Médée trahi par des larmes, ses joues enflammées, et les combats de la pudeur; il en profite, avec un art qui vient du cœur et de sa situation, pour accroître la pitié, qui est une si grande partie de l'amour dans les femmes. « Médée, m'apportez-vous quelque espoir de salut? Plaignez-vous ici les périls qni m'attendent? ou bien vous réjouiriez-vous de ma mort même, de ma mort prochaine? Ah! vierge, je vous en conjure, ne vous montrez pas semblable à un père trop cruel! La rigueur ne convient pas avec un air si doux. Répondez, la mort est-elle la récompense que je devais attendre de mes exploits? Peut-on tromper ainsi, sous vos yeux, celui qui s'est dévoué pour vous? » Le reste du discours est moins tendre, mais encore plus pressant.

Médée tremblante regarde le beau suppliant, qui a cessé de parler; elle voit qu'il attend une réponse, mais, dans son trouble, elle ne sait ni par où commencer, ni quel ordre suivre, ni jusqu'où elle peut aller : l'amour voudrait répandre à la fois tous les secrets de son âme, et la pudeur l'empêche de trouver les premières paroles. Elle répond pour s'avouer vaincue; prête à livrer ses philtres tout-puissants, un dernier scrupule l'arrête. « Cependant, dit-elle d'une voix faible, si tu peux espérer en quelque divinité, si ton courage suffit pour t'arracher, sans moi, à la mort qui menace ta tête, cher hôte, je t'en conjure... renvoie Médée innocente à son malheureux père. » Elle avait dit, et soudain, à la clarté des astres de la nuit que ses ordres retenaient au moment de leur déclin, le cœur plein de soupirs, les yeux baignés de larmes, elle abandonne aux désirs du jeune guerrier son pouvoir suprême, sa patrie, sa renommée et sa gloire. Jason reçoit les présents de l'amour, et s'empare de toute leur puissance.

Après les cérémonies magiques auxquelles Jason devra la victoire, Médée, qui a prononcé, par hasard, le nom de son père, qu'elle suppose témoin de la victoire de Jason, entre dans une espèce de délire. Son esprit agité se transporte sur la haute mer, ses yeux voient fuir les Thessaliens à toutes voiles, mais, hélas, sans Médée! Alors, le cœur pénétré d'une douleur extrême, elle saisit la main du héros, et lui adresse, comme s'il était déjà prêt à la quitter, les plus tendres supplications, pour obtenir non pas de la reconnaissance, mais seulement un souvenir. Tout-à-coup elle s'interrompt, et, regardant Jason, elle s'écrie : « Ah! malheureuse que je suis! quoi, pas une larme ne roule dans tes yeux! Te dissimulerais-tu que Médée va bientôt mourir par le juste courroux de son père? Hélas! un règne fortuné sur un peuple qui t'aime, une épouse et des filles chéries, voilà ce qui t'attend; et moi, trahie, je vais mourir. Je ne m'en plains pas;

pour toi, Jason, j'abandonnerai avec joie la lumière du ciel. » Jason la console par de tendres promesses, et s'engage à la fidélité par des serments qui contiennent une prédiction de l'avenir. Erinnys les écoute, et dévoue le parjure au châtiment.

Cependant, remplis d'une sécurité trompeuse, les deux amants se livrent aux douceurs d'un entretien auquel l'amour, la jeunesse, le respect, la pudeur, les paroles de flamme et le silence timide qui les suit, et les regards passionnés qui lui servent d'interprètes, donnent un charme particulier [1]. A cet entretien succède l'image des nouveaux périls qui attendent Jason; Médée, pour l'éprouver, lui montre l'affreux dragon, dont elle irrite et calme la colère. « Infortuné! dit-elle, à quels dangers on expose ta tête! Puissent mes yeux n'en être pas témoins! Puissé-je n'arriver qu'au moment où tu fouleras sous tes pieds le monstre vigilant, et obtenir aussitôt la mort! » Elle fuit à ces mots, et rentre dans Colchos au déclin de la nuit.

Au huitième livre, Médée, tremblante dans son asile, effrayée de ce qu'elle a fait, se sent poursuivie par la fureur et les menaces de son père.

---

[1] Virgile n'a pu mettre de semblables images dans l'*Enéide*; le caractère de son héros ne permettait pas de le représenter comme un jeune homme qui a toutes les illusions de l'amour et les grâces de l'âge des passions.

Alors elle ne craint plus les dangers de la mort; aucun exil n'est plus lointain pour cette infortunée; elle brûle de s'enfuir sur les plus terribles mers, elle est prête à monter le plus frêle navire. Toutefois, avant de partir, elle baise en pleurant sa ceinture virginale, le lit où son innocence goûtait autrefois un sommeil si paisible, et adresse de tendres adieux à son père. Après le dernier tribut à la piété filiale, elle emporte tous ses philtres; elle sort armée du glaive redoutable où repose surtout la force de ses enchantements [1].

---

[1] Une éloquente invocation de Juliette, amante de Roméo, semble être l'expression des vœux de Médée en ce moment, avec cette différence pourtant, que l'amour de la fille des Capulet n'est pas troublé par des remords.

« Hâtez-vous, coursiers aux pieds enflammés; précipitez vos pas vers le palais du soleil : que n'êtes-vous aujourd'hui conduits par un second Phaéton, qui vous emporte rapidement vers le couchant et ramène soudain la sombre nuit sur l'univers! O Nuit, qui couronnes les vœux de l'amour, étends ton épais rideau, et ferme les yeux des argus errants! que Roméo puisse voler vers moi sans être vu, sans que nul mortel puisse le trahir! Étends ton voile sur mes joues, que la pudeur enflamme à l'idée inconnue d'un époux, jusqu'à ce que mon timide amour, prenant plus d'audace, ne voie plus dans ces mystères qu'un chaste devoir... O Nuit, presse tes pas; et toi, viens avec elle, ô Roméo! toi qui brilles comme le jour au sein des ténèbres. O nuit sombre et favorable, nuit propice à l'amour, donne-moi mon Roméo! » (*Shakespeare*, acte III.)

Jason, brillant de tout l'éclat de la jeunesse, au milieu de la nuit du bosquet consacré par l'amour, et semblable au bel Endymion lorsqu'il reçoit Diane qui a voilé son front, attendait Médée. Tout-à-coup, comme on voit la colombe, qu'environne déjà l'ombre des ailes immenses du vautour, tomber tremblante dans le sein du premier homme qui passe, la vierge, frappée de terreur, se jette aux bras de l'étranger. Jason l'accueille avec transport, la flatte, la caresse, et, imprimant ses lèvres sur les mains de son amante, il la supplie de mettre le comble à ses bienfaits. La vierge répond, en poussant des sanglots : « Je quitte pour toi la maison, la puissance paternelle; déjà je ne peux plus parler en reine; j'abandonne un sceptre pour suivre des promesses. Conserve à cette fugitive la foi que tu lui as donnée le premier, tu le sais. Songe que les dieux sont présents à tes paroles; ces astres eux-mêmes nous voient tous deux. Avec toi, j'irai tenter toutes les mers; avec toi, je parcourrai les chemins les plus redoutables, pourvu que jamais aucun événement ne puisse me ramener en ces lieux et me mettre en présence de mon père : voilà ce que je demande aux dieux, voilà ce que j'implore de toi. »

Elle dit, et s'élance en fureur dans le bois sacré; Jason s'attache à ses pas; il plaint, en marchant, cette infortunée, qui s'immole pour lui. Une lumière immense éclate dans l'ombre, c'est l'affreuse clarté qui jaillit des yeux étincelants du monstre de Mars. Jason triomphe avec le secours des charmes de Médée, enlève la toison d'or, saisit d'un bras la vierge tremblante, étonnée, s'élance avec elle sur la poupe, et demeure debout sur ses armes dans l'orgueil de sa victoire. La flotte des Argonautes s'avance sur les mers; Médée, tourmentée de son crime, inquiète sur son hymen futur, ne trouve aucun repos. En vain Jason lui nomme les peuples et les lieux qui sont devant elle, rien ne peut la consoler. Enfin Jason annonce qu'il a promis d'épouser la fille d'Éétès; tous ses compagnons avouent qu'elle a mérité cette preuve d'un amour légitime, et l'on prépare la fête nuptiale.

Embelli d'un charme suprême, semblable à Mars lorsqu'il vient en secret visiter la reine d'Idalie ou de Paphos, aussi beau qu'Hercule appuyé sur le sein de la jeune Hébé, Jason pare lui-même les autels qui vont recevoir ses serments. L'Amour et sa mère sont présents. La déesse elle-même ranime la triste Médée, lui prête ses vêtements célestes, et place sur son front une double couronne. Attendue par le bonheur, Médée se revêt tout-à-coup d'une beauté nouvelle, elle s'avance vers le temple avec joie; aucune trace de ses maux n'est plus dans son cœur. Les deux amants marchent à l'autel; de sinistres présages accueillent leur hymen, et menacent leurs amours d'une trop courte durée. Le poëme s'arrête ici; mais il est évident que le poëte, qui a conduit son drame avec tant d'art et d'intérêt, nous donnait ici une brillante peinture des cérémonies de l'hymen chez les Grecs: c'est ce qu'a pensé, avec raison, le traducteur qui a continué, avec bonheur, l'ouvrage du poëte latin.

J'ai donné ce morceau tout entier pour faire connaître Valérius, que M. de La Harpe traite avec le dernier mépris; et cependant, un seul caractère comme celui de Médée suffirait à révéler un poëte, c'est-à-dire un homme fait pour servir d'interprète aux passions, et prêter à la vérité les couleurs de l'imagination. Assurément la naissance, les progrès, les alarmes, les délices, les tourments de la passion de Médée, ont plus d'intérêt que l'amour de Didon pour Énée, qui ne répond point ou qui répond froidement au sentiment qu'il inspire.

Virgile et Valérius ont tous deux emprunté au poëte Apollonius la fiction des deux déesses conjurées contre une mortelle. Le premier n'en a tiré qu'un faible parti; le second a eu deux fois recours au même moyen, et c'est une faute. Le rôle de Vénus paraît honteux; celui de Junon l'est plus encore. Le poëte dénature inutilement un caractère altier, qui n'incline pas volontiers vers les inspirations de la faiblesse et les choses basses. Il faut de la vraisemblance et de la vérité jusque dans les fictions ; nous voulons retrouver la nature dans le monde idéal, comme dans le monde réel. Le poëte rassemble trop de puissances contre la seule Médée ; il suffisait de Jason embelli par Vénus : le judicieux Virgile l'a senti. Mais, après ces critiques, comment refuser des éloges à Valérius ? Peut-on nier qu'il n'invente avec bonheur, que son imagination ne soit riante, que la grâce du premier amour ne respire dans les paroles et dans les actions de la jeune Médée ? Combien cette vierge est touchante dans sa solitude, au milieu d'une famille qui ne peut l'entendre ni la consoler ! que ses caresses, à un père qu'elle n'oserait implorer, ont de naturel et de charme!

Veut-on maintenant regarder les situations ? quelle variété s'y découvre ! que Médée est différente d'elle-même en écoutant le premier discours de Circé, ou en contemplant les exploits de Jason, quand elle demande la permission de chérir les cendres du héros, ou quand elle vole vers lui, entraînée par une ardeur invincible ! Elle change à tout moment, et revêt toutes sortes de formes. D'abord, semblable à un enfant qui craint les ténèbres, lorsqu'elle sort du palais de son père, poussée par l'amour et retenue par un repentir ; bientôt, imposante comme la prêtresse d'Hécate, elle va redevenir une vierge timide au seul aspect de Jason. Tout à l'heure, elle se faisait entendre du ciel et de la terre : maintenant, sa voix expire sur ses lèvres, et la plus simple parole ne peut sortir de son cœur.

Pourquoi Virgile, condamné d'avance à une espèce de sévérité voisine de la sécheresse, s'est-il privé lui-même des ressources que le même sujet a fournies à un poëte qui est si loin de lui? Quels avantages Valérius a tirés de la liberté qu'il a eue de peindre une passion tout entière! Avec quelle fidélité il a su conserver la fraîcheur des impressions de la jeunesse aux entrevues de Jason et de la vierge de Colchos! Leurs discours viennent du cœur et vont au cœur. Jason prie comme la passion, qui fait tout demander et tout obtenir. Médée écoute, et répond comme une femme séduite qui ne peut résister à l'ascendant de la beauté unie à l'éloquence, dans un héros qui lui paraît presque un immortel. Cependant elle a un dernier mouvement de repentir, et demande, sans vouloir l'obtenir, que Jason n'ait pas recours à sa puissance : c'est le dernier effort du devoir, en présence de la passion ardente qui s'élève au-dessus de tout, dans le cœur de la fille d'Éétès. Après cette peinture, le poëte nous montre la victoire de Jason, l'enlèvement de Médée, le désespoir de ses parents, sa douleur et ses remords pendant la longue navigation des Argonautes, et enfin la pompe d'un hymen glorieux. Cet hymen, entouré de tous les prestiges des fêtes de la Grèce, succède avec grâce à l'intérêt d'un amour mutuel, et le couronne d'une manière bien plus heureuse que l'entrevue furtive préparée par le secours des deux déesses qui veulent unir Didon et le héros troyen. N'oublions pas, dans l'intérêt de l'art, une dernière remarque, c'est que la passion qui l'entraîne, au lieu d'avilir ou de rabaisser Jason, ajoute encore à sa grandeur, et que l'amant n'éclipse jamais le héros; tandis que le pieux Énée ne faisant rien ni pour la gloire ni pour l'amour, la belle et malheureuse Didon a l'air d'une victime condamnée à aimer un homme vulgaire et indifférent, qui ne se souvient plus d'Hector, et n'est pas digne d'elle. Pourquoi faut-il que Valérius, malgré les éloges qu'on ne peut lui refuser sous le rapport de la composition et des pensées, des images et du talent dramatique, manque de cette perfection de style, de cette élégance, de cette clarté, de cette chaleur passionnée, de cette mélodie, qui mettent Virgile hors de toute comparaison!

Valérius a beaucoup d'obligations à Apollonius, comme on l'a vu; il doit encore au poëte grec la peinture des tourments de Médée, la résolution de mourir, les souvenirs de la jeunesse qui la retiennent, le prodige qui donne une beauté nouvelle à Jason, les premières circonstances et l'entrevue des deux amants, plusieurs traits des discours du héros, mais qui n'ont ni l'élégance, ni le charme, ni l'ingénieuse adresse des paroles que Circé lui prête dans le poëte latin ; et enfin une partie de la réponse de Médée. Toutefois, Valérius a négligé quelques détails heureux de son modèle. Médée, n'osant se livrer à l'espoir téméraire d'une alliance avec Jason, lui dit : « Conserve le souvenir de Médée, comme je conserverai le tien, en dépit de la haine de ma famille. Ah! si jamais mon nom s'efface de ta mémoire, puisse la renommée ou quelque heureux présage m'apprendre cette triste nouvelle! Puissé-je, portée sur les ailes des tempêtes, traverser les mers, et arriver à Iolchos pour te rappeler mes services! Quelle douceur pour moi de te surprendre alors dans ton palais, et de paraître tout-à-coup à tes yeux! » On peut regretter encore dans le poëte latin un autre passage d'Apollonius. Au moment où Médée, effrayée par la crainte de son père, veut se donner la mort avec un poison subtil, Junon lui inspire au contraire la résolution de fuir avec les enfants de Phryxus. « Alors, dit le poëte grec, elle embrasse son lit, la porte et les murs de sa chambre ; elle arrache les plus longs de ses cheveux pour laisser à sa mère un monument de sa virginité, et s'écrie en gémissant : « Que ces cheveux, ô ma mère, vous rappellent le souvenir de votre fille ; et que l'intervalle qui va nous séparer ne vous em-

pêche pas de recevoir ses tendres adieux [1]. Adieu, Chalciope... Adieu.., tous ceux qui demeurent dans ce palais. Plût au ciel que cet étranger eût été englouti dans les flots avant d'aborder en Colchide!»
Mais, avec toutes les imitations et tous les larcins qu'il a pu faire, Valérius n'en est pas moins un poëte créateur.

C'est à la lumière sinistre des éclairs [2] que Virgile fait succomber la reine de Carthage, comme on l'a vu plus haut; de même l'hymen de Médée est menacé par des présages qui annoncent l'inconstance de Jason, les malheurs d'un amour conçu sous les auspices du crime, et laissent entrevoir la cruelle

---

[1] On ne sait pas pourquoi, dans Valérius, Médée n'adresse pas aussi quelque adieu à sa mère.

[2] Ovide a dit dans l'épître de Didon à Énée :

Illa dies nocuit, qua nos declive sub antrum
Cœruleus subitis compulit imber aquis.
Audieram vocem, nymphas ululare putavi.
Eumenides fatis signa dedere meis.
Exige, læse Pudor, pœnas, violate, Sicheo :
Ad quas (me miseram) plena pudoris eo.

« Il a causé tous mes maux ce jour où un subit orage du ciel nous força de chercher une retraite dans un antre écarté. Il m'en souvient : une voix a frappé mon oreille; j'ai cru entendre les hurlements des nymphes. Les Euménides me donnèrent des signes de ma fatale destinée. O Pudeur, dont j'ai violé les lois, punis mon crime envers les mânes de Sichée! Hélas! je cours au-devant de ma peine en rougissant de honte!»

vengeance d'une épouse outragée, qui immolera ses propres enfants.

Mais Valérius a laissé cet avenir dans une espèce d'obscurité; Virgile lève tous les doutes sur les fatales conséquences du premier malheur de Didon, en ajoutant au tableau qu'il vient de faire : «Ce jour » fut la première cause des malheurs ou de la mort » de Didon : déjà elle n'est plus touchée du soin de » garder les apparences et de conserver sa réputa- » tion; déjà elle ne médite plus de furtives amours, » elle appelle son bonheur un hymen, et cache sa » faute sous ce nom sacré. »

Nous n'aimons pas beaucoup cette manière de montrer le dénouement et de ne laisser aucun voile sur ce qui doit exciter la curiosité. Il est plus dans notre goût de le soulever à peine. Les anciens ne pensaient pas comme nous à cet égard. Mais peut-être l'artifice de la composition aurait-il gagné quelque chose à la suppression de ce passage de Virgile. J'aurais préféré que le poëte nous dît, sans aucun intermédiaire, aussitôt après ces beaux vers qui laissent une impression si triste dans le cœur,

..... Fulsere ignes, et conscius æther
Connubiis; summoque ululuarunt vertice nymphæ:

«Tout à coup se répandit, parmi les villes de la » Libye, la Renommée, le plus rapide des fléaux. Le » mouvement est sa vie; elle prend des forces en » marchant. D'abord craintive et faible, bientôt elle

» s'élève; ses pieds sont sur la terre, sa tête se ca-
» che dans les nues. On dit que la terre, indignée
» de la vengeance des dieux contre les Titans ses
» fils, enfanta cette dernière sœur d'Encelade et de
» Cée. Ses pieds sont légers, ses ailes sont rapides.
» Monstre horrible, immense, elle cache, sous cha-
» cune de ses plumes, autant d'yeux vigilants, au-
» tant de langues, autant de bouches retentissan-
» tes, autant d'oreilles attentives! La nuit, elle vole
» entre le ciel et la terre, murmure dans l'ombre,
» et ne laisse jamais le sommeil abaisser ses pau-
» pières. Le jour, sentinelle vigilante, elle s'assied
» sur le faîte des palais ou sur le haut des tours, et
» jette les alarmes dans les grandes villes, semant
» avec la même ardeur le mensonge et la vérité.

» Elle se plaisait alors à remplir les nations de
» mille bruits différents: Il est venu à Carthage, di-
» sait-elle, un prince troyen du nom d'Énée; la belle
» Didon n'a pas dédaigné de s'unir à lui; et mainte-
» nant ils consument ensemble, dans la mollesse, les
» longues nuits de l'hiver, oubliant les soins de l'em-
» pire pour s'abandonner à une passion honteuse.
» De tous côtés la déesse odieuse mettait ces dis-
» cours dans la bouche des peuples. Tout-à-coup
» elle se détourne pour voler vers le roi Iarbas,
» dont elle enflamme la colère et accumule les res-
» sentiments par ses récits. »

Virgile affaiblit ici une admirable image d'Homère, qui représente ainsi entre deux armées la Discorde, sœur et amie du dieu de la guerre et du carnage: « D'abord, petite et faible, elle s'élève par degrés; mais bientôt sa tête est dans le ciel, tandis que ses pieds marchent sur la terre. » La fiction du poëte latin est ingénieuse, et la comparaison remarquable par une extrême justesse. Une nouvelle n'est d'abord qu'un faible murmure que l'on entend à peine; elle se répand, elle s'augmente, s'élève de proche en proche, et monte jusqu'à l'oreille des rois. Mais jamais elle n'est plus rapide que lorsqu'elle apporte quelque malheur: alors elle a vraiment des ailes; alors elle ne se repose jamais, ni le jour ni la nuit; dans sa course elle devient un monstre affreux, épouvantable, et semble occuper tout l'espace qui sépare la terre du ciel. Ces réflexions, tirées de la nature des choses, donnent de la vérité même à ce que la fiction pourrait avoir de fantastique au premier coup d'œil: tels sont, par exemple, ces yeux, ces oreilles, ces langues cachées sous les plumes du monstre, qui expriment d'une manière si poétique que tout est vu, entendu et répété dans le monde, surtout ce qui regarde les grands.

Massillon leur dit: « Les personnes nées dans l'élévation deviennent comme un spectacle public sur lequel tous les regards sont attachés : ce sont des maisons bâties sur la montagne, qui ne sauraient se cacher, et que leur situation toute seule découvre. C'est le malheur de la grandeur et des dignités : vous ne vivez plus pour vous seuls; vos actions ont le même éclat que vos titres; il ne vous est plus permis de vous égarer à l'insu du public; et le scandale est toujours le triste privilége que votre rang ajoute à vos fautes[1]. »

Voltaire introduit sur la scène la reine Jocaste, qui expose avec chagrin cette vigilance inquiète des courtisans, si habiles à deviner les secrets du cœur des princes, à entendre un mot, un soupir, un regard, et si prompts à divulguer les faiblesses dont ils ont surpris la connaissance ou obtenu l'aveu.

Virgile, par une fiction conforme au génie de l'épopée, donne une leçon plus vive encore aux princes, en leur montrant dans la Renommée un monstre qui s'empare de leurs fautes au moment même où elles viennent d'être commises, et court publier sur eux des récits où la vérité, défigurée par le mensonge, devient la pâture de la malignité générale, qui se plaît à tout empoisonner dans leur conduite[2].

Ovide a fait aussi une description de la Renom-

---

[1] *Petit Carême.* — Vices et vertus des grands.
[2] Juvénal a dit dans son style de Tacite :

Incipit ipsorum contra te stare parentum
Nobilitas, claramque facem præferre pudendis.

mée : elle est ingénieuse et brillante; mais, outre la prolixité des détails, elle pèche encore par le jugement : la Renommée, qui vole sans cesse et ne repose jamais, ne peut avoir un palais qu'elle habite [1].

Valérius Flaccus dit : « Vénus se précipite du ciel sur un nuage, et cherche dans l'ombre la Renommée errante, que Jupiter a bannie des tranquilles demeures du ciel, parcequ'elle se plaît également à répéter le mal et le bien, et à répandre les alarmes. L'inquiète déesse n'habite ni les profondeurs de l'Érèbe, ni les hauteurs de l'air; elle fatigue la terre, qui veut bien la recevoir. Les premiers mortels qu'elle visite la méprisent et la réchauffent dans leur sein; bientôt elle remue tous les cœurs, et le bruit de sa langue agite les cités. Tel est le ministre que Vénus demande pour instrument de la ruse et du crime. La Renommée, la première, a vu la déesse; elle accourt, impatiente d'entendre et de parler; déjà elle dresse ses oreilles et prépare sa langue [2].

Le précepte de la variété, tant recommandé par

Omne animi vitium tanto compectius in se
Crimen habet, quanto major qui peccat, habetur.
VIIIe satire, vers 138 et suivants.

[1] *Métamorphoses*, livre XII, vers 39 et suivants.
[2] Chant XII, vers 116 et suivants.

Boileau, et pratiqué long-temps avant lui par les grands écrivains, surtout par Homère, leur maître et leur modèle, était sans cesse présent à la pensée de Virgile. Nous avons vu tout à l'heure la riche description de la Renommée [1], nous avons entendu, presque dans la familiarité du langage populaire, les bruits qui se répandent d'abord dans les chaumières et ensuite dans les palais ; et maintenant voici un roi superbe : fils de Jupiter, il lui a consacré cent autels, et des feux qui ne meurent jamais; c'est en face de ces mêmes autels, au milieu de toutes les images des divinités qui environnent son père, qu'Iarbas, hors de lui-même et enflammé par des bruits injurieux, élève vers le Dieu suprême cette prière orgueilleuse et sauvage : « Puissant maître de la foudre, que la nation africaine honore en ce moment par des sacrifices et des libations, vois-tu ce qui se passe à Carthage? ou bien, ô mon Père, est-ce à tort que nous frémissons de terreur quand tu lances la foudre ; et ces feux cachés dans les nues ne sont-ils que des feux aveugles qui épouvantent d'un vain bruit les esprits des mortels [2]? Une femme errait sur les confins de no-

---

[1] On connaît les belles imitations du portrait de la Renommée par Boileau, dans *le Lutrin*; par J. B. Rousseau, dans son *Ode du prince Eugène*, et par Voltaire dans *la Henriade*.

[2] Dans la tragédie d'*Hécube* par Euripide, Talthybius, hé-

ÉNÉIDE, LIVRE IV.

tre empire; elle obtient, à prix d'argent, la permission d'y fonder une petite ville; je lui accorde un peu de terre à cultiver, je l'en fais souveraine : l'ingrate cependant rejette mon hymen, et reçoit Énée pour maître dans ses états. Et maintenant ce nouveau Pâris[1], avec son cortége efféminé, le front ceint d'une mitre lydienne, les cheveux humides de parfums, jouit du bien qu'il nous enlève par un larcin, tandis qu'assidus à porter des présents sur tes autels, on nous voit cultiver sans aucun fruit la renommée de notre piété envers toi. »

Les hommes, en général, sont portés à croire que

---

raut des Grecs, en voyant Hécube couchée par terre et enveloppée dans ses vêtements, s'écrie : « O Jupiter, que dois-je » croire ? As-tu les yeux sur les mortels ? ou bien est-ce une » opinion vaine et trompeuse de penser qu'il y ait des dieux ? » et la fortune gouverne-t-elle toutes les choses humaines ? » Ce ton simple convient à la pitié de Talthybius, qui plaint la reine de l'opulente Phrygie par un retour sur lui-même ; mais les vers de Virgile offrent un modèle du langage figuré que la poésie doit prêter aux passions violentes, dont l'éloquence est tout en images. (*Hécube*, vers 488 et suivants.)

[1] Non seulement la Renommée a porté jusqu'aux oreilles d'Iarbas les amours de Pâris et l'enlèvement d'Hélène, mais encore Virgile a eu soin de nous apprendre que la guerre de Troie et la gloire d'Énée étaient répandues à la cour de Didon ; les rois ses voisins ont donc pu apprendre ce que savait tout son peuple. Heyne n'a pas fait attention à ces objections quand il a cru que le poëte faisait Iarbas trop instruit pour un prince maure.

le ciel doit s'occuper d'eux et ne pas les perdre de vue; mais quand ils joignent à cette prétention la violence et la superstition, comme le jaloux Iarbas, ils passent promptement de la prière à l'offense envers les dieux, qu'ils accusent d'avoir trompé leur attente. On a fait cette remarque dans tous les temps, chez tous les peuples, et dans tous les rangs; mais, suivant que les mœurs sont restées plus ou moins grossières, ce ridicule emportement éclate avec plus ou moins de ménagements. Si les passions n'avaient pas à leur commandement le langage le plus hardiment figuré, on pourrait peut-être penser qu'Iarbas s'exprime trop en poëte dans ses doutes injurieux sur le pouvoir de la foudre, qui inspire une si profonde terreur aux mortels. L'envie, d'un mépris affecté qui n'est que l'expression des ressentiments de l'amour, éclate à chacune des paroles d'Iarbas contre Didon. Aussi un seul mot peut calmer sa colère; et nous le verrions prêt à pardonner, si la reine voulait renoncer à l'hymen qu'elle prépare. Mais, Africain et jaloux, il méprise dans Énée les mœurs efféminées d'un Asiatique, et hait les triomphes d'un rival. Malheureusement tout ce qu'il dit contre ce rival produit une impression d'autant plus fâcheuse, que l'âge, les actions passées, les promesses et les destinées du prince troyen, ne nous ont point préparés à penser qu'il puisse languir dans les chaînes d'une femme.

Le Franc de Pompignan a dénaturé l'énergique harangue d'Iarbas dans les vers suivants:

> Eh! crois-tu que le dieu qui tonne dans les airs
> Souffre, sans éclater, qu'une femme étrangère
> Au sang de Jupiter indignement préfère
> Un transfuge échappé des bords du Simoïs,
> Qui n'a su ni mourir, ni sauver son pays,
> Et qui n'apporte ici, du fond de la Phrygie,
> Que les crimes de Troie et les mœurs de l'Asie?
> J'en atteste le dieu dont j'ai reçu le jour:
> Ces superbes remparts témoins de mon amour,
> Ces lieux où, dévoré d'une flamme trop vaine,
> J'ai moi-même essuyé les refus de la reine,
> Ne me reverront plus que la flamme à la main
> Jusque dans ce palais me frayer un chemin.
> J'assemblerai, s'il faut, toute l'Éthiopie;
> Dans ses déserts brûlants j'armerai la Nubie;
> Des peuples inconnus suivront mes étendards;
> Un déluge de feux couvrira vos remparts;
> Et si ce n'est assez pour les réduire en poudre,
> Mes cris iront aux cieux, et j'ai pour moi la foudre.

Quel indigne travestissement! quel manque de vérité! quelle folle exagération! Il n'y a dans toutes ces déclamations ni l'accord, ni le mouvement, ni l'éloquence des passions; et l'on peut croire sans peine que l'espèce de capitan qui débite toutes ces belles choses n'exécutera pas une seule de ses menaces. Virgile, après avoir dessiné fièrement le personnage d'Iarbas, le fait parler de manière à produire une illusion complète.

Jupiter entend la brûlante prière d'Iarbas, et,

tournant ses regards vers la ville royale où ces amants oubliaient tous deux le soin de leur première gloire, il parle à Mercure et lui donne ses ordres : « Va, vole, mon fils, appelle les Zéphyrs, et descends sur tes ailes ; va trouver le chef des Troyens, qui s'arrête dans Carthage sans tourner ses regards vers les murs qui lui sont réservés par le destin : porte-lui mes paroles. Ce n'est point là le héros que nous avait promis sa mère, la belle Vénus ; ce n'est pas pour de tels desseins qu'elle l'a sauvé deux fois de la fureur des Grecs. Il devait, disait-elle, gouverner la belliqueuse Italie, féconde en grands empires ; il devait propager le noble sang de Teucer et ranger l'univers sous ses lois. Si la gloire de ces hautes destinées n'a rien qui l'enflamme, s'il ne veut rien entreprendre pour élever sa renommée, pourquoi envier à son fils Ascagne l'honneur de fonder les remparts de Rome? Que fait-il? Dans quel espoir s'arrêter au milieu d'une nation ennemie? Pourquoi cesse-t-il de regarder les champs de Lavinie et la race qui doit sortir de lui en Italie? Qu'il parte, je l'ordonne ; annonce-lui ma volonté. »

Le dieu se prépare à exécuter les ordres de son père ; il attache ses brodequins ailés, prend son caducée magique, et s'élance [1]. « Déjà dans son vol

---

[1] Le poëte dit : « Le dieu attache à ses pieds les ailes d'or qui le portent avec une égale rapidité au-dessus des flots et de la

il découvre le sommet et les flancs escarpés de l'infatigable Atlas, qui soutient le fardeau du ciel; Atlas, dont la tête couronnée de sapins, sans cesse enveloppée de sombres nuages, est toujours battue des vents et des tempêtes. La neige couvre les vastes épaules du vieillard, sa bouche vomit des torrents, et sa barbe est hérissée de glaçons [1]. Là, se balançant d'abord sur ses ailes également déployées, Mercure s'arrête; puis, de tout le poids de son

---

terre. Il prend sa baguette puissante ; avec elle, il évoque du fond des enfers les ombres pâlissantes, ou les plonge dans le noir Tartare; avec elle, il ôte ou rend le sommeil aux mortels, et rouvre les yeux fermés par la mort; avec elle, il chasse les vents devant lui et traverse les mers orageuses. »

Heyne n'est pas trop sévère peut-être en trouvant quelque longueur dans ces détails. Le lecteur est aussi pressé que le dieu doit l'être en ce moment.

[1] Il y a dans le *Prométhée* d'Eschyle une belle description d'Atlas:

« Atlas, cet autre Titan, était le seul dieu que nous eussions encore vu dans des chaînes de douleur, travaillé par la peine; Atlas qui, sans relâche, porte sur son dos un poids énorme, le pôle du ciel. Quel sort déplorable! Les flots qui se brisent à ses pieds en mugissent, l'abîme en gronde, l'antre noir de Pluton en frémit sous l'épaisseur du monde, et les sources limpides des fleuves en murmurent. »

Ovide a raconté en beaux vers la métamorphose d'Atlas:

> Quantus erat, mons factus Atlas. Jam barba comæque
> In sylvas abeunt : juga sunt humerique manusque.
> Quod caput ante fuit, summo est in monte cacumen.

corps, il s'élance vers les ondes, semblable à l'oiseau qui, autour des rivages et des roches poissonneuses, voltige et rase les flots. Tel, suspendu entre le ciel et la terre, le dieu de Cyllène effleurait la rive sablonneuse de l'Afrique et fendait les airs en s'éloignant de son aïeul maternel. »

Tout ce passage est imité du cinquième livre de l'Odyssée; mais ici on peut appliquer à Virgile ce que Boileau disait d'Homère,

Tout ce qu'il a touché se convertit en or.

On ne saurait mieux conserver la dignité du maître de l'Olympe et le ton du commandement suprême[1].

Ossa lapis fiunt. Tum partes auctus in omnes,
Crevit in immensum (sic, di, statuistis), et omne
Cum tot sideribus cœlum requievit in illo.
Métamorph., liv. IV, vers 666 et suiv.

Silius Italicus, fidèle à son système d'imitation, a traduit en d'autres termes les pensées de Virgile; mais ses vers ne sont pas sans beautés. (Liv. Ier, vers 202 et suivants.)

[1] Dans le cinquième chant de Milton, Dieu ne parle pas avec la majestueuse grandeur du Jupiter de Virgile; mais, ému de la prière d'Adam et d'Ève, alarmé de leurs périls, il charge Raphaël d'aller avertir les deux innocentes victimes que Satan veut perdre. Il y a quelque chose de touchant dans ce mouvement de pitié qui associe la Divinité elle-même aux plus doux sentiments de l'homme. Mais les expressions du poëte ne répondent pas à notre attente; elles manquent de noblesse et de charme. On y chercherait vainement cette tendresse du cœur qui respire dans les paroles du Christ. Milton est plus digne de lui-même dans la description qui suit ce discours.

Homère n'a rien d'égal à ces traits:

> Sed fore qui gravidam imperiis belloque frementem
> Italiam regeret, genus alto a sanguine Teucri
> Proderet, ac totum sub leges mitteret orbem.

Dans trois vers, voilà toute l'histoire de Rome! Le peuple de Mars combat pendant quatre siècles pour soumettre l'Italie, les empires, les cités puissantes, les nations libres et indomptées qu'elle renfermait dans son sein. Alors il s'étend au dehors, et produit aux yeux du monde le sang illustre de Teucer; et, enfin, il range l'univers sous ses lois. Horace, qui choisit en maître dans un magnifique tableau de son ami; Horace, dont le génie abrège souvent Virgile pour l'agrandir, n'a jamais renfermé tant de sens dans quelques vers; et cependant ici l'énergie de la pensée ne coûte rien à l'élégance ou à la clarté du style.

Mais, sous d'autres rapports, le vieil Homère, leur maître à tous deux, l'emporte sur son imitateur. Dans l'Odyssée, le héros ne se trouve pas doublement avili ou rabaissé, comme Énée est exposé à l'être, par les reproches sanglants d'Iarbas et par les paroles du maître des dieux lui-même. Sous quel autre aspect se présente à mes yeux le fils du vieux Laërte! Minerve, qui le favorise toujours, parcequ'il est à la fois prudent, courageux et infatigable, demande justice et non pas grâce pour le plus clément des rois; elle veut rendre à la gloire, et au peuple d'Ithaque, un prince malheureux, retenu par Calypso loin de sa patrie, qu'il brûle de revoir; un père, dont le fils est menacé de la mort par des ennemis cruels, qui veulent encore lui ravir Pénélope et dévorer son empire. Jupiter se rend aux vœux de Minerve, et promet le prompt retour du prince dans sa ville natale. Les mêmes pensées, exprimées avec plus de charme et d'éloquence dans le premier livre du poëme, excitent l'admiration et la pitié en faveur d'Ulysse; Virgile n'a pas pu mettre Énée dans une position aussi favorable, et cependant des convenances bien plus sévères lui étaient imposées par le rôle qu'il avait choisi pour son héros, à la fois guerrier, ministre des choses saintes, fondateur d'un empire, et législateur d'un grand peuple.

Il faut donner ici de justes éloges à Virgile. La poésie descriptive, naturellement amie d'un certain luxe, unit rarement la richesse à la précision que l'on admire dans la peinture de l'Atlas. Le pouvoir du caducée de Mercure est rendu avec la plus rare élégance; le vol de l'oiseau, qui effleure le rivage dans ses caprices, n'a pas plus de légèreté que les vers qui peignent le vol de Mercure entre le ciel et la terre: mais tous ces détails, remplis de grâce, n'ont-ils pas, comme Heyne l'a pensé, le défaut de ralentir un peu l'action dans un moment où elle demande tant de rapidité? Homère avait donné deux fois à Virgile l'exemple d'une rare brièveté dans les mêmes circonstances [1].

A peine Mercure touche de ses pieds ailés les cabanes de la Libye, qu'il aperçoit Énée qui élevait

---

[1] Chant Ier de l'*Odyssée*, v. 96 et suivants ; chant V, v. 43 et suivants. Milton a imité Homère et Virgile, et s'est donné carrière. On lit dans le cinquième chant du *Paradis perdu :*

« Le ministre ailé, qui a reçu les ordres de Dieu, part pour les exécuter ; du milieu des innombrables séraphins, où il était debout, voilé de ses ailes magnifiques qu'il déploie, il s'élève légèrement dans le ciel, dont il traverse le vaste empire, et il arrive à la porte. Cette porte miraculeuse, ouvrage du suprême Architecte, s'ouvrit d'elle-même et tourna sur ses gonds d'or. »

On lit plus loin : « L'ange précipite son vol vers la terre, et, dans la vaste étendue du firmament, vogue au milieu des mondes. Tantôt, avec une aile étendue et immobile, il suit le cours des vents du pôle ; tantôt, avec son aile qu'il agite, il repousse l'air, qui cède comme devant un éventail qui le chasse. Lorsqu'il arrive à cette distance de la terre jusqu'à laquelle peut atteindre l'aigle qui s'élève le plus haut, tous les oiseaux, qui le regardent avec étonnement, croient voir cet oiseau unique qui, allant ensevelir ses restes dans le temple du Soleil, vole vers la Thèbes de l'Égypte. Enfin il s'abat sur le sommet oriental du paradis, et paraît, tel qu'il est en effet, un séraphin orné de six ailes qui ombragent sa divine substance. Les deux premières de ces ailes, voilant la largeur de ses épaules, qu'elles enveloppent jusque sur la poitrine, paraissent un manteau royal ; les deux du milieu couvrent les reins comme une zone étoilée, et, tournant tout autour, ressemblent à une ceinture ornée d'une frange d'or, et peinte des couleurs d'une teinture céleste ; les deux dernières om-

des remparts et de nouvelles demeures. Une étoile d'un jaspe verdoyant décorait son épée; la pourpre tyrienne éclatait sur le manteau qui descendait de ses épaules; cette pourpre était un riche présent de Didon, qui l'avait ornée d'une légère broderie. Mercure attaque le héros en ces termes : « Te voilà donc occupé à jeter les fondements de Carthage! esclave d'une femme, tu lui bâtis une ville superbe! Hélas! et tu oublies ton empire et ta fortune. Le souverain arbitre des dieux, celui dont la puissance remue à son gré le ciel et la terre, m'envoie vers toi des hauteurs de l'Olympe éclatant de lumière. » — Ici le dieu répète, en les abrégeant, les paroles de Jupiter, et abandonne tout-à-coup Énée à lui-même.

---

bragent ses pieds, et font, en sortant de ses talons, comme une cotte de mailles formée de plumes de couleur d'azur.

» Il se tint debout, tel qu'on dépeint le fils de Maïa, et secoua tout son plumage, dont la charmante odeur se répandit au loin. »

Rien de plus riche que toute cette poésie, toute rabaissée qu'elle puisse être par la prose. Milton sème ici les beautés avec profusion; mais son sujet le demandait, et nous lui savons gré d'avoir répondu à l'attente de notre imagination, qui, après avoir aussi créé d'avance le portrait de l'ange, éprouve un vif plaisir à se voir surpassée par le génie du poëte. D'ailleurs, Dieu n'a point recommandé à Raphaël une extrême diligence : l'action même, dans laquelle Satan a recours aux détours de la ruse, et doit épier encore long-temps le moment de sa victoire, permettait quelques délais à Milton.

Virgile a eu la pensée de relever Énée par les nobles occupations qu'il lui donne au moment de l'arrivée du dieu; mais il n'a pas fait attention que ces occupations elles-mêmes étaient une faute de plus qui aggravait toutes les autres. Le poëte aurait dû sentir aussi le vice de la situation quand il a mis dans la bouche de Mercure des reproches encore plus sévères que ceux du maître des dieux. Heyne blâme la description de l'épée, ainsi que celle des vêtements du prince troyen: Heyne a méconnu un trait de nature, qu'il aurait approuvé avec un peu plus de réflexion. Un homme qui cède à une passion pleine de faiblesses, prend quelque chose du goût des femmes pour les vaines parures, et se plaît surtout à porter le vêtement préparé par des mains chéries. Au reste, Virgile est ici d'une mesure parfaite, et digne de servir de modèle pour le choix des ornements que peut admettre un sujet grave.

Toujours poëte, toujours riche d'imagination, Homère nous montre l'étonnement de Mercure à l'aspect des lieux enchantés qui conduisent à la grotte de Calypso; mais quel bon sens et quel charme dans ce qui suit! « Le magnanime Ulysse n'était pas dans la grotte; il s'abandonnait à sa douleur, étendu sur le rivage, où chaque jour, consumé par les plaintes, par les soupirs, et sans cesse les yeux attachés sur la vaste mer, il laissait couler ses larmes au souvenir de sa patrie. » Certes voilà un homme digne de la pitié de ses semblables et de la bonté des dieux. Tout l'esprit, tout le talent, toute la grâce du monde, échouent contre les inspirations de la raison prévoyante qui compose ainsi.

Dans Valérius Flaccus, les jeunes Argonautes cèdent à l'amour dans l'île de Lemnos ; Jason, leur chef, brillant de gloire et de jeunesse, partage la passion d'Hypsipyle, que l'admiration a surprise comme Didon au récit des exploits d'un héros. Jupiter lui-même a paru favoriser cette douce suspension des travaux de la guerre, en suscitant des tempêtes qui retiennent les Argonautes. Jusques au retour du calme et d'un temps favorable, ils se livrent aux plaisirs, et prolongent la saison des orages : ils ne veulent pas voir que le zéphyr les appelle. Mais le fils d'Alcmène gourmande leur mollesse, et menace de partir seul avec Télamon, comme Achille avec Patrocle dans l'Iphigénie de Racine. A cette voix du courage et de la vertu, Jason se réveille comme un coursier généreux au bruit martial des clairons, et presse le départ[1]. Certes le mérite de l'invention et du respect des convenances est ici du côté de Valérius.

Voyons du moins si Virgile, après avoir placé

---

[1] Valérius, chant II, vers 351 à 392.

son héros dans une situation peu digne de lui, saura l'en faire sortir plus heureusement.

Énée, épouvanté des avis et des ordres du ciel, brûle de s'échapper par la fuite, et de quitter une terre chérie. Mais comment faire? Par quels détours aborder une amante en délire? quelles premières paroles lui adresser? « Son esprit agité roule de projet en projet; dans son incertitude, il s'arrête à la pensée d'ordonner à ses compagnons de préparer la flotte, en cachant avec soin la cause de ces mouvements imprévus. Lui, tandis que la généreuse Didon ignore ce qui se prépare, et ne craint pas de voir rompre des nœuds si puissants, il épiera le temps, le lieu propice, et le moyen le plus adroit de la préparer à la triste nouvelle. Les Troyens obéissent avec joie aux ordres de leur chef. »

Virgile marchait sur des charbons ardents; aussi a-t-il marqué à peine la trace de son passage. Tous les détails intéressants du sujet ne convenaient point au caractère d'Énée; les combats entre l'amour et le devoir répugnaient à son âge, à ses mœurs, à sa position; cette première erreur d'avoir supposé amoureux un homme qui ne devait pas l'être, nuit à toute la suite des développements. Ici le cœur d'Énée ne fait aucun sacrifice, et l'on peut mettre en question s'il n'est pas intérieurement satisfait de quitter la malheureuse Didon. Seulement il éprouve quelque embarras à désabuser son amante. Cette circonstance est vraie; mais, privée de la passion et des mouvements divers qui lui donneraient de la vie et de l'intérêt, elle devient commune, et peu digne de l'épopée.

Homère a épargné à son héros les justes reproches du dieu, les embarras d'une position fausse, et les froides alarmes d'un amour qui ne fut jamais senti.

Le Tasse a pu nous montrer le jeune Renaud, perdu de mollesse aux pieds d'Armide[1], parcequ'au seul nom de gloire le héros reparaît tout entier, comme Achille, caché sous les habits d'une vierge à la cour de Lycomède, se trahit à l'aspect du glaive que l'adroit Ulysse avait mêlé parmi des ornements de femme.

Voltaire, s'autorisant du penchant invincible de Henri IV pour les femmes, a cru ne pas tomber dans la faute de Virgile, en forçant la sévère épopée à recevoir les volages amours du Béarnais et de Gabrielle d'Estrées; mais qu'est-il arrivé? Henri, devenu un soupirant de la belle d'Estrées, a perdu toutes les grâces de sa physionomie chevaleresque, et se trouve rabaissé à nos yeux par la plus coupable des imprudences ou la plus honteuse des faiblesses dans un homme sur qui reposent de si grands in-

---

[1] Voyez le chant XVI de la Jérusalem, strophe XXVIII et suivantes.

térêts. Mais j'aime bien mieux Henri lisant son devoir sur le visage sévère de Mornay, et remerciant, avec un cœur d'homme, le témoin de sa faute, que le héros de Virgile, si justement gourmandé par Mercure, stupide d'étonnement de la visite du dieu, réduit à chercher de misérables détours auprès d'une femme dont il ne partage pas vraiment la passion. Énée reste accablé sous le poids de ses torts, ce qui est l'indice d'une âme vulgaire ; Henri IV tire un nouveau lustre de son courage à dompter sa faiblesse, en écoutant la voix de la vérité, qui a tant de peine à se frayer un chemin jusques au cœur des rois.

Virgile, n'ayant pu donner une grande âme à son héros, a manqué ici l'occasion de peindre un de ces caractères qui sont tout entiers à une passion dominante et souveraine de toutes les autres. Entre l'amour et la religion, Énée joue un rôle équivoque et faible ; mais si le respect des dieux était en lui un sentiment profond et sublime, le héros ne concevrait pas même la pensée d'un seul détour. Plein des paroles de Jupiter, et loin de balancer un moment, une force irrésistible l'entraînerait vers Didon ; nous l'entendrions lui parler avec l'accent d'un homme saisi d'un religieux effroi, empressé d'obéir à l'ordre céleste. Remarquons en outre que la piété n'ordonnant point l'ingratitude, il pourrait déclarer sa résolution à la reine de Carthage, sans manquer aux devoirs de la reconnaissance et aux égards mérités par tant d'amour et de bienfaits. Virgile, en rendant Énée plus digne de l'épopée, n'aurait pas perdu l'heureuse transition qui amène Didon sur la scène aussitôt après le message de Mercure.

« Mais la reine (qui pourrait tromper une amante!) a pressenti cette fuite perfide du fils de Vénus; elle a deviné, la première, des mouvements qui n'existaient pas encore, craignant tout, même avant d'avoir quelque chose à craindre [1]. Cette même Renommée, qui divulgua ses amours, va révéler à Didon furieuse l'armement des vaisseaux et les apprêts du départ. Hors d'elle-même, elle éclate aussitôt; enflammée de colère, elle parcourt la cité à grands pas, semblable à la bacchante [2] que

---

[1] On trouve le trait suivant dans Racine :
BRITANNICUS.
Que craignez-vous?
JUNIE.
Je l'ignore moi-même;
Mais je crains.

[2] Ici la comparaison est plus convenable que dans le premier passage où Virgile la laisse apercevoir; mais on pourrait encore remarquer qu'il y a trop de larmes et de prières dans les paroles de Didon, pour qu'elle ressemble à une prêtresse de Bacchus qu'un dieu agite de ses fureurs poussées jusqu'au délire. C'est au moment où Didon s'élance dans son palais et vole au bûcher où la mort l'attend, que la comparaison, vrai-

la voix de son dieu entraîne aux orgies sacrées, au bruit du Cithéron qui l'appelle à grands cris dans l'ombre des nuits. Enfin elle rencontre Énée, qu'elle apostrophe en ces mots : « Espérais-tu, perfide, me cacher un si grand crime et sortir en secret de mes états [1]? Quoi, ni notre amour, ni la foi que tu m'as donnée, ni Didon prête à mourir d'un trépas si cruel, n'ont pu te retenir! Que dis-je! tu prépares ta flotte sous les signes orageux de l'hiver; tu cours braver des mers battues par les aquilons! Cruel, que fais-tu? quand tu n'irais pas voguer vers des bords étrangers et des mers inconnues; quand l'antique Ilion subsisterait encore, devrais-tu la chercher à travers des ondes furieuses [2]?

---

ment mise à sa place, aurait toute la beauté dont elle est susceptible.

[1] Quelle différence entre cette situation et le moment où Didon montrait avec orgueil, et surtout avec espérance, au prince troyen les richesses de Tyr, et cette ville toute prête!

[2] Didon ressemble à Alcyone; elle pense ce que cette jeune reine dit à Ceyx :

    Æquora me terrent et ponti tristis imago.

« Les mers et le triste aspect de leur vaste solitude me remplissent de terreur. » Mais, encore plus éloquente, Alcyone ajoute :

    Et laceras nuper tabulas in littore vidi ;
    Et sæpe in tumulis sine corpore nomina legi.

« J'ai vu naguère les débris d'un navire épars sur le rivage; et souvent mes yeux ont lu des noms gravés sur des tombeaux vides et déserts. »

Est-ce moi que tu fuis [1]? Ah! par mes larmes, par ta foi (malheureuse! c'est tout ce que je me suis réservé), par notre union, par cet hymen commencé, si quelque chose de Didon a pu être agréable à tes yeux [2], prends pitié de ma maison, qui va tomber par ton départ; et s'il est encore dans ton cœur quelque accès à la prière, je t'en conjure, abjure cette funeste pensée. Pour toi j'ai affronté la haine de la Libye et de ses princes; je me suis aliéné l'affection de mes sujets; pour toi j'ai fait taire la pudeur et perdu le titre qui m'élevait jusqu'aux cieux, ma première renommée [3]. A qui

---

[1] On lit dans l'heureuse imitation de ce discours par Boileau :

Où vas-tu, cher époux? est-ce que tu me fuis?
Lutrin, chant II.

[2] Esther à Assuérus :

Seigneur, si j'ai trouvé grâce devant vos yeux.

Thomas Corneille avait Didon présente à la pensée quand il a dit :

Vois Ariane en pleurs : Ariane, autrefois
Tout aimable à tes yeux, méritait bien ton choix;
Elle n'a point changé, d'où vient que ton cœur change?
Acte III, scène IV.

Mais *fuit aut tibi quidquam dulce meum* est un trait bien plus touchant que les expressions d'Ariane.

[3] Médée, dans Euripide (acte III, scène I), éclate en violents reproches, comme il convenait à une femme de ce caractère; elle n'a quelques accents tendres et doux que lorsqu'elle veut tromper Jason par un feint repentir, qui sert de voile à ses prochaines fureurs.

abandonnes-tu Didon mourante, cher hôte, puis-

Euripide a étendu, dans une apostrophe assez vive, le récit des bienfaits de Médée. Sénèque, non moins animé, a bien plus de précision et de vigueur :

> Nihil exul tuli
> Nisi fratris artus : hoc quoque impendi tibi ;
> Tibi patria cessit, tibi pater, frater, pudor :
> Hac dote nupsi. Redde fugienti sua.

« Je n'ai rien emporté dans l'exil que les membres d'un frère ; ces membres sacrés, je les ai sacrifiés pour toi. Je t'ai immolé patrie, père, frère, pudeur : telle fut la dot de ton épouse. Je fuis, rends-moi tous ces biens. »

Longepierre a dit, avec assez de bonheur, dans sa Médée :

> J'ai tout osé pour lui ; pour lui j'ai tout quitté ;
> Pays, trône, parents, gloire, félicité.
> Il me coûte, l'ingrat, jusqu'à mon innocence !
>
> Acte II, scène II.

Corneille fait parler ainsi Médée :

> Qu'ai-je épargné depuis qui fût en mon pouvoir ?
> Ai-je auprès de l'amour écouté mon devoir ?
> Pour jeter un obstacle à l'ardente poursuite
> Dont mon père en fureur touchait déjà ta fuite,
> Semai-je avec regret mon frère par morceaux ?
>
> Acte III, scène III.

L'Ariane de Thomas Corneille est plus amante dans ses reproches :

> Pour te sauver le jour dont ta rigueur me prive,
> Ai-je pris à regret le nom de fugitive ?
> La mer, les vents, l'exil, ont-ils pu m'étonner ?
> Te suivre, c'était plus que me voir couronner.
> Fatigues, peines, maux, j'aimais tout pour leur cause.
>
> Acte III, scène IV.

que ce nom seul est tout ce qui me reste d'un

On lit plus loin :

> Pour toi, pour m'attacher à ta seule personne,
> J'ai tout abandonné, repos, gloire, couronne.

Il y a des traits heureux dans ce passage où Valérius a voulu exprimer les mêmes idées que Virgile. Médée, inquiète, comme doit l'être une femme passionnée qui craint un changement dans le cœur de son amant et les conséquences d'une grande faute, cherche ainsi à s'assurer de la foi de Jason :

> Linquo domos patrias, te propter, opesque meorum;
> Nec jam nunc regina loquor, sceptris que relictis,
> Vota sequor : serva hanc profugæ, prior ipse dedisti
> Quam (scis nempe) fidem. Di nostris vocibus adsunt;
> Sidera et hæc te meque vident; tecum æquora, tecum
> Experiar quascumque vias, modo ne quis abactam
> Huc referat me forte dies, oculisque parentis
> Ingeret; hoc superos, hoc te quoque deprecor, hospes.

« Je quitte pour toi la maison et l'appui du trône de mon père; déjà même je ne puis plus parler en reine; j'abandonne un sceptre pour suivre des vœux et des espérances : conserve, je t'en conjure, à cette fugitive, ton amour et la foi, que tu lui as donnée le premier (tu t'en souviens). Les dieux sont présents à nos paroles; ces astres nous voient l'un et l'autre. Partons; avec toi j'irai braver les périls sur quelques mers que tu veuilles m'entraîner; mais promets bien que jamais je ne verrai le jour qui me forcera de revenir en ces lieux, et de paraître devant les yeux d'un père. Voilà ce que je demande aux dieux et à toi-même, ô mon hôte chéri ! »

On ne peut refuser de l'éloquence à ce discours, et Virgile lui-même, porté comme Molière à prendre, sans difficulté, tout ce qui était à sa convenance, n'aurait pas refusé d'admettre dans son poëme les vers de Valérius, si ce poëte eût été son prédécesseur.

époux[1]? Qu'attendre désormais? Que mon frère Pygmalion vienne détruire ces remparts, ou que le Gétule Iarbas me conduise en triomphe comme une captive[2]? Encore si, avant ton départ, tu me laissais un gage de ton amour; si je voyais se jouer

---

[1] Delille a dit, avec un souvenir de Racine :

> Cher hôte ! puisque enfin la fortune jalouse
> Défend un nom plus tendre à la plus tendre épouse.

[2] Ovide refroidit, en les exagérant, les pensées de Virgile :

> Mille procis placui, qui me coïere querentes
> Nescio quem thalamis præposuisse suis.
> Quid dubitas vinctam Getulo tradere Iarbæ?
> Præbuerim sceleri bracchia nostra tuo.
> Est etiam frater, cujus manus impia possit
> Respergi nostro, sparsa cruore viri.

« J'ai plu à mille amants qui sont venus se plaindre à moi de ce que j'avais préféré l'amour de je ne sais qui à leur hymen. Que tardes-tu de me livrer enchaînée au Gétule Iarbas? moi-même j'offrirais mes bras à ton crime. Il est aussi un frère dont la main impie pourra se couvrir de mon sang, après avoir été teinte du sang de mon époux. »

La première pensée est d'une inconvenance frappante, la seconde, par sa brusque exagération, sort du ton général de l'héroïde, où Didon essaie le pouvoir de la prière et des larmes ; mais on trouve dans cette même héroïde des traits d'éloquence ou de sentiment qui eussent ajouté quelque chose aux beautés de l'Énéide.

Si Virgile dit *per inceptos hymenæos*, s'il termine le discours de l'amante avec tant de bonheur par ces vers,

> Cui me moribundam deseris, hospes?
> Hoc solum nomen quoniam de conjuge restat,

autour de moi un petit Énée qui me rappelât seulement les traits de son père, je ne me croirais pas tout-à-fait trahie et délaissée.

Ce discours est un modèle de l'art de rendre avec vérité les mouvements divers du cœur. Le premier mot vient de la colère, mais le nom de perfide sera la seule injure proférée en ce moment par Didon; elle se repent déjà de sa violence, et ne laissera plus parler que la timide prière. Elle est tout à l'amour, elle en invoque les plus doux souvenirs; si elle perd son bonheur, elle mourra d'une manière cruelle. C'est l'amour qui lui inspire ce rapprochement inattendu; c'est encore l'amour qui parle dans les craintes que lui cause le départ d'Énée, malgré une saison si dangereuse. L'amour seul a prononcé ces mots d'une femme accoutumée à un si doux empire, *mene fugis?* C'est l'amour qui apprend à Didon que la passion qui a tout accordé doit retracer cet entier abandon avec autant de réserve que de grâce : et cette délicatesse de parler si fai-

---

Ovide, prêtant des grâces de femme aux paroles de Didon, la fait parler ainsi :

    Si pudet uxoris, non nupta, sed hospita dicar.
    Dum tua sit Dido, quidlibet esse feret.

Héloïse, dans l'une de ses lettres à son cher Abailard, exprime la même pensée avec un emportement de passion et un oubli d'elle-même qui ne pouvaient convenir au caractère de Didon.

blement des plus grands services; cet art de prévenir jusqu'à la plus légère apparence d'un reproche, et de l'effacer par l'image de ces présents du cœur et de ce charme de la personne, qu'on peut rappeler sans crainte quand on le fait avec modestie; et cette manière de mettre toute sa maison sous la protection du bonheur qu'elle a pu donner; ce talent de s'insinuer dans le cœur par un doute timide, tout cela ne respire-t-il pas l'amour et son éloquence? Si Didon retrace les dangers qui l'environnent, l'amour lui enseigne à chercher dans la pitié un moyen de retenir Énée. Ce qu'elle ajoute, sur la perte de sa renommée, rappelle, sans danger d'offense, le plus grand sacrifice que l'amour ait pu faire et recevoir. Elle touche ainsi aux cordes les plus tendres du cœur humain; elle achève de porter l'émotion au dernier degré, en disant tout-à-coup : « A qui abandonnes-tu Didon mourante, cher hôte, puisque ce nom seul est tout ce qui me reste de mon époux? » Maintenant elle croit toucher l'orgueil d'Énée, en lui montrant celle qui fut son amante conduite en triomphe par un prince africain son rival. Le désir qui termine cette suite d'inspirations heureuses fera toujours sourire des Français; mais il n'en est pas moins le dernier trait qui achève la peinture d'une passion extrême [1].

---

[1] On pourrait seulement désirer un peu plus de gravité dans

Qu'on se rappelle la solitude du palais de Didon, sa tristesse et ses larmes, lorsque le prince troyen se sépare d'elle pour quelques heures; qu'on se rap-

---

l'expression de la pensée de Virgile; ce n'est pas qu'il faille sacrifier le mérite de la naïveté homérique à ce goût exclusif que nous avons pour une dignité qui refroidit beaucoup le langage des passions; mais peut-être les images sont-elles trop riantes pour la situation. Delille a dit avec beaucoup de convenance :

> Encor si quelque enfant, doux fruit de notre amour,
> Charmait l'affreux désert où tu laisses ma cour.

Au reste, si nous eussions pu entendre prononcer ces paroles par Didon, nul doute que le seul accent de sa voix, en nous touchant jusqu'aux larmes, nous aurait empêchés de soupçonner même une apparence de faute dans les expressions du poëte.

Ovide a méconnu le langage d'une femme et d'une amante, dont la pudeur est la première grâce; il n'a puisé ni dans la nature, ni dans le cœur de Didon, ni dans les exemples de Virgile, ce que je vais citer :

« Peut-être, ô trop coupable Énée, tu laisses Didon enceinte; peut-être une partie de toi-même est cachée dans mon flanc; peut-être un déplorable enfant vient ajouter son malheur au malheur d'une mère, et tu causeras sa perte avant qu'il soit né; peut-être va mourir avec Didon un frère d'Iule. » (Septième héroïde, vers 133 et suivants.)

Valérius paraît avoir eu le sentiment des convenances sur un sujet si délicat :

Hypsipyle, amante de Jason, dit à ce prince : « Reçois cette épée du grand Thoas; avec elle, je te suivrai au milieu des combats où tu vas te couvrir d'une noble poussière : mon père a porté ce glaive, trempé par un dieu lui-même dans les flammes de l'Etna; il est digne de s'unir à tes armes victo-

ÉNÉIDE, LIVRE IV.

pelle comment elle cherche à tromper son amour en caressant le jeune Ascagne, qui lui retrace l'image d'Énée; alors, au lieu de trouver ici matière à plai-

---

rieuses. Pars, mais souviens-toi de l'île qui la première vous a reçus avec joie dans son sein paisible, et reviens après avoir dompté Colchos; reviens, je t'en conjure par ce jeune Jason que tu laisses dans mon sein. » (Chant II, vers 418 à 426.)

On lit dans le même poëte ces regrets de Clita, épouse du roi Cyzique, tué dans un combat : « O cher époux, ravi à mon amour dans la fleur de l'âge, tu emportes tout avec toi ! Tu ne me laisses, hélas ! aucun rejeton, aucun sujet de joie pour m'aider à supporter la douleur de ta perte, et à tromper le deuil de mon cœur par une faible consolation. » (Livre III, vers 316 et suivants.)

Longepierre a exprimé avec beaucoup de naturel le plaisir que la ressemblance des fils de Jason avec leur père peut causer à Médée.

> Si tes fils te sont chers, ne trahis pas leur mère ;
> Dans ces vivants portraits on reconnaît leur père.
>
> Acte II, scène IV.

Elle dit plus loin, avec un accent plus tendre encore :

> Vivez, régnez heureux. Mais, pour grâce dernière,
> Ne me refusez pas une juste prière.
> Souffrez que j'ose encor vous presser en ce jour
> De m'accorder les fruits d'un malheureux amour.
> Ils suffiront, seigneur, pour consoler leur mère.
> Je croirai, les voyant, revoir encor leur père ;
> Et par ces doux objets mon amour raffermi,
> Vous possédant en eux, ne vous perd qu'à demi.
>
> Acte III, scène III.

Ce dernier vers traduit d'une manière charmante le vers de Virgile :

> Non equidem omnino capta aut deserta viderer.

santer, on sentira quels progrès la passion a faits dans le cœur qu'elle remplit tout entier. Voyons ce que fut Didon et ce qu'elle est devenue. L'infortunée, réduite à former un vœu dont le succès l'exposerait à rougir devant le monde entier, avait obtenu une gloire immortelle; cette gloire est perdue avec la pudeur qui l'avait acquise. Subjuguée par l'amour, mais cependant déchirée par les remords, Didon a déjà plusieurs fois invoqué le trépas; elle l'invoque encore, et peut-être ne saurait-elle échapper à une fin cruelle que par la consolation d'avoir un fils; peut-être consentirait-elle à vivre pour lui, comme Andromaque pour le rejeton d'Hector. Ce commentaire, loin d'être une vaine supposition, se trouve renfermé dans tout ce qui précède, et surtout dans les derniers mots de la reine : « Je ne me croirais pas tout-à-fait abandonnée. » En les prononçant, Didon, effrayée de la solitude qui la menace au départ d'Énée, a résolu de mourir, si elle ne parvient pas à le fléchir. Les dieux ne lui accorderont pas ce bonheur.

Rapprochons maintenant Virgile de ses modèles ou de ses imitateurs.

Apollonius montre aussi Médée instruite du projet de Jason de la laisser à Colchos; mais on ne trouve dans ce poëte aucune des beautés qui précèdent ou accompagnent la prière de Didon[1].

---

[1] Chant IV.

On lit dans Valérius Flaccus[1] :

Sed miser ut vanos, veros ita sæpe timores
Versat amor, fallique sinit non virginis annos.
Ac prior ipsa dolos et quamlibet intima sensit
Non fidi jam signa viri, nimiumque silentes
Una omnes.

« Mais ce malheureux amour, qui nourrit autant de craintes vaines que de craintes trop bien fondées, ne permet pas que Jason puisse abuser les regards d'une jeune vierge. La première, elle pressentit des ruses cachées, les plus secrets mouvements d'un cœur qui commence à n'être plus fidèle ; son amour entendit le silence profond et unanime qui régnait autour d'elle. »

Le Tasse n'a pas su rendre, comme Virgile, les pressentiments de l'amour dans Armide ; il dit seulement : « Mais, en voyant le gardien de son palais étendu sur la poussière, un cruel soupçon vient saisir son cœur ; elle lève les yeux, et voit Renaud qui fuit. Elle veut crier : Ah ! cruel, dans quelle solitude tu me laisses ! mais la douleur ferme le passage à sa voix, et ses tristes paroles reviennent retentir sur son cœur, dont elles augmentent les amertumes. Malheureuse Armide ! un pouvoir plus grand que le tien t'enlève tes délices. Elle le sent ; et pourtant elle se flatte de retenir son

---

[1] Livre VIII, vers 409 et suivants.

chevalier par les secours de son art. Mais la puissance magique de la beauté a fui avec l'amour [1]. »

Catulle, plus brûlant et peut-être plus éloquent que Virgile, dans l'admirable peinture de l'amour d'Ariane pour Thésée, ne donne pas non plus de pressentiments à cette infortunée; mais il la place dans une situation plus déchirante encore que celle de Didon, et nous prépare ainsi à entendre les cris de son désespoir:

« Mais pourquoi prolonger les écarts de ma muse? pourquoi raconter par quel malheur, aux doux regards d'un père, aux embrassements d'une sœur, aux caresses d'une mère que sa fuite devait livrer au désespoir, Ariane, transportée de joie, put préférer l'amour d'un étranger; comment, tandis que ses sens étaient enchaînés par un sommeil funeste, l'ingrat et perfide époux de son choix l'abandonna seule et sans appui? On dit que, furieuse, éperdue, elle faisait résonner le rivage de cris douloureux qui sortaient du fond d'un cœur enflammé. Tantôt elle gravit jusqu'au sommet des montagnes escarpées, d'où ses regards perçants pouvaient s'étendre sur l'immensité des flots; tantôt elle court au-devant de la vague qui vient mouiller ses jambes d'albâtre. Là, consumée de tristesse, elle laissait

---

[1] Chant XVI, strophe xxxvi.

sortir de ses lèvres humides et glacées des plaintes entremêlées de sanglots. » Cette peinture, digne de Virgile sous tous les rapports, annonce d'une manière très dramatique le discours d'Ariane, qui commence par cette vive exclamation:

> Siccine me patriis avectam perfide ab oris,
> Perfide, deserto liquisti in littore, Theseu?
> Siccine discedens, neglecto numine divum,
> Immemor ah! devota domum perjuria portas?

« Ainsi donc, ô perfide! tu m'as enlevée de ma patrie, et tu m'abandonnes sur ce rivage désert! Perfide! ainsi tu pars, au mépris de la puissance des dieux témoins de tes serments; tu pars, sans nul souvenir de la foi jurée, et tu vas porter dans Athènes ton parjure dévoué à la vengeance des dieux. »

Ce début ne le cède en rien à celui de Virgile; mais ceux qui voudront sentir combien les traits de sentiment, les suspensions, les gradations d'intérêt, les aveux timides, les mots du cœur et la mélodie des vers, semblable à l'accent d'une voix douce et tendre, donnent de prix au langage des passions, pourront comparer les paroles de Didon avec les expressions d'Ariane, cherchant toutes deux à réveiller l'amour par des souvenirs de bonheur. Voici le texte de Virgile:

> Nec te noster amor, nec te data dextera quondam,
> Nec moritura tenet crudeli funere Dido?
> Mene fugis? Per ego has lacrymas dextramque tuam, te
> (Quando aliud mihi jam miseræ nihil ipsa reliqui)

> Per connubia nostra, per inceptos hymenæos,
> Si bene quid de te merui, fuit aut tibi quidquam
> Dulce meum, miserere domus labentis, et istam,
> Oro, si quis adhuc precibus locus, exue mentem.

Catulle :

> Nulla... res potuit crudelis flectere mentis
> Consilium? Tibi nulla fuit clementia presto
> Immite ut vellet nostri miserescere pectus!
> At non hæc quondam nobis promissa dedisti
> Voce ; mihi non hoc miseræ sperare jubebas,
> Sed connubia læta, sed optatos hymenæos.

« Cruel! aucune pensée d'amour n'a-t-elle pu fléchir ta funeste résolution? Le souvenir d'Ariane n'a pu trouver grâce devant toi, et changer les volontés de ce cœur barbare. Ah! ce ne sont pas là les promesses que tu m'avais données; ta voix, il t'en souvient, me promettait une douce union, et un hymen, l'objet de nos désirs mutuels[1]. »

Catulle est un poëte qui a bien rendu les pensées ou les sentiments d'un personnage dont il avait étudié le cœur; mais si la reine de Carthage a jadis aimé le fils d'Anchise, elle a parlé comme Virgile, ou plutôt comme la passion elle-même.

---

[1] Les mêmes pensées avaient été exprimées ainsi par Apollonius : « Où sont ces serments dans lesquels tu attestais Jupiter, protecteur des malheureux? Où sont ces flatteuses promesses qui m'ont fait abandonner ma patrie, mon palais, les auteurs de mes jours, tout ce que j'ai de plus cher au monde? » (Chant IV.)

Voici les vers d'Ovide sur les mêmes pensées, dans l'héroïde de Didon :

> Quo tamen adversis fluctibus ire paras ?
> Quo fugis? obstat hyems; hyemis mihi gratia prosit.
> Adspice ut evasus concitet Eurus aquas.
> Quod tibi maluerim, sine me debere procellis.
> Justior est animo ventus et unda tuo.
> Non ego sum tanti (quamvis merearis inique),
> Ut pereas, dum me per fusa longa fugis.

« Tu veux partir, malgré le courroux des flots. Où vas-tu? La saison s'oppose à ton départ; laisse-moi profiter de cette faveur. Vois comme l'Eurus excite et bouleverse les flots. Ce que j'aimerais mieux devoir à ton cœur, permets-moi de le devoir aux tempêtes. Les vents et les ondes sont plus justes que toi. Hélas! je ne suis pas d'un assez grand prix pour que, malgré ton ingratitude, tu périsses, en me fuyant sur les vastes mers. »

Il y a dans tout cela une vaine recherche d'esprit qui glace le sentiment. Ce n'est pas Didon qui se plaint, c'est Ovide qui écrit froidement une lettre en vers[1].

Moins heureusement inspiré encore, et trop su-

---

[1] Valérius Flaccus mérite mieux ici l'honneur d'être cité après Virgile :

> Ipsa quoque Hypsipyle subitos per littora cursus
> Ut vidit, totoque viros decedere Lemno,
> Ingemuit, et tali compellat Jasona questu :

jet à se livrer au dangereux attrait de sa facilité, Ovide a substitué les deux vers suivants à toutes les délicatesses des paroles de Didon, qui n'ose rappeler ses bienfaits qu'à demi :

> Ille quidem male gratus et ad mea munera surdus,
> Et quo, si non sim stulta, carere velim.

« Cependant il reconnaît mal mes bienfaits, il est sourd à mes présents, cet ingrat dont je devrais vouloir me passer, si l'amour ne m'avait pas rendue insensée[1]. »

Ce même poëte, qui tombe si bas que son indigne négligence inspire quelquefois de la colère

---

> Jamne placet primo deducere vela sereno,
> Carius o mihi patre caput? Modo sæva quierunt
> Æquora. Sic portus fugeret ratis, aspera si te
> Plias in adversæ tenuisset littore Thraces.
> Ergo moras cœlo cursumque tenentibus undis
> Debuimus.
>
> Chant II, vers 400 et suivants.

« Hypsipyle elle-même, en voyant cette fuite précipitée vers le rivage, et les Grecs s'élancer de toutes les parties de la ville de Lemnos, gémit de douleur, et adresse cette plainte si tendre à Jason : « Quoi ! te convient-il déjà de déployer tes voiles au premier retour d'un temps serein, ô toi plus cher à mon cœur qu'un père lui-même ! Regarde ; à peine le courroux des flots est-il tombé : c'est ainsi que fuirait ton vaisseau s'il eût touché les bords de la Thrace ennemie. Hélas ! je n'ai dû un moment de ton séjour dans cette île qu'au ciel et à la mer qui ont suspendu ta course. »

[1] Héroïde de Didon à Énée, vers 70 et suivants.

et presque du mépris pour un homme capable de respecter si peu en lui les plus beaux présents de la nature, se relève d'une manière admirable dans les paroles d'Alcyone à son époux, qui veut aller consulter à Claros les oracles d'Apollon:

> Quæ mea culpa tuam, dixit, carissime, mentem
> Vertit? Ubi est, quæ cura mei prius esse solebat?
> Jam potes Halcyone securus abesse relictâ;
> Jam via longa placet; jam sum tibi carior absens [1].

« Quelle faute de moi, dit-elle, ô le plus cher des époux, a donc changé ton cœur? Où est cette tendre sollicitude pour Alcyone, qui était naguère une habitude de ton amour? Déjà tu peux supporter la pensée d'une absence tranquille, après avoir quitté la tendre Alcyone; déjà un long voyage sourit à tes désirs; déjà tu me préfères absente. »

Alcyone est tout-à-fait dans la situation de Bérénice disant à Titus qui va la quitter:

> Dans un mois, dans un an, comment souffrirons-nous,
> Seigneur, que tant de mers me séparent de vous;
> Que le jour recommence et que le jour finisse
> Sans que jamais Titus puisse voir Bérénice,
> Sans que de tout le jour je puisse voir Titus?

Mais les vers d'Ovide sont bien supérieurs à ceux de Racine; et Alcyone parle un langage dont la passion la plus tendre a pu seule créer la poé-

---

[1] Métamorphoses, livre XI, vers 421 et suivants.

sie; Didon elle-même n'offre rien de pareil, parcequ'il lui manque cette jeunesse du cœur, ce sentiment du pouvoir d'un premier amour, cette fraîcheur de souvenirs, cette image du bonheur présent, si adroitement offerte aux regards d'un époux, qui peut déjà supporter la pensée d'en interrompre le cours; cette innocence d'une passion légitime; enfin, ces doutes timides qui donnent tant de force et de grâce à la plainte d'une femme belle, vertueuse et chérie.

Il y a quelque chose de l'accent d'Alcyone dans ces deux questions de Bérénice à Titus :

Dans vos secrets discours étais-je intéressée,
Seigneur ? étais-je au moins présente à la pensée ?

L'Armide du Tasse, dépouillée du pouvoir de la magie, veut essayer si la beauté suppliante n'aura pas plus d'empire que son art. Cette femme orgueilleuse de ses charmes, qui ne rêvait que des triomphes, maintenant trahie, méprisée, poursuit l'ingrat qui l'abandonne. Les neiges, les âpres sentiers ne sont point un obstacle à ses pieds délicats; ses cris la précèdent comme autant de messagers. Mais elle ne peut atteindre Renaud que lorsqu'il touche au rivage. Hors d'elle-même, elle s'écrie : « O toi qui m'enlèves une partie de ma vie et me laisses l'autre, ou prends celle qui me reste, ou rends-moi celle que tu m'arraches, ou donne la mort à toutes les deux. » Ce début et les paroles qui le suivent ne ressemblent guère au naturel exquis de Virgile. Mais si le Tasse a encouru le reproche d'affectation dans le discours d'Armide, il mérite des éloges pour le soin qu'il a pris d'éviter la faute du maître et de relever le caractère de Renaud. Encore tout rempli de l'ascendant de la beauté sur son cœur, et craignant peut-être de lui céder la victoire, Renaud voudrait éviter la sirène; le sage Ubalde, occupé de la gloire de son ami, veut que le jeune héros ait le courage d'écouter la prière d'Armide, et de résister à ses larmes. Armide arrive hors d'haleine, abîmée dans la douleur, mais plus belle encore par sa douleur même. Elle regarde Renaud, le fixe, et ne dit pas un mot, soit courroux, soit réflexion, soit timidité. Renaud n'ose la contempler; et s'il jette sur elle un regard, c'est un regard furtif et presque honteux.

De même, dit le poëte, qu'un habile chanteur, avant de déployer toute l'étendue de sa voix, prépare l'âme de ses auditeurs à l'harmonie de ses accents par de doux préludes, de même Armide, malgré sa douleur amère, n'oublie pas les ruses et les ressources de son art. Elle laisse d'abord échapper quelques faibles soupirs, afin de disposer le cœur de Renaud à recevoir l'impression de ses plaintes.

Quoique l'amour d'Armide ne puisse entrer en

comparaison avec celui de la reine de Carthage, cependant, comme, malgré ses artifices, la magicienne éprouve un profond chagrin de la perte de Renaud; comme elle adore à son tour celui qu'elle a voulu séduire, toutes ces ruses, toutes ces lenteurs, toutes ces préparations convenables, lors de l'apparition première de la nouvelle Hélène dans le camp de Godefroy, sont ici des fautes contre la vérité. Il y a même des détails qui se contredisent; tels, par exemple, que la violence et le désespoir d'Armide tout-à-coup suspendus par les calculs de son éloquence pour toucher Renaud. Ariane a bien pu dire, par une de ces inspirations d'un cœur tendre et passionné:

> Point de ressentiment de ton crime passé;
> Tu n'as qu'à dire un mot, ton crime est effacé :
> C'en est fait, tu le vois, je n'ai plus de colère [1].

En tenant ce langage, elle ne fait que passer d'une émotion à une autre; son cœur est tout aussi agité que lorsque ses paroles étaient véhémentes. Mais l'art et les préludes d'Armide supposent un sang-froid et une réflexion qui ne peuvent s'allier avec le désordre où elle était en arrivant presque trop tard auprès du héros fugitif.

Virgile est bien plus vrai, plus rapide et plus dramatique que le Tasse : Armide ressemble à une

---

[1] Thomas Corneille.

actrice qui répète son rôle ; Didon est une amante inspirée par son cœur.

« Didon avait cessé de parler; Énée, docile aux ordres de Jupiter, tenait ses yeux immobiles, et s'efforçait de renfermer ses chagrins dans son cœur; enfin il répond en ces mots : Reine, tous les bienfaits, tous les services que vous pourriez me rappeler ici, je ne les désavouerai jamais; mon cœur ne se repentira jamais de s'être souvenu d'Élise, tant que je me connaîtrai moi-même et qu'un souffle de vie me sera conservé[1]. Peu de mots suffiront sur ce qui nous touche. Non, je n'ai pas espéré vous cacher ma fuite comme un larcin, ne m'imputez pas cette injure; je ne vous ai pas non plus présenté les flambeaux de l'hymen; je ne suis pas venu contracter avec vous l'alliance qu'il suppose. Si les destins me laissaient être l'arbitre de ma vie et le maître de mes volontés, fidèle, avant tout, au culte d'Ilion et aux cendres chéries des miens, j'aurais déjà relevé le palais de Priam et rendu une autre Pergame aux vaincus. Mais au-

---

[1] Achille parle mieux le langage du cœur dans ce passage de l'Iliade : « Il est étendu sur la terre, sans avoir reçu ni le tribut de nos pleurs, ni la sépulture, ce Patrocle, que je n'oublierai jamais tant que je serai parmi les vivants et qu'un souffle m'animera; oui, quand nous serions condamnés à tout oublier dans le séjour des morts, mon cœur y conserverait encore le souvenir de ce cher compagnon d'armes. » Chant XXII.

jourd'hui c'est la grande Italie que le dieu de Grynium, c'est l'Italie que les oracles de Lycie m'ordonnent d'occuper; là doivent être mon amour et ma patrie. Si, Phénicienne par votre naissance, les murs de Carthage et l'aspect d'une ville de Libye ont le pouvoir de vous retenir, pourquoi envier aux Troyens le bonheur de s'arrêter enfin dans l'Ausonie; ne nous est-il pas permis aussi de chercher des royaumes étrangers? Tout m'ordonne de partir; mon père, chaque fois que la nuit humide couvre la terre de ses ombres, mon père vient m'avertir en songe, et montrer à mes yeux son ombre menaçante[1]. Mon fils Ascagne! Sans cesse je vois le tort que je cause à cet enfant chéri, en le privant de l'héritage que les destins lui promettent dans la belle Hespérie. Que dis-je! L'interprète de l'Olympe, envoyé par Jupiter (j'en atteste votre tête et la mienne), est venu m'apporter des ordres suprêmes. J'ai vu le dieu lui-même, tout éclatant de lumière, entrer dans nos murs; et mes oreilles ont recueilli ses paroles! Cessez d'échauffer par

---

[1] Pour comble de malheur, les dieux, toutes les nuits,
Dès qu'un léger sommeil suspendait mes ennuis,
Vengeant de leurs autels le sanglant privilège
Me venaient reprocher ma pitié sacrilége;
Et, présentant la foudre à mes esprits confus,
Le bras déjà levé, menaçaient mes refus.
Iphigénie, acte I, scène 1.

des plaintes vos regrets et les miens ; ce n'est pas de mon propre mouvement que je vais en Italie. »

On lit dans l'un des plus beaux sermons de Massillon [1] : « La prière est le langage de l'amour ; nous ne savons pas prier parceque nous ne savons pas aimer. » On pourrait appliquer ce passage à Énée, et lui dire : Ah ! malheureux prince, si tu savais sentir les bienfaits, si tu étais capable d'aimer, ta reconnaissance éclaterait autrement que par un aveu glacé, indice presque certain d'une ingratitude secrète ; tu ne blesserais pas la reine généreuse qui t'a sauvé de la mort, la femme tendre qui t'a sacrifié jusques à la vertu, par ces mots que l'expression rend presque offensants : « Je ne me repentirai pas ou je ne rougirai pas de me souvenir de vous. » Quelle réponse à tant de grâce et de délicatesse ! Mais comme la passion dont Virgile a voulu échauffer son froid personnage n'est pas dans la vérité des mœurs, Énée ne dira pas une parole qui ne soit une offense pour l'amour. Avec quelle dureté, avec quelle indifférence il dessille tout-à-coup les yeux de Didon, en lui disant : « Je ne vous ai jamais présenté les flambeaux d'hyménée, je ne suis pas venu former avec vous cette alliance. » La plus médiocre sensibilité aurait suffi

---

[1] *Premier sermon sur la prière*, édition de Raymond, en 1821, p. 333.

pour ajouter : « Une si douce union ne m'était pas permise. » Faute d'une de ces préparations qu'un cœur touché nous inspire, le pieux désir de rendre un culte assidu à la patrie, après avoir relevé les ruines d'Ilion et le palais de Priam, devient un nouveau sujet d'offense pour Didon. Énée semble prendre plaisir à la désespérer, en faisant sentir qu'il est venu à Carthage malgré lui, et que toutes ses affections sont ailleurs. Il allègue, avec beaucoup de raison et de force, les ordres d'Apollon ; mais pourquoi ce trait cruel, *hic amor!* Le poëte ajoute, *hæc patria est*[1] *:* les deux premiers mots sont les seuls qu'entendra Didon, et ils lui perceront le cœur. Encore si, par une délicatesse qui lui était naturelle, Virgile eût transposé les deux parties de sa pensée, ce changement seul en aurait singulièrement adouci l'effet. Les maladies

---

[1] Voici le passage entier :

> Sed nunc Italiam magnam Gryneus Apollo,
> Italiam Lyciæ jussere capessere sortes :
> Hic amor, hæc patria est.

Delille l'a traduit avec une liberté pleine d'esprit et de goût.

> Mais le destin m'appelle aux champs de l'Hespérie ;
> C'est là qu'il a choisi ma nouvelle patrie,
> C'est là qu'il faut porter mes pas et mon amour.

La nuance délicate qui est dans les deux derniers vers prête une beauté de plus à l'original ; nul doute que Virgile n'eût aimé à se voir traduit ainsi.

de l'âme ressemblent aux vives blessures du corps, elles demandent la prévoyance la plus attentive et la main la plus légère dans celui qui veut y toucher. Au lieu de ces ménagements, comme l'injure s'accroît par la froide ironie d'Énée sur le plaisir qui retient la reine à Carthage, sur le droit qu'ont les Troyens de se reposer aussi dans une terre étrangère [1] ! Les pensées, le tour, les expressions et l'accent sont autant d'inconvenances choquantes : en supprimant ce passage, le poëte aurait passé heureusement aux avis d'Anchise, aux décrets de Jupiter apportés par Mercure. Ici, Virgile est un grand maître : on voit tout ce qu'il a voulu peindre; mais comment excuser, après ces magni-

---

[1] Le texe porte :

> Si te Carthaginis arces
> Phœnissam, Libycæque adspectus detinet urbis;
> Quæ tandem Ausonia Teucros considere terra
> Invidia est? Et nos fas extera quærere regna.

Quelle réponse terrible, accablante, Didon pourrait faire à ces mots *invidia est*, si malheureusement jetés dans ce discours! Delille a senti l'inconvenance qui est, à la fois, dans le sens et dans les expressions. Il a heureusement corrigé le texte :

> Si Didon, loin de Tyr qui lui donna le jour,
> Sur les bords africains s'est fixée avec joie,
> N'enviez pas le Tibre aux habitants de Troie;
> Souffrez que, comme vous, après mille dangers,
> Nous trouvions un abri sur des bords étrangers.

fiques images, l'accent et les paroles d'Énée, dans la fin de son discours? « Cessez d'échauffer mes regrets et les vôtres par ces plaintes; ce n'est pas mon penchant qui m'appelle en Italie [1]. »

Divin Virgile, vous nous avez abusés, ou bien votre talent a manqué de mémoire; Énée n'est point l'homme vertueux, tendre, et religieux dans toutes ses affections, que vous nous aviez promis. Avili, s'il a trompé Didon en feignant une passion qu'il ne ressentait pas; réduit au rôle le plus vulgaire, si, au lieu de profiter de la faiblesse de cette infortunée, il n'a point essayé de la dés-

---

[1] Voici le texte, dont les expressions sont encore plus voisines d'une espèce de mépris et d'offense que la traduction :

> Desine meque tuis incendere teque querelis;
> Italiam non sponte sequor.

« Cessez de m'échauffer, de vous échauffer vous-même par vos » reproches; ce n'est pas spontanément que je vais en Italie. »

Corneille a évité une faute qui a droit de surprendre dans un écrivain tel que Virgile. Jason, dans la même situation qu'Énée, dit à Hypsipyle :

> Si vous m'aimez encor, de pareils entretiens
> Peuvent aigrir vos maux, et redoublent les miens.
> *Toison d'or*, acte III, scène III.

Delille, averti par son goût, a pris un ton plus convenable; mais il a un peu outré l'expression dans le second vers :

> N'irritez plus vos maux et ma douleur profonde;
> Je vous quitte à regret pour l'empire du monde.

abuser d'une cruelle erreur[1]; peu sensible aux bienfaits, si l'on juge de son cœur par ses paroles; dur ou glacé, puisque les plus tendres prières de l'amour ne lui ont pas appris du moins à ménager un cœur malade, il inspire une pitié voisine du mépris.

Virgile a cru peut-être nécessaire, ou presque inévitable, de sacrifier le principal personnage, et de tirer de ses paroles mêmes toutes les brûlantes inspirations de la fureur de Didon. Cette combinaison ne paraît pas heureuse : Énée pouvait être touchant, noble, pathétique, sans que la réponse de la reine de Carthage perdît rien de son impétueuse éloquence. Une amante abandonnée n'entend, ne voit, ne sent qu'une idée. *Il part*, ce mot suffit pour allumer sa fureur : en vain montrerait-il les regrets les plus tendres, en vain verserait-il des larmes du cœur ; *il part*, c'est un perfide, un ingrat, un monstre, et son crime peut produire jusqu'à des imprécations. Que Virgile serait admirable si, en conservant un noble carac-

---

[1] Quelle réponse Énée pourrait-il faire, si Didon lui disait, avec l'accent de la tendre Bérénice, qui s'adresse au cœur de Titus :

    A quel excès d'amour m'avez-vous amenée?
    Que ne me disiez-vous, Princesse infortunée,
    Où vas-tu t'engager, et quel est ton espoir?
    Ne donne point un cœur qu'on ne peut recevoir.

téré à son héros, il nous eût offert deux modèles d'éloquence, si différents l'un de l'autre! A mon sens, le discours d'Énée pouvait être aussi beau, dans son genre, que celui de Didon. Il est fâcheux que Virgile n'ait point assez étudié les ressources du sujet pour vaincre cette difficulté.

Dans Homère, Calypso ne ressemble pas à la touchante Didon. L'amour de la déesse est un caprice léger, une flamme éphémère, et non pas une passion tendre, pleine de charmes, mêlée des repentirs de la vertu; une passion allumée par Vénus, et tellement incurable qu'elle ne peut finir que par le désespoir, précurseur de la mort. Calypso nous intéresse peu: privée d'un mortel qui lui plaît, et qu'un autre peut remplacer dans son cœur, forcée d'ailleurs d'obéir aux décrets de Jupiter, nous ne pouvons attendre d'elle les prières ou les fureurs éloquentes d'une femme abandonnée. Elle cherche faiblement à détourner celui qu'elle ne peut retenir. Mais si nous trouvons dans Virgile des émotions plus douces, et une peinture immortelle de la plus vive de nos passions, le héros d'Homère n'a point abusé Calypso en paraissant partager l'amour qu'il inspire. Retenu malgré lui par la déesse, il a toujours regretté hautement la pauvre Ithaque et la vertueuse Pénélope. Il n'est pas réduit, comme Énée, à cacher son départ par de secrets préparatifs, dont la dé-

couverte pourrait prêter au reproche de faiblesse
ou de perfidie. Calypso lui fournit elle-même les
moyens d'équiper un radeau. Les paroles d'Ulysse
sont sans amour, mais aussi exemptes de toute offense; il n'a point l'air d'un ingrat qui souffre avec
peine le souvenir des bienfaits; il met à la voile
avec allégresse, parceque la patrie l'emporte sur
tout dans son cœur; mais on doit supposer que la
scène des adieux n'a pas été sans grâce. En effet,
la veille du départ, Calypso s'est parée de ses plus
beaux ornements pour plaire à Ulysse; et le len-
demain, après avoir reposé auprès de lui pour la
dernière fois, la déesse revêt elle-même le héros
d'habits magnifiques, lui prodigue les présents,
et fait souffler un vent favorable.

J'avoue que ces derniers détails ne convenaient
ni au caractère ni aux mœurs d'Énée, ni à la pudeur extrême que ce personnage, désormais tout
rempli des volontés du ciel, imposait à la muse de
Virgile.

Dans le troisième acte de la Médée d'Euripide,
Jason joue aussi un rôle assez pauvre, en présence
de la femme qui l'a sauvé de la mort, et qui ne demande d'autre récompense que celle d'être aimée.
Jason commence par une ironie aussi déplacée que
pleine de mauvais goût; il parle comme un ingrat, en attribuant à Vénus les bienfaits de Médée.

On peut ajouter que les raisons alléguées par

Jason pour motiver l'abandon d'une femme qu'il a rendue mère de plusieurs enfants, sont indignes de la scène tragique; nous ne pourrions pas souffrir de telles excuses, même dans la comédie, tant elles sont vulgaires et surtout peu propres à produire la conviction. On fait tout passer avec l'éloquence du cœur; mais, pour avoir cette éloquence, il faut être inspiré soi-même par un sentiment vrai. Jason n'est qu'un froid raisonneur, qui semble dire, comme dans la Médée du grand Corneille,

J'accommode ma flamme au bien de mes affaires.

Enfin, le poëte grec a placé dans la bouche de son héros des inconvenances grossières, telles que celles-ci : « Pourquoi faut-il que les hommes ne puissent se passer des femmes pour jouir des douceurs de la paternité! Combien de maux le ciel eût épargnés à notre espèce! »

Par une inadvertance inconcevable, le chœur répond immédiatement après cette indécente apostrophe : « O Jason! tes paroles sont douces et séduisantes. »

Sénèque, plus judicieux, en supposant que les fils de Jason seront condamnés à une mort certaine, sans son hymen avec Créuse, lui prête des sentiments qui nous intéressent à lui.

« Ce n'est pas la peur qui m'a vaincu, dit-il, mais la tendresse paternelle. En effet, la mort cruelle de mes fils suivrait celle de leurs parents. O sainte justice, si tu habites dans le ciel, je prends à témoin ta divinité que mes fils seuls ont ému le cœur d'un père. »

Corneille a pris toute cette scène à Sénèque, qu'il admirait beaucoup, parcequ'il sentait profondément les beautés de cet auteur, dont les défauts ne choquaient pas assez son goût peu sévère. Dans les deux poëtes, Jason est trop facilement dupe du changement subit de Médée. Ce défaut est encore sensible dans Euripide, où cependant la crédulité de Jason est motivée par un de ces retours du cœur si fréquents dans les femmes passionnées, surtout dans celles qui sont mères. Il faudrait être Médée elle-même pour soupçonner l'affreux dessein qu'elle cache avec tant d'art sous un repentir trompeur, que des larmes véritables et des regrets sincères sur ses enfants ne rendent que trop propre à compléter l'illusion.

Longepierre, dont le Jason est un personnage assez ridicule, avec sa fade tendresse pour Créuse, a bien imité cette scène d'Euripide. Il faut ajouter qu'il fait quelquefois parler le cœur d'une mère avec la plus touchante vérité[1].

---

[1] J'avais vu souvent représenter Médée par une actrice qui, tout entière à la partie grandiose et imposante du rôle, laissait dans l'ombre ce qu'il offre de choses tendres et touchantes. Mademoiselle George est la première qui m'ait fait sentir que

Racine, violant les mœurs antiques pour faire de Pyrrhus un amant français; l'élève des anciens, dénaturant le plus absolu des caractères par une indécision ridicule entre deux femmes qu'il recherche et abandonne tour à tour [1], devait commettre les mêmes fautes que Virgile, et d'autres encore. La critique a des reproches à lui faire, même pour des choses qui sont propres à surprendre les suffrages :

> Animé d'un regard, je puis tout entreprendre :
> Votre Ilion encor peut sortir de sa cendre ;
> Je puis, en moins de temps que les Grecs ne l'ont pris,
> Dans ses murs relevés couronner votre fils.

Ces vers respirent une si généreuse audace, le mou-

---

l'imitateur d'Euripide a rendu Médée véritablement mère. Mademoiselle George a, dit-on, une affection vive pour les enfants ; on se sent porté à adopter cette opinion, généralement répandue, lorsqu'on a vu l'actrice approcher les fils de Jason de son sein, leur prodiguer les plus tendres caresses, les serrer dans ses bras, et leur parler avec tant de douleur et d'amour. Sa physionomie, ses gestes, ses profonds soupirs, les accents qui lui échappent par intervalles, arrachent des larmes au spectateur le moins disposé à s'attendrir.

[1] Racine nous a donné lui-même la critique la plus sévère et la plus juste du rôle de Pyrrhus, dans ces reproches d'Hermione irritée des irrésolutions de son amant :

> Rechercher une Grecque, amant d'une Troyenne !
> Me quitter, me reprendre, et retourner encor
> De la fille d'Hélène à la veuve d'Hector !

vement en est si passionné, l'expression a tant de noblesse, qu'en les écoutant, surtout au théâtre, on ne pense qu'à les applaudir. Cependant il n'y eut jamais rien de moins conforme au génie antique. Dans la vérité, l'Achille d'Homère, qui aime Briséis, déclare qu'il ne combattra point pour sa captive ; celui d'Euripide ne prononce d'autres paroles d'amour que cette noble exclamation : « O fille d'Agamemnon, que les dieux me rendraient heureux si je pouvais vous obtenir pour épouse ! J'envie le sort de la Grèce et votre destin ; vous avez parlé d'une manière digne de vous et de la patrie. Sans vouloir résister aux dieux, plus puissants que nous, vous avez choisi ce qui était sage et nécessaire. Ah! combien s'augmente en moi le désir de votre hymen, depuis que j'ai vu éclater votre noble caractère! Iphigénie, vous êtes généreuse! » Ce même Achille promet de secourir Iphigénie, et non de faire la guerre dix ans pour une femme; on ne le voit pas braver l'armée et les dieux pour elle, comme Pyrrhus annonce qu'il le ferait pour Andromaque [1].

---

[1] Les discours de Pyrrhus respirent assez souvent l'orgueilleuse emphase des héros du théâtre espagnol, que nous avons plus d'une fois substituée à la véritable grandeur, qui est toujours simple. Le fils d'Achille, avec ses exagérations, nous rappelle quelquefois ce temps de la fronde, où l'on faisait plus

Dans la suite du rôle, Pyrrhus, toujours préoccupé d'Andromaque, qu'il s'obstine à aimer malgré elle, répond à l'ardente et jalouse Hermione comme un jeune homme lassé d'une femme et qui ne peut lui offrir que des excuses forcées ; il cherche même à trouver, dans les expressions de la colère d'une amante cruellement offensée, des prétextes pour l'abandonner. Aussi insensible qu'Énée, moins habile encore à ménager un cœur ulcéré, il va même jusqu'à s'attirer, par une ironie vulgaire et cruelle, des reproches sanglants et mérités. La première pensée du poëte était une erreur : *inde mali labes.*

Il est à remarquer que les deux héros de la tragédie de Racine veulent tous deux faire violence, l'un au cœur d'Hermione, l'autre à celui d'Andromaque : cette similitude n'a rien d'heureux dans l'invention ; mais les alternatives de crainte et d'espérance, le passage subit de l'amour à la haine et aux reproches les plus amers, ont du moins une couleur éminemment tragique dans un homme possédé, comme Oreste, d'une passion unique qui

---

sérieusement l'amour que la guerre ; ce temps, où le duc de La Rochefoucauld, entraîné par une folle passion pour l'héroïne d'un parti quelque peu ridicule, s'écriait sérieusement :

<pre>
Pour mériter son cœur, pour plaire à ses beaux yeux,
J'ai fait la guerre aux rois, je l'aurais faite aux dieux.
</pre>

est devenue une fureur; tandis que rien ne paraît plus faux, plus voisin du ridicule, que la violence, la faiblesse, le dépit, la colère, et surtout les variations du cœur de Pyrrhus, tantôt à genoux comme un soupirant, tantôt aussi furieux qu'Oreste lui-même. Comment le sévère aristarque qui ose presque refuser la palme de l'art comique à l'auteur du Misanthrope et du Tartufe, pour quelques scènes voisines de la farce, où cependant le génie éclate encore par des traits admirables, a-t-il pu blâmer avec tant de mollesse l'indigne travestissement de cette grande figure du destructeur d'Ilion, peinte par Virgile à la manière de Raphaël et de Michel-Ange, réunis pour produire un chef-d'œuvre?

Bajazet, encore plus malheureusement placé entre la sensible Atalide qu'il aime et Roxane qu'il abuse malgré lui, est, comme le Pyrrhus d'Andromaque, un Français de la cour de Louis XIV, empêché entre deux femmes qui se disputent son cœur : même inexactitude dans la peinture des mœurs, même vice dans la situation. Racine a eu la conscience de cette faute dès sa première délibération après le choix du sujet; mais, sa faiblesse ayant triomphé de sa raison, il s'est consumé en vains efforts pour cacher ce qu'il ne pouvait faire disparaître. Depuis l'exposition jusqu'au dénouement, l'auteur, poursuivi par ses remords littéraires, n'est occupé que de justifier Bajazet, et n'y réussit jamais. Quelles que fussent les ressources et la souplesse du poëte, il lui fallait arriver au moment où le rival d'Amurat, déjà tant rabaissé à nos yeux par des incertitudes et des faiblesses continuelles, perdrait toute noblesse devant une femme altière et justement courroucée des lâches et vils détours que Bajazet a employés pour la tromper; détours également indignes d'un héros, soit qu'ils aient pour motifs la crainte d'irriter Roxane, ou le désir de conserver sa vie, ou l'ambition de régner[1]. Si le génie lui-même ne marchait pas d'écueil en écueil, quand il a choisi une route fausse et dangereuse, on ne saurait comment concevoir que Racine ait consenti à faire tomber Bajazet encore plus bas, en l'exposant au double affront d'être convaincu de mensonge en face, et d'entendre son arrêt de mort sortir de la bouche d'une esclave révoltée. En vain, pendant le cours de la pièce, le courageux héritier des sul-

---

[1] On peut alléguer ici le désir ardent de sauver les jours d'Atalide, que la jalouse sultane ne manquerait pas d'immoler; mais cette excuse est faible, et ne peut colorer les incertitudes, les scrupules et les remords de Bajazet. Le prince qui trompe Acomat lui-même, et qui dissimule, sans trop de peine, devant Roxane, ne se ferait pas, sans doute, un grand scrupule de pousser plus loin l'artifice, pour assurer la vie de son amante, la sienne propre, et le succès des plus grands desseins.

tans éclate quelquefois dans le timide amant d'Atalide; en vain il annonce de la grandeur dans ses projets, en vain la gloire parle à son cœur un langage digne d'elle, en vain le poëte le fait mourir entouré de victimes immolées par lui, sa fin tragique ne rachète pas la faiblesse de sa conduite: nous n'avons ni admiration ni larmes pour son malheur; et peu s'en faut que nous ne donnions quelque regret à Roxane, qui a montré du moins de l'audace, et une âme aussi incapable de reculer devant les obstacles d'un grand dessein que de pâlir devant la mort. Malgré tout l'art de Racine, Bajazet ressemble un peu à l'esclave de Cléopâtre, et Roxane à cette reine intrépide qui vit d'un œil serein son trône tombé par terre, et osa provoquer la morsure des serpents qui devaient faire passer dans ses veines leurs mortels poisons[1].

---

[1] C'est une étude vraiment utile et curieuse que de suivre pas à pas les efforts de Racine pour relever Bajazet à nos yeux, et laver ce prince des reproches que le spectateur est sans cesse tenté de lui adresser. Cette intention éclate dès la première scène. Le poëte interrompt les nobles révélations de l'ambitieux Acomat, pour préparer déjà des excuses à Bajazet, qui en aura tant besoin. Dans la quatrième scène, la tendre Atalide est occupée du même soin que le ministre; mais, femme, elle montre plus d'adresse dans la justification de son amant. Acomat revient sur ce sujet à la fin de la troisième scène du second acte. Maintenant c'est Bajazet qui court au-devant d'une accusation

Si le Titus de Bérénice montre aussi une singulière faiblesse, il est vraiment passionné; nous pouvons croire à la sincérité de ses paroles, lorsqu'ayant juré d'immoler au génie de Rome un amour qui offensait les lois, il avoue son embarras pour préparer la reine de Palestine à un sacrifice cruel. Bérénice balance long-temps la victoire : la patrie l'emporte; mais Titus ne déchire pas à plaisir le cœur qu'il a blessé, il ressent les peines qu'il cause. Enfin la résolution de triompher vient

---

dont il se sent poursuivi; lisez la cinquième scène du même acte. D'après un récit d'Acomat, qui semble démentir tout ce qui précède, nous voyons que Bajazet a cédé enfin à l'impérieuse nécessité; mais bientôt nous apprenons, par ses propres aveux, qu'il a trompé la sultane, qui s'aveugle elle-même, et nous entendons l'expression de ses regrets amers sur cette faute qu'il se reproche comme un crime, quoiqu'il ne l'ait commise qu'à demi. Voyez la quatrième scène du troisième acte : c'est là surtout que Racine trahit malgré lui, par ses plus grands efforts, le vice de la situation; il veut agrandir son héros, et il le réduit aux proportions vulgaires; il le rend presque ridicule par une proposition subite d'aller détromper Roxane; cette proposition insensée, qui ressemble à un dépit d'amour, il n'a pas même le courage de l'exécuter. La présence de Roxane et un seul mot d'Atalide ont tout-à-coup glacé son courage; au lieu de laisser sortir la vérité toute brûlante de son cœur, il balbutie quelques paroles énigmatiques, et quitte la sultane après un aveu obscur et des promesses d'une froide reconnaissance. (Acte III, scène v.) Nous voilà parvenus au dernier acte : Bajazet, confondu par Roxane, est encore réduit à faire son apologie et à confesser sa faute et ses remords devant la sultane offensée.

de lui ; et les vertus du prince qui doit être les délices du monde, nous font oublier ou du moins excuser des mœurs peu tragiques et des situations de roman¹.

De toutes ces comparaisons résulte évidemment la conséquence que Virgile et Racine, n'ayant pas eu la force de rejeter des conceptions dont ils sentaient d'abord le défaut, ont imprimé des ta-

---

Tout devrait du moins être épuisé sur une question si délicate, où l'honneur du héros court tant de hasards. Un dernier scrupule de Racine ramène Atalide sur la scène pour défendre encore la conduite de son amant ; moyen aussi faible que peu tragique, et qui, rapproché surtout d'un dénouement terrible, ne nous fait que mieux sentir l'indigne conduite de Bajazet, victime de sa complaisance et de sa faiblesse pour une jeune femme. Voilà cependant par quelle route nous arrivons à la mort de Roxane, d'Atalide et du héros de la pièce. Quelle leçon que tant d'art consacré à pallier, à couvrir ou à déguiser une faute irréparable! combien on peut profiter dans la lecture d'un écrivain si fertile en ressources, et que la raison conduit encore, même quand il a commencé par s'égarer !

¹ Il y a dans l'amour de Titus beaucoup de sentiments et d'expressions qui conviennent bien plus à la passion de Louis XIV pour Henriette d'Angleterre, qu'à l'amour de Titus pour la reine d'Égypte ; mais il parle souvent un langage du cœur qui est de tous les temps, et lorsqu'il reprend le ton d'un empereur romain, la vérité historique lui prête des sentiments qui l'élèvent bien au-dessus d'Énée. On admire et on aime le fils de Vespasien ; on reste indifférent pour celui de Vénus.

ches ineffaçables à leurs ouvrages. La vérité seule est belle ; et les plus grands écrivains tombent dans les plus étranges erreurs quand ils cessent un moment de lui rendre un culte religieux. On peut quelquefois surprendre son siècle, ou s'égarer impunément avec lui ; mais on ne trompe jamais la postérité.

Le Franc de Pompignan n'a pas manqué de mettre dans la bouche d'Énée tous ces lieux communs sur l'amour qui infectent notre scène ; mais il a soigneusement écarté tout soupçon d'ingratitude. Énée se montre sensible à la reconnaissance, et aucune de ses paroles ne peut blesser le cœur de la reine.

Le Tasse avait offert à tous ses successeurs un modèle dans les adieux de Renaud à sa maîtresse. Il obéit au devoir, il sacrifie l'amour à la vertu ; mais par quelles tendres paroles il cherche à consoler, à relever Armide ! avec quel ton de vérité il plaint leurs peines mutuelles ! avec quelle bonne foi il lui promet d'être encore son chevalier [1]. Cepen-

---

[1] Métastase a évité les fautes qui sont dans le discours que Virgile prête à Énée ; mais il a méconnu le caractère du héros, en lui faisant dire : « Je resterai, si vous voulez qu'un malheureux devienne un parjure. » Pour juger combien des sentiments vrais en eux-mêmes peuvent devenir ridicules et faux dans leur application, il faut lire le monologue suivant :

dant la religion, toute sévère qu'elle est, n'a point à murmurer de la pitié de Renaud dans ce moment extrême; et sa gloire, victorieuse de sa passion, tire un nouveau lustre de ses sentiments d'homme. Virgile, n'ayant pas composé aussi judicieusement le caractère d'Énée, n'ayant pas su l'absoudre, par des expressions senties, du soupçon de froideur, et surtout d'ingratitude, a mis son

---

« Et je souffrirai qu'une si cruelle récompense soit le prix de la fidélité, ô mon âme ! Tant d'amour, de si grands bienfaits ! Ah ! plutôt que je puisse t'abandonner, périssent les lois et l'empire du monde ! Que ma renommée reste ensevelie dans un oubli éternel ! que Troie tombe en poussière une seconde fois ! Qu'ai-je dit ! ô mon père, pardonne à mes folles amours; pardonne, j'en ai honte. Ce n'est point Énée, c'est l'amour qui a parlé. Mais un Maure impie s'emparera de mon trésor ! Non. Moi, cependant, fils ingrat, serai-je parjure envers l'auteur de mes jours ? Père, amour, jalousie, dieux, conseillez-moi. Si je quitte Carthage, si je mets à la voile, infidèle et barbare sont les noms que je m'entends donner. Embarrassé dans un funeste doute, je ne pars point, je ne reste point; mais j'éprouve le double supplice que je dois souffrir, soit que je parte, soit aussi que je veuille rester. »
(Acte I, scène xix.)

On ne saurait travestir plus ridiculement Virgile, et démentir plus honteusement les mœurs, le caractère et la situation d'un personnage, que Métastase ne l'a fait dans cette circonstance. Mais, en même temps, il faut le louer d'avoir cherché à justifier Énée du reproche d'ingratitude, et à le relever par des actions généreuses ou pleines d'humanité.

héros dans une situation indigne de lui devant la reine de Carthage. Dès les premiers mots échappés à sa colère, elle le foule à ses pieds, et lui ôte toute espèce de dignité morale, comme on va le voir.

« Pendant qu'il parlait, Didon, la tête détour-
» née, observe son ennemi avec dédain ; et, rou-
» lant des yeux étincelants de colère, le parcourt
» tout entier dans un silence farouche[1] ; enfin sa
» fureur éclate en ces mots : Non, tu n'es pas le fils
» d'une déesse ; non, Dardanus n'est point l'auteur
» de ta race, perfide ! mais l'horrible Caucase t'en-

---

[1] Le texte dit :

> Totumque pererrat
> Luminibus tacitis.

Racine lui-même n'eût pas osé peut-être transporter cette hardiesse dans notre langue, et cependant tout le monde comprend ce que signifie le silence des yeux d'une personne qui retient sa colère. Dans une situation où il faudrait peindre, par exemple, ce Tibère dont Tacite a dit, « Rien n'effraya plus l'accusé que de voir Tibère sans pitié, sans colère, obstinément renfermé en lui-même, » nous admettrions sans peine cette image,

> De ses yeux, de son front, le farouche silence.

Dans Virgile, le mot *tacitis* me paraît bien heureusement rapproché du trait *sic accensa profatur*, pour marquer l'opposition entre la longue contrainte que s'était imposée Didon, et les transports de sa colère, qui éclate au moment où son cœur ne peut plus la contenir.

» fanta dans ses rochers, et les tigresses d'Hyrcanie
» te firent sucer le lait de leurs mamelles[1]. Car,
» après tout, qu'ai-je à dissimuler? à quels plus
» grands outrages puis-je me voir réservée? A-t-il
» gémi de mes pleurs? a-t-il daigné tourner les yeux
» vers moi? Vaincu par ma douleur, m'a-t-il accordé
» quelques larmes? a-t-il montré quelque pitié de
» son amante[2]? Parmi tous ses crimes, lequel choi-
» sir? Mais, que dis-je! ni la puissante Junon, ni
» le père des dieux, ne regardent ces perfidies avec
» les yeux de la justice. Il n'est plus de bonne foi
» nulle part. Jeté par les flots sur le rivage, sans
» asile, sans secours, j'accueille sa misère. Insensée!
» je lui donne place dans mon empire[3], je sauve

---

[1]   Et du tigre inhumain la compagne sauvage,
    Cruel, avec son lait t'a fait sucer sa rage.
                            DELILLE.

[2]   Auteur de tous mes maux, a-t-il plaint mes alarmes?
    Ai-je pu de ses yeux arracher quelques larmes?
    S'est-il laissé fléchir à mes cris douloureux?
    A-t-il au moins daigné tourner vers moi les yeux?
    Prosternée à ses pieds, plaintive, suppliante,
    N'a-t-il pas d'un front calme écouté son amante.
                            DELILLE.

[3] Le même sentiment a dicté ces traits de Pyrrhus, irrité du refus d'Andromaque.

    Étrangère... que dis-je! esclave dans l'Épire,
    Je lui donne son fils, mon âme, mon empire!

» sa flotte qu'il avait perdue, je ramène ses com-
» pagnons des portes de la mort. Ah! je me sens
» transportée par les furies! Maintenant c'est Apol-
» lon, dieu des augures, c'est le trépied de Lycie
» que le trompeur m'oppose; maintenant c'est l'in-
» terprète des dieux, envoyé par Jupiter lui-même,
» qui lui apporte d'horribles décrets du haut des
» airs! Sans doute un pareil soin occupe les dieux
» suprêmes, et le sort d'un mortel trouble leur au-
» guste repos![1] Je ne te retiens plus; je ne veux
» plus réfuter tes paroles. Va, poursuis l'Italie sur
» les ailes des vents; va chercher un empire à tra-
» vers les flots. J'espère, si les dieux, ennemis des
» ingrats, ont encore quelque pouvoir, j'espère
» que tu trouveras ton supplice au milieu des
» écueils, et que tu invoqueras souvent le nom de
» la triste Didon. Absente, je te suivrai avec les

---

[1] Je lui donne mon cœur, mon empire, ma main :
O fureur! et voilà que ce monstre inhumain
Ose imputer aux dieux son horrible parjure,
Me parle d'Apollon, et d'oracle et d'augure!
Pour presser son départ, l'ambassadeur des dieux
Est descendu vers lui de la voûte des cieux :
Dignes soins, en effet, de ces maîtres du monde!
En effet, sa grandeur trouble leur paix profonde!

Sans ce premier vers, tout moderne, substitué à ce beau trait d'éloquence passionnée,

Amissam classem, socios, a morte reduxi,

la traduction de Delille serait tout-à-fait digne de l'original.

» flammes de mon bûcher; et, lorsque la froide
» mort aura séparé mon âme de ses liens, ombre
» menaçante, je serai partout sur tes pas. Méchant,
» tu paieras mes douleurs; je l'apprendrai, et le
» bruit de ton châtiment viendra me consoler jus-
» qu'au fond du séjour des mânes. »

Les esprits les plus froids sont d'abord échauffés par l'éloquence de cette réponse de Didon. Le délire et le désespoir de l'amour enflamment toutes ses paroles : son cœur ressemble à un ciel brûlant et orageux dont il sort à tout moment des éclairs précurseurs de la foudre, qui éclate, tombe et frappe en même temps. Il est bon d'étudier les divers sentiments dont le flux et le reflux excitent une si grande tempête dans l'âme de Didon.

Que faisait la reine de Carthage remplie de la gloire de son nouvel hôte, mais surtout charmée de la présence, à la fois douce et majestueuse, du héros métamorphosé par Vénus? Pour excuser sa flamme, elle déifiait le mortel qu'elle voulait aimer: courage, grandeur, vertu, beauté, elle lui donnait tout, parcequ'elle attendait de lui le bonheur suprême; mais, ingrat, infidèle, et traître, le dieu déchu tombe au-dessous de l'homme : fils du Caucase et plus dur que ses rochers, il a sucé la cruauté avec le lait des tigresses d'Hyrcanie. Ces violentes injures naissent des souvenirs du passé; elles attestent la perte cruelle des plus décevantes illusions; elles attestent le déchirement d'un cœur qui les avait embrassées avec transport, et qui ne peut être désabusé sans passer de l'amour à la fureur. N'oublions pas, parmi les causes du désespoir de la veuve de Sichée, la chute de sa vertu, les remords de sa pudeur, l'écueil de sa renommée, et enfin des regrets encore plus déchirants que ceux de Phèdre mourante, avec le chagrin de n'avoir pas recueilli le fruit du crime qui l'a perdue. Cependant, malgré l'excès d'une telle douleur, peut-être n'aurait-elle pas éclaté avec tant de violence, sans la froideur d'Énée. Mais pas un soupir, un regard, une larme, un signe de pitié! voilà ce qui la met hors d'elle-même, voilà ce qui lui arrache le reproche, presque impie, qu'elle adresse aux dieux, insensibles témoins d'une affreuse ingratitude. Junon, protectrice de Carthage, et gardienne d'un hymen qu'elle a voulu avec ardeur; Jupiter, qui préside à l'hospitalité, ne regardent plus Didon; le religieux Énée l'abandonne : il n'y a plus de foi ni dans le ciel ni sur la terre : telle est la logique des passions. *Nusquam tuta fides*, est encore une heureuse transition aux autres arguments par lesquels Didon accable l'auteur de tant d'impardonnables offenses. Lorsqu'elle espérait encore quelque chose de la prière, nous l'avons vue, soumise et suppliante, rappeler ses bienfaits avec une grâce timide, avec toutes les délicatesses du cœur; mais il y a maintenant une autre Didon, que nous ne connaissions pas, qui ne se connaissait pas elle-même. Non seulement elle oublie que le reproche des bienfaits passa toujours pour une offense, mais encore elle représente le protégé des dieux comme le rebut des vents et des flots; il semble qu'elle ait adopté en lui un mendiant, et changé contre la pourpre des rois les lambeaux de ce nouvel Ulysse. Elle a sauvé de la mort, lui, sa flotte, et son peuple : à ces images, qui la transportent, nous entendons sortir de ce cœur, profondément blessé, l'exclamation, *Heu! furiis incensa feror!* qu'il faut bien comprendre. Ce qui allume la fureur de Didon, c'est surtout ce qu'elle ne dit pas: l'oubli des plus grands services ne la révolte que parcequ'il atteste l'ingratitude envers l'amour. Dans la langue des passions, *Heu! furiis incensa feror!* veut dire: Je ne suis point aimée! après tout ce que j'ai fait pour lui, il m'enlève, en un jour, mes illusions, mes espérances, mon bonheur, et ma vie, qui reposait sur sa fidélité!

Tant que l'amour espère ou qu'il est heureux, cette passion, craintive et vigilante, surtout dans les femmes, semble avoir un génie particulier : il l'inspire, il la dirige, et ne lui laisse commettre, ni dans les actions, ni dans les paroles, des fautes qui puissent altérer l'harmonie des rapports et rompre le charme de la passion. Mais quand la froideur ou l'inconstance de l'amant viennent déchirer le voile de l'illusion, le génie qui la guidait semble abandonner l'amante ; les passions, qui s'élèvent tout-à-coup, lui donnent des conseils funestes ; ses paroles n'ont plus leur empire accoutumé, sa voix ne sait plus trouver le chemin du cœur : ainsi Didon, Ariane, Hermione, Roxane, détruisent, par leurs emportements, tout le charme qui faisait leur puissance ; elles éteignent l'amour qu'elles voudraient rallumer.

Voltaire loue Racine, quelque part, d'avoir renoncé à l'ironie, qu'il ne regarde pas comme assez digne du cothurne. Voyez quel accent tragique Virgile a su donner à cette figure, et comme elle s'allie bien avec les paroles du désespoir et les imprécations ! L'ironie parle presque un langage familier. Virgile n'a point oublié cette convenance ; il l'observe encore dans la transition : « Non, je ne » te retiens plus ; non, je ne veux plus réfuter tes » paroles. Va, pars ; poursuis l'Italie sur les ailes » des vents ; va chercher des empires à travers les » ondes. » Alors le talent du poëte se relève par un autre accent de la colère, et Didon s'écrie : « J'es- » père, si les dieux, ennemis des ingrats, ont quel- » que pouvoir, que tu épuiseras tous les supplices au » milieu des écueils, et que tu invoqueras souvent » cette Didon, aujourd'hui ta victime. » Encore un souvenir du passé qui se cache sous ce vœu terrible : Didon, toujours amante, compare, dans sa pensée, elle fait contraster aux yeux du Troyen, le temps où, tranquille dans un superbe palais, il se plaisait à prononcer un nom chéri, avec l'affreux abandon d'un naufrage, où, seul au milieu des écueils, il appellera à son secours l'infortunée qu'il a trahie. Par cette opposition passionnée, la reine de Carthage dit à Énée, qui ne peut se tromper un moment sur ce qu'elle a dans le cœur : A ta voix j'accourais comme une amante empressée ; j'apparaîtrai aux cris de ton désespoir comme une furie armée d'un flambeau, et pour me repaître de ton supplice, qui vengera en même temps les peines de mon amour, et la mort qui en aura été le cruel salaire.

Dans tout ce qui nous reste des poëtes grecs, on ne connaît rien de pareil à ce langage de l'amour: Homère, Eschyle et Sophocle n'en offrent pas même de traces; la Phèdre d'Euripide, si éloquente dans son délire, n'adresse ni prière ni injure au rebelle Hippolyte; le courroux de la Médée du même poëte commence d'abord par éclater avec violence, mais ensuite cette femme, qui a dans le cœur les furies de l'amour, de la vengeance et du crime, a l'air de raisonner froidement avec Jason, au lieu d'accumuler contre lui tous les reproches que mérite une trahison cent fois plus coupable que la fuite d'Énée. Ce défaut est surtout choquant lorsque l'on compare l'exclamation de Didon,

> Jam jam nec maxima Juno,
> Nec Saturnius hæc oculis pater adspicit æquis.
> Nusquam tuta fides,

avec les doutes de Médée, se demandant à elle-même si Jason croit que les dieux, qui ont entendu ses serments, règnent encore dans le ciel. Dans toute la longue scène entre les deux personnages, il n'y a qu'un trait de passion, et c'est celui qui la termine. Médée dit à Jason, dont la vaine éloquence ne peut ni la distraire, ni la persuader : « Pars. Épris de ta nouvelle épouse, tu sèches en son absence; il t'en coûte de rester si long-temps loin d'elle. Va l'épouser; mais peut-être (je parle à quelque dieu qui m'écoute), peut-être te repentiras-tu de l'hymen que tu cours célébrer. » Racine a imité ce passage avec sa supériorité ordinaire :

> Vous ne répondez point?... Perfide, je le voi,
> Tu comptes les moments que tu perds avec moi;
> Ton cœur, impatient de revoir ta Troyenne,
> Ne souffre qu'à regret qu'un autre t'entretienne :
> Tu lui parles du cœur, et la cherches des yeux.
> Je ne te retiens plus; sauve-toi de ces lieux[1] :
> Va lui jurer la foi que tu m'avais jurée;
> Va profaner des dieux la majesté sacrée.
> Ces dieux, ces justes dieux n'auront point oublié
> Que les mêmes serments avec moi t'ont lié.

---

[1] Ce vers imite, d'une manière admirable, le trait de Virgile :
Neque te teneo, neque dicta refello.
I, sequere Italiam ventis.

Porte aux pieds des autels ce cœur qui m'abandonne;
Va, cours; mais crains encor d'y trouver Hermione [1].

Euripide prête encore à Andromaque irritée contre Hélène des paroles qui sont loin du naturel et de la véhémence de celles de Didon :

« Race odieuse de Tyndare, dit-elle, non, tu n'es pas la fille de Jupiter: tu es née de plusieurs pères; tu es la fille d'un mauvais génie, ou de l'Envie, du Meurtre, de la Mort, et de tous les fléaux que la terre nourrit dans son sein. Non, jamais Jupiter n'a pu produire cette peste, cette furie des Grecs et des Troyens. »

Plus simple et plus éloquent dans ses expressions, Homère avait donné d'autres exemples à Euripide, en faisant parler la douleur de Patrocle, qui cherche à émouvoir Achille par la peinture des malheurs des Grecs. On aime à entendre ce

---

[1] Ce trait seul est peut-être plus terrible que toutes les menaces de Didon. Hermione, dans une scène précédente, vient de commander à Oreste le meurtre de Pyrrhus. Pyrrhus survient; à sa seule vue, la fille de Ménélas suspend l'ordre qu'elle a donné. Malgré tous ses ressentiments, malgré tous ses reproches, elle est prête encore à pardonner; Pyrrhus persiste dans son fatal hymen, et toutefois Hermione veut le sauver encore. Mais sa froideur, ses dédains, son silence, sa passion pour une autre, qui éclate par des signes auxquels les yeux de l'amour ne se trompent pas, rallument toute la fureur d'une femme désespérée, dont le dernier cri nous semble planer comme un arrêt de mort sur la tête de Pyrrhus.

vertueux guerrier dire à l'inexorable ennemi d'Agamemnon :

« Homme sans pitié, non, Pélée ne fut pas ton père; non, tu n'es pas né de la belle Thétis : l'onde en courroux ou quelque dur rocher t'ont donné la vie, car ton cœur est cruel[1]. »

Catulle est bien loin d'égaler ce vers de Virgile,

Amissam classem, socios, a morte reduxi,

par celui que je vais citer :

Certe ego in medio versantem turbine lethi
Eripui ;

mais il surpasse le maître dans cette interrogation d'Ariane à Thésée fugitif et déjà trop loin d'elle pour l'entendre :

Quænam te genuit sola sub rupe leæna ?
Quod mare conceptum spumantibus exuit undis ?
Quæ Syrtis, quæ Scylla rapax, quæ vasta Charybdis,
Talia qui reddis pro dulci præmia vita ?

« Quelle est la lionne qui t'a enfanté sous un roc solitaire? quelle mer, après t'avoir conçu, t'a vomi avec l'écume de ses ondes? quelle Syrte, quelle furieuse Scylla, quelle affreuse Charybde, t'ont fait sortir de leur sein, toi qui paies d'un tel salaire le bienfait de la vie, si doux pour les mortels? »

Le même poëte mérite encore d'être lu après

---

[1] *Iliade*, livre XVI, vers 33 et suivants.

ÉNÉIDE, LIVRE IV.

Virgile, pour ces imprécations, qui ont du moins une grande vivacité de peinture, si elles manquent du mouvement de la passion :

« Cependant je ne laisserai point éteindre la lumière de mes regards, je ne veux pas que mon âme se sépare de mon corps fatigué de la vie, avant d'avoir demandé aux dieux le supplice d'un traître, et invoqué la foi des serments à ma dernière heure. Venez payer de son juste salaire le crime d'un parjure, Euménides vengeresses, vous dont le front se hérisse de serpents. Votre chevelure affreuse est l'image des fureurs qu'exhale sans cesse votre cœur indompté; accourez, filles des enfers ! et recevez les plaintes que laisse sortir du fond de ses entrailles une femme hors d'elle-même, brûlante d'amour, et aveuglée par le délire de sa colère [1]. »

---

[1] Le défaut de cette prière, c'est qu'elle laisse voir le poëte à la place du personnage. Didon ne dit pas qu'elle va demander la punition d'Énée, elle le condamne elle-même, et voit déjà le supplice qui l'attend; elle ne dit pas que ses paroles sortent du fond de ses entrailles, mais elle ne prononce pas un mot qui ne soit un cri du cœur. Le tour et la forme employés par Catulle ôtent presque la vraisemblance à des choses vraies et senties. Le poëte refroidit d'ailleurs tout le discours par ce qu'il ajoute :

« Puisque mes pleurs sont justes et sortent vraiment du fond de l'âme, ne souffrez pas que mes pleurs s'évanouissent comme un vain orage, et faites que le cruel qui a pu me lais-

On trouve dans Sénèque une scène assez belle, où Médée parle plus d'une fois le langage de Didon, et avec un accent plus déchirant peut-être. Elle dit à Jason : « Je pars, je fuis ; mais, forcée par toi de quitter nos dieux pénates, où m'ordonnes-tu d'en aller chercher d'autres? Irai-je à Colchos et sur le Phase, dans le royaume paternel, dans ces champs arrosés du sang de mon frère [1]? Quelle contrée, quelle mer m'ordonnes-tu d'affronter?... Où relègues-tu Médée? Tu commandes un nouvel exil à une exilée de sa patrie, nomme du moins le lieu de son refuge [2]. Partons : ainsi l'ordonne le gendre de Créon. Accable-moi de traitements rigoureux ; je les ai mérités, je ne les refuse pas. » Ici

---

ser ainsi seule et sans secours devienne aussi funeste à lui-même et aux siens. »

[1] On se rappelle ces questions adressées par Didon au prince troyen :

> Quid moror? an mea Pygmalion dum mœnia frater
> Destruat, aut captam ducat Gætulus Iarbas?

[2] Corneille a bien traduit ce passage :

> Accoutumée à fuir, l'exil m'est peu de chose,
> Sa rigueur n'a pour moi de nouveau que sa cause.
> C'est pour vous que j'ai fui, c'est vous qui me chassez ;
> Où me renvoyez-vous si vous me bannissez?
> Irai-je sur le Phase, où j'ai trahi mon père,
> Apaiser par mon sang les mânes de mon frère?
> Irai-je en Thessalie, où le meurtre d'un roi
> Pour victime aujourd'hui ne demande que moi?

l'ironie devient plus sanglante que dans la bouche de Didon, parceque Médée rapproche de leur salaire ses crimes, qui sont autant de services rendus à Jason: elle a tout violé pour lui; et, comme l'OEnone de Phèdre, elle reçoit la mort pour prix de son dévouement. La fille d'Éétès passe des reproches à la prière; et l'on ne peut méconnaître des choses touchantes dans ses paroles:

« Par les enfants que tu espères de ton nouvel hymen, au nom des pénates certains que tu viens d'obtenir, par les monstres que j'ai vaincus pour toi, par ces mains qui n'ont rien épargné pour ta cause, par nos alarmes passées, par le ciel et les ondes, témoins de notre hymen, prends pitié de ma misère; que ton bonheur accorde un peu de retour à une suppliante[1]. »

Le caractère impétueux de Médée reprend bientôt le dessus; bientôt nous l'entendons demander ainsi sa mort et celle de Jason au maître de l'Olympe: « Puissant Jupiter, fais retentir la foudre dans le ciel; étends ta main puissante, prépare les feux vengeurs, ébranle le monde en déchirant les nuages; frappe sans choisir, ou moi, ou ce parjure: tu es sûr de frapper un coupable; ta foudre ne peut se tromper en tombant sur l'un ou sur

---

[1] Acte III, scène II.

l'autre. » Mais cet emportement pourrait s'évanouir; ce qui fait frissonner, ce qui annonce une catastrophe terrible, c'est le moment où Médée reconnaît, avec une affreuse joie, dans l'amour de Jason pour ses enfants, le moyen de déchirer son cœur paternel; c'est la scène où elle demande à les embrasser une dernière fois, en priant Jason d'oublier l'emportement qu'elle abjure avec un accent presque aussi doux que celui d'Ariane. Jason pardonne et sort, et Médée reprend toute sa colère: *ardet et odit*, suivant la belle expression du poëte[1].

Corneille prête l'énergie de sa muse à la haine de Médée; il y mêle un sentiment d'orgueil qui doit servir encore de ferment aux passions impétueuses de cette femme outragée, à la fois épouse et mère; mais il imite aussi de Sénèque l'artifice par lequel elle abuse Jason, qui, entraîné par sa passion, embrasse avidement ce qu'il désire.

Je t'aime encor, Jason, malgré ta lâcheté;
Je ne m'offense plus de ta légèreté :

---

[1] Le chœur ajoute :
Cæcus est ignis stimulatus ira,
Nec regi curat, patiturve frenos.
Haud timet mortem. Cupit ire in ipsos
    Obvius enses.

« L'amour, dans son sein, est un feu caché que nourrit la colère. Rien ne peut le régir, il n'admet aucun frein; et, loin de redouter la mort, il brûle de se jeter à travers les glaives étincelants. » (Acte III, scène III.)

Je sens à tes regards décroître ma colère ;
De moment en moment ma fureur se modère [1].

Un moment après, cette amante soumise et résignée s'écrie :

J'y donnerai bon ordre : il est en ta puissance
D'oublier mon amour, mais non pas ma vengeance [2].

La Médée de Longepierre rappelle quelquefois l'amante d'Énée. On reconnaît la trace de Virgile dans ces vers :

J'ai conservé cent fois et ta vie et ta gloire.
Ressouviens-t'en, ingrat, rappelle en ta mémoire
Ces temps où, vil rebut du destin et des flots,
Tu vins chercher ta perte et la mort à Colchos [3].

Le même auteur exprime encore avec beaucoup de naturel le repentir trompeur de Médée ; elle parle si bien le langage de la nature, que Jason peut la croire sans être accusé d'un excès de crédulité. Comment soupçonner une femme qui s'exprime ainsi :

Je ne viens point, brûlant d'un injuste courroux,
Vous accabler cent fois de cris et de reproches.
Cessez de redouter ma vue et mes approches.
Mes yeux s'ouvrent enfin ; je connais mon erreur.
L'amour et la raison ont vaincu ma fureur...

---

[1] Acte III, scène III.
[2] Acte III, scène IV.
[3] Acte II, scène V. Voilà bien :

    Ejectum littore, egentem,
Excepi.

> Oubliez mes transports, oubliez ma colère :
> Pardonnez à l'amour un crime involontaire...
> Adoucissez Créon, attendrissez Créuse.
> L'amour a fait mon crime, il fera mon excuse.
> C'est lui, c'est la douleur qui m'a fait égarer;
> Et par un prompt exil je vais tout réparer.

Thomas Corneille a trouvé des accents dignes de la muse de Racine, pour peindre le tendre amour d'Ariane; mais il n'a pas su faire parler avec éloquence la douleur de cette reine trahie. Quelle faiblesse dans les vers suivants, si on les compare aux brûlantes expressions du désespoir de la reine de Carthage!

> Tu m'arraches le cœur : j'en mourrai, tu le veux;
> Mais, quitte des ennuis où m'enchaîne la vie,
> Crois déjà, crois me voir, de ma douleur suivie,
> Dans le fond de ton âme armer, pour te punir,
> Ce qu'a de plus funeste un fatal souvenir,
> Et te dire d'un ton et d'un regard sévère :
> « J'ai tout fait, tout osé pour t'aimer, pour te plaire;
> » J'ai trahi mon pays, et mon père, et mon roi :
> » Cependant, vois le prix, ingrat, que j'en reçoi. »

Les reproches de la Bérénice de Racine à Titus paraissent d'abord mériter la même censure; mais, outre que le poëte lui a donné un cœur capable d'immoler tout au bonheur et à la renommée du héros, comme le fils de Vespasien n'a point trompé la reine de Judée, comme il obéit aux lois de Rome et non pas à un lâche caprice, comme sa victoire lui coûte de douloureux combats, il ne devait pas être ravalé par les discours de son amante. D'ailleurs la dernière scène de la tragédie nous réserve un sacrifice à la fois noble et touchant, qui nous arrachera des larmes, en faisant tourner à la gloire des trois principaux personnages l'habile dénouement du drame. Les conseils de l'art ne permettaient pas de prêter à Bérénice les imprécations de Didon ou de Médée.

Dans cet ordre d'idées, si Racine ne remplit pas toute notre attente, peut-être un profond sentiment des convenances lui a-t-il dicté ces vers, dans lesquels nous désirerions plus de véhémence et de force :

> N'attendez pas ici que j'éclate en injures,
> Que j'atteste le ciel, ennemi des parjures.
> Non : si le ciel encore est touché de mes pleurs,
> Je le prie, en mourant, d'oublier mes douleurs.
> Si je forme des vœux contre votre injustice,
> Si, devant que mourir, la triste Bérénice
> Vous veut de son trépas laisser quelque vengeur,
> Je ne le cherche, ingrat, qu'au fond de votre cœur.
> Je sais que tant d'amour n'en peut être effacée ;
> Que ma douleur présente, et ma bonté passée,
> Mon sang qu'en ce palais je veux même verser,
> Sont autant d'ennemis que je vais vous laisser :
> Et sans me repentir de ma persévérance,
> Je me remets sur eux de toute ma vengeance.
> Adieu.

Les quatre premiers vers de cette tirade nous révèlent la pensée secrète de Racine, et son attention à observer la loi qui veut qu'un caractère ne se démente jamais. Mais la volonté de mourir est une volonté si cruelle et si grande, elle doit tant coûter à une femme, à une amante, que les paroles qui l'expriment demandent un autre accent que celui de Bérénice dans cette scène. Non, la reine qui dit,

> Mon sang qu'en ce palais je veux même verser,

n'a pas bien résolu de mourir; nous ne la croyons pas, et, par conséquent, nous ne sommes point émus. Au contraire, Didon, qui a invoqué la foudre et la mort au moment où elle a lu dans son cœur; Didon, qui n'a jamais eu un instant de paix et de sécurité; Didon, possédée d'un amour incurable, alarmée, dès long-temps, par de tristes présages; Didon, punie par le plus affreux abandon presque au moment où sa faute est devenue irréparable, Didon veut cesser de vivre, et chaque mot qu'elle prononce porte en nous la conviction.

Phèdre, mortellement blessée de la froideur et de l'orgueil d'Hippolyte, rappelle souvent Didon devant Énée. Les vers suivants appartiennent à la même situation que celle de la reine de Carthage:

> Ciel, comme il m'écoutait! par combien de détours
> L'inflexible a long-temps éludé mes discours!
> Comme il ne respirait qu'une retraite prompte!
> Et combien sa rougeur a redoublé ma honte!
> Pourquoi détournais-tu mon funeste dessein?

Hélas! quand son épée allait chercher mon sein,
A-t-il pâli pour moi? me l'a-t-il arrachée?

Didon se retrouve partout dans les pièces de Racine; n'est-ce pas elle encore qui parle dans ce monologue d'Hermione :

Où suis-je? qu'ai-je fait? que dois-je faire encore?
Quel transport me saisit? quel chagrin me dévore?
Errante et sans dessein, je cours dans ce palais.
Ah! ne puis-je savoir si j'aime ou si je hais?
Le cruel, de quel œil il m'a congédiée!
Sans pitié, sans douleur au moins étudiée!
L'ai-je vu s'attendrir, se troubler un moment?
En ai-je pu tirer un seul gémissement?
Muet à mes soupirs, tranquille à mes alarmes,
Semblait-il seulement qu'il eût part à mes larmes?

Roxane, amante, mais ambitieuse, a aussi des traits de ressemblance avec Didon. Tourmentée par deux passions contraires dont l'intérêt est le même, grâces à une heureuse combinaison que le poëte a trouvée dans la nature du sujet, elle brûle d'épouser le frère d'Amurat, comme la reine de Carthage veut s'unir au prince troyen. Didon, tendre et timide, montre à Énée la puissance de Tyr, une ville toute prête; après l'entrevue présidée par Vénus et Junon, elle ose appeler du nom d'hymen ses furtives amours avec le fils d'Anchise, voilà ses plus grandes témérités, tandis que l'ardente et orgueilleuse sultane propose elle-même son cœur et sa main à Bajazet. Cette situation paraîtrait délicate, surtout pour notre théâtre, auquel la scène tragique impose des convenances très sévères ; mais le caractère de la sultane, ses mœurs d'esclave, que son rang de favorite n'a fait que confirmer, l'emportement de tous les désirs irrités par de grands obstacles, l'offre d'un empire, les périls attachés à la résolution de couronner Bajazet et de monter sur le trône, écartent des spectateurs toute idée de comparer Roxane avec une femme que les bienséances et la pudeur de son sexe empêchent de franchir certaines bornes. Pour rendre à Racine toute la justice qu'il mérite, et montrer combien il mettait de soin à justifier les plus habiles combinaisons, je dois ajouter que la situation est amenée aussi adroitement qu'elle pouvait l'être.

D'ailleurs, nous ne voyons pas Roxane recourir à la prière, comme Didon : elle n'implore pas l'amour, elle le commande en quelque sorte; au premier soupçon, au premier doute, elle éclate en menaces :

> Songez-vous que je tiens la porte du palais,
> Que je puis vous l'ouvrir ou fermer pour jamais ;
> Que j'ai sur votre vie un empire suprême,
> Que vous ne respirez qu'autant que je vous aime ?
> Et sans ce même amour qu'offensent vos refus,
> Songez-vous, en un mot, que vous ne seriez plus ?

L'orgueil et l'amour font commettre à Roxane la faute où le désespoir a entraîné Didon. Elle ir-

ÉNÉIDE, LIVRE IV.

rite Bajazet au lieu de le gagner. Quoique Bajazet parle plus convenablement qu'Énée, quoique sa reconnaissance ait un accent de franchise et de vérité, quoiqu'il ne lui échappe pas un mot qui puisse blesser la sultane, il balance, il éloigne, il diffère, et s'attire cette réponse :

> Non, je ne veux plus rien.
> Ne m'importune plus de tes raisons forcées :
> Je vois combien tes vœux sont loin de mes pensées.
> Je ne te presse plus, ingrat, d'y consentir :
> Rentre dans le néant dont je t'ai fait sortir.
> Car enfin qui m'arrête? et quelle autre assurance
> Demanderais-je encor de son indifférence?
> L'ingrat est-il touché de mes empressements?
> L'amour même entre-t-il dans ses raisonnements?

Cette dernière réflexion, qui représente faiblement l'exclamation *Heu! furiis incensa feror!* brille comme l'éclair aux yeux de Roxane; sa colère redouble, et l'emporte au point de mettre le comble à ses offenses par ce qu'elle ajoute :

> Ah! je vois tes desseins. Tu crois, quoi que je fasse,
> Que mes propres périls t'assurent de ta grâce;
> Qu'engagée avec toi par de si forts liens,
> Je ne puis séparer tes intérêts des miens.
> Mais je m'assure encore aux bontés de ton frère;
> Il m'aime, tu le sais; et, malgré sa colère,
> Dans ton perfide sang je puis tout expier,
> Et ta mort suffira pour me justifier.

Quel trait de lumière jeté sur le cœur de Roxane! Comme, au milieu des fureurs de son amour et de son ambition, on retrouve en elle la bassesse d'une esclave accoutumée à baiser la main qui l'enchaîne, à prodiguer son cœur et sa personne au maître qu'elle hait en secret! Comme elle nous révolte sans le savoir, en se montrant prête à payer sa grâce de la tête de Bajazet, à embrasser les genoux, à mendier les caresses d'Amurat, qu'elle a résolu de trahir et de perdre! Qui pourrait vouloir s'exposer aux périls, aux orages, aux trahisons d'un pareil amour, et accepter même la couronne à un tel prix?

La passion de l'amour est pleine de désordre et d'inconstance; aussi nous voyons succéder tout-à-coup cet admirable mouvement à la colère de Roxane:

> Écoutez, Bajazet; je sens que je vous aime.
> Vous vous perdez. Gardez de me laisser sortir;
> Le chemin est encore ouvert au repentir.
> Ne désespérez point une amante en furie;
> S'il m'échappait un mot, c'est fait de votre vie.

Un pareil retour de sentiment dans la bouche de Didon, d'Ariane ou de Bérénice, serait accompagné de larmes ou des plus douces supplications. Dans Roxane[1], l'aveu même de l'amour, sorti du

---

[1] Racine a mis dans la bouche de Bajazet ce portrait fidèle de Roxane:

> Une esclave attachée à ses seuls intérêts,
> Qui présente à mes yeux les supplices tout prêts,
> Qui m'offre son hymen ou la mort infaillible.

cœur au milieu d'un orage, est encore suivi par des violences, et les menaces de la mort se mêlent à la prière du désespoir. Cependant, comme la passion de Roxane, quelque nom que l'on veuille lui donner, est véritable, le maître n'a point oublié ce qu'il devait ajouter pour en achever la peinture; et nous allons retrouver Didon dans la sultane vaincue et désarmée par la faiblesse de son cœur.

Bajazet, menacé par ce trait si cruel,

S'il m'échappait un mot, c'est fait de votre vie,

avait répondu :

Vous pouvez me l'ôter, elle est entre vos mains :
Peut-être que ma mort, utile à vos desseins,
De l'heureux Amurat obtenant votre grâce,
Vous rendra dans son cœur votre première place.

ROXANE.

Dans son cœur ! Ah ! crois-tu, quand il le voudrait bien,
Que, si je perds l'espoir de régner dans le tien,
D'une si douce erreur si long-temps possédée,
Je puisse désormais souffrir une autre idée,
Ni que je vive enfin, si je ne vis pour toi !
Je te donne, cruel, des armes contre moi,
Sans doute, et je devrais retenir ma faiblesse ;
Tu vas en triompher. Oui, je te le confesse,
J'affectais à tes yeux une fausse fierté ;
De toi dépend ma joie et ma félicité ;
De ma sanglante mort ta mort sera suivie.
Quel fruit de tant de soins que j'ai pris pour ta vie !

Inutiles efforts: elle s'était fermé le cœur de Bajazet par ses outrages et ses menaces; elle ne peut plus y rentrer. *Non est adhuc precibus locus*, il n'y a plus d'accès à la prière; elle le sent, et rompt l'entretien par un ordre qui annonce une catastrophe prochaine. Tout semble perdu, tout annonce le dénouement; mais Racine sait le reculer. Nous ne connaissons pas encore assez la cruelle Roxane; il fallait qu'elle éprouvât le supplice de la jalousie, pour que nous entendissions son orgueil, parlant à Bajazet absent, comme s'il était devant ses yeux, dire au prince qu'elle voulait couronner :

>Moi qui, de ce haut rang qui me rendait si fière,
>Dans le sein du malheur t'ai cherché la première,
>Pour attacher des jours tranquilles, fortunés,
>Aux périls dont tes jours étaient environnés !

Il fallait surtout qu'au moment extrême où, prête à pardonner, elle va prononcer l'arrêt fatal, elle achevât de mériter la haine et le mépris de Bajazet, soit par des reproches insultants, soit en mettant le trône et la vie au prix du sang d'Atallide.

ROXANE.

>Et que pourrais-tu faire?
>Sans l'offre de ton cœur, par où peux-tu me plaire?
>Quels seraient de tes vœux les inutiles fruits?
>Ne te souvient-il plus de tout ce que je suis !
>Maîtresse du sérail, arbitre de ta vie,
>Et même de l'état, qu'Amurat me confie,
>Sultane, et, ce qu'en vain j'ai cru trouver en toi,
>Souveraine d'un cœur qui n'eût aimé que moi;

Dans ce comble de gloire où je suis arrivée
A quel indigne honneur m'avais-tu réservée?
Traînerais-je en ces lieux un sort infortuné,
Vil rebut d'un ingrat que j'aurais couronné,
De mon rang descendue, à mille autres égale,
Ou la première esclave enfin de ma rivale?
Laissons ces vains discours, et, sans m'importuner,
Pour la dernière fois, veux-tu vivre ou régner?
J'ai l'ordre d'Amurat, et je puis t'y soustraire.
Mais tu n'as qu'un moment : parle.

BAJAZET.

Que faut-il faire?

ROXANE.

Ma rivale est ici : suis-moi sans différer;
Dans les mains des muets viens la voir expirer;
Et, libre d'un amour à ta gloire funeste,
Viens m'engager ta foi : le temps fera le reste.
Ta grâce est à ce prix, si tu veux l'obtenir.

Bajazet, dit La Harpe, est un ouvrage du second ordre, qui n'a pu être fait que par un homme du premier; mais cet ouvrage doit surtout servir à montrer l'habileté des larcins de Racine, et que, supérieur sous ce rapport à Virgile, qui a trop souvent copié Homère avec une fidélité voisine de la servitude, il disposait en maître des beautés qu'il empruntait à ses modèles.

Métastase, en traduisant assez fidèlement Virgile, est parvenu à ôter toute couleur tragique aux discours de Didon, et surtout à refroidir les expressions de sa tendresse. Au lieu des reproches du véritable amour, nous trouvons ces paroles inanimées dans la bouche de l'amante d'Énée : « Tu parais à mes yeux, tu me parles du seul Iarbas, et tu ne t'inquiètes pas de moi ! Que ne t'ai-je vu, du moins, l'œil humide d'une seule larme ! un regard, un soupir, un signe de pitié, je ne le trouve pas en toi. Cependant tu me demandes une grâce ; pour de si grands outrages, je te dois encore une récompense ! puisque tu veux qu'il vive, je veux qu'il meure. » Énée répond, en véritable héros d'opéra : « Ah ! si vous avez jamais eu pour moi quelque tendre affection dans le cœur, apaisez ce dédain superbe, rendez la sérénité à vos yeux ; celui qui vous en conjure est cet Énée que vous avez jadis appelé votre âme et votre bien suprême, que vous avez aimé plus que la vie et le trône. — Il suffit, répond Didon ; tu m'as vaincue, voici l'arrêt fatal. Juge combien je t'adore encore, ingrat : un seul de tes regards m'ôte toute défense et me désarme ; et tu aurais encore le courage de me trahir, et tu pourrais m'abandonner ! M'abandonner ! oh ! non, belle idole de mon cœur ! A qui me fier, si tu me trompes ? Je perdrais la vie en te disant adieu ; je ne pourrais vivre avec de si grandes douleurs. » La générosité d'Énée, qui remet à Iarbas l'arrêt de sa mort, qu'il a arraché des mains de la reine de Carthage, ne saurait effacer la fâcheuse impression de cette scène, où le poëte lauréat de la cour de Vienne a rendu si méconnaissable le génie du plus grand peintre de l'amour dans l'antiquité.

Il y a cependant quelques traits touchants et vrais dans le cours du rôle :

> Cher prince, contre vous mon cœur est sans défense
> Dans les illusions d'une vaine espérance,
> Vous pouvez, d'un seul mot, sans cesse m'égarer :
> Mon sort est de vous croire et de vous adorer...
> Pour prix du tendre amour dont vous goûtiez les charmes,
> Vous me laissez la guerre, et la honte, et les larmes...
> Je ne devrai qu'à vous le trépas ou les fers...
> Après cela, partez, mes ports vous sont ouverts.

Le Franc de Pompignan ne sait pas mettre dans les discours d'une femme ces accents du cœur que Virgile et Racine ont imités avec tant de bonheur ; il n'a pas même soupçonné le charme des prières de Didon. Ainsi, par exemple, il néglige le trait *mene fugis?* que le sévère Boileau n'a eu garde d'oublier; il substitue à ces vers,

> Per ego has lacrymas dextramque tuam, te,
> (Quando aliud mihi jam miseræ nihil ipsa reliqui)
> Per connubia nostra, per inceptos hymenæos.

ces traits vulgaires :

> Je t'ai livré mon cœur ; tu m'as donné ta foi.
> Les serments font l'hymen, et je suis ton épouse.
> Oui, je la suis, Énée.

Racine, en gardant la bienséance de la scène, n'aurait pas manqué de reproduire les grâces touchantes de cette prière :

> Si bene quid de te merui, fuit aut tibi quidquam
> Dulce meum, miserere domus labentis.

L'imitateur ne paraît pas les avoir senties; il exprime mieux les mouvements de la colère que les douces inspirations de cette éloquence des femmes qui n'a point de règle connue, et ne peut pas plus s'enseigner que se définir.

> Adieu, cruel, adieu pour la dernière fois.
> Va, cours, vole, au milieu des vents et des orages;
> Préfère à mon palais les lieux les plus sauvages;
> Cherche, au prix de tes jours, ces dangereux climats
> Où tu ne dois régner qu'après mille combats.
> Hélas! mon cœur charmé t'offrait dans ces asiles
> Un trône aussi brillant et des biens plus tranquilles!
> Cependant tes refus ne peuvent me guérir;
> Mes pleurs et mes regrets, qui n'ont pu t'attendrir,
> Loin d'éteindre mes feux, les redoublent encore.
> Je devrais te haïr, ingrat! et je t'adore.
> Oui, tu peux sans amour t'éloigner de ces bords;
> Mais ne crois pas, du moins, me quitter sans remords.
> Ton cœur fût-il encor mille fois plus barbare,
> Tu donneras des pleurs au jour qui nous sépare;
> Et, du haut de ces murs, témoins de mon trépas,
> Les feux de mon bûcher vont éclairer tes pas.

Il y a du moins de la passion dans ce discours, tout indigne qu'il paraisse d'un parallèle avec la brûlante énergie des adieux de Didon.

Pourquoi les devoirs d'une critique sévère, mais juste, m'ordonnent-ils de remarquer ici que les reproches de Didon ne sont que trop bien motivés par la conduite du prince troyen, tel que l'a représenté Virgile. Indignement rabaissé à nos yeux devant la reine de Carthage, il ne se relève pas de

cette situation après le départ de l'infortunée, que ses femmes emportent dans son palais. Virgile nous avait abusés, en prêtant au Troyen l'intention de préparer Didon à son malheur, et de lui épargner, par de tendres consolations, une partie des douleurs attachées à une séparation cruelle; nous avons vu combien cette attente était illusoire. Virgile, en voulant excuser encore son héros, accroît la faute déjà commise. « Énée, dit le poëte, voudrait cal-
» mer les douleurs et adoucir les ennuis de la
» reine; mais, malgré sa pitié, malgré le violent
» amour dont il porte la blessure au fond de son
» cœur, il exécute cependant les ordres des dieux,
» et revoit sa flotte. » Toujours la même froideur, toujours la même absence de sensibilité, toujours des sentiments que le poëte n'a pu exprimer avec chaleur et illusion, parcequ'ils n'étaient pas dans la vérité. Je vois l'attendrissement du vieil Horace, quand il dit à Camille et à Sabine qu'il est près de pleurer comme elles, je sens un cœur de père dans les paroles de cet héroïque Romain; mais je ne crois pas plus à la pitié qu'à la constance d'Énée. Nous trouverons partout ces conséquences du vice d'une première conception : le génie lui-même n'aurait pas pu les faire disparaître; mais un talent bien inférieur à celui de Virgile aurait suffi pour les pallier et les colorer. Métastase en a senti la nécessité. Le Franc de Pompignan peint avec

quelque force les regrets d'Énée, et fait sortir des combats de l'amour et de la pitié avec la gloire et la vertu, un triomphe qui honore le héros: c'est au souvenir d'Hector, rappelé par un généreux ami, que le fils d'Anchise reprend sa constance; mais cette constance n'exclut pas le tendre intérêt qu'il doit à Didon. Énée, en se rendant à la voix des dieux, leur adresse cette prière :

> Vous, à qui je sacrifie
> L'objet de mon amour, le bonheur de ma vie,
> Sages divinités, dont les soins éternels
> Président chaque jour au destin des mortels,
> Recevez un adieu que mon âme tremblante
> Craint d'offrir elle-même aux transports d'une amante.
> Ne l'abandonnez pas; daignez la consoler.
> C'est à vous seuls, grands dieux, que j'ai pu l'immoler.

Si nous avons été forcés de critiquer encore Virgile, nous devons du moins nous empresser de faire une remarque à l'honneur de son jugement. Lorsqu'il rend Énée à ses compagnons, le poëte se contente de nous montrer les effets de sa présence, et ne le fait point parler; rien de plus judicieux. Que pourrait dire Énée sans rappeler à ses sujets la longue erreur de leur maître? Plus ses discours auraient de pompe et de grandeur, plus il parlerait de constance et de courage, plus chacun se souviendrait de ses faiblesses, en lui appliquant peut-être l'épithète d'*uxorius*, que chacun lui adresse comme un reproche. Il se montre en prince accoutumé à l'obéissance et à l'amour des peuples; il commande en paraissant; dès qu'on l'a vu, les travaux redoublent. Virgile ne nous devait rien de plus. Si Métastase, obligé de peindre les regrets et les plaintes d'Énée, ne lui eût pas mis les armes à la main; si le guerrier n'eût pas relevé l'amant, ce serait une grande faute que d'avoir fait succéder à l'entrevue de ce prince avec Didon un discours qui est la traduction fidèle de celui que nous avons trouvé dans le premier livre de l'Énéide, après le naufrage des Troyens sur les côtes de Libye; mais le poëte a prévu les objections, et s'est mis à l'abri du reproche. Les préparations qui motivent de loin une situation que la raison veut amener et justifier, constituent une grande partie de l'art de faire partager aux lecteurs ou aux spectateurs les sentiments d'un personnage. Le discours d'Énée n'a rien qui nous étonne dans Métastase, parcequ'Énée donne à la fin le précepte et l'exemple du courage; il nous paraîtrait déplacé dans le quatrième livre de Virgile, parceque le fils d'Anchise n'a rien fait d'héroïque.

Cependant les Troyens, qui accusaient peut-être leur prince en secret, circonstance que Virgile a omise encore à dessein, soit par respect pour le caractère d'Énée, soit peut-être afin de ménager l'amour-propre d'Auguste, dont la faiblesse pour Cléopâtre avait pu exciter des murmures parmi

les Romains, s'empressent de mettre la flotte en état de partir. Le poëte les compare avec beaucoup d'élégance et de justesse, mais non pas avec beaucoup de grandeur et de convenance, à un essaim de fourmis :

> On s'empresse, on s'assemble ; on voit de toutes parts
> Les Troyens par torrents déserter les remparts.
> Ainsi, quand des fourmis la diligente armée,
> Des besoins de l'hiver prudemment alarmée,
> Porte à ses magasins les trésors des sillons,
> Leur foule au loin s'empresse, et leurs noirs bataillons,
> Par un étroit sentier s'avançant sous les herbes,
> Entraînent à l'envi la dépouille des gerbes :
> L'une conduit la troupe et trace le chemin ;
> L'autre, non sans effort, pousse un énorme grain ;
> Celle-ci des traîneurs excite la paresse :
> Pour le bien de l'état, tout agit, tout s'empresse ;
> Tous ont leurs soins, leur tâche et leurs emplois divers,
> Et d'ardents travailleurs les chemins sont couverts [1].

Dans le second chant de l'Iliade, Agamemnon, voulant éprouver les Grecs, dont il soupçonne les dispositions, leur tend un piége, en parlant comme un prince résigné à la nécessité de renoncer au siége de Troie ; et voici comment le grand peintre du cœur humain retrace l'effet des paroles du roi des rois :

> Il dit, et des soldats, que sa voix a charmés,
> Il réveille les vœux en leur sein renfermés.

---

[1] Delille.

La foule s'abandonne au transport qui l'égare.
Tels sont les roulements des vastes flots d'Icare,
Quand un nuage obscur, pressé par Jupiter,
Vomit les Aquilons pour ravager la mer;
Ou telle du zéphyr [1] l'impétueuse haleine
Fait flotter les épis qui jaunissent la plaine.
L'armée, avec grands cris, court se précipiter
Sur les nombreux vaisseaux qui doivent la porter.
Sous les pieds des soldats une épaisse poussière
S'élève en tourbillons, obscurcit la lumière.
Ils s'excitent l'un l'autre, ils poussent les vaisseaux,
Les traînent sur la plage, et vont les rendre aux flots;
Et, tout près de quitter pour jamais ces rivages,
Font retentir les cieux de hurlements sauvages.
Ils partaient, si Junon, secondant les destins,
N'eût excité Minerve à servir ses desseins [2].

J'attache le plus grand prix à la naïveté dont l'Iliade, et surtout l'Odyssée, offrent tant d'exemples; mais ici je préfère de beaucoup le ton d'Homère à celui de Virgile. L'un peint avec chaleur une scène dans laquelle il surprend la nature sur le fait; l'autre représente avec vérité l'empressement des Troyens à quitter le rivage, mais il rapetisse et refroidit le sujet par des images dont quelques unes même peuvent exciter un léger sou-

---

[1] Je dois avertir que le zéphyre chez Homère n'est pas l'amant de Flore, mais le vent qui souffle de l'occident, et qui souvent est très impétueux.

[2] Iliade, vers 142 et suivants.

rire [1]. Au lieu de donner seulement aux Troyens la prévoyance des fourmis, *hiemis memores*, il fallait nous montrer en eux l'amour de la gloire, le souvenir des ordres de Jupiter, et l'ambition de posséder l'Italie. L'omission des nobles motifs de leur empressement [2], et le choix de la comparaison [3], paraissent des fautes d'autant plus remarquables, que nous sommes en pleine tragédie, et que la situation demanderait de vives et nobles images, comme celles du récit de Calchas, dans le dénouement de notre Iphigénie. Virgile oublie trop sou-

---

[1] Tel est le trait,

> Pars grandia trudunt
> Obnixæ frumenta humeris,

trait qui rappelle ces vers de La Fontaine si plaisamment emphatiques :

> Et dans cet océan l'on eût vu la fourmi
> S'efforcer, mais en vain, de regagner la rive.
> La colombe aussitôt usa de charité :
> Un brin d'herbe dans l'eau par elle étant jeté,
> Ce fut un promontoire où la fourmi arrive.

[2] Virgile dit seulement, *fugæ studio*.

[3] La comparaison, quoique d'une exactitude et d'une justesse parfaite dans tous ses termes, a encore ici le défaut de sentir un peu le travail, et de nous prouver que le poëte n'a vu dans cette circonstance que le matériel même du sujet. Les Troyens sont des soldats ou des matelots qui chargent des navires, et non pas une colonie d'élite qui court aux lieux où Jupiter l'appelle.

vent que le peuple de Priam doit se montrer digne de la protection des dieux; d'ailleurs quelques traits pareils à ceux que l'on désire ici nous auraient conduits d'une manière plus heureuse peut-être à cette exclamation passionnée :

> Quis tibi tunc, Dido, cernenti talia sensus?

A ce cruel spectacle, que n'éprouvais-tu pas, malheureuse Didon! quels gémissements lorsque, du haut de ton palais, tu contemplais ce tumultueux rivage, et la mer troublée au loin par les cris du départ! Cruel amour, à quoi ne réduis-tu pas le cœur des mortels! Une puissance inconnue la force à recourir encore aux larmes, à descendre encore à la prière, à humilier sa fierté aux pieds du dieu, par le rôle de suppliante, afin de n'avoir négligé aucun moyen de succès, avant d'exécuter le projet de mourir.

Ma sœur, dit-elle, tu vois tout ce mouvement sur le rivage; ils y sont accourus de toutes parts : déjà la voile appelle les vents, et les matelots joyeux ont couronné les poupes. Si j'ai pu m'attendre à une pareille douleur pour récompense, j'aurai, sans doute, aussi la force de la supporter [1].

---

[1] Delille adopte, comme on va le voir, un autre sens, qui me paraît plus conforme à la situation que le sens littéral :

> Si j'avais pu m'attendre à ce revers horrible,
> Moins imprévu, ma sœur, il serait moins terrible.

Mais rends à mon malheur un dernier office auprès de ce cruel Troyen : tu le sais, pour toi seule le perfide avait une espèce de culte, il te confiait même ses plus secrètes pensées ; seule tu connaissais le chemin de son cœur, et les moments favorables pour y pénétrer[1] ; va, ma sœur, cours aborder avec des prières ce superbe ennemi. Quel est mon crime envers lui ? On ne m'a point vue jurer avec les Grecs en Aulide de détruire la nation troyenne ; je n'ai pas envoyé de flottes à Pergame ; je n'ai point arraché la cendre et les mânes d'Anchise, son père, à leur tombeau. Pourquoi son insensibilité ferme-t-elle ses oreilles à mes paroles ? pourquoi me fuir avec tant d'ardeur ? Ah ! du moins qu'il accorde une faveur dernière à sa malheureuse amante ; qu'il attende une fuite plus facile et des vents plus favorables. Oublions cet hymen qu'il a

---

Le texte de Virgile porte :

> Hunc ego si potui tantum sperare dolorem,
> Et perferre, soror, potero.

L'expression *sperare* rappelle ce vers d'Andromaque :

> Grâce aux dieux, mon malheur passe mon espérance.

[1] Delille traduit ainsi le texte :

> Ma sœur, pour le fléchir je n'espère qu'en toi.
> Toi seule sur l'ingrat avais pris quelque empire ;
> Dans son âme à toi seule il permettait de lire :
> Seule enfin, près de lui trouvant un doux accueil,
> Tu savais du barbare apprivoiser l'orgueil.

ÉNÉIDE, LIVRE IV.

trahi [1], j'en abandonne les droits; je ne demande plus qu'il se prive pour moi de la belle Italie, qu'il renonce à l'espoir d'un empire. Je ne veux que la vaine consolation d'un délai [2], une trève d'un mo-

---

[1] Bérénice dit à Titus, qui veut se séparer d'elle :

> Je ne vous parle point d'un heureux hyménée.
> Rome à ne plus vous voir m'a-t-elle condamnée ?
> Pourquoi m'enviez-vous l'air que vous respirez ?

[2] Tout ce qu'exige, hélas ! cet amour déplorable,
C'est qu'au moins il attende un vent plus favorable ;
Que d'un simple délai la stérile faveur
Laisse un peu de ma flamme amortir la fureur,
Que mon âme exercée à prévoir cet outrage
Ait contre mon malheur préparé son courage.
DELILLE.

Cette traduction rend assez heureusement le texte, mais elle est encore loin d'en atteindre la perfection, et surtout de rendre le sens profond des deux vers de Virgile :

> Tempus inane peto, requiem spatiumque furoris,
> Dum mea me victam doceat fortuna dolere.

Ovide a dit avec une vaine recherche :

> Da breve sævitiæ spatium pelagique tuæque.

Il n'a pas craint non plus de répéter les idées de Virgile, pour les affaiblir par les expressions suivantes :

> ... Pro meritis, et si qua debebimus ultro,
> Pro spe conjugii tempora parva peto,
> Dum freta mitescunt, et amor; dum tempore et usu
> Fortiter edisco tristia posse pati.

Le vers de Virgile,

> Dum mea me victam doceat fortuna dolere,

est un modèle de ces créations du style qui ajoutent tant de prix

ment, pour laisser amortir ma fureur, pour attendre que, vaincue par mon infortune, j'apprenne à souffrir et à répandre des larmes; c'est la dernière

---

à la pensée première; il peint avec précision les divers effets du malheur sur notre âme. Causé par l'ingratitude et la trahison, le malheur nous indigne, et excite en nous des mouvements de fureur; nos forces s'épuisent dans cette révolte de tout notre être moral. Le tumulte intérieur s'apaise; l'espérance s'éteint devant un mal que nous sentons irréparable; vaincus par le combat, et surtout par cette triste conviction, nous baissons la tête, et nous apprenons à souffrir. Dans le premier transport, les yeux restent secs, comme si la source des larmes était tarie; dans l'état de faiblesse qui succède à nos emportements, elles coulent en abondance et soulagent un cœur malade.

Fortiter edisco tristia posse pati.

Ce vers d'Ovide, jeté sans réflexion, rend d'une manière vulgaire une pensée puisée dans les lieux communs dont parlent Aristote et Cicéron, pensée qui manque peut-être de vérité dans la circonstance. La reine de Carthage porte au fond de son cœur une blessure incurable; elle le sait, et voit le terme fatal comme le seul remède à ses maux, *requiem furoris* : elle peut l'envisager sans terreur, mais tout, jusques à sa cruelle résolution, démentirait ses paroles, si elle disait dans Virgile, comme dans son imprudent imitateur, qu'elle apprend à supporter courageusement des choses funestes. Les expressions si vainement recherchées, *dum freta mitescunt et amor,* sont encore un contre-sens dans la bouche d'une femme qui ne cesse de répéter aux autres et à elle-même, *Moritura Dido.* Au lieu de *mitescit amor,* il faudrait *sævit amor.*

Virgile, Racine et Boileau offrent sans cesse des exem-

grâce que j'implore[1] (prends pitié de ta sœur), et quand je l'aurai obtenue, je la lui rendrai avec usure par le bienfait de ma mort.

---

ples de cette puissance du travail qui nous apprend à renfermer beaucoup de choses en peu de paroles, et à faire de la poésie une langue rapide comme la pensée, riche comme l'imagination, et variée comme les nuances de nos sentiments. On lit dans la tragédie de Virginie, par Alfieri, ces paroles adressées par l'amante d'Icilius au farouche Appius :

« Suspends, pour aujourd'hui, le coup fatal... je t'en conjure... Pendant ce temps, je pourrai abandonner toute pensée d'hymen... Qu'Icilius vive, et ne soit plus à moi... Je tenterai d'arracher son image de mon cœur. Mon espérance a reposé sur lui pendant plusieurs années, je la séparerai de lui tout entière... Peut-être... un jour... Le temps... Que puis-je de plus ?... Ah! qu'Icilius vive... Je tombe à tes pieds. » (Acte IV, scène IV.)

[1] Le texte porte :
> Extremam hanc oro veniam.

Didon a peur d'offenser Énée par les plus justes prières ; elle se souvient du froid accueil qu'ont reçu les tendres supplications de l'amour, elle demande pardon comme une femme qui se dit : « Sans doute mes larmes l'importunent. » *Veniam,* c'est le mot de Bérénice au moment où elle interrompt, avec timidité, le secret de la solitude de Titus ; *veniam* est encore le mot qu'elle a dans le cœur lorsqu'elle dit :

> De mon propre intérêt je n'ose vous parler.
> Bérénice autrefois pouvait vous consoler :
> Avec plus de plaisir vous m'avez écoutée.

Les mêmes alarmes, la même délicatesse, respirent dans la cinquième scène du second acte, où Bérénice dit à sa confidente :

Virgile suit avec beaucoup de soin la gradation dramatique de son sujet. Naguère Didon veillait et tremblait avant le danger, *omnia tuta timens*. Nous avons entendu ses transports à la découverte de la fuite d'Énée, qu'elle avait pressentie; maintenant elle voit ce que la cruelle renommée avait pris plaisir à lui révéler. Plus de doute à son malheur; mais ce n'est pas la fureur qu'il excite : il s'est fait une révolution dans le cœur de l'infortunée, l'amour a repris son empire; les prières vont succéder aux imprécations; le banni contre lequel elle a prononcé un arrêt si terrible redevient un dieu qu'elle implore à genoux, en lui demandant pardon d'un moment de colère causé par le désespoir. Elle dit, comme Médée dans Sénèque : « O ma douleur, modère tes paroles; qu'il vive, qu'il soit encore le Jason de Médée; et s'il ne peut l'être, qu'il vive pourtant; que, plein de mon souvenir, il épargne dans sa vie un présent de l'amour. »

Ce changement subit rappelle ce que Roxane dit elle-même des nouveaux sentiments qui ont tout-à-coup remplacé ses projets de vengeance :

L'auriez-vous cru, madame, et qu'un si prompt retour
Fît à tant de fureur succéder tant d'amour ?

Mais tu nous entendais. Il ne faut rien me taire :
Parle. N'ai-je rien dit qui puisse lui déplaire ?
Que sais-je ? J'ai peut-être avec trop de chaleur
Rabaissé ses présents, ou blâmé sa douleur ?

Tantôt, à me venger fixe et déterminée,
Je jurai qu'il voyait sa dernière journée :
A peine cependant Bajazet m'a parlé ;
L'amour fit le serment, l'amour l'a violé [1].

Quinault a mis sous nos yeux les mêmes effets de l'amour dans Armide. Renaud est endormi, Armide paraît sur la scène, un dard à la main ; elle aperçoit son amant, et s'écrie :

Enfin il est en ma puissance
Ce fatal ennemi, ce superbe vainqueur ;
Le charme du sommeil le livre à ma vengeance ;
Je vais percer son invincible cœur.
Par lui tous mes captifs sont sortis d'esclavage
Qu'il éprouve toute ma rage.

Elle va pour frapper ; mais, retenue par un pouvoir inconnu qui modère son cœur, elle s'arrête, et laisse échapper ainsi les sentiments qui ont suspendu sa vengeance :

Quel trouble me saisit ! qui me fait hésiter ?
Qu'est-ce qu'en sa faveur la pitié peut me dire ?
Frappons... Ciel ! qui peut m'arrêter ?
Achevons... Je frémis ! Vengeons-nous... Je soupire !
Est-ce ainsi que je dois me venger aujourd'hui ?
Ma colère s'éteint quand j'approche de lui.
Plus je le vois, plus ma fureur est vaine ;
Mon bras tremblant se refuse à ma haine :
Ah ! quelle cruauté de lui ravir le jour !

Plus faible encore, parceque sa passion est plus tendre et plus profonde, Didon porte dans

---

[1] Acte III, scène IV.

son sein un dieu qui lui conseille ou plutôt qui lui ordonne de recourir à la prière :

> Ire iterum in lacrymas, iterum tentare precando
> Cogitur, et supplex animos submittere amori.

Elle espère peu sans doute, mais elle aime, il suffit pour que l'espérance ne soit pas tout-à-fait éteinte : et comme la vie avec l'amour serait pour elle le bonheur suprême, elle ne veut pas mourir avant d'avoir tout tenté; elle ne veut pas avoir à se reprocher d'avoir perdu ce bonheur par sa faute, s'il est encore quelque moyen de le reconquérir. Voilà ce qu'exprime, avec une étonnante précision, le vers de Virgile :

> Ne quid inexpertum frustra moritura relinquat.

Il n'y a rien de si triste que le début du discours prononcé par Didon, d'une voix entrecoupée, et comme une femme à qui chacune de ses paroles donne un coup de poignard. Sa prière à sa sœur doit coûter d'autant plus à la victime de l'amour, qu'elle ne peut avoir oublié d'autres confidences, faites en des temps plus heureux. Virgile a puisé dans une connaissance parfaite du cœur humain le secret mouvement de jalousie que laissent entrevoir les paroles de la reine [1]. En effet, il se trouve

---

[1]
> Solam nam perfidus ille
> Te colere, arcanos etiam tibi credere sensus.

Il me semble que le sens caché dans ce léger reproche est celui-ci : *Colebam illum, te colebat.*

toujours un peu d'amour au fond de l'amitié d'une femme qui est la confidente d'une passion mutuelle et pleine de charmes : elle s'associe aux sentiments de deux êtres enchaînés l'un à l'autre par un lien magique, et prend sa part de leur bonheur; mais comme elle est plus calme que l'amante, elle obtient de l'amant une confiance qui peut faire ombrage à la passion. Peut-être même Didon implore-t-elle le secours de sa sœur parcequ'elle lui soupçonne quelque penchant pour le Troyen, disposition qu'un peintre de nos jours n'a pas manqué d'indiquer dans un tableau remarquable. Après ce trait qui révèle tant de choses en si peu de paroles, Didon ajoute :

I, soror, atque hostem supplex affare superbum.

Par quels degrés l'amour fait passer la reine de Carthage! on en peut juger par les noms qu'elle donne tour à tour à Énée: *hospes, conjux, vir, hostis.* Ce mot *hostem*, placé par Virgile dans le vers que je viens de citer, sert de transition aux raisonnements par lesquels Didon, qui semble ne parler qu'à sa sœur, répond à Énée absent. Elle semble revenir sur la pensée qu'elle vient d'exprimer, sans doute à regret, et dit : « Mon ennemi ! pourquoi le serait-il ?
» Je n'ai pas juré en Aulide, avec les Grecs, la ruine
» de la nation troyenne, je n'ai pas envoyé de
» flottes à Pergame, je n'ai point offensé les mânes
» de son père Anchise. » Nous la retrouvons dans

la situation où elle n'effleurait qu'avec une timide pudeur le souvenir de ses bienfaits : plus malheureuse et moins confiante aujourd'hui, elle craint d'aborder un tel sujet ; contente de se justifier de tout reproche, elle se borne à cette excuse : « Je » ne suis pas coupable envers lui et les siens. » Quand l'espérance était encore toute vive dans son cœur, quand elle croyait encore au pouvoir magique de son amour, au charme de ses paroles, nous l'avons entendue exprimer ainsi de tendres plaintes :

Nec te noster amor, nec te data dextera quondam,
Nec moritura tenet crudeli funere Dido.

Trop détrompée maintenant, et ne conservant plus qu'une faible lueur d'espérance, voici ses expressions :

Quo ruit ? Extremum hoc miseræ det munus amanti :
Exspectet facilemque fugam ventosque ferentes...
Tempus inane peto, requiem spatiumque furori,
Dum mea me victam doceat fortuna dolere.

Peut-être le dernier de ces vers vous fera-t-il penser que Didon pourra s'accoutumer un jour à son malheur, et se contenter de la ressource des larmes offerte à la douleur résignée ; mais vous apprenez bientôt que sa résolution de mourir est inébranlable, et qu'elle tente un dernier effort avec le triste pressentiment de son inutilité.

Extremam hanc oro veniam (miserere sororis) :
Quam mihi quum dederis, cumulatam morte remittam[1].

Didon a fait le sacrifice de sa vie; mais, avant de se délivrer de ses douleurs par le glaive, elle voudrait obtenir une faveur qui fût pour elle comme un dernier souvenir accordé à l'amour par l'ingrat qui l'abandonne [2]; elle paraît souhaiter que sa prière ait encore quelque empire sur lui, pour le trouver moins coupable, et pouvoir lui pardonner peut-être. On sent que ses premières questions, au retour d'Élise, seront celles-ci, qu'elle prononcera, sans doute, avec une vive inquiétude:

---

[1] C'est bien le cas d'appliquer à tout ce discours ces deux vers de Racine dans Andromaque :

HERMIONE.

Attendais-tu, Cléone, un courroux si modeste ?

CLÉONE.

La douleur qui se tait n'en est que plus funeste.

Moins les paroles de la reine de Carthage ont de faste et de pompe, plus elles annoncent une de ces volontés du cœur qui ne changent point. Horace a dit de Cléopâtre :

Deliberata morte ferocior.

On peut dire ici, au contraire, *deliberata morte mitis et placida Dido*.

[2] C'est ainsi qu'Hermione essaie encore de fléchir Pyrrhus et de l'arrêter, avant de renoncer à lui pour jamais :

Achevez votre hymen, j'y consens; mais du moins
Ne forcez pas mes yeux d'en être les témoins.

> Num fletu ingemuit nostro? num lumina flexit?
> Num lacrymas victus dedit? aut miseratus amantem est!

Peut-être ajoutera-t-elle, comme Bérénice, à qui j'emprunte ces traits avec un léger changement :

> Dans ses secrets discours étais-je intéressée ?
> Élise, étais-je au moins présente à la pensée ?

Dans le Cid, Chimène, après avoir demandé au roi de Castille la mort de Rodrigue, éprouve des combats et des retours qui se rapprochent beaucoup de la situation de la reine de Carthage implorant l'ennemi contre lequel son désespoir venait d'invoquer la colère des dieux. Partagée entre deux sentiments impérieux, la fille de don Gomès s'écrie :

> Je demande sa tête, et crains de l'obtenir ;
> Ma mort suivra la sienne, et je veux le punir !

Et quand on l'interroge pour savoir ce qu'elle prétend faire enfin, elle répond :

> Pour la dernière fois je vous parle peut-être :
> Différez-le d'un jour ; demain vous serez maître...

Les deux situations offrent ce genre de ressemblance, qu'elles précèdent l'une et l'autre un grand événement qui est près d'éclore ; mais la prière d'Hermione, moins tendre quoique aussi pressante, produit un effet d'autant plus terrible, que l'insensibilité de Pyrrhus devient la cause de sa perte inévitable. Tandis que, plein de sécurité, il ne songe qu'à l'hymen d'Andromaque, nous le voyons déjà tombé comme une victime au pied de l'autel.

> Pour conserver ma gloire et finir mon ennui,
> Le poursuivre, le perdre, et mourir après lui.

C'est surtout dans la touchante scène où elle revoit Rodrigue que l'accent de la tendresse est empreint dans toutes les paroles de Chimène :

> Si quelque autre malheur m'avait ravi mon père,
> Mon âme aurait trouvé dans le bien de te voir
> L'unique allégement qu'elle eût pu recevoir,
> Et contre ma douleur j'aurais senti des charmes,
> Quand une main si chère eût essuyé mes larmes.

Plus elle avance vers le moment d'obtenir ce qu'elle paraît avoir souhaité avec tant d'ardeur, la mort du meurtrier de son père, et plus l'amour reprend de puissance sur elle :

> Rursusque resurgens sævit amor.

Au moment des derniers adieux de Rodrigue, qui va combattre don Sanche, l'amour arrache du cœur de Chimène ce vœu passionné, qui dément tous les efforts de sa colère, et devient le signal ainsi que le présage de la nouvelle victoire du héros :

> Sors vainqueur d'un combat dont Chimène est le prix.

Plus loin, Corneille fait encore éclater, avec vérité, le triomphe de l'amour sur la vengeance :

> Enfin Rodrigue est mort, et sa mort m'a changée
> D'implacable ennemie en amante affligée.

Par un dernier artifice de Corneille, Chimène, en respectant ce qu'elle doit à la mort récente de son père, refuse d'épouser le vainqueur des Maures et de don Sanche, et nous force de plaindre et d'admirer un sacrifice dont le poëte nous laisse habilement entrevoir le terme dans cette réponse du roi à Rodrigue :

> Pour vaincre un point d'honneur qui combat contre toi,
> Laisse faire le temps, ta vaillance et ton roi.

On n'a point assez remarqué que Corneille traite quelquefois les passions avec une rare délicatesse, et qu'il est en cela, comme en beaucoup d'autres choses, le maître et le modèle de Racine.

Phèdre, encore plus agitée de mouvements contraires que Didon, passe aussi de l'emportement et du délire de l'amour désespéré à la soumission et à la prière; malgré la juste horreur que sa déclaration inspire à Hippolyte, malgré la honte qu'elle ressent de l'abaissement où nous l'avons vue, l'espoir de toucher le fils de l'Amazone rentre encore dans son cœur, comme l'atteste cette prière à OEnone, qu'elle choisit pour interprète auprès du farouche élève du sage Pitthée :

> Va trouver de ma part ce jeune ambitieux,
> OEnone; fais briller la couronne à ses yeux :
> Qu'il mette sur son front le sacré diadème;
> Je ne veux que l'honneur de l'attacher moi-même.
> Cédons-lui ce pouvoir que je ne puis garder.
> Il instruira mon fils dans l'art de commander;
> Peut-être il voudra bien lui tenir lieu de père :
> Je mets sous son pouvoir et le fils et la mère.
> Pour le fléchir, enfin, tente tous les moyens :
> Tes discours trouveront plus d'accès que les miens;

> Presse, pleure, gémis; peins-lui Phèdre mourante ;
> Ne rougis point de prendre une voix suppliante :
> Je t'avouerai de tout; je n'espère qu'en toi.
> Va, j'attends ton retour pour disposer de moi.

L'Ariane de Thomas Corneille, surprise par la nouvelle inattendue de l'infidélité ou plutôt de la trahison de Thésée, parle aussi de la mort du perfide, mais elle ajoute bientôt :

> Mais, quoi qu'à ma vengeance un fier dépit suggère,
> Mon amour est encor plus fort que ma colère.
> Ma main tremble; et, malgré son parjure odieux,
> Je vois toujours en lui ce que j'aime le mieux.

Ces vers sont en quelque sorte la transition par laquelle le poëte nous conduit au moment où l'infortunée va recourir aux larmes et aux prières, comme toutes les amantes offensées, qui redoutent un abandon plus cruel à leurs yeux que la mort :

> Ma sœur, au nom des dieux, ne m'abandonnez pas.
> Je sais que vous m'aimez, et vous le devez faire :
> Vous m'avez dès l'enfance été toujours si chère,
> Que cette inébranlable et fidèle amitié
> Mérite bien de vous au moins quelque pitié.
> Allez trouver... hélas! dirai-je mon parjure ?
> Peignez-lui bien l'excès du tourment que j'endure :
> Prenez, pour l'arracher à son nouveau penchant,
> Ce que les plus grands maux offrent de plus touchant.
> Dites-lui qu'à son feu j'immolerais ma vie,
> S'il pouvait vivre heureux après m'avoir trahie.
> D'un juste et long remords avancez-lui les coups.
> Enfin, ma sœur, enfin, je n'espère qu'en vous.
> Le ciel m'inspira bien, quand, par l'amour séduite,
> Je vous fis malgré vous accompagner ma fuite :

Il semble que dès lors il me faisait prévoir
Le funeste besoin que j'en devais avoir.
Sans vous, à mes malheurs où chercher du remède?

PHÈDRE.

Je vais mander Thésée; et si son cœur ne cède,
Madame, en lui parlant, vous devez présumer...

ARIANE.

Hélas! et plût au ciel que vous sussiez aimer,
Que vous pussiez savoir par votre expérience
Jusqu'où d'un fort amour s'étend la violence!
Pour émouvoir l'ingrat, pour fléchir sa rigueur,
Vous trouveriez bien mieux le chemin de son cœur;
Vous auriez plus d'adresse à lui faire l'image
De mes confus transports de douleur et de rage:
Tous les traits en seraient plus vivement tracés.
N'importe! essayez tout: parlez, priez, pressez.
Au défaut de l'amour, puisqu'il n'a pu vous plaire,
Votre amitié pour moi fera ce qu'il faut faire.
Allez, ma sœur; courez empêcher mon trépas.
Toi, viens, suis-moi, Nérine, et ne me quitte pas.

Dans une autre scène, Ariane interroge sa sœur avec crainte sur le succès de ses démarches auprès de Thésée; mécontente de la réponse de Phèdre, elle reprend avec un accent qui devrait percer le cœur de la perfide qui l'écoute:

Ma sœur, il ne sait point qu'il faudra que j'en meure.
Vous avez oublié de bien marquer l'horreur
Du fatal désespoir qui règne dans mon cœur;
Vous avez oublié, pour bien peindre ma rage,
D'assembler tous les maux dont on connaît l'image:
Il y serait sensible, et ne pourrait souffrir
Que qui sauva ses jours fût forcée à mourir.

Voltaire a dit : « Une femme qui a tout fait pour Thésée, qui l'a tiré du plus grand péril, qui s'est sacrifiée pour lui, qui se voit trompée par sa sœur et abandonnée par son amant, est un des plus heureux sujets de l'antiquité. Il est bien plus intéressant que la Didon de Virgile; car Didon a bien moins fait pour Énée, et n'est point trahie par sa sœur. » On pourrait peut-être appeler de la dernière partie de ce jugement : les services de Didon sont plus grands que ceux d'Ariane; elle a sauvé Énée, sa flotte, les débris d'un peuple célèbre, et la grandeur romaine, dont ce peuple doit jeter la semence en Italie; elle a donné son cœur et son empire. Aussi à plaindre qu'Ariane, plus malheureuse encore, puisque les remords troublent son cœur déchiré par les douleurs d'un amour dont elle ne saurait guérir, sa situation, lorsqu'elle apprend la fuite d'Énée, a plus d'un rapport avec la scène où la fille d'Hélène, abandonnée par Pyrrhus, explique comment l'enthousiasme de la gloire l'a entraînée vers ce héros :

> Et qui ne se serait comme moi déclarée
> Sur la foi d'une amour si saintement jurée?
> Me voyait-il de l'œil qu'il me voit aujourd'hui?
> Tu t'en souviens encor, tout conspirait pour lui :
> Ma famille vengée, et les Grecs dans la joie,
> Nos vaisseaux tout chargés des dépouilles de Troie,
> Les exploits de son père effacés par les siens,
> Ses feux que je croyais plus ardents que les miens,

Mon cœur... toi-même enfin, de sa gloire éblouie,
Avant qu'il me trahît, vous m'avez tous trahie.

Didon, plus éloquente parceque son injure est encore plus imprévue et hors de toute croyance, pourrait ajouter beaucoup aux paroles d'Hermione; il me semble l'entendre dire à sa sœur : « La vertu sublime, la piété profonde, des infortunes extrêmes, la voix de la renommée, Hector, Priam, Anchise, Vénus, Jupiter, mon cœur, et toi enfin, éblouie de sa grandeur, émue de la même pitié que moi, et peut-être touchée du même amour, vous m'avez tous trahie. »

Achevons par quelques réflexions le parallèle d'Ariane et de Didon. Les belles actions, le courage, les travaux, la gloire et l'innocence de la reine de Carthage, au moment de l'arrivée d'Énée, l'artifice de deux divinités qui conspirent contre elle, la chute qui la précipite de si haut, *vertice rerum dejectam;* sa mort, que nous entrevoyons toujours dans le lointain, tandis que nous apercevons, malgré nous, Ariane consolée par Bacchus, sont de nouveaux motifs d'intérêt qui manquent au caractère de l'amante du fils d'Égée. Mais il est vrai de dire que l'heureuse fiction de la trahison de Phèdre, sa sœur, donne à la scène que j'ai rappelée un mérite dramatique qui ne se trouve pas au même degré dans la prière de Didon. La profonde sécurité d'Ariane, sa confiance dans sa rivale, nous arrachent des lar-

ÉNÉIDE, LIVRE IV.

mes; nous la plaignons avec tant de sincérité que, dans notre indignation, nous sommes tentés de la détromper en démasquant le crime de Phèdre. La situation est si belle et si vive, qu'elle a inspiré à Thomas Corneille des vers dignes de Racine.

Sénèque met dans la bouche de Phèdre suppliante des paroles qui ne sont pas sans éloquence. Témoin la scène suivante.

HIPPOLYTE.

« Confiez vos ennuis à mon cœur, ô ma mère!

PHÈDRE.

» Mère! ce nom est trop pompeux et trop imposant pour moi; un titre plus humble convient mieux à mes sentiments. Hippolyte, appelez-moi ou votre sœur ou votre esclave; je suis prête à supporter toute dépendance. Oui, si vous l'ordonnez, je ne balancerai point à parcourir les neiges et les sommets glacés du Pinde; oui, je marcherai à travers les flammes des bataillons ennemis; oui, j'irai offrir mon sein découvert aux glaives furieux. Prenez ce sceptre qui m'a été confié; acceptez-moi pour sujette: vous devez commander, je dois obéir. La main d'une femme est trop faible pour protéger et régir des états. Vous, dans l'éclat de la jeunesse, dans la vigueur du courage, venez tenir avec fermeté les rênes de l'empire paternel. Recevez-moi dans votre sein, accueillez une suppliante, protégez une esclave, ayez pitié d'une veuve[1]. »

Il y a beaucoup de naturel et de passion mais bien moins de grâce et de charme dans cette prière que dans celle de Didon. D'ailleurs, Phèdre nous indigne en secret, et Didon nous touche. Nous entrevoyons avec horreur les pensées de l'une, nous désirons que les vœux de l'autre soient exaucés. Inutiles souhaits! Élise, aussi malheureuse que sa sœur, porte et reporte encore les plaintes et les larmes de l'amour à Énée ; mais il n'est ému ni des plaintes ni des larmes, aucune prière ne le trouve exorable. Les destins s'y opposent : un dieu ferme l'oreille et le cœur du héros aux cris de la pitié.

Ce passage me paraît l'un de ceux dans lesquels Virgile, en voulant éviter peut-être les répétitions quelquefois trop fréquentes et trop exactement fidèles de l'Iliade ou de l'Odyssée, supprime des détails nécessaires et des ornements heureux. Pourquoi passer sous silence le discours d'Élise? Tendrement attachée à sa sœur, n'ayant qu'une âme avec elle, *unanimem*, effrayée des conséquences d'une douleur si profonde, pleine d'une admiration passionnée pour le prince troyen, accoutumée à exercer sur lui un empire qui tient à la plus douce

---

[1] Acte II, scène III.

intimité, habile à connaître, à manier un cœur tour à tour rebelle et sensible, Élise a dû nécessairement prêter des traits d'une inspiration particulière aux plaintes de Didon. D'ailleurs, dans la situation respective des trois personnages, l'amitié, plus libre et plus sûre de se posséder, peut plaider la cause de l'amour mieux qu'il ne le ferait lui-même. Voyez la Miss Howe de Richardson et la Claire de Rousseau; que d'éloquence n'ont-elles pas même après Clarisse ou Julie! Sous quelles nouvelles formes leur cœur nous répète ce que nous avions déjà entendu! Quelles heureuses pensées leur suggère le zèle d'une amitié que rallume et augmente chaque jour le commerce d'une passion ardente! Combien elles se montrent ingénieuses à défendre les intérêts, à réparer les fautes, à entretenir le charme, à calmer les peines, à conjurer les malheurs de cette passion, dont elles partagent les espérances, l'illusion et les tourments! Miss Howe et Claire vivent tout entières dans Clarisse et dans Julie, aussi sont-elles les plus habiles interprètes de ces deux amantes. Élise leur ressemble; la nature et la destinée ont en outre formé un lien de plus entre elle et Didon; Élise a d'ailleurs déterminé, par des conseils dangereux, le penchant de sa sœur, jusqu'alors incertaine et chancelante: que de motifs pour désirer l'entendre parler au nom de la victime que menace un abandon si funeste!

Avec son art et sa précision, Virgile pouvait répondre à notre attente sans craindre de retarder la marche de l'action. Peut-être le poëte a voulu éviter de laisser reposer trop long-temps l'attention sur l'insensibilité du héros, mais il n'était ni dangereux ni difficile d'attribuer le sentiment de la pitié au fils d'Anchise, et de montrer son cœur ébranlé par des prières si justes et si tendres. On pouvait même laisser la victoire un moment douteuse entre l'homme sensible et le héros religieux; la vertu d'Énée n'aurait souffert aucune atteinte, lorsqu'on aurait vu enfin le respect pour les dieux parler en lui plus haut que l'amour, *altius insurgere*. Il serait à souhaiter que Virgile eût médité davantage sur cette scène; non seulement nous y trouverions un tableau tout entier au lieu d'une esquisse, mais encore la réflexion aurait conduit le peintre à modifier ou même à supprimer la comparaison suivante :

> Ainsi, des aquilons ligués contre un vieux chêne,
> Lorsque sur l'Apennin le courroux se déchaîne,
> Ils s'élancent ensemble, ils sifflent, l'air frémit;
> De ses rameaux courbés sous son tronc qui gémit,
> Les feuillages épars jonchent en vain la terre;
> Lui, ferme sur son roc, triomphe de leur guerre,
> *Soutient pompeusement sa tête dans les airs* [1],
> Et plonge sa racine au gouffre des enfers.

---

[1] Ce vers, très beau en lui-même, ajoute à l'inconvenance de la comparaison, dont les dernières images sont précisément le

Cette comparaison, condamnée d'avance par la froideur d'Énée, qui ne paraît avoir aucun besoin du secours céleste pour triompher d'une passion éphémère, n'est judicieuse ni dans le fond ni dans la forme. Ce serait Anchise que l'on pourrait comparer à un vieux chêne, et non pas Énée, dans la force de l'âge, Énée, rendu à tout l'éclat de la jeunesse par sa mère. D'ailleurs le héros a trop peu de grandeur dans cette circonstance pour mériter un parallèle si ambitieux. Deux femmes qui pleurent et qui prient ne ressemblent point aux aquilons déchaînés sur les Alpes. A peine pourrait-on souffrir cette image s'il s'agissait ici de deux amantes furieuses et désespérées, comme Camille ou Hermione; mais, au contraire, le discours de la

---

plus grand défaut. La Fontaine, aussi riche et plus simple, a fait une belle et judicieuse imitation de ce passage de Virgile:

> Vous avez jusqu'ici
> Contre leurs coups épouvantables
> Résisté sans courber le dos;
> Mais attendons la fin. Comme il disait ces mots,
> Du bout de l'horizon accourt avec furie
> Le plus terrible des enfants
> Que le nord eût portés jusque là dans ses flancs.
> L'arbre tient bon; le roseau plie.
> Le vent redouble ses efforts
> Et fait si bien qu'il déracine
> Celui de qui la tête au ciel était voisine
> Et dont les pieds touchaient à l'empire des morts.

reine, fidèlement répété par Élise, n'est rempli que de tendresse, de prière et de soumission, sans aucun mélange de reproche et de colère. L'exagération dans les détails aggrave encore la faute du poëte; il y met le comble, en ajoutant qu'Énée, en butte à des assauts continuels, ressent une émotion profonde, supposition démentie au moment même par ces mots : « Mais il reste inébranlable, et seulement quelques larmes inutiles coulent de ses yeux. » La même comparaison appliquée à l'obstination du ressentiment d'Achille, attaqué tour à tour par les paroles d'Ulysse, d'Ajax, de Phénix et de Patrocle; à Anchise, qui s'obstine à mourir sur les cendres d'Ilion, malgré les ardentes prières de Créuse en larmes, malgré les cris du désespoir d'un fils, serait fort belle : elle serait plus admirable encore si elle avait pour but de représenter Brutus au moment où, après avoir condamné ses fils, seul devant la sainte image de la patrie, qui vient d'obtenir un si grand sacrifice, plein d'une douleur forte et sévère, il laisse rouler une larme malgré lui dans ses yeux stoïques.

Le Titus de la Bérénice de Racine, Titus vraiment passionné, inspire un grand intérêt dans les combats de son amour avec le génie de Rome, et avec ses devoirs d'empereur. Sans doute Racine a gâté des scènes dignes de Corneille par un langage fade et doucereux, trop fréquent sur notre théâtre;

mais il a peint du moins avec vérité le choc des passions contraires.

Le mâle Corneille, rabaissé par un sujet étranger à son talent, n'a point su, comme son jeune rival, faire parler Titus en empereur, en prince qui se sent appelé à devenir les délices du genre humain. Toutefois on retrouve encore ici l'empreinte de la main du plus fier interprète de Melpomène. Dans la dernière scène de la tragédie, le personnage de Bérénice est d'une noblesse qui approche du sublime; Palissot fait cette remarque avec raison. Il aurait dû y ajouter quelque chose. Bérénice efface Titus, et se montre plus Romaine que lui; cette supposition blesse la vérité peut-être, mais le choix des moyens employés par Corneille pour arriver au même événement que Racine suffirait seul à faire connaître la différence de leur génie. La Bérénice de Racine finit comme la plus touchante scène d'un drame intéressant; celle de Corneille, trop souvent froide et sans charme, est couronnée par un dénouement digne de la tragédie.

Le Franc de Pompignan a résolu, presque avec un succès entier, le problème de rendre Énée amoureux sans l'avilir; il y a bien encore dans le rôle quelques traces de cette galanterie dont notre théâtre est infecté jusque dans les sujets les plus sévères, mais du moins le prince troyen ne soupire pas comme Titus ou Bajazet, et son réveil à la vertu est une victoire qui coûte des sacrifices à son cœur. Malheureusement le poëte le ramène encore à des sentiments pleins de faiblesse, avant le moment où il doit se relever à nos yeux, en combattant pour sauver Carthage, et acquitter dignement la dette d'une reconnaissance immortelle. Il ne fallait pas d'intervalle entre une grande résolution et les exploits qui vont la suivre. Le héros, rendu à lui-même par le souvenir d'Hector, ne devait plus redescendre aux faiblesses d'un homme vulgaire; Virgile a du moins évité cette faute.

L'insensibilité d'Énée jette le désespoir dans l'âme de Didon. Épouvantée de ses destins, elle invoque la mort. Dans son dégoût de la vie, elle est lasse de regarder la lumière céleste; tout se réunit pour la pousser au funeste dessein de renoncer au jour. Elle a vu, lorsque ses mains déposaient des offrandes sur les autels où brûlait son encens, elle a vu (présage terrible!) la liqueur sacrée se noircir, et le vin du sacrifice se changer en un sang impur! Personne n'a remarqué ce prodige, Didon ne l'a pas même raconté à sa sœur. C'est peu: dans le palais était un temple de marbre blanc, élevé à son premier époux; objet d'un culte particulier de l'amour, elle-même l'ornait jadis de blanches toisons et de guirlandes sacrées. De ce temple désert il lui semblait entendre sortir des plaintes, et la voix de Sichée qui l'appelait pendant que la sombre nuit occupe la terre. Souvent, sur le faîte du monument, un hibou solitaire lui paraît pousser des cris funèbres, ou traîner sa voix plaintive en longs gémissements. Bientôt les anciennes prédictions des oracles reviennent l'épouvanter par des avertissements terribles qu'elle avait oubliés. Dans le sommeil, le cruel Énée, toujours présent à ses yeux, la poursuit et tourmente sa fureur. Toujours elle se voit au moment de l'abandon, seule avec elle-même; toujours elle croit errer, sans compagnons, sans guides, sur une longue route, et chercher ses Tyriens sur une terre déserte : tel Penthée, dans son délire, voit deux troupes d'Euménides, deux soleils, et une double Thèbes, apparaître à ses regards; tel, sur la scène, Oreste éperdu fuit sa mère armée de flambeaux et de noirs serpents, et trouve les furies vengeresses assises sur le seuil du palais [1].

---

[1] Euripide fait ainsi parler Électre sur son frère Oreste : « Le sang de sa mère l'agite par de sombres fureurs; car je crains de nommer les déesses Euménides qui le poursuivent armées de l'épouvante.» Plus loin c'est Oreste qui s'écrie : « O ma mère, je t'en conjure, n'anime pas contre moi ces femmes aux yeux sanglants, au front hérissé de vipères!... Les voilà, les voilà qui s'élancent près de moi!...

» O Apollon, elles vont m'immoler, ces femmes dont l'aspect est celui des chiens dévorants, ces femmes qui lancent d'affreux

Didon ressemble en ce moment à Phèdre lorsqu'elle dit :

> Et moi, triste rebut de la nature entière,
> Je me cachais au jour, je fuyais la lumière;
> La mort est le seul dieu que j'osais implorer.
> J'attendais le moment où j'allais expirer.

Le dégoût de la vie est l'une des premières conséquences du vide affreux que laisse dans le cœur une grande passion détrompée. Pendant l'illusion d'un bonheur qui est une suite d'enchantements, et une source d'émotions vives et profondes, on habite une région céleste; mais dès que le dieu s'enfuit, en détruisant l'erreur qui avait tant de charmes, on retombe sur la terre, on ne saurait plus souffrir la vie, et l'on dit avec Phèdre :

> Tout m'afflige et me nuit, et conspire à me nuire.

A cet ennui qui rend le cœur malade, la trop faible Didon ajoute les superstitions et les terreurs, funeste cortége de l'amour malheureux, et, ce qui est plus cruel encore, les douleurs du repentir. Depuis le moment extrême où elle a in-

---

regards, ces prêtresses de la mort, ces formidables déesses. » (*Oreste*, acte I, scène I et v.)

Mais un spectacle vraiment terrible, et la plus grande leçon morale qu'un poëte tragique ait jamais pu donner aux grands criminels qui bravent les lois du haut du trône et du pouvoir, ce sont les Euménides d'Eschyle, poursuivant le parricide Oreste pour l'entraîner dans le Tartare.

voqué la protection de Sichée par ces vers si touchants,

> Ille meos primus qui me sibi junxit, amores
> Abstulit, ille habeat secum servetque sepulcro,

elle n'a pas prononcé le nom de cet époux. Tout
entière à sa seconde ardeur, peut-être n'a-t-elle pas
pensé à lui une seule fois; et sans doute elle a né
gligé le temple comme le dieu. Quels vœux, quelles
prières aurait-elle pu apporter à ses autels? Maintenant que le malheur a succédé à la félicité suprême,
Sichée reparaît aux yeux de Didon, et vient lui retracer par sa présence des souvenirs accusateurs ;
c'est alors que les tourments d'un cœur agité
des mouvements les plus contraires produisent la
cruelle illusion qui l'abuse. Peut-être un instinct
secret et de tendres souvenirs la pousseraient-ils à
implorer le dieu, trop long-temps offensé ; peut-
être sort-elle de son lit brûlant et douloureux
pour apaiser et prier Sichée : mais, au moment
où cette pensée l'entraîne, de loin elle entend ou
croit entendre la voix de son époux, qui n'est
autre chose que la voix du remords [1]. Les cris du
hibou, qui semblent prolonger les plaintes de Sichée, sont placés ici avec beaucoup d'art, parce-

---

[1] Elle pourrait dire comme Clytemnestre dans l'Agamemnon
de Sénèque :

> Surgit residuus pristinæ mentis pudor.

qu'ils peignent d'une manière aussi vraie que dramatique les vaines et cruelles douleurs que notre âme blessée enfante et transforme en supplice. Surviennent ensuite les avis des oracles oubliés; ils se représentent à l'esprit de Didon semblables à ces conseils que donne la sagesse, et qui se montrent tout-à-coup comme des ennemis menaçants lorsque nous sommes punis de la faute que nous aurions pu prévenir. Observez encore que toutes ces terreurs assiègent Didon pendant l'ombre de la nuit, mère des visions mensongères et de toutes les folles imaginations; mais le repentir, la crainte, la foi trahie, la pudeur violée, les serments mis en oubli, ne sont pas la plus grande douleur de l'infortunée; la plaie, le tourment de son cœur, c'est le cruel Énée. Sans cesse elle se réveille avec la première angoisse du moment de l'abandon; elle éprouve à tout moment la douleur de la solitude que l'absence de l'objet aimé forme autour de nous; elle suit, sans guide et au hasard, les traces de son amant, et ne les trouve jamais; elle cherche son peuple, et ne voit qu'elle sur des plages désolées. Avec quelle habileté le poëte nous rappelle, par ces images accumulées, tout ce que Didon quitterait pour Énée si elle obéissait aux inspirations de l'amour!

Malgré le désordre attaché au délire des songes qui nous présentent tant d'images fantastiques et gigantesques, malgré la vérité de la peinture qui retrace avec tant d'énergie les désordres d'un cœur troublé par des passions qui rendent le sommeil quelquefois si terrible, peut-être la sublime comparaison de Virgile pèche-t-elle par un peu d'exagération. L'époux de la reine de Carthage et le prince troyen n'ont aucune ressemblance avec Oreste et Penthée; il n'y a nulle parité à établir entre la faute de Didon et les crimes d'un parricide et d'un impie[1]. Il répugne à la raison de penser que les tourments d'une femme sensible et tendre égalent le supplice de deux grands coupables. Cette remarque paraît d'autant mieux fondée, que Virgile, en fidèle observateur de la nature, nous laisse voir clairement que le souvenir de Sichée est bien faible encore devant la présence d'Énée, et que la reine est moins effrayée de sa faute que désespérée d'un si cruel abandon. Il dit seulement, au sujet de Sichée,

> Hinc exaudiri voces et verba vocantis
> Visa viri;

mais sous quelles couleurs il représente les cruels effets de l'image d'Énée sur le cœur de son amante!

---

[1] Valérius Flaccus, en appliquant la comparaison de Penthée à la fille d'Éétès, qui craint d'écouter plus long-temps les paroles de Circé, qu'elle soupçonne de quelque intention funeste, a montré bien moins de jugement que Virgile, mais il aurait été

> Agit ipse furentem
> In somnis ferus Æneas : semperque relinqui
> Sola sibi, semper longam incomitata videtur
> Ire viam, et Tyrios deserta quærere terra.

Les images de Virgile auraient une merveilleuse convenance dans la situation où Mitrane représente la terrible Sémiramis entraînée, malgré elle, au tombeau de l'époux qu'elle a empoisonné :

> Sémiramis, à ses douleurs livrée,
> Sème ici les chagrins dont elle est dévorée :
> L'horreur qui l'épouvante est dans tous les esprits.
> Tantôt remplissant l'air de ses lugubres cris,
> Tantôt morne, abattue, égarée, interdite,
> De quelque dieu vengeur évitant la poursuite,
> Elle tombe à genoux vers ces lieux retirés,
> A la nuit, au silence, à la mort consacrés ;
> Séjour où nul mortel n'osa jamais descendre,
> Où de Ninus mon maître on conserve la cendre.
> Elle approche à pas lents, l'air sombre, intimidé,
> Et se frappant le sein de ses pleurs inondé.
> A travers les horreurs d'un silence farouche,
> Les noms de fils, d'époux, échappent de sa bouche.
> Elle invoque les dieux, mais les dieux irrités
> Ont corrompu le cours de ses prospérités [1].

Le Franc de Pompignan a donné aussi des re-

---

supérieur à son modèle s'il se fût contenté des deux traits suivants :

> Contra sævus amor, contra periturus Iason
> Urget, et auditæ crescunt in pectore voces.
> Liv. VII, vers 311.

[1] Acte I, scène I.

mords et des visions à Didon, malheureuse et menacée de la fuite du fils de Vénus; voici comment s'ouvre le cinquième acte de sa tragédie.

SCÈNE I.

DIDON.

Venez à mon secours, dieux, ô dieux que j'implore!...
Fantôme menaçant, quoi, tu me suis encore!
Quel effroi! quelle horreur! quel supplice nouveau!...
Rentrez, mânes sanglants, dans la paix du tombeau!...
Que vous importe, hélas! qu'une faible mortelle
Dans ce triste univers ne vous soit plus fidèle?
Gardez-vous chez les morts tous vos droits sur mon cœur?
Un époux qui n'est plus est-il un dieu vengeur[1]?
(Appelant.)
Élise, entends mes cris, et que ma voix t'éveille!
Élise!... ô ciel!...

SCÈNE II.

ÉLISE.

Quel bruit a frappé mon oreille?
Quelle clameur plaintive?

DIDON.

Approche... soutiens-moi...
Je me meurs...

ÉLISE.

Quoi! madame, est-ce vous que je vois?

---

[1] On reconnaît ici un développement tragique de ce trait jeté avec tant de délicatesse et de réserve dans la réponse d'Élise à Didon :

Id cinerem et manes credis curare sepultos?

Les feux du jour encor ne percent point les ombres ;
Les flambeaux, presque éteints, sous ces portiques sombres
Rendent plus effrayants le silence et la nuit.
Quel bizarre transport seule ici vous conduit?...
. . . .
. . . .
Vous tremblez dans mes bras! Tout votre sang se glace!
De votre auguste front l'éclat brillant s'efface ;
Et vos regards, partout égarés dans ces lieux,
Semblent fuir un objet invisible à mes yeux.

DIDON.

Laisse-moi respirer, infortuné Sichée!
Ombre de mon époux, tu n'es que trop vengée !

ÉLISE.

Rassurez vos esprits. Ce malheureux époux
Dans la nuit des enfers ne pense point à vous.

DIDON.

Reine des dieux, Junon, témoin de ma faiblesse,
Tu te plais à nourrir ma fatale tendresse,
Mais tu n'étouffes pas les remords de mon cœur...
Hélas! je meurs d'amour, de honte et de douleur.

ÉLISE.

Dieux, écartez les maux que son âme redoute...
(A Didon.)
Eh! quel nouveau malheur vous désespère ?

DIDON.

Écoute,
Et vois quel est enfin le fruit de mes amours...
La nuit du haut des airs précipitait son cours ;
Dans ce vaste palais tout dormait, hors la reine...
Je veillais sous les poids de ma funeste chaîne.
La honte sur le front et la mort dans le cœur,
De l'état où je suis j'envisageais l'horreur :

Dans mon appartement une voix lamentable
Interrompt tout-à-coup la douleur qui m'accable.
Le bruit plaintif approche et me glace d'effroi.
La porte s'ouvre : un spectre a paru devant moi.
Des flots de sang coulaient de ses larges blessures;
Ses sanglots redoublés formaient de longs murmures.
« Malheureuse ! a-t-il dit, que devient ta vertu ?
» Didon, je t'adorais; pourquoi me trahis-tu ? »
A ces terribles mots j'ai reconnu Sichée.
Son ombre tout en pleurs sur mon lit s'est penchée.
Je me lève : un feu pâle a brillé dans la nuit;
J'entends un cri lugubre, et le spectre s'enfuit.
Je le suis à grands pas sous ces obscures voûtes,
Où mènent du palais les plus secrètes routes.
J'arrive en frémissant dans ces lieux révérés
Qu'à cet' époux trahi mon zèle a consacrés,
Où j'ai promis cent fois qu'une flamme éternelle...
Hélas ! à mes serments j'étais alors fidèle...
D'un culte interrompu j'assemble les débris,
Des festons dispersés, des feuillages flétris;
L'autel en est couvert, et cent torches funèbres
Ramènent la clarté dans le sein des ténèbres.
Le marbre à mes regards offre d'abord les traits
D'un époux autrefois l'objet de mes regrets;
Je sens couler mes pleurs... j'approche, et je m'écrie :
« O toi qui fus long-temps la moitié de ma vie,
» Époux infortuné, je n'ai pu dans ces lieux
» Recueillir de ma main tes restes précieux.
» Sur la tombe où repose une cendre si chère,
» Que le ciel soit plus pur, la terre plus légère.
» Apaisé par mes pleurs, content de mes remords,
» Attends-moi sans courroux dans l'empire des morts.
» Permets que je t'implore, et que ces mains profanes
» Répandent cette eau pure et l'offrent à tes mânes. »
A ces mots sur l'autel j'épanche la liqueur...

Mais, ô nouveau prodige ! ô spectacle d'horreur !
L'eau coule et disparaît ; des flots de sang jaillissent ;
J'entends autour de moi des ombres qui gémissent :
D'infernales clameurs ont retenti trois fois,
Et de mon triste époux j'ai reconnu la voix,
Qui répétait mon nom jusqu'au fond des abîmes
Où l'effroyable mort enchaîne ses victimes.

ÉLISE.

Juste ciel !

DIDON.

Des flambeaux j'ai vu pâlir les feux...
Juge de ma terreur dans ces moments affreux...
J'invoque de Junon le secours tutélaire,
Je sors avec effroi de ce noir sanctuaire...
Mais ce spectacle horrible accompagne mes pas,
Et je traîne après moi l'enfer et le trépas.

La scène est belle, dramatique ; elle produira de l'effet toutes les fois qu'il se rencontrera une actrice capable de rendre les déchirements du cœur de Didon ; mais elle me paraît trop chargée. L'apparition de Sichée, pâle de douleur, la pitié dans les yeux, devrait suffire à la punition de son épouse. Je ne voudrais ni voir d'autres ombres, ni entendre les clameurs de l'enfer, comme on les entend autour du coupable Oreste.

C'est une grande inconvenance de mêler la voix tendre et plaintive d'un époux qui doit encore aimer, à des clameurs qui semblent appeler Didon dans le fond des abîmes de la mort. On dirait qu'il s'agit ici d'Agamemnon sorti du tombeau pour effrayer et punir la barbare Clytemnestre, en ouvrant devant elle le gouffre du Tartare. Virgile, plus judicieux, réserve à la sœur d'Élise un asile dans les champs des pleurs, où son premier époux, partageant les ennuis de ce cœur blessé, lui rendra ce qui peut seul effacer ses ennuis, un amour égal au sien. Combien la réserve et les délicatesses de Virgile cachent plus d'art et de connaissance du cœur humain que les développements de son imitateur !

L'idée du sacrifice offert par Didon, dans la tragédie, est heureusement trouvée ; cependant je préfère encore l'invention du poëte latin. Il a senti que la reine n'avait pu, depuis sa faute, toucher le seuil du temple de son époux, que l'entrée lui en était interdite par le respect, les remords et l'effroi, et qu'elle devait mourir avant de porter ses pas dans un lieu si redoutable pour elle. Virgile s'est contenté de faire arriver de loin à l'oreille et au cœur de Didon la voix de Sichée, comme un faible murmure qui sort d'un sanctuaire, et que la superstition prend pour la voix du dieu qui l'habite[1].

---

[1] Valérius Flaccus a donné des illusions pareilles à Médée, incertaine entre ce qu'elle doit à son père et le penchant qui l'entraîne vers Jason :

> Souvent même à Jason elle offre son appui.
> Elle n'hésite plus ; tout son art est à lui.
> Puis ce cœur, emporté d'un mouvement contraire,
> N'en croit que son orgueil, n'en croit que sa colère.

La Pauline de Corneille, vertueuse épouse de Polyeucte, mais encore remplie du souvenir de Sévère, qui avait fait naître en elle une passion ardente et légitime, ressemble, sous quelques rapports, à la reine de Carthage, tour à tour obsédée par son époux et son amant; Pauline, entre Polyeucte et Sévère, éprouve aussi des tourments transformés par la nuit en des songes qui jettent l'effroi dans son cœur.

> Je l'ai vu cette nuit, ce malheureux Sévère,
> La vengeance à la main, l'œil ardent de colère;
> Il n'était point couvert de ces tristes lambeaux
> Qu'une ombre désolée emporte des tombeaux;
> Il n'était point percé de ces coups pleins de gloire
> Qui, retranchant sa vie, assurent sa mémoire;
> Il semblait triomphant, et tel que sur son char,
> Victorieux, dans Rome entre notre César.
> Après un peu d'effroi que m'a donné sa vue,
> « Porte à qui tu voudras la faveur qui m'est due,
> » Ingrate, m'a-t-il dit, et, ce jour expiré,
> » Pleure à loisir l'époux que tu m'as préféré. »

> Elle, grands dieux! céder à de lâches amours!
> Jamais un inconnu n'obtiendra ses secours...
> Son âme à ce refus s'arrêtait obstinée...
> Quand soudain de son lit son oreille étonnée
> Croit entendre une voix la presser de partir,
> Et, s'ouvrant sur ses gonds, la porte retentir.

Les deux derniers vers du texte sont :

> Atque toro projecta manet; quum visa vocari
> Rursus, et impulso sonuerunt cardine postes.
>   Livre VII, vers 324.

À ces mots j'ai frémi, mon âme s'est troublée;
Ensuite des chrétiens une impie assemblée,
Pour avancer l'effet de ce discours fatal,
A jeté Polyeucte aux pieds de son rival.
Soudain à son secours j'ai réclamé mon père;
Hélas! c'est de tout point ce qui me désespère,
J'ai vu mon père même, un poignard à la main,
Entrer le bras levé pour lui percer le sein.
Là, ma douleur trop forte a brouillé ces images;
Le sang de Polyeucte a satisfait leurs rages.
Je ne sais ni comment ni quand ils l'ont tué,
Mais je sais qu'à sa mort tous ont contribué.
Voilà quel est mon songe[1].

C'est une belle création que ce rôle de Pauline: l'amour y est peint d'une manière vraie, et avec un charme d'autant plus décevant, que la passion, naïve dans ses aveux, quoique pleine de pudeur et de retenue, ouvre sans peine le cœur d'une femme qui se sent sous la garde sacrée du devoir. Racine n'a rien de semblable dans sa peinture éloquente de l'amour: la modeste Monime, alarmée de voir le diadème de Mithridate sur son front, et dans son cœur un penchant déclaré pour Xipharès; cette Monime, qui ressemble à une vierge de Phidias, n'égale point l'épouse de Polyeucte. On pourrait même ajouter que si Racine l'emporte en grâce et en élégance sur son rival, il a trop amolli dans les paroles de Monime l'expression de l'amour plus

---

[1] Acte I, scène iii.

vive et plus pénétrante dans l'amante de Sévère. Il en est souvent de Corneille comme de Molière et de La Fontaine; son éloquente simplicité représente mieux l'accent de la nature que le langage poli, travaillé, séducteur, du plus harmonieux des poëtes. Sous ce rapport, qui n'a point assez frappé Voltaire, La Harpe, et les autres critiques en général, Corneille mérite une étude particulière.

Alzire, placée entre l'ombre de Zamore et la présence de Gusman, ressemble à Pauline; on croit entendre à la fois Didon et l'héroïne de Corneille dans ce beau monologue:

> Mânes de mon amant, j'ai donc trahi ma foi!
> C'en est fait, et Gusman règne à jamais sur moi!
> L'Océan, qui s'élève entre nos hémisphères,
> A donc mis entre nous d'impuissantes barrières;
> Je suis à lui; l'autel a donc reçu nos vœux;
> Et déjà nos serments sont écrits dans les cieux!
> O toi qui me poursuis, ombre chère et sanglante,
> A mes sens désolés ombre toujours présente,
> Cher amant, si mes pleurs, mon trouble, mes remords,
> Peuvent percer ta tombe et passer chez les morts;
> Si le pouvoir d'un dieu fait survivre à ses cendres
> Cet esprit d'un héros, ce cœur fidèle et tendre,
> Cette âme qui m'aima jusqu'au dernier soupir,
> Pardonne à cet hymen où j'ai pu consentir!

La douleur d'Alzire au retour imprévu de Zamore, dont elle a pleuré la perte, est déchirante; son désespoir sert d'excuse à la chaleur de ses aveux; il amène une situation éminemment dramatique en-

entre elle et Zamore, qu'elle s'accuse d'avoir trahi, et Gusman auquel elle appartient sans pouvoir l'aimer; mais en même temps, trop solennelle et trop emportée dans ses paroles, elle n'a point le charme de Pauline, elle n'a point au même degré la sainte autorité de la vertu. On sent le poëte et même un peu le rhéteur dans le discours ambitieux d'Alzire; elle vise au sublime, Pauline y touche sans effort : la prière de cette femme adorable est un mélange heureux de grandeur d'âme, de confiance dans Sévère, de réserve, d'abandon, et pourtant de dignité; on y trouve dans une mesure parfaite le sentiment du pouvoir d'un premier amour, l'innocent empire dont la fidélité la plus pure peut user sans alarme, surtout pour sauver les jours d'un époux, et enfin l'accent de l'éloquence naturelle à un sexe fait pour aimer, toucher et prier[1].

Crébillon a fait une autre Pauline, qui peut soutenir la comparaison avec celle de Corneille. Zé-

---

[1] On trouve des mouvements dramatiques, des traits de passion, et beaucoup d'élévation, dans la Sophonisbe d'Alfieri. On est, il est vrai, choqué de la voir se donner à Massinissa aussitôt après la nouvelle de la mort de Syphax son époux. Il y a dans cette résolution subite une inconvenance que Corneille, Racine et Voltaire se sont bien gardés de commettre, et que le poëte italien a vainement essayé de déguiser en la couvrant du dessein politique de faire du roi numide un défenseur de Carthage ; mais, au retour de son époux, la fille d'Asdrubal se relève avec

nobie, fidèle à un barbare qui a voulu lui donner la mort; aimant Arsame sans le lui laisser connaître; ne découvrant sa flamme à ce prince que devant Rhadamiste, et par un mouvement de la vertu indignée d'un injuste soupçon; se remettant après cet aveu magnanime dans les mains d'un furieux, capable des plus grands excès, est un exemple des créations que le génie sait trouver dans une situation dont ses prédécesseurs semblaient avoir épuisé toutes les ressources dramatiques. L'impétueux et romanesque auteur de tant de tragédies où les mœurs antiques sont violées d'une manière si choquante, offre rarement de savantes combinaisons; il est juste de lui payer un tribut d'éloges pour celles que l'on découvre dans la meilleure de ses compositions. Mettons un moment en parallèle Racine et l'auteur de Rhadamiste.

Bérénice, qui consent à vivre et à ne plus voir Titus, dit à Antiochus, son rival:

---

dignité d'une faute qui n'est encore commise que dans la pensée. On la reconnaît tout entière dans ses paroles à Massinissa, que le sévère Alfieri a pourtant fait ridiculement amoureux: « Ce lieu est le camp romain. Le grand Scipion, un roi magnanime, la fille d'Asdrubal, y sont réunis. Répondez, notre amour peut-il être un amour vulgaire? » On reconnaît encore mieux Sophonisbe à sa constance au milieu des progrès que la mort fait dans son sein, après qu'elle a bu la coupe fatale qu'elle a obtenue de Massinissa.

> Prince, après cet adieu, vous jugez bien vous-même
> Que je ne consens pas de quitter ce que j'aime
> Pour aller loin de Rome écouter d'autres vœux.
> Vivez, et faites-vous un effort généreux;
> Sur Titus et sur moi réglez votre conduite :
> Je l'aime, je le fuis; Titus m'aime, il me quitte.
> Portez loin de mes yeux vos soupirs et vos fers.

Ce langage est tendre et touchant, mais peu tragique; celui de Zénobie a plus de grandeur et de dignité : elle parle comme la vertu qui commande à ses passions :

> Prince, après cet aveu je ne vous dis plus rien.
> Vous connaissez assez un cœur tel que le mien
> Pour croire que l'amour ait sur lui quelque empire;
> Mon époux est vivant, ainsi ma flamme expire.
> Cessez donc d'écouter un amour odieux,
> Et surtout gardez-vous de paraître à mes yeux.

La Harpe, en disant avec raison, « Il n'est pas vrai que l'amour expire ainsi au premier ordre de la vertu, » justifie cette espèce d'exagération par des arguments judicieux. Il aurait pu lui trouver d'autres excuses plus légitimes dans le caractère de Zénobie, dans la passion qu'elle avait conçue pour le cruel dont la jalousie n'était qu'un excès d'amour, enfin dans cette force d'une âme ardente et supérieure qui embrasse avec transport un glorieux devoir. Loin de mériter le plus léger reproche, c'est avec l'art de Racine que Crébillon a préparé ce beau vers qui peint toute une situation :

> Mon époux est vivant, ainsi ma flamme expire.

Rappelons-nous en effet ce qui précède :

> Ah ! cruel, plût aux dieux que ta main ennemie
> N'eût jamais attenté qu'aux jours de Zénobie !
> Le cœur à ton aspect désarmé de courroux,
> Je ferais mon bonheur de revoir mon époux ;
> Et l'amour s'honorant de ta fureur jalouse,
> Dans tes bras avec joie eût remis ton épouse.
> Ne crois pas cependant que, pour toi sans pitié,
> Je puisse te revoir avec inimitié.

Le coupable Rhadamiste demande ainsi la mort à Zénobie :

> Frappe ; mais souviens-toi que, malgré ma fureur,
> Tu ne sortis jamais un moment de mon cœur ;
> Que si le repentir tenait lieu d'innocence,
> Je n'exciterais plus ni haine ni vengeance ;
> Que, malgré le courroux qui te doit animer,
> Ma plus grande fureur fut celle de t'aimer.

Une femme vertueuse et sensible ne saurait résister à un pareil langage : Zénobie répond avec l'éloquence d'un cœur qui n'est plus le maître de son émotion :

> Lève-toi, c'en est trop ; puisque je te pardonne,
> Que servent les regrets où ton cœur s'abandonne ?
> Va, ce n'est point à nous que le ciel a remis
> Le pouvoir de punir de si chers ennemis.
> Nomme-moi les climats où tu souhaites vivre ;
> Parle, dès ce moment je suis prête à te suivre,
> Sûre que les remords qui saisissent ton cœur
> Naissent de ta vertu plus que de ton malheur.

Malgré la confiance que doit lui inspirer tant de vertu, Rhadamiste, poussé par la première de ses passions, laisse percer des traits de jalousie contre Arsame; mais il est bientôt réduit à rougir de sa faute par cette réponse de Zénobie :

> Calme les vains soupçons dont ton âme est saisie,
> Ou cache-m'en du moins l'indigne jalousie;
> Et souviens-toi qu'un cœur qui peut te pardonner
> Est un cœur que sans crime on ne peut soupçonner.

Contrainte de révéler à Arsame le secret de son hymen avec Rhadamiste, la même femme réprime en ces termes les transports du rival de l'époux qui lui a été rendu :

> J'ai résisté, seigneur, autant que je l'ai pu;
> Mais, puisque j'ai parlé, respectez ma vertu.
> Mon nom seul vous apprend ce que vous devez faire;
> Mon secret échappé, votre amour doit se taire.

Rhadamiste survient, et reprend tous ses soupçons à l'aspect d'Arsame, qu'il trouve auprès de Zénobie; le poëte habile ou heureusement inspiré choisit ce moment extrême pour justifier une passion que tout semblait rendre innocente. Il relève le caractère de l'héroïne d'une manière admirable, et par l'aveu de son amour devant Arsame qui l'ignore, et par le sacrifice qu'elle a fait avec tant d'empire sur elle-même; enfin, couronnant son œuvre par une admirable progression, il achève la peinture du caractère de Zénobie avec ce trait, qui semble appartenir au génie de Corneille :

> Pour toi, dès que la nuit pourra me le permettre,
> Dans tes mains, en ces lieux, je viendrai me remettre;

> Je connais la fureur de tes soupçons jaloux,
> Mais j'ai trop de vertu pour craindre mon époux.

Remarquons encore, à la gloire de Crébillon, qu'on ne trouverait pas une seule trace d'exagération dans le rôle de Zénobie, et que sa grandeur, en franchissant les limites ordinaires, ne sort jamais des proportions de la nature.

Zénobie, sûre de sa vertu, et douée d'une âme forte que les malheurs ont encore affermie, n'a point de tristes pressentiments comme Didon. Il faut des cœurs plus tendres et plus faibles pour connaître cette espèce de tourments; peut-être Virgile a-t-il violé la tradition historique en les donnant à la reine de Carthage, qui avait une si haute réputation de constance et de vertu dans l'antiquité, mais du moins sa peinture, en elle-même, étincelle de vérité. Shakespeare a représenté d'une manière touchante et vraie la superstition de fatalité dont est frappée la jeune et infortunée Desdemona, qui adore Othello, et se reproche en secret de l'avoir aimé sans l'aveu de son père. Dans les femmes pareilles à Desdemona, l'amour est une passion pleine de craintes, et toujours mêlée à quelque superstition. Le bonheur même ne les laisse pas sans tristesse: il leur coûte des larmes même au moment d'en jouir, parcequ'elles tremblent toujours de le perdre. Le même poëte, au contraire, n'envoie, au moment de la mort, que des songes heureux à Catherine, femme de Henri VIII, répudiée par ce prince. Elle demande aux musiciens un air mélancolique, qu'elle appelle sa cloche funèbre ; mais l'innocence et la pureté de son âme n'enfantent que des images riantes pendant le sommeil qui précède sa dernière heure. « Quoi ! vous n'avez pas vu, dit-elle à la confidente de toutes ses peines, des esprits célestes m'inviter à un banquet ? Leurs faces brillantes comme le soleil jetaient sur moi mille rayons ; ils m'ont promis le bonheur éternel, et m'ont présenté des couronnes. » Cette illusion est conforme à la nature ; elle repose sur le caractère, les mœurs du personnage, et sur cette bonté dont la véritable religion fait une vertu angélique. Au contraire, Shakespeare attribue à Roméo, nourri dans les haines de famille, et en proie à un amour capable de tout braver pour contenter son ardente ivresse, des pressentiments pareils à sa destinée, pleine d'un bonheur ineffable qui ne doit durer qu'un moment, et menacée d'une fin cruelle qui va répandre un deuil éternel dans deux familles. Il y a des avis de l'avenir pour toutes les âmes agitées de passions violentes.

Nous avons vu Didon suppliante, et conservant un reste d'espérance qui la fait consentir à vivre, quoique avec un certain pressentiment que sa fin n'est pas éloignée. L'inflexibilité d'Énée l'a réduite à implorer la mort. Tout l'y invite ; et les terreurs de la superstition, et les angoisses du remords, et les regrets de l'amour, et surtout les souvenirs de sa destinée. Comment ne se croirait-elle pas condamnée par une espèce de fatalité, lorsque la douleur lui retrace le cours d'une carrière si orageuse, ses premiers amours, sa félicité d'un moment, interrompue par le crime d'un frère, la mort de Sichée, un exil sur les mers, les travaux d'un empire à fonder, l'arrivée du Troyen, l'enthousiasme causé par sa présence, une passion rallumée dans un cœur éteint et paisible, de si brillantes espérances, et un abandon aussi cruel qu'imprévu? Effrayée de tout ce que promet un tel assemblage de maux, elle sent que le glaive seul peut la guérir. Mais pour qu'une femme à la fois tendre, sensible et forte, exécute le projet de mettre un terme à sa vie, il faut que ce projet ait été médité, mûri, couvé dans le cœur; c'est un long enfantement de la douleur qui l'a conçu. Virgile a rendu cette pensée par un admirable vers :

Ergo ubi concepit furias evicta dolore [1].

Lorsque l'excès de la douleur a fait éclore dans le

---

[1] Le texte porte :

Ergo ubi concepit furias evicta dolore,
Decrevitque mori, tempus secum ipsa modumque
Exigit, et, mæstam dictis aggressa sororem,
Consilium vultu tegit, ac spem fronte serenat.

ÉNÉIDE, LIVRE IV.

sein de Didon les furies du désespoir, et la résolution de mourir, elle choisit en elle-même le temps, le mode, le théâtre de son trépas; puis, abordant sa triste sœur avec des paroles trompeuses, elle cache ses desseins sous un air tranquille, et affecte la sécurité de l'espérance: « Ma sœur, félicite-moi ; j'ai trouvé le moyen de le ramener à moi, ou de m'affranchir de lui et de mon amour.» Après ce début si simple, elle ajoute:

« De ces mers où le jour va plonger sa lumière,
» Des bornes de l'Afrique où sur sa tête altière
» L'infatigable Atlas porte le poids des cieux,
» Une antique prêtresse est venue en ces lieux :
» Consacrée aux autels des jeunes Hespérides,
» C'est elle qui jadis, contre des mains avides,
» Protégeait le fruit d'or de leur fertile enclos,
» Qui d'un miel odorant, mêlé de froids pavots,
» Nourrissait leur dragon, et du monstre sauvage
» Endormait à son choix ou réveillait la rage.
» Son art endort aussi les chagrins amoureux,
» Ou d'un ardent amour ranime tous les feux :
» Sous ses pieds tu verras s'ébranler les campagnes,
» Les pins déracinés descendre des montagnes,
» L'onde arrêter son cours, l'Olympe ses flambeaux,
» Et les mânes sortir de la nuit des tombeaux.
» J'en atteste le ciel, chère sœur, et toi-même;
» Malgré moi, j'ai recours à son pouvoir suprême.
» Toi, si tu plains les maux de ce cœur agité,
» Dans un lieu découvert, mais des yeux écarté,
» Que par tes soins secrets un bûcher se prépare;
» Qu'on y place le fer qu'a laissé le barbare,
» Et toute sa dépouille, et ce lit conjugal,

» De ma ruine, hélas! le complice fatal.
» Pour chasser de mon cœur un amour trop funeste,
» Il nous faut de l'ingrat détruire ce qui reste. »
Elle dit et pâlit. Mais cependant sa sœur
Ne peut de son projet soupçonner la fureur.
Elle n'augure pas de sa douleur cachée
Un désespoir plus grand qu'à la mort de Sichée,
Et dresse innocemment le funèbre appareil[1].

Dans un lieu retiré, mais ouvert au soleil,
Des rameaux du sapin, de longs éclats du chêne,
On forme le bûcher; il s'élève; et la reine
Du sacrifice affreux fait les tristes apprêts,
Suspend en noirs festons, la feuille des cyprès;

---

[1] On lit des choses à peu près pareilles dans l'Hercule au mont Oéta de Sénèque; c'est la nourrice de Déjanire qui parle à sa maîtresse : « Le secours de la magie et les prières de l'amour resserrent les liens de l'amour conjugal. Avec mon art j'ordonne aux bois de reprendre leur verdure au milieu de l'hiver, et j'arrête la foudre élancée de la nue; je soulève les flots en l'absence des vents, j'apaise la mer battue par la tempête, je fais jaillir des sources nouvelles sur une terre aride. A ma voix, les rochers s'agitent, les portes s'ouvrent, les ombres arrivent des enfers, les mânes parlent, et Cerbère fait entendre sa voix. La mer, le ciel, la terre, le Tartare, me sont soumis. Quand je veux, la nuit la plus obscure a vu le soleil, et le jour a vu la nuit. Aucune loi de la nature ne résiste à mes chants. Je vous rendrai votre époux; mes charmes trouveront le chemin de son cœur. »

Tout ce morceau est écrit à la manière d'Horace, plein de précision et de tableaux composés avec un seul trait; mais on sent déjà la recherche, défaut habituel de Sénèque. Virgile a bien plus de sagesse, de mouvement; il est surtout dramatique, lorsque Sénèque est monotone et froid.

Elle place au sommet la dépouille d'Énée,
Et ce lit nuptial qu'a maudit l'hyménée,
Et le fer du parjure, et son image, hélas !
Instruments et témoins du plus cruel trépas.
Les autels sont dressés ; la prêtresse terrible
Court, les cheveux épars, lance un regard horrible
Tout-à-coup sa voix tonne ; elle invoque et Pluton,
Et la triple Diane, et l'ardent Phlégéthon ;
Réveille le chaos dans ses abîmes sombres,
Et trouble par ses cris le long repos des ombres ;
Puis d'une onde funèbre elle verse les flots
Qui du noir Achéron représentent les eaux ;
Exprime un lait impur d'une herbe empoisonnée,
Au flambeau de la nuit par l'airain moissonnée.
Enfin, pour rendre encor le charme plus puissant
Elle y joint la tumeur que le coursier naissant
Apporte sur son front, et que, pour ce mystère,
On enlève aussitôt à son avide mère.
La reine, sans ceinture, un pied sans brodequin,
Déjà tient son offrande en sa tremblante main.
Dévouée à la mort, en silence elle atteste
Les dieux, sacrés témoins de son destin funeste,
Ces dieux justes, vengeurs des malheureux amours.

Tout ce morceau, que j'emprunte à la traduction de Delille parcequ'elle joint la richesse et l'élégance à la fidélité, est dans Virgile un modèle de narration dramatique. Le début du discours de la reine a tellement l'accent de la vérité, qu'Élise ne saurait soupçonner l'événement qui se prépare. Il est à remarquer que Didon dit *eum* (lui), et non pas Énée ; elle a peur de se trahir par des larmes, et de laisser échapper son secret en prononçant ce nom cher et funeste. La description des prodiges opérés par la prêtresse est un modèle tant pour la sage sobriété des ornements que pour le mouvement du style. Le poëte s'est rappelé que la passion communique sa flamme à tout ce qu'elle touche, et n'enfante jamais de vaines peintures. Le brillant Ovide, au contraire, languit souvent, parcequ'au lieu de penser à ses personnages, à leurs caractères, à leur situation, il s'amuse à donner carrière à son imagination, et montre partout le poëte jaloux d'étaler sa fécondité. Il faut remarquer avec quelle froideur apparente, avec quel détachement de tout intérêt, une amante dont le cœur brûle en secret parle du sacrifice de tant de gages autrefois si chers à sa tendresse; mais aussi, après cet effort sur elle-même, il ne lui reste plus la force de poursuivre, et la pâleur de la mort se répand sur son visage. Élise n'aperçoit pas cet indice de l'agitation du cœur de Didon, et se laisse facilement abuser. A ce calme affecté d'un langage trompeur succède une scène imposante comme une cérémonie religieuse, qui jette la terreur dans l'âme de la malheureuse victime. Heureuse autrefois dans son malheur, quand elle avait la vertu pour compagne et pour soutien, Didon éprouvait un plaisir mêlé de tristesse, mais pur comme la joie de l'innocence, en couronnant de fleurs l'image de son époux; ces fleurs étaient des emblèmes de fête et des présents d'amour:

ÉNÉIDE, LIVRE IV.

maintenant, abreuvée de chagrins qui fermentent comme un poison dans son cœur, elle couronne de cyprès le bûcher où sa faute la fera monter.

C'est pour la seconde fois que la reine de Carthage nous apparaît aux pieds des autels; son délire en invoquant Junon, sa curiosité à consulter les entrailles des victimes ouvertes devant elle, nous ont préparés à la situation nouvelle où nous la voyons. Dans l'enthousiasme de sa passion, elle demandait faveur ou grâce, sans savoir si ses vœux n'offensaient pas le ciel qui avait reçu ses serments de fidélité aux mânes d'un époux; aujourd'hui, trop cruellement punie d'un moment d'erreur, elle appelle les dieux au spectacle des apprêts de sa mort, en invoquant leur justice et leur vengeance[1].

On trouve dans Valérius Flaccus une très belle scène, où Médée, amante et magicienne, rappelle quelques traits du tableau de Virgile. Jason, pour rassurer la fille d'Éétès et obtenir les secours de son art, lui prodigue les plus tendres promesses,

---

[1] Le texte dit :

Tum, si quod non æquo fœdere amantes
Curæ numen habet, justumque memorque precatur.

La passion de l'amour, dans son bonheur, comme dans son infortune, se plaît à nourrir l'illusion qui la place sous la protection spéciale de quelque dieu qui reçoit ses plus secrètes confidences.

et, pour en garantir la sainteté, il termine sa brûlante prière en appelant sur sa tête des périls plus grands que tous ceux que Médée lui a fait surmonter :

> Érinnys écoutait : observant ces amants,
> L'implacable déesse entend leurs serments,
> Et promit à l'hymen de venger son offense.
> Dans ces doux entretiens le temps fuit, l'heure avance,
> Et ces amants épris ne peuvent se quitter.
> Leur regard l'un sur l'autre ose alors s'arrêter :
> Leurs yeux, mouillés d'amour et brillants de jeunesse,
> Boivent du doux poison la décevante ivresse.
> Puis le tendre respect, la timide pudeur,
> De ces regards brûlants vient réprimer l'ardeur.
> Leur voix tremble ; leur front, leur paupière s'abaisse.
> A Jason, de nouveau, Médée enfin s'adresse [1].
> « Après les fiers taureaux, apprends donc, cher Jason,
> » Quel monstre il faut dompter pour ravir la toison.
> » Il faut te l'avouer, n'en conçois pas d'alarme ;
> » J'avais, pour t'éprouver, gardé mon dernier charme.
> » Mais, crois-en mon amour, après ce que j'ai fait,
> » Je ne laisserai point mon ouvrage imparfait.
> » Dans la forêt de Mars quel péril te menace !
> » Ah ! que puisse mon art répondre à ton audace ! »

---

[1] Le texte est d'une précision, d'une élégance et d'une vérité de peinture qui méritent d'être remarquées.

> Hæc ubi dicta, tamen perstant defixus uterque,
> Et nunc ora levant audaci læta juventa,
> Ora simul toties dulces rapientia visus.
> Dejecit hinc vultus æger pudor, et mora dictis
> Redditur, ac rursus conterret Jasona virgo.
>
> Chant VII, vers 516 et suivants.

Elle dit; et, voulant lui révéler d'abord
Le danger qu'on réserve à son dernier effort,
Du dragon étendu dans son vaste repaire
Elle court à l'instant réveiller la colère.
Elle irrite ses yeux de l'aspect du guerrier.
Soudain l'affreux dragon se lève tout entier;
Il siffle, à la toison il s'élance, il s'enlace,
Couvre d'épais anneaux l'arbre entier qu'il embrasse :
De là son cou s'alonge, et va loin dans les airs
De sa langue darder les foudroyants éclairs [1].

Aux savantes oppositions de cette scène vraiment tragique et passionnée succède une situation qui commence par toutes les grâces de l'amour pudique, et finit par la terreur. Médée, après avoir renoncé à sa patrie, à son père, et fait ses adieux à la couche virginale, s'arme enfin des poisons et des charmes qui doivent achever le triomphe de Jason.

De leurs sucs infernaux elle abreuve à longs traits
La robe et le collier, terrible à l'inconstance,
Qui de l'amour trahi doit servir la vengeance.
De son glaive terrible elle arme encor son bras.
Alors, du fouet sanglant des filles du trépas

---

[1] Il y a des longueurs dans cette traduction, mais la fin est belle et presque digne du texte, dont voici les derniers traits :

Protinus immensis recubantem anfractibus anguem
Turbat, et Hæmonia subito ducis objicit umbram.
Ille, quod haud alias, stetit, et trepidantia torsit
Sibila, seque metu postquam vellera circum
Sustulit, atque omnis spiris exhorruit arbor.

Croyant sentir l'atteinte, elle part et s'élance.
Telle du haut d'un roc, au sein du gouffre immense,
Tremblante, Ino se plonge, et ne se souvient plus
De son fils qu'elle presse en ses bras éperdus.
Athamas sur la rive en vain frémit de rage.

Jason, brûlant d'amour, dans le sacré bocage
La devance; et son front rayonnant de beauté
Éclaire au loin du bois la sainte obscurité.
Tel, fuyant les regards, le soir, sous l'ombre épaisse,
Le bel Endymion, digne d'une déesse,
Appelle sa Phœbé, dont le tendre embarras
Se voile d'un nuage et se perd dans ses bras.
Tel, des dieux immortels image éblouissante,
Le beau Jason attend sa jeune et belle amante.
De frayeur éperdue, elle arrive à son tour;
Et comme la colombe, à l'aspect de l'autour,
Qui la presse déjà de l'ombre de son aile,
Cherche au séjour de l'homme un asile infidèle,
Ainsi, dans les terreurs qui viennent l'assiéger,
L'imprudente se jette aux bras de l'étranger.

J'ai rapporté ailleurs le discours qui exprime les alarmes, la passion et les vœux de Médée. Jason la rassure et la suit, en la plaignant avec une tendre pitié :

Lorsqu'il voit tout-à-coup jaillir de la nuit sombre
Une immense clarté, brillante au sein de l'ombre.
Quel astre affreux, dit-il, enflamme ainsi les cieux?
Quelle clarté hideuse épouvante mes yeux?

La reine lui répond: « C'est la vaste prunelle
Du terrible dragon qui dans l'ombre étincelle;
Vois quels affreux éclairs nous lancent ses regards.
Encor même à présent ce fier dragon de Mars,
Reconnaissant dans moi, redoutant sa maîtresse,
De son plus doux accueil me flatte et me caresse.

Dis-moi donc maintenant si tu veux, fier Jason,
A ce monstre qui veille arracher la toison,
Ou bien, abandonnant le vain secours des armes,
Devoir encore ici la victoire à mes charmes.
Jason se tait, d'horreur tous ses sens sont glacés.

Si je ne me trompe pas, ici les traces d'un véritable poëte sont empreintes dans cette composition ; mais nous arrivons au moment où Médée ressemble davantage à Didon, au milieu du sacrifice magique qui ne fait peut-être que rallumer son amour au lieu de l'éteindre.

Les pieds nus, les bras nus, et les cheveux dressés,
Médée, en longs accents traînant un chant barbare,
Évoque le sommeil des antres du Tartare :
« O bienfaiteur du monde, ô sommeil bienfaisant,
» Prends des sucs du Léthé le charme assoupissant !
» Viens des plus forts liens presser ce monstre horrible,
» A tes molles langueurs toujours inaccessible.
» De ton urne souvent épanchant les pavots,
» J'arrêtai dans leur cours l'éclair, les vents, les flots ;
» Mais j'attaque un dragon, vigilant sentinelle,
» Qui refuse au repos son ardente prunelle.
» Pour dompter son courroux redouble ton effort ;
» Viens semblable à ta sœur, viens semblable à la mort.
» Et toi, de l'or sacré gardien infatigable,
» Délasse enfin tes yeux du soin qui les accable.
» Que peux-tu craindre ? ici je veillerai pour toi.
» Dors, respire un moment d'un si pénible emploi. »

Le monstre endormi cède au pouvoir magique ; il est étendu sur la terre, comme le chien des enfers dans son antre immense. Médée amante devait être au comble de la joie, et c'est ce moment que le poëte habile choisit pour éveiller ses remords :

>Je fuis le seuil natal pour suivre un étranger ;
>J'outrage des autels le sacré privilége ;
>Je deviens à la fois parjure et sacrilége.
>Mon noir destin m'entraîne à ces cruels forfaits.
>Mais abrège, Jason, de périlleux délais...
>Prends la toison... fuyons... Fille ingrate, adultère,
>J'ai trahi sans pudeur la cause de mon père ;
>J'ai dompté les taureaux qui défendaient ses jours ;
>J'ai détruit les guerriers armés pour son secours ;
>J'ai du dragon sacré fait encor ma victime :
>Ce sera, je l'espère, enfin mon dernier crime [1].

Dans Sophocle, Déjanire, jalouse d'Iole, a recours au sang de Nessus recueilli par elle dans un vase d'airain, et que le centaure lui a donné, comme un philtre précieux, pour triompher de toutes ses rivales dans le cœur d'Hercule. Sénèque a imité ce passage, en étendant la narration du poëte grec,

---

[1] Valérius pèche souvent par un excès de brièveté, mais elle a un mérite particulier dans cette circonstance, et la paraphrase élégante du traducteur me paraît nuire à la vérité comme à la force de l'original :

>Sed tu quoque cunctas,
>OEsonide, dimitte moras, atque effuge raptis
>Velleribus. Patrios extinxi noxia tauros ;
>Terrigenas in fata dedi, fusum ecce draconis
>Corpus habes ; jamque omne nefas, jam, spero, peregi.
>
>Vers 104 et suivants.

Médée n'a pas dû en dire davantage, et il fallait imiter la précision de ces aveux, qui coûtent trop à son cœur pour qu'elle se plaise à s'appesantir sur la peinture de ses crimes.

mais sans la défigurer, comme à l'ordinaire, par une folle exagération ; témoin les dernières paroles de Nessus mourant : « Les magiciennes de Thessalie, dit-il, m'ont assuré que ce sang avait la puissance de fixer l'amour. Voilà ce que me confirma souvent Mycalé, la plus savante de toutes, Mycalé, la seule prêtresse que suive la lune, en abandonnant les astres du ciel. Si une odieuse rivale veut usurper la couche conjugale, si votre époux veut donner une autre belle-fille à Jupiter, envoyez à ce volage une tunique trempée dans mon sang ; mais que la lumière ne voie point, que des ténèbres cachent loin de tous les regards ce philtre précieux : à ce prix seul il conservera sa puissance. L'éternel repos le surprit au milieu de ces paroles, et la mort se répandit dans ses membres défaillants. »

Malfilatre a blâmé justement le long monologue de la nourrice de la Médée de Sénèque, racontant aux spectateurs que sa maîtresse prépare des poisons et des enchantements ; toutes les déclamations du mauvais goût sont accumulées dans ce récit. Le même défaut efface les beautés réelles dont brille la seconde invocation de l'épouse de Jason ; mais peut-on refuser des éloges au début solennel de cette tragédie[1] ?

---

[1] On le trouvera plus loin.

Virgile a fourni les plus heureuses inspirations à Rousseau pour la plus belle de ses cantates. Circé est une copie de Didon, mais qui semble faite de génie comme une peinture originale.

CIRCÉ.

Sur un rocher désert, l'effroi de la nature,
Dont l'aride sommet semble toucher les cieux,
Circé, pâle, interdite, et la mort dans les yeux,
  Pleurait sa funeste aventure.
  Là, ses yeux errants sur les flots,
D'Ulysse fugitif semblaient suivre la trace.
Elle croit voir encor son volage héros;
Et cette illusion soulageant sa disgrâce,
  Elle le rappelle en ces mots,
Qu'interrompent cent fois ses pleurs et ses sanglots :

 Cruel auteur des troubles de mon âme,
 Que la pitié retarde un peu tes pas :
 Tourne un moment tes yeux sur ces climats;
 Et, si ce n'est pour partager ma flamme,
 Reviens du moins pour hâter mon trépas.

 Ce triste cœur, devenu ta victime,
 Chérit encor l'amour qui l'a surpris :
 Amour fatal! ta haine en est le prix.
 Tant de tendresse, ô dieux! est-elle un crime,
 Pour mériter de si cruels mépris?

 Cruel auteur des troubles de mon âme,
 Que la pitié retarde un peu tes pas :
 Tourne un moment tes yeux sur ces climats;
 Et, si ce n'est pour partager ma flamme,
 Reviens du moins pour hâter mon trépas.

C'est ainsi qu'en regrets sa douleur se déclare;
Mais bientôt de son art employant le secours,
Pour rappeler l'objet de ses tristes amours,
Elle invoque à grands cris tous les dieux du Ténare,
Les Parques, Némésis, Cerbère, Phlégéthon,
Et l'inflexible Hécate et l'horrible Alecton.
Sur un autel sanglant l'affreux bûcher s'allume,
La foudre dévorante aussitôt le consume;
Mille noires vapeurs obscurcissent le jour;
Les astres de la nuit interrompent leur course;
Les fleuves étonnés remontent vers leur source;
Et Pluton même tremble en son obscur séjour.

   Sa voix redoutable
   Trouble les enfers;
   Un bruit formidable
   Gronde dans les airs;
   Un voile effroyable
   Couvre l'univers;
   La terre tremblante
   Frémit de terreur;
   L'onde turbulente
   Mugit de fureur;
   La lune sanglante
   Recule d'horreur.

Dans le sein de la mort ses noirs enchantements
  Vont troubler le repos des ombres :
Les mânes effrayés quittent leurs monuments;
L'air retentit au loin de leurs longs hurlements;
Et les vents, échappés de leurs cavernes sombres,
Mêlent à leurs clameurs d'horribles sifflements.
Inutiles efforts! amante infortunée,
D'un dieu plus fort que toi dépend ta destinée :
Tu peux faire trembler la terre sous tes pas,
Des enfers déchaînés allumer la colère ;

> Mais tes fureurs ne feront pas
> Ce que tes attraits n'ont pu faire.
>
> Ce n'est point par effort qu'on aime,
> L'amour est jaloux de ses droits;
> Il ne dépend que de lui-même,
> On ne l'obtient que par son choix.
> Tout reconnaît sa loi suprême;
> Lui seul ne connaît pas de lois.
>
> Dans les champs que l'hiver désole
> Flore vient rétablir sa cour;
> L'alcyon fuit devant Éole;
> Éole le fuit à son tour;
> Mais sitôt que l'amour s'envole,
> Il ne connaît plus de retour [1].

Habilement infidèle à ses modèles antiques, Jean-Baptiste a su prêter une passion véritable, et par conséquent le caractère d'une profonde douleur, à l'amour de Circé, qui manque de charme et d'intérêt dans l'Énéide et dans l'Odyssée. La cantate commence d'une manière dramatique. Pareille à la triste Ariane, regardant du haut d'un rocher le vaisseau de Thésée, qui se perd à ses yeux dans un lointain immense, Circé est peut-être aussi touchante que Didon aux pieds des autels et devant le bûcher théâtre et témoin de sa mort prochaine. Il y a encore dans ce début un heureux souvenir de Calypso. L'accent du cœur est empreint dans les

---

[1] Cantate VII, J.-B. Rousseau.

deux strophes qui commencent par ce beau vers :
Cruel auteur des troubles de mon âme.

Tous les détails de la cérémonie magique sont peints à la manière d'un grand maître ; c'est la précision de Virgile et la rapidité d'Eschyle, avec un mouvement dramatique dont ce poëte est peut-être le modèle dans le genre lyrique. Pourquoi faut-il qu'une si magnifique composition ait un si faible dénouement? Pourquoi ces vers d'opéra après des beautés sévères comme celles de l'Énéide? Pourquoi la faiblesse de Quinault vient-elle efféminer le ton mâle et affaiblir ainsi l'accent tragique de la muse de Rousseau? J'ai relu tout entier le théâtre de l'auteur d'*Armide* et d'*Atys*, je rends justice à son talent ; on peut citer de lui des choses pour lesquelles l'auteur du *Lutrin* eût trouvé sa verve impuissante et rebelle : mais, malgré les éloges de Voltaire et de Marmontel, je conçois sans peine les sévérités de Boileau pour ce corrupteur de la langue tragique. On accuse justement Racine d'avoir amolli notre théâtre et rabaissé Melpomène ; quels reproches la raison n'est-elle pas en droit d'adresser à Quinault pour toutes les fadeurs, les invraisemblances et les lieux communs de morale amoureuse qu'il prête aux héros de l'antiquité !

Les vers de Virgile, dans la description du sacrifice, sont d'un ton lugubre comme le sujet ; maintenant il demande à sa muse l'harmonie la plus douce pour peindre le calme profond de la nature, qu'il veut opposer au tumulte élevé dans l'âme de Didon.

> Nox erat, et placidum carpebant fessa soporem
> Corpora per terras; sylvæque et sæva quierant
> Æquora; cum medio volvuntur sidera lapsu;
> Cum tacet omnis ager; pecudes, pictæque volucres,
> Quæque lacus late liquidos, quæque aspera dumis
> Rura tenent, somno positæ sub nocte silenti
> Lenibant curas, et corda oblita laborum :
> At non infelix animi Phœnissa; neque umquam
> Solvitur in somnos, oculisve an pectore noctem
> Accipit: ingeminant curæ; rursusque resurgens
> Sævit amor, magnoque irarum fluctuat æstu.

> La nuit avait rempli la moitié de son cours,
> Sur le monde assoupi régnait un calme immense;
> Les étoiles roulaient dans un profond silence;
> L'aquilon se taisait dans les bois, sur les mers;
> Les habitants des eaux, les monstres des déserts,
> Des oiseaux émaillés les troupes vagabondes,
> Ceux qui peuplent les bois, ceux qui fendent les ondes,
> Livrés nonchalamment aux langueurs du repos,
> Endormaient leurs douleurs, et suspendaient leurs maux.
> Didon seule veillait; la noire solitude
> Aigrit de ses chagrins l'ardente inquiétude.
> De l'amour renaissant le terrible réveil
> A ses yeux, à son cœur, refuse le sommeil.
> De ses sens agités la tempête s'augmente;
> En butte à tous les coups de l'horrible tourmente,
> D'espérance, d'effroi, d'amour et de fureur,
> Un reflux orageux bouleverse son cœur;
> Et son esprit flottant roule ainsi ses pensées;
> Admises tour à tour, tour à tour repoussées :

Delille, qui excelle à reproduire les couleurs et l'harmonie des langues anciennes, a rendu avec habileté les repos, les suspensions, la marche solennelle de la période de Virgile; mais ni lui ni Voltaire ¹ n'ont seulement approché de l'exclamation *at non infelix animi Phœnissa* ². Mais il n'en

---

¹ Ce passage est imité d'Apollonius, mais Virgile l'a singulièrement embelli.

² Voltaire traduit ainsi :

Phénisse veille et pleure.

On trouve dans Euripide une admirable scène, qui, quoique formant une autre opposition que celle de Virgile, peut être citée à propos en ce moment, parcequ'elle montre aussi que les grands poëtes, comme les grands peintres, sont habiles à trouver d'heureux contrastes. Cette scène est celle où Oreste remercie le sommeil d'avoir suspendu ses douleurs et mis un terme à son égarement. Rien de si beau dans les anciens que la naïveté de leurs tableaux de la nature. Ils osent mettre sur la scène tragique un fils de roi à qui les dieux envoient le sommeil comme un bienfait, une sœur qui veille autour de lui, et recommande aux femmes du chœur de marcher doucement pour ne pas troubler le repos de son frère. Ils nous montrent avec une grâce naïve la douceur du réveil d'Oreste, et ce calme de ses sens qui lui permet d'écouter la raison et d'ouvrir son cœur à la voix de l'amitié. (Voyez la tragédie d'Oreste, acte V, scènes III et IV.)

Amyot, dans ce langage qui a toujours du charme quoiqu'il ait vieilli, a traduit ainsi un passage curieux de Plutarque :

« Les serfs oublient la dureté de leurs maîtres quand ils dorment; le sommeil allège les ennuis de ceux qui sont en prison, les fers aux pieds; les inflammations de playes, les ulcères

était point ainsi de Didon, malheureuse par des peines du cœur! Non seulement cette exclamation est pleine d'éloquence, mais encore elle forme, avec les beaux vers qui la suivent, la plus heureuse des transitions au discours que l'on va lire, et qui achève, par le désordre et le trouble passionné qu'il exprime, la savante opposition que Virgile a si heureusement commencée :

« Que faire? Irai-je essuyer les mépris des amants » qui m'ont recherchée jadis? Irai-je implorer en » suppliante l'hyménée des princes numides que » j'ai tant de fois dédaignés pour époux? Faut-il sui- » vre la flotte d'Ilion, et me mettre encore à la » merci des Troyens? Sans doute, j'ai lieu de m'ap- » plaudir de les avoir secourus, et le souvenir de » mes bienfaits est resté profondément gravé dans » leur cœur! Les suivre! mais qui d'entre eux vou- » dra me souffrir? qui voudra recevoir dans ses » vaisseaux une femme odieuse à des ingrats? Mal- » heureuse, ignores-tu leur renommée? quoi, ton

---

malings, qui mangent cruellement les membres tout vifs, les angoisseuses douleurs donnent quelque relâche aux patients, cependant qu'ils sont endormis. »

Le Tasse, en traduisant avec beaucoup d'élégance et de fidélité ce passage de Virgile, en a détruit tout le prix, parceque son tableau n'offre ni l'opposition ni le mouvement passionné que nous admirons dans Virgile. (Voyez chant II, strophe xcii.)

» cœur ne reconnaît pas ici les parjures accoutumés
» de la race de Laomédon! Mais s'ils me recevaient?
» eh bien! me verrait-on seule accompagner des ma-
» telots triomphants de ma fuite¹? Ou monterais-je
» sur leurs flottes suivie de tous mes sujets? Quoi,
» ceux que j'ai arrachés avec tant de peine de la
» ville de Tyr, j'essaierais de les commettre de nou-
» veau sur les mers, et de leur donner l'ordre de li-
» vrer la voile aux autans! Malheureuse, plutôt
» mourir comme tu le mérites, plutôt trancher tes
» douleurs avec le fer! C'est toi, ma sœur, qui,
» vaincue par mes larmes, et trop complaisante à
» mon délire, c'est toi qui rassembles tous ces maux
» sur ma tête; ta faiblesse me livre à ce cruel en-
» nemi. Il ne m'a point été permis de passer loin
» du lit nuptial une vie paisible au sein de l'in-
» nocence, et d'éviter de si cruels tourments. Elle
» n'a point été gardée la foi promise aux cendres
» de Sichée! »

---

¹ On lit dans la Sophonisbe de Corneille des vers qui ont du rapport avec tout ce passage de Virgile :

<blockquote>
Quoi, j'irais mendier jusqu'au camp des Romains
La pitié de leur chef qui m'aurait en ses mains!
J'irais déshonorer par un honteux hommage
Le trône où j'ai pris place et le sang de Carthage!
</blockquote>

Didon a les mêmes sentiments dans le cœur, mais son langage ne peut avoir la même fierté, parcequ'elle est domptée par l'amour, qui affaiblit son courage et amollit ses paroles.

Le dépit de l'amour, l'orgueil du sexe et du rang, le profond sentiment de l'ingratitude, les délibérations d'un cœur entraîné par ses vœux et retenu par la honte, l'entraînement de la passion prête à tout oser, les combats que suscitent tour à tour la crainte des mépris, et surtout le défaut d'espérance, éclatent à la fois dans ce discours, auquel une ironie douloureuse prête un accent bien propre à exprimer l'amertume des chagrins de l'âme. Si les paroles de Didon semblent rappeler, en les affaiblissant, plusieurs traits de son premier discours, elles ne devaient pas avoir la même véhémence, puisque le nouvel orage qui va s'élever dans ce cœur agité ne fait encore que commencer. Mais quelle frayeur nous inspire cette exclamation terrible, qui annonce la mort de Didon, comme un éclair sorti du sein des nuages qui se choquent entre eux annonce la foudre, *expressum ventis fulmen:* « Pourquoi ne pas mourir comme tu l'as mérité; pourquoi ne pas trancher tes douleurs avec le fer?...» A peine ce cri est échappé de ses lèvres qu'elle s'attendrit sur elle-même et revient ainsi sur la cause de sa perte : « C'est toi, ma sœur, qui, vaincue par mes larmes, et trop complaisante à mon délire, c'est toi qui m'accables de tous ces maux; ta faiblesse me livre à mon cruel ennemi. » Observez avec quel ménagement ce reproche s'échappe du cœur de l'amante. Il ne fallait pas flétrir Élise; d'ailleurs sa faute vient d'un excès de tendresse et d'une illusion de l'amitié compatissante [1]. Didon le sait et pardonne l'erreur en faveur de la cause; mais elle ne peut s'empêcher de regretter le tranquille bonheur qu'elle goûtait avant l'arrivée du Troyen. « Il ne m'a point été permis, dit-elle, de passer loin du lit nuptial une vie paisible au sein de l'innocence [2], et d'éviter de pareils tourments. » Le texte porte *tales nec tangere curas*; cette image exprime d'une manière vive et précise que l'amour est un poison que notre cœur ne peut effleurer sans porter la peine de son imprudence. Immédiatement après *tales nec tangere curas*, Didon ajoute:

Non servata fides cineri promissa Sichæo.

---

[1] Dans Racine, la funeste complaisance d'OEnone a été jusques au crime, et le poëte a dû la punir sans ménagement par cette apostrophe de Phèdre :

Malheureuse, voilà comme tu m'as perdue !
Au jour que je fuyais c'est toi qui m'as rendue.
Tes prières m'ont fait oublier mon devoir :
J'évitais Hippolyte, et tu me l'as fait voir.
Acte IV, scène VI.

[2] Non licuit thalami expertem sine crimine vitam
Degere more feræ.

Il y a là, pour toutes les langues, une inconvenance que Virgile aurait sans doute effacée dans un second examen. Delille n'a pas manqué de la corriger dans sa traduction:

Que n'ai-je pu, grands dieux, dans un chaste veuvage,
Conserver de mon cœur la rudesse sauvage ?

Elle n'a point été gardée la foi promise aux cendres de Sichée[1]. Combien d'amour encore dans le cœur de la femme qui murmure ces paroles! Comme Didon s'accuse avec ménagement! Son faible et tardif aveu n'est pas un repentir, c'est un regret[2], que le bonheur aurait empêché de naître. Ramenez un moment Énée à Didon, et vous la verrez bientôt dans les mêmes transports qu'Héloïse, au retour du dieu à qui elle écrivait:

> Mon âme dans ton sein se perdit tout entière.

Vainement elle aura appelé sur lui la colère des dieux; elle est toujours prête à dire comme Hermione à Oreste au sujet de Pyrrhus:

> S'il ne meurt aujourd'hui, je puis l'aimer demain.

---

[1] Est-ce là cette foi tant promise à sa cendre?

Racine a imité jusques à la petite délicatesse du tour de Virgile, qui se sert de la forme indirecte Les passions ont dans leur langage des délicatesses qu'on ne soupçonne qu'après une longue étude du rapport de leurs paroles avec les pensées qu'elles doivent exprimer.

[2] Nous entendons cependant ici la même femme qui s'écriait avec effroi au seul soupçon d'une faute qui n'était pas commise encore:

> Mais des dieux, qui du crime épouvantent l'audace,
> Que le foudre vengeur sur moi tombe en éclats,
> Que la terre à l'instant s'entr'ouvre sous mes pas,
> Que l'enfer m'engloutisse en ses royaumes sombres,
> Ces royaumes affreux, pâle séjour des ombres,
> Si jamais, ô pudeur, je viole ta loi!

Voilà ce qu'elle a dans le cœur et sur les lèvres,
au moment où Virgile la sépare à jamais d'Énée.

Le héros cependant, plein de l'ordre céleste,
Pour sa fuite, à regret, avait tout préparé ;
Le sommeil de ses sens enfin s'est emparé :
Tout-à-coup dans un songe il croit revoir Mercure ;
C'était sa voix, son port, sa blonde chevelure,
Enfin du jeune dieu tous les traits éclatants.
« Eh quoi ! fils de Vénus, dans ces affreux instants
» Tu dors ! tu n'entends pas le souffle du Zéphire !
» D'une amante en fureur tu braves le délire !
» Prête à mourir, en proie au plus affreux transport,
» Quelque horrible forfait va signaler sa mort.
» Pourquoi ne fuis-tu pas, quand tu le peux encore ?
» Si ta voile tardive attend ici l'aurore,
» Bientôt tu la verras armer tous ses vaisseaux,
» Te suivre, t'arrêter, t'attaquer sur les eaux.
» Je vois briller le fer, je vois luire la flamme ;
» Va, pars : qui peut compter sur le cœur d'une femme ! »
Il dit, et disparaît dans l'ombre de la nuit.
Loin d'Énée, à ces mots, le doux sommeil s'enfuit.
Croyant entendre encor cette voix menaçante,
Il se lève, saisi d'une sainte épouvante :
« Hâtez-vous, compagnons ; rameurs, prenez vos rangs ;
» Abandonnez la voile à l'haleine des vents :
» Les dieux viennent encor d'accuser ma paresse.
» Qui que tu sois, grand dieu, j'étouffe ma tendresse,
» Je t'obéis ; et toi, daigne exaucer nos vœux,
» Accorde-nous des vents et des astres heureux ! »
Sa foudroyante épée à ces mots étincelle ;
Les câbles sont coupés, il part ; et, plein de zèle,
Tout fuit, se précipite, et vole sur les eaux.
La mer a disparu sous leurs nombreux vaisseaux ;

Le rivage s'enfuit, et les flots qui bouillonnent
Cèdent en mugissant aux bras qui les sillonnent.

Le sommeil d'Énée dans une telle situation est tout au moins d'une rare inconvenance ; Énée ne se montre ni comme un chef prudent (les reproches de Mercure en sont la preuve [1]), ni comme un amant pénétré de regrets, ni même comme un homme sensible à la reconnaissance, et qui devrait donner du moins quelques larmes au malheur de Didon. Les dangers que Mercure vient révéler au Troyen rappellent une vérité d'observation, c'est que les âmes froides ne comprennent rien au délire des âmes passionnées. Vainement Didon lui a répété sans cesse, avec l'accent de la nature, qu'elle mourra de sa douleur, il ne l'entend pas ; vainement les fureurs de l'amour ont éclaté dans les premières imprécations de la reine, il pense que cet orage va se dissiper en pleurs, et ne soupçonne aucuns des effets possibles du courroux d'une femme qu'il a réduite au désespoir. Aussi le discours de Mercure ne lui cause pas moins de surprise que d'épouvante. Ce dernier sentiment

---

[1]   Nate dea, potes hoc sub casu ducere somnos?
Nec quæ te circum stent deinde pericula cernis?
Demens!

Fils d'une déesse, quoi, tu peux goûter le sommeil dans une telle extrémité? Quoi, tu n'ouvres pas enfin les yeux sur les périls qui t'environnent? Insensé!

revient sans cesse sous la plume de Virgile, et nuit par ses fréquentes répétitions au caractère du héros : on est surpris de cette faute continuelle. Certains critiques s'étonnent encore d'entendre sortir de sa bouche ces expressions :

> Sequimur te, sancte deorum,
> Quisquis es, imperioque iterum paremus ovantes.

Le mot *ovantes* ne serait pas sans quelque inconvenance, si le fils d'Anchise ne parlait pas ici comme le chef et l'interprète des anciens compagnons d'Hector[1]. Cependant la traduction de Delille prouve que l'expression *ovantes* choquait un peu sa délicatesse. Rien de plus naturel que leur empressement de quitter Carthage, et cet empressement aurait dû être motivé d'une manière plus noble par Virgile; mais pourquoi les bienfaits de Didon paraissent-ils entièrement effacés de tous les cœurs? Ni le sage Ilionée, qui a éprouvé le premier la générosité de la reine de Carthage, ni le

---

[1] Quoi qu'il en soit de cette observation, l'expression *ovantes* est placée plus heureusement dans la bouche de Didon lorsqu'elle dit :

> Quid tum? sola fuga nautas comitabor ovantes?

Elle exprime une crainte dont la seule pensée la fait frémir d'indignation. Une femme, une reine, suivre Énée pour être l'objet de la dérision et du triomphe insolent de ses matelots; plutôt mourir cent fois que de souffrir une telle humiliation!

> Quin morere, ut merita es?

vieillard Aléthès, ni aucune des femmes troyennes qui ont dû sentir vivement le prix d'une si tendre hospitalité, ne prononcent en partant le nom de cette infortunée. On désirerait que Virgile eût inspiré quelques regrets au jeune Ascagne, dont les larmes, au moment de quitter une autre mère dans Didon, auraient pu faire sortir de la bouche d'Énée des paroles pleines de sagesse et de pitié tout ensemble. « Mon fils, aurait dit le héros, tes larmes touchent mon cœur ; oui, souvenons-nous toujours de Didon ; les ingrats sont haïs des dieux et des hommes : mais Jupiter a parlé, il faut obéir ; salue pour la dernière fois la terre de l'hospitalité, adresse au ciel des prières pour la reine de Carthage, et regarde l'Italie, où les destins nous appellent[1]. » Avec ces simples paroles, Énée serait justifié à mes yeux, et le jeune Ascagne commencerait à paraître dignement sur la scène.

Jason, plus jeune qu'Énée, Jason, qui ne nous a point été donné par Apollonius comme le modèle

---

[1] La critique du récit de Virgile se trouve confirmée dans les cruels reproches de Didon, qui ne sont que trop justifiés par l'indifférence du fils d'Anchise et le silence des Troyens :

> Iliacas igitur classes atque ultima Teucrum
> Jussa sequar? quiane auxilio juvat ante levatos,
> Aut bene apud memores veteris stat gratia facti ?

Si Didon se rappelait en ce moment la réponse d'Énée aux plus tendres prières de l'amour, elle ajouterait : « Je ne m'é-

de la haute sagesse, joue un rôle bien plus convenable que celui du prince troyen. Il ne s'endort point en face des périls, il n'a pas besoin qu'un dieu vienne le réveiller et lui ordonner de fuir, après avoir gourmandé son imprudence. A peine maître de la toison d'or par les secours de Médée, il dit à ses compagnons : « Mes amis, ne songez plus maintenant qu'à retourner dans votre patrie, puisque la conquête pour laquelle nous avons essuyé tant de fatigues vient d'être achevée, grâce à cette jeune princesse, qui veut bien encore devenir mon épouse. Elle vous a rendu, ainsi qu'à toute la Grèce, un service signalé; hâtez-vous donc de la soustraire au courroux de son père; hâtez-vous de sortir du fleuve avant qu'Éétès, suivi de ses nombreux sujets, ne vous ferme l'entrée de la mer. Tandis que les uns rameront, que les autres opposent leurs boucliers aux traits de l'ennemi. Notre patrie, nos enfants, tout ce que nous avons de plus cher, est actuellement entre nos

---

tonne plus de son embarras devant moi et des discours glacés par lesquels il me jurait une éternelle reconnaissance. Toute l'ingratitude cachée sous ses promesses mensongères vint me frapper comme un trait de lumière ; je lus clairement au fond de son cœur :

> Mais toujours sur mes yeux ma facile bonté
> Remettait le bandeau que j'avais écarté. »

mains. C'est de nous que la Grèce entière attend sa gloire ou son déshonneur. » A ce discours, les Argonautes poussèrent des cris de joie. Jason se revêtit de ses armes, et, ayant tiré son épée, coupa lui-même les câbles qui retenaient le vaisseau, et s'assit à côté de la princesse et du pilote Ancée. Ses compagnons, impatients de sortir du fleuve, ramaient avec ardeur. La prudence, la gratitude, le courage et l'amour de la patrie brillent dans ce discours, et mettent en ce moment Jason bien au-dessus d'Énée, qui a toujours besoin du secours des dieux pour remplir ses devoirs. Je vois aussi dans les Argonautes des pensées de gloire dont je ne trouve pas de trace dans les Troyens au moment de leur fuite.

> L'Aurore abandonnait la couche de Tithon,
> Et la nuit pâlissait de son premier rayon :
> Didon, du haut des tours, jetant les yeux sur l'onde,
> Les voit voguer au gré du vent qui les seconde.
> Le rivage désert, les ports abandonnés,
> Frappent d'un calme affreux ses regards consternés.
> Aussitôt, arrachant sa blonde chevelure,
> Se meurtrissant le sein : « O dieux ! quoi, ce parjure,
> » Quoi, ce lâche étranger aura trahi mes feux,
> » Aura bravé mon sceptre, et fuira de ces lieux !
> » Il fuit, et mes sujets ne s'arment point encore !
> » Ils ne poursuivent pas un traître que j'abhorre !
> » Partez, courez, volez, montez sur ces vaisseaux !
> » Des voiles, des rameurs, des armes, des flambeaux !
> » Que dis-je ! où suis-je, hélas ! et quel transport m'égare ?
> » Malheureuse Didon ! tu le hais, le barbare :

» Il fallait le haïr, quand ce monstre imposteur
» Vint partager ton trône et séduire ton cœur.
» Voilà donc cette foi, cette vertu sévère,
» Ce fils qui se courba noblement sous son père,
» Cet appui des Troyens, ce sauveur de ses dieux!
» Ah, ciel! lorsque l'ingrat s'échappait de ces lieux,
» Ne pouvais-je saisir, déchirer le parjure,
» Donner à ses lambeaux la mer pour sépulture,
» Ou massacrer son peuple, ou de ma propre main
» Lui faire de son fils un horrible festin?
» Mais le danger devait arrêter ma furie...
» Le danger! en est-il alors qu'on hait la vie?
» J'aurais saisi le fer, allumé les flambeaux,
» Ravagé tout son camp, brûlé tous ses vaisseaux,
» Submergé ses sujets, égorgé l'infidèle,
» Et son fils, et sa race, et moi-même après elle.
» Soleil, dont les regards embrassent l'univers;
» Reine des dieux, témoin de mes affreux revers;
» Triple Hécate, pour qui, dans l'horreur des ténèbres,
» Retentissent les airs de hurlements funèbres;
» Pâles filles du Styx, vous tous, lugubres dieux,
» Dieux de Didon mourante, écoutez donc mes vœux!
» S'il faut qu'enfin ce monstre, échappant au naufrage,
» Soit poussé dans le port, jeté sur le rivage;
» Si c'est l'arrêt du sort, la volonté des cieux,
» Que du moins, assailli d'un peuple audacieux,
» Errant dans les climats où son destin l'exile,
» Implorant des secours, mendiant un asile,
» Redemandant son fils arraché de ses bras,
» De ses plus chers amis il pleure le trépas!
» Qu'une honteuse paix suive une guerre affreuse!
» Qu'au moment de régner, une mort malheureuse
» L'enlève avant le temps! qu'il meure sans secours,
» Et que son corps sanglant reste en proie aux vautours!
» Voilà mon dernier vœu: du courroux qui m'enflamme

» Ainsi le dernier cri s'échappe avec mon âme.
» Et toi, mon peuple, et toi, prends son peuple en horreur :
» Didon au lit de mort te lègue sa fureur ;
» En tribut à ta reine offre un sang qu'elle abhorre :
» C'est ainsi que mon ombre exige qu'on l'honore.
» Sors de ma cendre, sors, prends la flamme et le fer,
» Toi qui dois me venger des enfants de Teucer !
» Que le peuple latin, que les fils de Carthage,
» Opposés par les lieux, le soient plus par leur rage !
» Que de leurs ports jaloux, que de leurs murs rivaux,
» Soldats contre soldats, vaisseaux contre vaisseaux,
» Courent ensanglanter et la mer et la terre !
» Qu'une haine éternelle éternise la guerre !
» *Que l'épuisement seul accorde le pardon !*
» *Énée est à jamais l'ennemi de Didon !*
» Entre son peuple et toi, point d'accord, point de grâce !
» *Que la guerre détruise, et que la paix menace !*
» Que ses derniers neveux s'arment contre les miens !
» Que mes derniers neveux s'acharnent sur les siens ! »

Quelle variété de scènes dans Virgile ! Après le sacrifice magique, précurseur de la mort de Didon, le poëte nous a pour ainsi dire reposés par la peinture de l'une de ces nuits dont le calme auguste et solennel donne des pensées sublimes ou des émotions touchantes aux esprits élevés, aux âmes religieuses et tendres. Mais, comme les passions indomptées corrompent la source de toutes les délices, le repos profond de la nature réveille, aigrit, enflamme toutes les douleurs de Didon. Le sommeil d'Énée, s'il était adroitement motivé, même par un artifice surnaturel, comme l'intervention de quelque dieu, formerait un contraste de plus avec le trouble de Didon. Le nouveau message de Mercure, moyen dont la répétition n'est point heureuse, produit du moins un effet dramatique, parcequ'en nous faisant trembler pour les Troyens, il précipite à la fois leur départ et le dénouement de la tragédie.

L'aurore se lève; elle éclaire la fuite des fils de Laomédon; elle est pour eux le signal de la joie: mais en même temps, plus funeste encore que la nuit qui lui cachait la vue de son malheur, elle découvre à Didon le spectacle qui va lui donner la mort. La narration commence avec un art caché, mais facile à reconnaître. C'est aux premières lueurs de la lumière renaissante que la flotte troyenne s'éloigne au gré des vents favorables. Didon voit cette fuite, ou plutôt elle la sent; son cœur éprouve un vide affreux, et devine que le rivage et le port sont déserts. Toutefois, en admirant ce trait, que le poëte a emprunté à l'étude des passions et du mystérieux pouvoir de cet instinct qui ressemble en elles à une espèce de science de l'avenir, Delille observe judicieusement que Catulle l'emporte beaucoup sur son imitateur, lorsqu'il peint le silence de la solitude dont Ariane est environnée après le départ de Thésée :

Omnia muta,
Omnia sunt deserta, intentant omnia mortem.

Effectivement, le commencement des imprécations de la reine produirait encore plus d'effet dans le tableau de Virgile, si elles étaient précédées par ces vers de Catulle. Didon s'adresse d'abord à Jupiter. Le choix du dieu protecteur de l'hospitalité [1] rappelle à notre esprit une faute grave dans un homme aussi religieux qu'Énée : on peut, on doit approuver son départ ordonné par les maîtres de l'olympe, mais on ne saurait oublier qu'il a perdu la reine, et donné une cruelle récompense aux plus grands bienfaits; nous ne devions pas voir cette tache dans sa vie. On croirait d'abord que l'orgueil seul éclate lorsque Didon s'écrie :

> O dieux! quoi, ce parjure,
> Quoi, ce lâche étranger aura trahi mes feux,
> Aura bravé mon sceptre, et fuira de ces lieux!
> Il fuit, et mes sujets ne s'arment point encore!
> Ils ne poursuivent pas un traître que j'abhorre!
> Partez, courez, volez, montez sur ces vaisseaux!
> Des voiles, des rameurs, des armes, des flambeaux!

Les vers du traducteur sont heureux; mais combien Virgile est plus rapide et plus brûlant!

> Ibit
> Hic, ait, et nostris illuserit advena regnis?
> Non arma expedient, totaque ex urbe sequentur,

---

[1] Elle a dit elle-même au premier livre :

> Jupiter, hospitibus nam te dare jura loquuntur.

ÉNÉIDE, LIVRE IV.

Deripientque rates alii navalibus? Ite :
Ferte citi flammas, date vela, impellite remos.

C'est l'amour désespéré, ce sont toutes les passions dont il se compose qui enfantent ce délire. Didon est seule, et, dans le désordre de ses pensées, elle croit parler à ses sujets, à son peuple tout entier. Tout-à-coup un retour sur elle-même lui montre sa situation, et semble suspendre un moment sa fureur. Malheureuse Didon! te voilà sous la main des cruelles destinées! Ce trait est sublime d'éloquence; il nous rappelle la vie entière de la victime du sort et les pressentiments qui l'ont toujours poursuivie : le voile de l'avenir est déchiré pour elle; ses yeux découvrent ce qu'elle a toujours entrevu avec terreur. C'est ainsi que Phèdre se voyait sans cesse enveloppée d'une chaîne de malheurs attachés à sa famille. Didon rappelle encore cette tendre Desdemona de Shakespeare, à qui sa mère avait dit presque dès le berceau : « Ma pauvre enfant, tu seras malheureuse. » Près du moment fatal, la voix maternelle retentit de nouveau dans le cœur de l'amante d'Othello. Elle murmure en secret : Ma mère, voilà tes prédictions accomplies.

Tum decuit, quum sceptra dabas. Il y a ici une forte ellipse, que le besoin de la clarté, indispensable dans notre langue, a empêché le traducteur de rendre avec l'énergique brièveté de l'original :

Malheureuse Didon! tu le hais le barbare :

> Il fallait le haïr, quand ce monstre imposteur
> Vint partager ton trône et séduire ton cœur [1].

On ne voit peut-être qu'un mouvement passionné dans ce qui suit :

> Voilà donc cette foi, cette vertu sévère,
> Ce fils qui se courba noblement sous son père !

> En dextra fidesque !
> Quem secum patrios aiunt portasse penates !

Mais il y faut remarquer un admirable artifice : sans ce souvenir qui la transporte hors d'elle-même, sans la profonde indignation qu'excite en nous la vertu qui nous trompe et dément les promesses qu'elle a faites à notre confiance, les autres expressions de la fureur de Didon ne pourraient guère supporter un moment l'examen de la raison. Mais l'héritier d'Hector, le fils d'Anchise, le sauveur d'un peuple, qui trahit l'amour, la reconnaissance, la foi jurée, qui donne la mort à celle qui a sauvé son empire, c'est là le renversement de toutes les idées. Le cœur se soulève, la tête s'égare, et les tableaux qui sortent du sein de cet orage n'ont plus les proportions ordinaires. Didon, accablée d'abord par l'imposture d'une telle renommée, comme Oreste par les terribles questions d'Hermione après

---

[1] Racine a imité ce beau mouvement dans le rôle de Roxane :

> Tu pleures, malheureuse ! ah ! tu devais pleurer
> Lorsque, d'un vain désir à ta perte poussée,
> Tu conçus de le voir la première pensée.

l'assassinat de Pyrrhus, passe encore plus rapidement que le fils d'Agamemnon, d'une stupeur profonde à des fureurs dont nous entendons la violente explosion dans ces beaux vers :

> Ne pouvais-je saisir, déchirer le parjure,
> Donner à ses lambeaux la mer pour sépulture,
> Ou massacrer son peuple, ou de ma propre main
> Lui faire de son fils un horrible festin[1]?
> Mais le danger devait arrêter ma furie...
> Le danger! en est-il alors qu'on hait la vie?
> J'aurais saisi le fer, allumé les flambeaux,
> Ravagé tout son camp, brûlé tous ses vaisseaux,
> Submergé ses sujets, égorgé l'infidèle,
> Et son fils, et sa race, et moi-même après elle.

L'Hermione de Racine dit les mêmes choses en d'autres termes :

> Je m'en vais seule au temple, où leur hymen s'apprête,
> Où vous n'osez aller mériter ma conquête ;
> Là, de mon ennemi je saurai m'approcher ;
> Je percerai ce cœur que je n'ai pu toucher ;
> Et mes sanglantes mains, sur moi-même tournées,
> Aussitôt, malgré lui, joindront nos destinées.

Orosmane, qui se croit trahi par Zaïre et Nérestan, éprouve des mouvements aussi violents lorsqu'il dit :

> Oui, je le lui rendrais, mais mourant, mais puni,
> Mais versant sous ses yeux le sang qui m'a trahi,

---

[1] Le texte porte :
> Non ipsum absumere ferro
> Ascanium, patriisque epulandum ponere mensis?

Déchiré devant elle, et ma main dégouttante
Confondrait dans son sang le sang de son amante.

Cette brûlante éloquence n'éclate nulle part dans Homère, et je n'en vois guère d'exemples même dans Euripide; ce poëte, qui sait pénétrer si avant dans le cœur humain, et nous arracher tant de larmes, refroidit trop souvent par des déclamations et des longueurs le langage des passions. Mais, malgré ces justes éloges du tableau de Virgile, je crains encore que les vœux de Thyeste, prêtés à Didon, ne violent son caractère, les convenances de son sexe [1], la nature du sujet. Peut-être Virgile a-t-il eu lui-même le sentiment de cette exagération; c'est du moins ce que l'on pourrait soupçonner, par le soin qu'il a pris de ne pas laisser reposer l'attention sur ces images, qui transforment la reine de Carthage en une sœur des furies. Écoutons-la parler avec une tristesse majestueuse :

Soleil, dont les regards embrassent l'univers [2];
Reine des dieux, témoin de mes affreux revers;

---

[1] Delille a pressenti cette observation; il a supprimé l'image qui nous présente le jeune Ascagne servi par Didon, comme un autre Itys, sur la table paternelle. Didon ne devait pas concevoir les mêmes pensées que Philomèle et Progné, révoltées par une réunion de crimes et de barbaries sans exemple, qui méritaient un supplice inventé par la rage.

[2] Le texte dit davantage :

Accipite hæc, meritumque malis advertite numen,
Et nostras audite preces.

Triple Hécate, pour qui, dans l'horreur des ténèbres,
Retentissent les airs de hurlements funèbres;
Pâles filles du Styx, vous tous, lugubres dieux,
Dieux de Didon mourante, écoutez donc mes vœux ¹ !

Nous avions besoin de ce repos entre les premières et les secondes explosions de la colère de Didon; maintenant nous entendrons avec un sentiment moins pénible, pour elle et pour nous, ses terribles imprécations. On a épuisé les termes de l'admiration sur cette allusion sublime à la querelle de Rome et de Carthage se disputant l'empire du monde. Jamais peut-être un poëte ne s'empara plus habilement de l'enthousiasme d'un peuple, en mettant sous les yeux le plus imposant souvenir de son histoire; jamais la vérité ne reçut de la fiction des ornements plus magnifiques et plus dignes d'elle. Les siècles obscurs se découvrent devant Didon inspirée par la mort, comme devant Joad éclairé par l'esprit divin. Elle voit, elle appelle Annibal, et semble lui dire : « Prends ce » flambeau sur mon bûcher, autel de la vengeance,

---

« Écoutez-moi; appliquez à ces impies votre vengeance juste et sacrée, en exauçant mes prières. »
On lit dans l'Iliade d'Homère :
« Jupiter, qui règnes sur le mont Ida, dieu suprême, auguste souverain; soleil, qui vois tout, qui entends tout dans l'univers; fleuves, terre, et vous qui dans les demeures souterraines, punissez le parjure, soyez les témoins et les garants de la fidélité de mon serment. » Vers 276 et suivants.

» et va brûler la seconde Pergame, je le veux. » C'est par de telles créations que le génie transforme à son gré tout ce qu'il touche, et que des images nouvelles et imprévues agrandissent la vérité qui est sous nos yeux. Les trois guerres puniques, la haine immortelle d'Annibal, ses serments devant les dieux à son père Amilcar, les extrémités auxquelles la ville éternelle fut réduite par ce grand capitaine, la guerre sur la mer et sur la terre entre ces deux nations rivales, le souvenir de la ruine de Carthage, tout se trouve réuni dans quelques vers de Virgile. Mais n'y aurait-il point encore ici quelque surprise faite à la raison même par l'admiration la plus légitime?

Entrait-il bien dans le premier dessein de Virgile de nous montrer, par une espèce de prédiction prophétique, le protégé des dieux, le fondateur de l'empire romain, réduit à subir une paix honteuse, et condamné à rester sans sépulture comme un impie? La puissance même que les anciens accordaient aux dernières paroles des mourants rend cette objection plus forte encore. Quel rôle joue, en ce moment, un héros qui s'est attiré de si cruelles menaces, et qui n'a rien fait d'avance pour en détourner l'horreur, ou en laisser voir la profonde injustice. Cet Énée, à qui Jupiter lui-même a fait de si magnifiques promesses, l'homme des destinées, fuit de Carthage, chargé, ainsi que tout son peuple, des malédictions d'une amante et d'une reine. La colère de Didon mourante *fœdat, funestat omne fatum Æneæ.*

Pourquoi Didon a-t-elle soif d'une vengeance dont le terme soit illimité ? Pourquoi demande-t-elle aux justes dieux une haine éternelle entre deux peuples? Son injure, toute cruelle qu'elle puisse être, ne devrait pas lui inspirer des vœux si barbares. Le plaisir qu'elle goûte à contempler dans l'avenir la lutte de ses descendants avec ceux d'Énée, acharnés à se détruire les uns par les autres, comme les soldats de Cadmus, semble répugner à son caractère, mais surtout il diminue notre pitié pour elle, et dément la constance de sa mort, si fermement résolue depuis long-temps. Je sais qu'elle ne persistera point dans ces sentiments extrêmes : Virgile était trop judicieux pour la faire mourir ainsi. Toutefois je redoute ici quelque exagération ; elle disparaîtrait en partie, ou même entièrement, si Junon, protectrice de Carthage, eût révélé à Didon que les Troyens enfanteraient ce peuple-roi destiné à la ruine de l'Afrique. Alors les grands intérêts de son peuple, de son empire et de sa gloire, unis aux passions violentes dont Didon est agitée, donneraient le cachet de la vérité à ce qui ne paraît pas assez motivé dans Virgile. Avec ce moyen, le grand caractère de la femme forte qui avait vengé son époux, affronté les périls de la mer, entraîné tout un peuple et fondé un empire, éclaterait tout entier, et la parfaite vraisemblance ajouterait une beauté nouvelle à une création déjà sans prix pour les connaisseurs.

Si Virgile a commis une erreur, Le Franc de Pompignan l'a augmentée, faute de réflexion; il aurait dû sentir qu'après l'heureuse idée qu'il a eue d'ennoblir et de justifier Énée par une victoire qui est le salut de Carthage, les imprécations de Didon contre le héros qui fuit encore, par l'ordre des dieux, étaient une grave inconvenance. Didon, déclarant une guerre immortelle à Énée, ainsi qu'à ses descendants, jusques à la dernière génération, choque la raison et détourne la pitié. Au reste, l'imitateur souvent judicieux de Virgile a eu du moins la sagesse de ne point traduire les prédictions relatives à la fin cruelle dont le Troyen est menacé par le courroux de Didon; elles auraient révolté les spectateurs, et nui au dénouement.

Dans les imprécations de Didon, Virgile paraît avoir imité celles de Polyphème[1]; chose remarquable, le cyclope, privé de la vue par Ulysse, montre moins de fureur que l'amante trahie, il a aussi beaucoup moins d'éloquence. Mais le prince grec, juste vengeur de ses compagnons dévorés par un monstre, ne mérite aucun reproche; et le sage

---

[1] *Odyssée,* livre IX, vers 528 et suivants.

Homère ne lui fait pas prédire une mort dont les anciens avaient horreur, parceque, dans leur croyance, la privation des honneurs de la sépulture retenait leur âme prisonnière, pendant l'espace de cent années; sur les affreux rivages du Cocyte [1].

Sophocle pouvait encore fournir à Virgile des réflexions qui l'auraient conduit à mieux respecter des convenances non moins impérieuses pour l'épopée que pour la tragédie.

La colère, long-temps suspendue dans le cœur de Philoctète, rallumée tout-à-coup par une action qu'il regarde comme la plus cruelle des trahisons d'Ulysse, se montre avec toute sa violence dans les paroles qu'il adresse à son ennemi : « Pourquoi m'enlever ? à quoi suis-je bon ? je ne » suis plus rien, je suis mort pour les Grecs. O en- » nemi des dieux et des hommes, dis-moi par quelle » raison je ne te parais plus un fardeau incommode ;

---

[1] Nec ripas datur horrendas et rauca fluenta
Transportare prius, quam sedibus ossa quierunt.
Centum errant annos, volitantque hæc littora circum ;
Tum demum admissi stagna exoptata revisunt.
Énéide, livre VI, vers 328 et suiv.

Il ne lui est point permis de les conduire par-delà les affreux rivages et les rauques torrents du Cocyte, avant que leurs ossements reposent dans leur demeure dernière. Ces ombres errent et voltigent cent ans sur les bords sombres ; admises enfin dans la barque fatale, elles revoient le fleuve tant désiré.

»pourquoi tu ne crois pas encore aujourd'hui,
» comme tu le croyais autrefois, que mes cris et l'in-
» fection de ma plaie troubleraient les sacrifices...
» Ce fut là ton prétexte pour me rejeter de l'armée.
» Grecs inhumains, soyez les victimes de mes horri-
» bles imprécations. Si les dieux sont encore justes!...
» et je vois qu'ils le sont, je vois qu'ils vous punis-
» sent; autrement vous n'auriez pas entrepris ce
» voyage pour un malheureux tel que moi. Mais,
» ô terre natale, et vous, dieux témoins et vengeurs,
» punissez-les enfin, punissez-les tous, et je suis sa-
» tisfait. Mesurez votre vengeance à votre amitié
» pour moi. Faites-les périr à mes yeux, et je me
» croirai guéri. » Il faut remarquer ici ce que Sophocle accorde d'abord à la nature, ensuite aux convenances de l'art, qui, ayant comme elle un but unique, ne doit jamais le perdre de vue dans ses compositions. L'abandon de Philoctète, ses longues souffrances, ses ressentiments contre Ulysse, qu'il a toujours cru l'auteur de sa ruine, l'horreur que lui inspire la ruse, qui ne peut être que de la fourbe à ses yeux, motivent toutes ses injures contre le fils de Laërte; mais ce prince n'est point avili par la situation même où il pourrait paraître accablé sous les reproches de Philoctète : il leur oppose l'amour de la patrie et l'ordre des dieux; voilà sa double égide pour parer les traits de la haine et de la colère. Fénélon, en

imitant Sophocle, nous donne deux leçons utiles à retenir. Chez lui, Philoctète, parlant à Télémaque, ménage les oreilles d'un fils : il supprime, par pudeur, une partie des injures que le désespoir lui avait arrachées contre Ulysse; mais surtout il a soin de relever le père de Télémaque dans une situation si difficile...

« Néoptolème, les larmes aux yeux (c'est Phi-
» loctète qui parle), disait tout bas : Plût à Dieu
» que je ne fusse jamais parti de Scyros! Cepen-
» dant je m'écrie : Ah! que vois-je! n'est-ce pas
» Ulysse? Aussitôt j'entends sa voix, et il me répond :
» Oui, c'est moi. Si le sombre royaume de Pluton se
» fût entr'ouvert à mes yeux, et que j'eusse vu le
» noir Tartare, que les dieux mêmes craignent d'a-
» percevoir, je n'aurais pas été saisi, je l'avoue, d'une
» plus grande horreur. Je m'écriai : O terre de
» Lemnos, je te prends à témoin! ô soleil, tu le
» vois, et tu le souffres! Ulysse me répondit sans s'é-
» mouvoir : Jupiter le veut, et je l'exécute. Oses-
» tu, lui disais-je, nommer Jupiter! Vois-tu ce jeune
» homme qui n'était point né pour la fraude, et qui
» souffre en exécutant ce que tu l'obliges de faire? —
» Ce n'est pas pour vous tromper, me dit Ulysse, ni
» pour vous nuire que nous venons; c'est pour vous
» délivrer, vous guérir, vous donner la gloire de ren-
» verser Troie, et vous ramener dans votre patrie.
» C'est vous, et non pas moi, qui êtes l'ennemi de Phi-

» loctète. » Cette sage réponse amène les imprécations que je viens de citer plus haut. « Pendant que je par-
» lais ainsi, ajoute Philoctète, votre père, tranquille,
» me regardait d'un air de compassion, comme un
» homme qui, loin d'être irrité, supporte et excuse
» le trouble d'un malheureux que la fortune a ai-
» gri. Je le voyais semblable à un rocher qui, sur
» le sommet d'une montagne, se joue de la fureur
» des vents, et laisse épuiser leur rage pendant qu'il
» demeure immobile. Ainsi votre père, demeurant
» dans le silence, attendait que ma colère fût épui-
» sée ; car il savait qu'il ne faut attaquer les pas-
» sions des hommes, pour les réduire à la raison,
» que quand elles commencent à s'affaiblir par une
» espèce de lassitude. » Les nouvelles paroles d'U-
lysse, fatigué d'implorer, au nom de toute la Grèce, un homme sourd à la voix de la patrie, jettent le désespoir dans l'âme de Philoctète. « Mais bientôt,
» reprend le fils de Péan, Ulysse, après avoir tenté
» tous les moyens de me persuader, jugea que le meil-
» leur était de me rendre mes armes ; il fit signe à
» Néoptolème, qui me les rendit aussitôt. Alors je
» lui dis : Digne fils d'Achille, tu montres que tu l'es :
» mais laisse-moi percer mon ennemi. Aussitôt je
» voulus tirer une flèche contre votre père ; mais
» Néoptolème m'arrêta, en me disant : La colère
» vous trouble, et vous empêche de voir l'indigne
» action que vous voulez faire...

» Pour Ulysse, il paraissait aussi tranquille contre
» mes flèches que contre mes injures. Je me sentis
» touché de cette intrépidité et de cette patience. »
Toute cette scène est tracée par un maître; voilà
comment on peint un personnage. L'Ulysse de l'I-
liade et de l'Odyssée est ici tout entier, avec quelque chose de plus relevé, que lui donne le caractère
de ministre de la volonté des dieux. La confiance
de Jupiter l'agrandit à ses propres yeux et aux
nôtres. Il faut avouer qu'Ulysse nous apparaît
dans une autre attitude que celle d'Énée entre
Élise et Didon. La comparaison de Sophocle est
encore, par sa justesse et par sa beauté, la censure
des images que j'ai cru pouvoir reprendre dans
Virgile. En effet, c'est du haut de sa vertu, et comme
d'une région supérieure, interdite aux passions violentes, que l'élève de Minerve brave les fureurs de
Philoctète. La résolution de rendre les armes à cet
infortuné, l'impassibilité d'Ulysse devant un péril si
grand, sont les derniers coups de pinceau par lesquels Fénélon achève de nous montrer l'expérience,
la sagesse et la constance du héros. Il s'en faut de
beaucoup que Virgile ait poussé aussi loin qu'Homère, Sophocle, et leur plus habile imitateur, le
talent de créer, de soutenir et de développer un
caractère [1].

---

[1] Fénélon, en prêtant à Calypso des imprécations évidemment

Le délire d'Ajax furieux, dans Sophocle, n'enfante pas des violences semblables aux imprécations de la reine de Carthage. Prêt à se précipiter sur son glaive fatal, le héros demande à Mercure de lui ménager une descente douce et facile jusqu'aux enfers. Plein de sa haine, mais sans colère devant la mort présente, il ajoute : « Ce » sont ces vierges immortelles, ces filles secourables » qui ont sans cesse les yeux ouverts sur les mal- » heurs de l'humanité, ces Euménides sévères dont » les pas sont si rapides, ce sont elles que j'invite » à connaître de quelle infortune accablé je meurs » par le crime des Atrides. Puissent-elles, frappant » ces hommes méchants, égaler leur peine à leurs

---

imitées de celles de Didon, a eu soin d'en modérer la violence, et de ne pas prédire une mort funeste à Télémaque. Mais, au reste, quels que puissent être les emportements de la déesse, ils n'auraient pas nui au caractère du jeune héros, parcequ'il ne mérite aucunement les reproches d'ingratitude que lui adresse une passion insensée.

Armide rappelle, par des imitations trop sensibles, la Didon de Virgile; mais si elle est moins éloquente, si elle offre des traces de cette malheureuse affectation trop commune dans le Tasse, les plus fortes imprécations de sa colère ont encore plus de mesure que celles de la reine de Carthage. Tout entière au présent et à sa passion, elle ne jette point sur l'avenir des regards pour faire une prophétie qui, même par son admirable beauté, révèle une création de poëte et nous fait songer à lui.

Ajoutons à l'honneur du Tasse qu'il a couronné le désespoir

» attentats! et, comme je péris devant elles de ma
» propre main, puissent-ils périr sous les coups de
» ce qu'ils ont de plus cher! Venez donc, furies ven-
» geresses, accourez; n'épargnez rien, exercez votre
» rage sur cette armée entière[1]! » Il y a loin de ce
dernier vœu à celui de Didon, qui souhaite pour
vengeance une éternité de haine entre Rome et
Carthage. Les transports d'Ajax sont aussi interrompus par une apostrophe au soleil; mais sa prière à
l'astre qui ne répand que des bienfaits sur le monde
est bien plus touchante que l'invocation de Didon,
qui semble l'inviter à s'arrêter au milieu de sa
course pour entendre des imprécations, hymne de

---

d'Armide par une scène pleine de génie, dans laquelle, à la voix puissante de la magicienne, les monstres de l'Averne sortent de leurs abîmes, déchaînent les tempêtes, enveloppent l'air d'effrayantes ténèbres, et font disparaître le magique palais qui avait été créé par l'amour. Les trois octaves consacrées à cette scène originale peuvent soutenir la comparaison avec ce que Virgile a de plus grand et de plus achevé. On peut même dire que l'évocation d'Armide surpasse celle de Didon. Un trait sublime dans sa simplicité met le comble à l'effet du tableau qui termine d'une manière si neuve le drame des amours d'Armide et de Renaud. « Les ombres enfin se dissipent, le soleil lance de pâles rayons, le ciel n'a pas encore repris sa sérénité; mais plus aucune apparence du palais d'Armide ; il n'en reste aucun vestige, et on ne pourrait pas même dire: Il était là.»
(Chant XVI, strophe LXIX.)

[1] Acte IV, scène 1.

vengeance et de mort qu'elle devrait réserver pour l'oreille des divinités du sombre empire. Au contraire, voici la seule grâce qu'implore Ajax : « Et » toi, soleil, et toi qui roules ton char sur la voûte » des cieux, quand tu verras la terre où j'ai reçu » le jour, retiens ses roues d'or, annonce mon » malheur et mon destin à mon père accablé d'an- » nées, à ma déplorable mère. L'infortunée! à cette » nouvelle, de quels gémissements elle remplira sa » demeure!... Mais laissons ces pleurs superflus; » hâtons-nous de couronner notre ouvrage. »

Sénèque nous prépare de la manière la plus imposante, et avec une majesté digne de Sophocle, aux vœux que la fureur de Médée va former contre un perfide époux :

« Dieux de l'hymen, et vous, ô Lucine, gardienne sacrée de la couche nuptiale; et toi, soleil, qui distribues la lumière au monde [1]; triple Hécate, dont le flambeau discret éclaire les mystérieux sacrifices de la nuit; dieux immortels, par qui Jason m'a juré tant d'amour [2]; vous surtout qu'il m'est permis d'implorer, chaos de l'éternelle nuit, empire ennemi du

---

[1] Clarumque Titan dividens orbi diem.

[2] Le texte dit avec une brièveté énergique :

   Quosque juravit mihi
Deos Jason.

ciel, mânes impitoyables, dieu des tristes bords, et toi qu'il enleva sous de meilleurs auspices pour régner avec lui, entendez ma voix; accourez à mes accents funestes, déesses vengeresses des forfaits, déployez les serpents qui sifflent sur vos têtes, armez vos mains sanglantes des flambeaux du Tartare, paraissez avec toute l'horreur de votre présence à mon fatal hymen, donnez la mort à ma rivale, à son père, à toute cette race royale. »

Certes voilà bien Médée, tout entière à la vengeance. Nous allons l'entendre s'exprimer aussi comme Didon, mais avec un accent de rage et quelque chose de sinistre que devaient avoir les paroles d'une femme dont l'amour a commencé sous les auspices du crime: « Mais je réserve un plus grand supplice à mon époux : qu'il vive! puisse-t-il errer dans des villes inconnues, accablé de misère, exilé, tremblant d'effroi, n'ayant que des pénates incertains! qu'il me redemande en vain pour épouse; qu'il aille encore tenter le secours des étrangers, ce héros si fidèle à l'hospitalité ; et, pour lui souhaiter le plus affreux des supplices, que ses enfants soient semblables à lui, semblables à leur mère! » Peut-être ce dernier trait approche-t-il du sublime [1].

Corneille a traduit la scène de Sénèque dans ces

---

[1] Acte I, scène 1.

beaux vers, que Voltaire admire, mais sans avoir assez fait sentir combien leur naturel, qui descend parfois jusqu'à l'apparence de la familiarité, corrige heureusement la pompe de l'auteur latin, et donne l'accent de la vérité aux paroles de Médée :

> Souverains protecteurs des lois de l'hyménée,
> Dieux garants de la foi que Jason m'a donnée,
> Vous qu'il prit à témoin d'une immortelle ardeur
> Quand, par un faux serment, il vainquit ma pudeur,
> Voyez de quel mépris vous traite son parjure,
> Et m'aidez à venger cette commune injure :
> S'il me peut aujourd'hui chasser impunément,
> Vous êtes sans pouvoir ou sans ressentiment.
> Et vous, troupe savante en noires barbaries,
> Filles de l'Achéron, pestes, larves, furies,
> Frères, sœurs, si jamais notre commerce étroit
> Sur vous et vos serpents me donna quelque droit,
> Sortez de vos cachots avec les mêmes flammes
> Et les mêmes tourments dont vous gênez les âmes ;
> Laissez-les quelque temps reposer dans leurs fers ;
> Pour mieux agir pour moi faites trêve aux enfers ;
> Apportez-moi, du fond des antres de Mégère,
> La mort de ma rivale et celle de son père,
> Et, si vous ne voulez mal servir mon courroux,
> Quelque chose de pis pour mon perfide époux :
> Qu'il coure, vagabond, de province en province !
> Qu'il fasse lâchement la cour à chaque prince !
> Banni de tous côtés, sans bien et sans appui,
> Accablé de frayeur, de misère, d'ennui,
> Qu'à ses plus grands malheurs aucun ne compatisse !
> Qu'il ait regret à moi pour son dernier supplice,
> Et que mon souvenir jusque dans le tombeau
> Attache à son esprit un éternel bourreau !

Il y a de belles choses dans l'évocation de Médée, au quatrième acte de la tragédie de Longepierre.

> Ministres rigoureux de mon courroux fatal,
> Redoutables tyrans de l'empire infernal,
> Dieux, ô terribles dieux du trépas et des ombres;
> Et vous, peuple cruel de ces royaumes sombres,
> Noirs enfants de la nuit, mânes infortunés,
> Criminels, sans relâche, à souffrir condamnés;
> Barbare Tisiphone, implacable Mégère,
> Nuit, Discorde, Fureur, Parques, Monstres, Cerbère,
> Reconnaissez ma voix, je vous évoque tous!

Mais quand les vers de cette longue apostrophe auraient tous le même mérite que ceux que je viens de citer, le monologue n'inspirerait toujours qu'une froide horreur : on hait Médée, on ne la plaint pas; ses funestes amours ont coûté la vie à son père, elle a déchiré les membres d'Absyrthe, elle veut maintenant égorger ses enfants; et sa prière, qui nous révolte sans nous glacer de terreur, demanderait pour salaire quelque nouveau supplice inventé pour elle par les enfers, que l'on pourrait appeler ses dieux, car elle a dû rompre tout commerce avec ceux du ciel; frappée de leur réprobation, dont elle a le sentiment secret, elle devrait trembler de les implorer, et dire avec douleur et crainte, *aversa cœlitum mens.*

Les imprécations d'OEdipe, dans le même poëte, contre ses fils, ne sont guère plus terribles que les arrêts prononcés par une amante au désespoir; mais elles sont bien plus justes aux yeux de la raison : d'abord, elles entrent dans l'action, dont elles annoncent le funeste dénouement; ensuite, la justice des hommes et des dieux ratifie la sentence prononcée par un père; et, enfin, cette sentence, inévitable comme la foudre de Jupiter, irrité contre le crime, poursuit les deux frères et leur donne une mort digne de leur impiété.

On peut rapprocher la scène d'OEdipe de plusieurs passages de Shakespeare, où les imprécations du roi Léar, abandonné par deux filles ingrates, sont retracées avec beaucoup d'énergie : « Entends-moi, ô nature ! chère divinité, exauce le vœu d'un père ! suspends tes desseins, si tu te proposais de rendre cette créature féconde : porte dans ses flancs la stérilité, dessèche en elle les sources de la vie, et que jamais il ne sorte de son sein un fils qui l'honore du nom de mère : ou, s'il faut qu'elle produise, imprime au front de l'enfant les rides prématurées de l'âge; qu'il fasse couler ses larmes sur ses joues flétries et creusées par leurs traces brûlantes; qu'il insulte à toutes les peines de sa mère, et qu'il paie tous ses bienfaits du mépris, afin qu'elle puisse sentir combien la dent envenimée du serpent est moins cruelle, moins déchirante que la douleur d'avoir un enfant ingrat. Gonneril, contre laquelle est rendu cet arrêt de la malédiction paternelle, insulte de nouveau le royal vieillard qui s'apprête à la quitter. Dans ce moment extrême, Léar se sent encore attendri. « Je rougis de moi, dit-il, que tu aies encore le pouvoir d'émouvoir mon âme à ce point, et de faire couler ces larmes brûlantes qui m'échappent malgré moi. Que tous les fléaux du monde fondent sur toi! que les traits incurables de la malédiction d'un père te pénètrent et te déchirent tout entière[1]!... » A ces mots il s'éloigne en disant : « Il me reste encore une fille, qui, j'en suis sûr, est tendre et compatissante. » Arrivé chez Regane, son autre fille, dont l'accueil est glacé, Léar lui répond avec une admirable patience : « Non, tu n'auras jamais ma malédiction; ton âme, née douce et tendre, ne s'abandonnera jamais à la dureté. Les yeux de ta sœur sont farouches; le doux éclat des tiens console[2]. » Ce même prince parle ainsi à Gonneril, accourue pour empêcher Regane, sa sœur, de le recevoir : « Je t'en prie, ma fille, ne me fais pas devenir insensé; je ne veux te causer aucun embarras, mon enfant; adieu, nous ne nous rencontrerons plus, nous ne nous reverrons plus. Cependant tu es mon sang, ma chair, ma fille... Je ne veux rien te reprocher : que l'opprobre vienne sur toi quand il voudra, je ne l'appellerai pas; je ne provoquerai

---

[1] Acte I, scène xv.
[2] Acte II, scène xii.

point sur ta tête les carreaux du dieu qui lance la foudre; je ne ferai de toi aucuns récits au juge suprême. Corrige-toi quand tu le pourras, deviens meilleure à ton loisir; je puis souffrir tout avec patience; je puis rester chez Regane, moi et mes chevaliers[1]. » Rien de plus touchant que ce retour du cœur d'un père qui craint d'avertir le ciel des fautes de Gonneril, parcequ'il se repent d'avoir maudit Cordélia, l'une de ses filles, et qu'il tremble d'avoir commis une injustice, dont sa tendresse murmure en secret. Les deux sœurs se réunissent pour abreuver leur père d'amertume; à la fin il s'écrie : « Grands dieux, vous voyez ici un infortuné vieillard autant accablé par le poids de sa douleur que par le poids de ses ans. Si c'est vous qui armez ces filles contre leur père, ne me rendez pas assez insensible pour supporter tranquillement mon injure. Oui, monstres dénaturés, je tirerai de vous une vengeance dont le monde entier... Les choses que je ferai, j'ignore ce qu'elles pourront être, mais elles feront l'épouvante de la terre. Vous croyez que je pleurerai, mais je ne pleurerai pas : j'ai pourtant bien sujet de verser des larmes; mais, avant que j'en répande une seule, ce cœur se brisera en pièces. » Il y a un trait sublime dans la scène où Léar, au récit de la détresse

---

[1] Même acte, scène XIII.

du prince Edgar, déguisé en mendiant et contrefaisant l'insensé, s'écrie: « Quoi, ses filles l'ont-elles réduit à cette extrémité! » Il n'a pas de filles, répond un des interlocuteurs. « Par la mort, reprend ce roi, rien ne peut avoir réduit ce malheureux père à cette profonde misère que l'ingratitude de ses filles. » Les menaces d'un nouvel OEdipe ne manquent pas leur effet: Regane et Gonneril périssent par le fer et le poison; mais la sensible Cordélia, leur sœur, succombe aussi, et Léar expire de douleur, d'aliénation et d'épuisement, sur le corps de sa fille tendre et fidèle qu'il avait méconnue [1].

Le même mérite de vérité, de justice, de proportion avec la nature du sujet, le même avantage de concourir à l'action tragique, éclatent dans les imprécations de Marguerite d'Anjou, épouse de Henri VI, contre Richard III, l'assassin de ce prince et de ses fils. Comme une autre Cassandre, la veuve détrônée prépare les auditeurs aux tragiques révolu-

---

[1] On peut mettre au rang des plus belles créations du génie, sous le rapport de la vérité, de la vraisemblance et de l'éloquence passionnée, les prédictions d'Agrippine et d'Athalie sur Néron et sur Joas. Elles ont encore plus que celles de Didon le mérite d'une heureuse allusion à des événements connus, et d'une convenance parfaite entre le caractère des personnages et leurs paroles; elles ont enfin le but moral de promettre aux lecteurs la punition du crime.

tions qui doivent amener le châtiment du coupable[1].

Assurément OEdipe, le roi Léar et la reine Marguerite ont à punir d'autres crimes que celui d'Énée. Les plaintes de la nature offensée, la malédiction paternelle, les transports de la juste fureur d'une épouse et d'une mère privée des objets arrachés à sa tendresse par un barbare usurpateur, pourraient donc surpasser en énergie les vœux du désespoir d'une amante contre un prince ingrat. Cette réflexion semble nous conduire à penser que les imprécations de Didon excèdent un peu la mesure, que Virgile a coutume de garder en toutes choses. Corneille n'aurait-il pas commis la même inadvertance dans les fameuses imprécations de Camille, où il fait allusion à la chute de Rome, comme Virgile à la naissance d'Annibal ?

> Rome, l'unique objet de mon ressentiment !
> Rome, à qui vient ton bras d'immoler mon amant !
> Rome, qui t'a vu naître, et que ton cœur adore !
> Rome enfin que je hais parcequ'elle t'honore !
> Puissent tous ses voisins, ensemble conjurés,
> Saper ses fondements encor mal assurés ;
> Et si ce n'est assez de toute l'Italie,
> Que l'Orient contre elle à l'Occident s'allie ;
> Que cent peuples unis des bouts de l'univers
> Passent pour la détruire et les monts et les mers ;
> Qu'elle-même sur soi renverse ses murailles,
> Et de ses propres mains déchire ses entrailles !

---

[1] Acte I, scène XIII.

Que le courroux du ciel allumé par mes vœux
Fasse pleuvoir sur elle un déluge de feux!
Puissé-je de mes yeux y voir tomber la foudre,
Voir ses maisons en cendre, et tes lauriers en poudre,
Voir le dernier Romain à son dernier soupir,
Moi seule en être cause, et mourir de plaisir[1]!

Sans doute ces imprécations produiraient une émotion plus profonde, si l'amour de Camille occupait une grande place dans la tragédie de Corneille, si cette passion était le fond de l'action, ou du moins l'un de ses principaux ressorts, enfin si Corneille l'eût fait parler avec l'éloquence de Racine. Mais il faut dire, et Voltaire aurait dû remarquer, que le désespoir de Camille ne manque pas de préparation, et qu'il y a des déchirements du cœur dans la scène qui succède à celle où le vieil Horace défend à Camille de pleurer son amant; ne reconnaît-on pas l'accent d'une douleur profonde dans ces vers vraiment tragiques et passionnés?

Mon hymen se prépare; et, presque en un moment,
Pour combattre mon frère on choisit mon amant:
Ce choix me désespère, et tous le désavouent;
La partie est rompue, et les dieux la renouent!
Rome semble vaincue, et seul des trois Albains
Curiace en mon sang n'a point trempé ses mains.
O dieux! sentais-je alors des peines trop légères
Pour le malheur de Rome et la mort de deux frères?

---

[1] Acte IV, scène v.

> Et me flattais-je trop quand je croyais pouvoir
> L'aimer encor sans crime et nourrir quelque espoir ?
> Sa mort m'en punit bien, et la façon cruelle
> Dont mon âme éperdue en reçoit la nouvelle :
> Son rival me l'apprend, et, faisant à mes yeux
> D'un si triste succès le récit odieux,
> Il porte sur le front une allégresse ouverte,
> Que le bonheur public fait bien moins que ma perte ;
> Et, bâtissant en l'air sur le malheur d'autrui,
> Aussi bien que mon frère il triomphe de lui.
> Mais ce n'est rien encore au prix de ce qui reste :
> On demande ma joie en un jour si funeste !
> Il me faut applaudir aux exploits du vainqueur,
> Et baiser une main qui me perce le cœur !

L'aîné des Horaces survient. La sévérité du père priait encore même en commandant; mais le fils est dans toute la fougue de la jeunesse, un reste de la rage du combat survit dans son cœur à la défaite des ennemis de Rome, et enfin l'ivresse de la victoire le transporte. Ces divers sentiments ont étouffé la pitié en lui. Aussi est-ce avec une véritable cruauté qu'il ordonne à sa sœur d'oublier l'amant que le glaive vient de lui enlever. Alors Camille, saisie des fureurs du désespoir, s'écrie :

> Donne-moi donc, barbare, un cœur comme le tien...
> Ne cherche plus ta sœur où tu l'avais laissée ;
> Tu ne revois en moi qu'une amante offensée,
> Qui, comme une furie attachée à tes pas,
> Te veut incessamment reprocher son trépas.
> Tigre altéré de sang, qui me défends les larmes,
> Qui veux que dans sa mort je trouve encor des charmes,

> Et que, jusques au ciel élevant tes exploits,
> Moi-même je le tue une seconde fois,
> Puissent tant de malheurs accompagner ta vie,
> Que tu tombes au point de me porter envie !
> Et toi bientôt souiller, par quelque lâcheté,
> Cette gloire si chère à ta brutalité !

Voltaire n'a point assez senti que, dans cette situation, Camille, semblable à Cassandre dans la maison d'Agamemnon, où elle n'est entourée que de sang et de meurtre, appelle la mort et court en quelque sorte au-devant du glaive d'Horace. Peu s'en faut qu'aussi pressée de mourir que Phèdre, elle ne dise à son frère :

> Au défaut de ton bras, donne-moi ton épée.

L'insensibilité d'Horace aux cris d'un tel désespoir, et cette réponse, où paraît, sans aucun ménagement, toute la férocité romaine,

> O ciel ! qui vit jamais une pareille rage !
> Crois-tu donc que je sois insensible à l'outrage,
> Que je souffre en mon sang ce mortel déshonneur ?
> Aime, aime cette mort qui fait notre bonheur,
> Et préfère du moins au souvenir d'un homme
> Ce que doit ta naissance aux intérêts de Rome,

arrachent enfin du cœur de Camille ces imprécations par lesquelles tout son espoir, tous ses vœux sont de mériter la mort, et de souiller de son sang les lauriers d'un vainqueur féroce, qui n'a plus rien d'un homme; Corneille nous a fort habilement révélé ce nouveau secret du cœur de Camille, dans ce vers dont l'accent a quelque chose de semblable à la rage d'Hermione :

<small>Offensez sa victoire, irritez sa colère.</small>

Maintenant, pour juger si les expressions du poëte n'ont pas outre-passé les bornes de la vérité, il faut voir à fond la situation. Camille aime d'un amour ardent un jeune guerrier digne de son choix ; cette passion légitime et pleine de délices s'accroît encore du sentiment de sa pureté : elle touche au moment d'être couronnée par l'hymen. Soudain la guerre se déclare entre les deux états, et Curiace est appelé à combattre le frère de celle qui est presque son épouse. La partie est rompue, et les dieux la renouent ! Le combat se donne entre les six guerriers, qui représentent deux armées. Tout-à-coup on apprend à Camille que ses trois frères ne sont plus : à la vérité, son amant survit, et seul il n'a point trempé les mains dans le sang des Horaces ; consolation bien douce dans une douleur si grande ! Pendant que l'infortunée pleure ses frères, et qu'elle croit à la victoire de son amant, un rival vient célébrer devant elle la mort du dernier des Curiaces, comme le plus beau des triomphes de Rome. Quelle âme ne serait pas bouleversée par ces retours du sort ! Ajoutez à ces terribles coups les discours du vieil Horace et de son fils, et vous jugerez si la nature elle-même n'a point fourni au grand Corneille les expressions de la plus haute éloquence. Suivant Voltaire, Camille, ni sa mort, n'ont jamais fait verser une larme ; il en a dit autant d'Homère, et assurément il s'est trompé. On croirait quelquefois, à lui voir méconnaître les choses les plus touchantes, que la vraie sensibilité ne consiste que dans des émotions pleines de mollesse, et produites surtout par la peinture des chagrins de l'amour. Mais que serait donc le cœur humain, si les plus cruelles infortunes, si les vicissitudes les plus inattendues, si la mort de trois frères et la perte d'un amant, si le délire de la douleur, nous laissaient froids et glacés? A la vérité, on trouve vingt actrices pour soupirer, avec un accent plus ou moins doux, les tendres plaintes d'Ariane, et nous faire verser quelques larmes, bientôt effacées comme la faible impression qui les excite ; mais il n'apparaît que rarement d'éloquentes interprètes des affections profondes : on ne voit pas une Dumesnil par siècle. Camille est dans une situation encore plus déchirante que celle de Didon, et la progression rapide de ses transports en justifie la violence. Mais Camille, élevée dans la maison du vieil Horace, et presque sous les yeux du génie de Rome qui l'habite, pouvait-elle oublier à ce point ce qu'elle doit à la patrie et à son père? pouvait-elle, même dans son désespoir, faire des vœux si impies? Est-il naturel que son esprit s'élève à l'ordre d'idées qui lui fait prévoir la conjuration des peuples de l'univers contre la ville de Romulus, devenue la maîtresse du monde [1]? Je n'oserais pas affirmer que Corneille n'ait point abusé de la liberté accordée aux poëtes, et montré un peu trop d'indulgence pour les mâles créations de son génie; je crois qu'il serait heureux qu'on pût lui fournir la brillante excuse de la fureur prophétique qui s'empare de Didon au moment de la mort. La reine de Carthage avait eu quelque commerce avec les dieux, on peut le supposer du moins [2]; mais on ne saurait se prêter à cette fiction pour Camille.

Le glaive d'Horace met fin aux imprécations et aux jours de sa sœur, et produit la catastrophe tra-

---

[1] Peut-être Corneille a-t-il voulu se préparer de loin une excuse par les vers que je vais citer. Le vieil Horace parle ainsi à Sabine sur les destinées de Rome :

> Un jour, un jour viendra que par toute la terre
> Rome se fera craindre à l'égal du tonnerre,
> Et que, tout l'univers tremblant dessous ses lois,
> Ce grand nom deviendra l'ambition des rois :
> Les dieux à notre Énée ont promis cette gloire.
>
> Acte III, scène v.

[2] Junon protége Carthage, elle a voulu lui assurer l'empire du monde en détournant Énée de l'Italie par son hymen avec Didon; et cette infortunée, près de mourir, dit à la reine des dieux :

> Tu que harum interpres curarum et conscia Juno.

gique, en nous montrant un nouvel exemple des vicissitudes qu'amène cette inconstante déesse qui, d'un regard, change la vertu en crime, le triomphe en funérailles.

Les derniers vœux de la vengeance de Didon ne devaient pas être immédiatement suivis par le fatal dénouement; Virgile a observé cette convenance du sujet, comme on le voit par ce qu'il ajoute :

Elle dit, et mille pensées bouleversent son cœur, impatiente qu'elle est d'interrompre bientôt le cours d'une vie odieuse. Dans ce dessein elle parle ainsi en peu de mots à Barcé, nourrice de son époux; car les cendres de la sienne reposaient dans son antique patrie : « Chère nourrice, appelle ici près » de moi ma sœur Élise; dis-lui qu'elle s'empresse de » purifier son corps dans les flots d'une eau pure, » et d'amener ensuite avec elle les victimes et les of- » frandes expiatoires demandées par la prêtresse: » qu'elle vienne ainsi. Toi-même orne ton front des » saintes bandelettes. Le sacrifice solennel que j'ai » préparé pour Jupiter Stygien, je veux l'achever; » je veux mettre un terme à mes ennuis, et livrer » aux flammes l'image du chef des Troyens dévouée » à ce bûcher. » Elle avait dit; le zèle de Barcé hâte ses pas, que retarde la vieillesse.

Dans ce nouvel intervalle entre la fureur de Didon et l'événement qui en sera la conséquence, peut-être les nouveaux sentiments que Virgile lui prête au moment suprême manqueraient-ils d'une préparation nécessaire, comme dans la pièce de Le Franc, où Didon pardonne à Énée, immédiatement après avoir lancé sur sa tête les foudres de sa colère. La reine de Carthage ne devait pas finir comme une furie, il fallait qu'elle fût douce envers la mort; le poëte judicieux l'a senti, et, pour amener plus naturellement les adieux douloureux mais pleins de constance que Didon fait à la vie, il nous la montre une seconde fois dans ce calme apparent qui a trompé la malheureuse Élise. Barcé ne comprend rien aux paroles de la reine, mais nous qui les comprenons tout entières, comme chaque mot qui sort de sa bouche retentit dans notre cœur! comme il nous saisit de pitié ce sacrifice dont nous seuls connaissons la victime, ainsi qu'Agamemnon seul connaissait celle que lui demandaient les dieux!

Sacra Jovi Stygio, quæ rite incepta paravi
Perficere est animus, finemque imponere curis.

Avec quelle froideur apparente Didon parle de sa mort, ainsi que d'un tribut dont la piété ne peut frauder un dieu! et quel dieu? le Jupiter du Styx! *Finemque imponere curis,* est la résolution réfléchie, irrévocable, de la femme qui a dit, avec une profonde conviction que son amour est une maladie incurable :

Quin morere, ut merita es; ferroque averte dolorem.

Le dernier trait,

<small>Dardaniique rogum capitis permittere flammæ [1],</small>

tout simple qu'il est, fait frémir, parcequ'il annonce que rien ne peut plus sauver Didon. L'espérance est éteinte, tout retour à de plus doux conseils est fermé dans le cœur de l'amante qui veut brûler sur son propre bûcher l'image du héros dont elle avait fait un dieu. N'oublions pas que l'infortunée ne prononce pas le nom du Troyen ; elle dit seulement : *Dardanii capitis.*

<small>La reine reste seule. Alors, de son injure
L'affreux ressouvenir aigrissant sa blessure,
Dans l'accès violent de son dernier transport,
Tout entière livrée à ses projets de mort,</small>

---

[1] Ce vers est d'une grande force de sens. Didon, qui ne veut pas révéler son dessein, se sert des expressions *rogum Dardanii capitis*, qui semblent signifier seulement le bûcher d'Énée, ou plutôt de son image ; mais ces mêmes expressions, qui n'ont que ce sens pour Barcé, en ont un autre pour Didon et pour nous : le bûcher d'Énée est celui sur lequel elle va se brûler elle-même avec l'image du Troyen. Delille, si courageux à lutter contre les grandes difficultés, aurait dû s'efforcer ici de rendre toute la beauté de l'original ; il l'a défiguré par ces vers, qui n'ont rien de répréhensible en eux-mêmes :

<small>Je veux, pour achever de guérir ma raison,
Finir le sacrifice attendu par Pluton,
Et d'un parjure amant livrer au feu l'image.</small>

Énée n'est plus l'amant de Didon ; dès long-temps elle lui a

Roulant en traits de feu ses prunelles sanglantes,
Le visage livide et les lèvres tremblantes,
Les traits défigurés et le front sans couleur,
Où déjà de la mort s'imprime la pâleur,
Vers le fond du palais Didon désespérée
Précipite en fureur sa démarche égarée,
Monte au bûcher, saisit le glaive du héros,
Ce glaive à qui son cœur demande le repos,
Ce fer à la beauté donné par le courage [1],
Hélas! et dont l'amour ne prévit point l'usage.
Ce lit, ces vêtements si connus à ses yeux,
Suspendent un moment ses transports furieux.
Sur ces chers monuments, ce portrait et ces armes,
Pensive, elle s'arrête et répand quelques larmes;
Se place sur le lit, et parmi des sanglots
Laisse, d'un ton mourant, tomber ces derniers mots:
« Gages jadis si chers dans un temps plus propice,
» A votre cendre au moins que ma cendre s'unisse!
» Recevez donc mon âme, et calmez mes tourments [2].

---

retiré ce titre, qu'il a profané par la trahison ou du moins par l'ingratitude. Delille sentait bien toutes ces délicatesses du cœur, on ne peut soupçonner ici qu'une distraction.

[1] Ce vers brillant et français comme un vers de Voltaire, n'est ni dans le texte, ni dans l'esprit de Virgile, ni dans le génie antique, et on ne peut pas l'appeler *felix culpa*. Le poëte latin a trouvé dans son âme un trait simple et touchant qu'il fallait respecter : *Non hos quæsitum munus in usus*, présent que l'amour n'avait pas demandé pour un si cruel usage. La première addition du traducteur est plus heureuse.

[2] Il fallait conserver le sens et les expressions de Virgile, *Meque his exsolvite curis*, Délivrez-moi de ces cruels chagrins que je vous confie en mourant.

» J'ai vécu, j'ai rempli mes glorieux moments [1];
» Et mon ombre aux enfers ne descend pas sans gloire.
» Ces murs bâtis par moi garderont ma mémoire.
» Sur un frère cruel j'ai vengé mon époux.
» Heureuse, heureuse, hélas! si, jeté loin de nous,
» L'infidèle jamais n'eût touché ce rivage! »
A ces mots sur sa couche imprimant son visage :
« Quoi, mourir sans vengeance! oui, mourons; pour mon cœur
» La mort, même à ce prix, la mort a sa douceur.
» Que ces feux sur les eaux éclairent le parjure.
» Frappons. Fuis, malheureux, sous cet affreux augure! »

Le début de Virgile semblerait démentir ce que j'ai remarqué plus haut; mais il n'y a point de contradiction, et le poëte, qui veut donner un noble caractère au trépas de la reine de Carthage, s'est rappelé toutefois qu'une mort violente et causée par des chagrins si profonds, par un tel désordre du cœur, n'en était pas moins un de ces projets terribles qui doivent transporter une femme hors d'elle-même. C'est un peintre fidèle de la nature qui a dit :

At trepida, et cœptis immanibus effera Dido,
Sanguineam volvens aciem, maculisque trementes
Interfusa genas, et pallida morte futura,
Interiora domus irrumpit limina, et altos [2]

---

[1] Ces expressions ne sont ni assez modestes, ni assez graves, ni assez mélancoliques pour approcher de l'original :

Et quem dederat cursum fortuna peregi.

[2] Fénélon a emprunté ces images à Virgile, pour nous repré-

> Conscendit furibunda rogos, ensemque recludit
> Dardanium [1].

Dans l'état où est Didon, une amante ne marche point à la mort, elle y vole, comme Hermione veut voler aux autels pour immoler Pyrrhus. Didon s'empare de son bûcher avec fureur, et tire le glaive du Troyen ; elle va s'en frapper : à cet aspect, un cri est prêt à s'échapper de son cœur, quand le poëte magicien ajoute :

> Non hos quæsitum munus in usus.

Les écrivains sont bien heureux quand ils trouvent, dans l'observation de la nature, des traits aussi beaux, aussi pénétrants que celui-ci, qui cache en-

---

senter les fureurs et le désespoir de Calypso ; mais la liberté même de la prose, affranchie de toutes les entraves, ne lui a pas donné les moyens de rendre : *Maculisque trementes interfusa genas.*

[1] J'ai jadis exprimé le désir que cette scène eût la nuit pour témoin. Réflexion faite, Virgile a eu raison de la placer sous les regards du jour. Cette Didon, si imposante et si belle, maintenant transportée hors d'elle-même, roulant des yeux rouges et enflammés, les joues tremblantes et parsemées de taches livides, pâle de ses douleurs, de ses veilles, et déjà tout empreinte de la couleur de la mort,

> E tutto di color di morte aspersa,

suivant l'expression d'Annibal Caro, produit plus d'effet à la clarté du soleil qu'elle vient voir pour la dernière fois. Virgile était peintre, on le sent au choix qu'il a fait.

core le mérite de la plus adroite des transitions. Virgile lit dans l'âme de Didon, et, par une seule réflexion, il nous révèle tout ce qui s'y passe. La raison prévoyante du poëte avait eu soin de préparer cette nouvelle scène, par ces paroles de Didon à sa sœur :

> Tu secreta pyram tecto interiore sub auras
> Erige; et arma viri, thalamo quæ fixa reliquit
> Impius, exuviasque omnes, lectumque jugalem,
> Quo perii, superimponas.

Ainsi donc, présent de l'amour, gage de fidélité, ce glaive qui gardait la couche de Didon, comme l'épée d'Amphitryon garde la couche conjugale dans Théocrite, retrace à Didon ses amours, ses illusions, les promesses qu'elle a crues sacrées, un bonheur qui n'est plus, et un malheur irréparable. Même au moment de quitter la vie, on ne peut s'empêcher de donner encore quelques souvenirs à tant de choses qui ont été si douces : la peine présente elle-même donne un charme inattendu au passé ; on se plaît à le contempler encore une dernière fois avant de mourir. C'est cette réflexion du cœur et de la pensée que le poëte exprime avec tant de grâce et de vérité.

Alors les vêtements du Troyen et ce lit si connu ayant fixé ses regards, elle s'arrête un moment sur ses larmes et sur ses souvenirs. Peut-être se revoit-elle au moment où, assise à la place d'Énée qui venaît de partir, elle versait des larmes amères et douces dans son palais désert, lorsqu'aux tendres clartés de la lune sur son déclin, elle croyait encore entendre et voir le héros absent; l'image d'un bonheur dont elle se repent excite ses pleurs et la plonge dans une espèce de rêverie. Elle murmure en secret de douloureuses réflexions sur son sort : « J'ai aimé, j'ai cru; les dieux m'ont accordé un » moment de félicité; je suis trahie, et je meurs, *et* » *ecce morior!* » Après avoir laissé tomber ces mots, qui sortent avec peine, elle s'assied sur le lit qui a causé son malheur, *quo periit*, et prononce les dernières paroles, *novissima verba.*

« Dépouilles chéries tant qu'un dieu et les des- » tins ont permis mon bonheur, recevez cette âme » qui veut me quitter, et délivrez-moi de ces cruels » ennuis. » Voyez quel repentir de ses fureurs dans cette tendre invocation aux dépouilles de celui qui l'abandonne! elle craint de nommer le Troyen, mais il est évidemment pour elle un dieu; l'infortunée l'implore pour obtenir la permission de finir sa vie et ses chagrins. Ces sentiments étaient dans son cœur, lorsque Virgile nous l'a montrée plaçant elle-même sur le bûcher l'image d'Énée et le glaive qu'il lui avait laissé. Une situation semblable à celle de Philoctète, voyant fuir les vaisseaux des Grecs qui l'abandonnent à Lemnos, a rallumé dans le cœur de la reine cette colère dont nous avons entendu les éclats, mais l'amour est revenu les effacer au moment suprême. Aussi Didon ne s'adresse plus aux maîtres du ciel et de la terre, c'est à Énée seul qu'elle demande congé de la vie. Maintenant la postérité lui apparaît; elle craint de porter, dans l'avenir, la peine de sa faute, et cherche à balancer du moins le jugement sévère des siècles.

Vixi, j'ai vécu; ce mot si simple, rapproché du vers

Accipite hanc animam *, meque his exsolvite curis,

dit, avec autant de force que de simplicité : L'amour m'a dégagée de mes liens, mon âme ne tient plus à la terre, je ne suis plus qu'une ombre. Non seulement on peut appliquer à Didon le trait d'Horace sur Cléopâtre, *nec muliebriter expavit ensem;* non seulement elle ne tremble point devant la mort, mais elle se voit déjà parmi les ombres, elle dont nous pourrions dire avec douleur :

Au midi de ses années,
Elle touche à son couchant!

C'est sur le bord de la tombe entr'ouverte que Didon, recueillant sa constance, ajoute : « J'ai parcouru la carrière que la fortune m'avait assignée,

---

* Annibal Caro a bien entendu Virgile en traduisant ainsi *Accipite hanc animam:*

A voi rend' io quest' anima dolente

et maintenant mon ombre ne descendra pas sans quelque gloire dans l'empire de Pluton. » Le poëte latin se sert des mots *cursum vitæ,* qui semblent dire, Ma vie n'a été qu'un passage rapide, et rappellent ce trait si beau des livres saints, *sicut aquæ dilabuntur in terram.* A cette pensée mélancolique succède le sentiment d'un juste orgueil qui prépare sa justification: « J'ai fondé une superbe ville, j'ai vu s'élever des remparts bâtis par mes mains; j'ai vengé mon époux, j'ai puni un frère barbare.» Que nous cachent ces imposantes excuses? Voici le secret que Didon est près d'emporter avec elle dans la tombe, et qu'elle nous révèle sans le savoir : « On dira de moi, dans la postérité, elle a commis une faute, mais que de grandes choses pour l'effacer! et l'on me pardonnera peut-être; et cette Didon, qui fut l'épouse de Sichée, ne restera pas sans honneur dans la mémoire des hommes. » Pour s'assurer qu'elle demande vraiment grâce et pardon au ciel et à la terre, il ne faut que lire ce qu'elle ajoute : « Heureuse, et trop heureuse, si seulement les vaisseaux troyens n'eussent touché nos rivages [1]! » C'est là un de ces cris du cœur qui s'échap-

---

[1] Peut-être est-il étonnant que Virgile n'ait mis aucun reproche contre Vénus dans la bouche de Didon, mais peut-être aussi une réflexion plus profonde a fait sentir à ce grand poëte

pent malgré nous, et jettent une vive lumière sur ce dédale où tant de choses sont cachées. A ces mots, imprimant ses lèvres sur la couche fatale : « Quoi, mourrons-nous sans vengeance! oui, mourons, dit-elle; voilà, voilà par quel chemin il nous convient d'aller chez les ombres. Que, du milieu des mers, le cruel Phrygien repaisse ses yeux avides des flammes de ce bûcher, et qu'il emporte avec lui les funestes auspices de ma mort[1]! »

Didon, en imprimant ses lèvres sur la couche conjugale, veut-elle prévenir quelques nouvelles imprécations? est-ce un dernier transport de l'amour? est-ce un dernier accès de rage qui l'entraîne? Dans le désordre où elle est, le cœur ne se connaît pas lui-même, et les mouvements les plus

---

que Didon a trop aimé pour se plaindre de la déesse, et qu'elle ne peut pas dire comme Phèdre désespérée :

> Hélas! du crime affreux dont la honte me suit
> Jamais mon triste cœur n'a recueilli le fruit.

[1] Delille a blessé plus d'une convenance en traduisant les deux vers de Virgile,

> Hauriat hunc oculis ignem crudelis ab alto
> Dardanus et nostra secum ferat omine mortis,

par ceux-ci :

> Que ces feux sur les eaux éclairent le parjure.
> Frappons. Fuis, malheureux, sous cet affreux augure.

Le dernier vers surtout est la plus fâcheuse des infidélités au sentiment de Virgile.

contraires peuvent nous pousser à la même action. L'amour, les regrets, la colère, mais surtout la colère, entraînent Didon; les deux exclamations qui précèdent et suivent ce qu'elle fait expliquent assez ce qui se passe en elle. Mais la colère n'occupe qu'un moment, et, après cette exclamation, Quoi, mourir sans vengeance! l'emportement expire, elle ne veut plus que mourir; quoique le poëte latin laisse à dessein peut-être une légère incertitude à cet égard, elle a le pardon sur les lèvres au moment où, approchant le glaive de son cœur, elle dit avec un accent qu'aucune traduction ne peut rendre :

Sic, sic juvat ire sub umbras.

Le pardon de cette amante est écrit dans le dernier vœu auquel elle borne sa vengeance. Naguère elle disait à Énée : « Mon ombre te suivra partout. Méchant! tu paieras mes douleurs; je l'apprendrai, et le bruit de ton supplice viendra jusques à moi dans le séjour des ombres. » Bientôt elle veut immoler le père, le fils, toute la race troyenne, et mourir après avoir satisfait sa fureur. Ensuite elle se repaît du spectacle de la honte et de la mort misérable qu'elle prédit ou qu'elle souhaite à ce traître, dont le nom lui ferait horreur à prononcer. Dans son délire, il lui faut un vengeur et une guerre éternelle entre deux peuples. Elle est pleine de ses transports et des furies du désespoir en montant sur le bûcher; et, lorsque nous frémissons en la voyant saisir le glaive d'Énée, elle éprouve peut-être quelque joie à se dire en secret : « Il m'a trahie, le cruel! que son glaive, instrument de mon trépas, en rejette le crime sur sa tête! » Mais l'aspect de ce présent de l'amour, demandé, obtenu pour un autre usage, attendrit l'infortunée : ses larmes coulent, ses résolutions ont pris un autre cours. Elle adresse les plus tendres adieux aux dépouilles chéries qui réveillent tant de souvenirs. Au moment où son délire l'entraîne à sa perte par une pente inévitable, nous l'avons entendue supplier Sichée de garder son amour avec lui dans le tombeau ; maintenant elle veut mêler sa cendre à la cendre de tout ce qui lui reste d'Énée. C'est toujours le même cœur, seulement sa passion a changé d'objet. Enfin, plus près de la mort, elle se contente de ce seul vœu, « Que, du milieu des mers, le cruel Phrygien repaisse ses regards avides des flammes de ce bûcher, et qu'il emporte avec lui le présage de ma mort! » Rappelons-nous la promesse que Didon envoyait à Énée, en lui demandant, comme un bienfait, la faveur d'un moment de trêve et de délai, pour laisser amortir sa fureur ; rappelons-nous ce trait si profondément senti, « Quand il m'aura accordé cette grâce dernière, je la lui paierai avec usure par mon trépas; » et nous sentirons que la perte de sa vie est un sacrifice à Énée, sacrifice offert avec un dernier soupir de l'amour cruellement offensé qui murmure et pardonne.

Je ne terminerai pas l'analyse de ce chef-d'œuvre de composition dramatique, sans marquer l'heureux accord des mouvements du style avec l'état douloureux du cœur de Didon. Tout ce morceau se compose de traits détachés; il semble qu'il y ait des repos entre toutes les parties, et que chaque pensée rendue soit entrecoupée par des soupirs. On ne saurait sentir toute la beauté du discours de la reine, si on ne le lisait pas comme sa douleur, sa faiblesse et ses efforts sur elle-même ont dû le lui faire prononcer. A tout instant elle est comme avant ses premières apostrophes aux dépouilles chéries: *Paulum lacrymis et mente morata*. Racine employé le même artifice ou suivi la même inspiration dans les adieux de Bérénice à Titus et à son rival :

Je connais mon erreur, et vous m'aimez toujours.
Votre cœur s'est troublé, j'ai vu couler vos larmes....

Ce n'est pas tout; je veux, en ce moment funeste,
Par un dernier effort couronner tout le reste.
Je vivrai... je suivrai vos ordres absolus.
Adieu, seigneur... régnez... je ne vous verrai plus...

Et plus loin elle dit à Antiochus :

Sur Titus et sur moi réglez votre conduite :
Je l'aime... je le fuis... Titus m'aime... il me quitte.

Qu'une actrice habile et pénétrée de la situation récite ces vers avec les intervalles nécessaires et l'accent qu'ils demandent, on sentira que Bérénice souffre, ainsi que Didon, de vives douleurs, et que la première, qui consent à vivre, ne fait pas peut-être un sacrifice moins douloureux que celui de la seconde, qui se réfugie dans la mort comme dans son seul asile [1].

Jocaste, près de mourir, appelant l'ombre de Laïus pour lui reprocher la naissance d'OEdipe, arrose aussi de larmes la couche nuptiale; mais ces larmes sont cruelles comme le remords qui les arrache. Sophocle, dans un autre tableau, se rapproche davantage de Virgile. Dans les *Thrachiniennes*, la nourrice de Déjanire raconte ainsi la fin tragique de cette reine, dont la funeste crédulité a donné la mort à son époux Hercule, en lui envoyant une tunique empreinte du sang de Nessus :

« A peine était-elle rentrée seule dans le palais, qu'à l'aspect de son fils préparant un lit de feuillage pour aller au-devant d'Hercule, elle s'enferme

---

[1] J.-J. Rousseau semble avoir indiqué cette réflexion, lorsqu'il représente ainsi l'effet de la dernière scène de Bérénice : mais au cinquième acte, où, cessant de se plaindre, l'air morne, l'œil sec et la voix éteinte, elle faisait parler une douleur froide, approchant du désespoir, l'art de l'actrice ajoutait au pathétique du rôle ; et les spectateurs, vivement touchés, commençaient à pleurer quand Bérénice ne pleurait plus.

dans une retraite à l'abri de tous les regards. Furieuse, et prosternée aux pieds des autels, on l'entendait rugir de la douleur d'être veuve. Trouvait-elle sous sa main quelques unes des choses dont elle avait coutume de se servir avant son malheur, ses yeux se remplissaient de larmes. Errante de tous côtés dans la demeure royale, apercevait-elle un de ses serviteurs chéris, l'infortunée pleurait en le regardant : elle déplorait sa propre destinée, et plaignait ses enfants, privés des biens que leur promettait l'avenir. Après ces transports, la reine s'élance dans la chambre d'Hercule. Cachée dans l'obscurité, je l'observais en silence. Je la vois parer le lit de son époux, s'y asseoir et répandre un torrent de larmes brûlantes, en s'écriant : « O ma chambre, ô mon lit nuptial, adieu pour jamais! vous ne me recevrez plus; je ne reposerai plus ici. » Elle dit, et détachant, avec précipitation, l'agrafe d'or qui fixait le haut de sa robe sur son sein, elle découvre entièrement tout le côté gauche de son corps. Je vole aussitôt vers Hyllus pour l'avertir du fatal dessein de sa mère; mais, à mon retour, je la trouve étendue sur le lit d'Hercule, et blessée sous le cœur par un glaive à deux tranchants. »

Ce morceau est beau, simple et touchant; il a un caractère de naïveté qui rappelle Homère : mais la comparaison la plus heureuse, comme la plus utile à faire ici, est dans la mort d'Alceste, opposée à celle de Didon.

Alceste est sur le point de s'immoler pour Admète; que fait-elle au moment suprême? tremble-t-elle devant la mort présente, ou la brave-t-elle avec des termes de mépris qui pourraient encore cacher les efforts d'une âme qui s'excite à être grande? Non: dès qu'elle sent que le jour fatal est arrivé, elle se baigne dans les eaux du fleuve; elle veut descendre aux enfers aussi pure de corps que d'âme, et comme si elle se préparait à entrer dans la couche nuptiale. Parée de ses plus beaux habits, et peut-être couverte du voile de la nouvelle épouse, elle veut que le jour de sa mort ressemble en quelque chose à la fête de son hymen: innocente fiction pour tromper un moment sa douleur, et mêler une ombre de joie à une scène si funeste. Alceste passe bientôt de ses souvenirs de vierge aux sentiments maternels, et adresse cette prière à Vesta, dont l'autel est dans le palais d'Admète:

« Déesse, je vais aux enfers; je t'implore à ma dernière heure: une mère te supplie de prendre la défense de ses enfants orphelins. Donne à l'un une épouse qu'il aime, à l'autre un époux digne d'elle: puissent leurs enfants ne pas mourir, comme moi, d'une mort prématurée, mais remplir, au contraire, toute la mesure d'une vie heureuse dans la terre natale! »

Après cette invocation touchante, Alceste, tout entière à son Admète, couronne les autels domestiques avec des branches de myrte, symbole d'un amour qui garde encore quelque chose de la grâce virginale. Quelle éloquence pourrait égaler cette inspiration du cœur qui suppose des idées riantes comme celles de la jeunesse, un attachement transformé en culte, et un souvenir religieux du bonheur? Didon, que le sentiment de sa faute contribue à désespérer, couronne de festons funèbres l'autel des puissances de l'Érèbe qu'elle implore; Alceste, remplie du sentiment de sa vertu, offre des guirlandes de myrte aux images d'Admète. L'une avait consacré un temple à Sichée, mais, coupable envers ses mânes, et possédée d'un autre amour, elle n'ose présenter un encens qui serait rejeté peut-être; l'autre, innocente et fidèle, approche sans crainte du temple d'Admète. Didon tremble à un son vague et lointain qui lui paraît être la voix de son époux, elle y croit démêler l'accent de la menace ou du moins celui d'une plainte encore plus déchirante; Alceste, triste, mais sans larmes, sans gémissements, tranquille et belle comme la vertu[1], consacre ses derniers moments à aimer et

---

[1] Cette constance d'Alceste est d'autant plus admirable que, dans le second acte, elle a laissé éclater, devant Admète, la crainte de mourir, ces regrets de la vie si naturels à tous les

à prier le dieu mortel qui va recevoir le sacrifice de sa vie. Elle le voit, elle l'entend, elle lui parle du cœur, et le remercie de son amour, de même qu'une âme pieuse et tendre remercie le ciel de ses bienfaits par un hymne de reconnaissance qui rallume sa ferveur. Suivons la scène telle que le poëte la met sous nos yeux.

Bientôt elle s'élance dans son appartement, s'assied sur la couche nuptiale; là, ses larmes commencent à couler, et sa douleur s'exhale en ces termes : « O lit d'Admète, toi qui as vu dénouer ma ceinture virginale par les mains de l'époux pour qui je vais mourir, adieu ; je ne te hais point, quoique tu aies été funeste pour moi seule. Je n'ai pas voulu trahir la foi que je t'ai donnée ainsi qu'à mon cher Admète, et voilà que je meurs ! une autre femme te possèdera ; elle ne sera pas plus chaste que moi, mais peut-être sera-t-elle plus heureuse. » En prononçant ces paroles, la reine se courbait sur sa

---

êtres, surtout à une épouse et à une mère heureuses. Alceste n'en est pas moins résignée à son généreux sacrifice, mais elle pleure sur ses enfants, sur son époux, sur elle-même ; ainsi le veut la nature. Ainsi, dans une autre pièce d'Euripide, la jeune et tendre Iphigénie a peur du noir séjour des morts, et demande grâce à son père, avec un accent capable d'émouvoir l'âme la plus dure ; mais par degrés nous la voyons se relever de sa faiblesse, et se présenter comme une victime qui s'immole au salut de la patrie, en excitant l'admiration d'Achille.

couche, la baisait avec tendresse, et l'arrosait d'un torrent de larmes. Fatiguée d'en répandre, elle quitte son appartement; elle y rentre, elle en sort, elle y revient, et se jette à plusieurs reprises sur ce lit dont elle ne peut s'arracher. Le poëte ajoute : « Ses enfants pleuraient suspendus aux vêtements de leur mère, qui, les prenant l'un après l'autre dans ses bras, les caressait tour à tour, comme une femme qui touche aux derniers moments. Tous les serviteurs du palais plaignaient la destinée de leur reine : elle tendait la main à chacun d'eux; il n'en est pas un, même dans les derniers emplois, qu'elle n'ait appelé par son nom, ou écouté avec complaisance. Voilà les malheurs qui désolent la maison d'Admète[1]. »

---

[1] Acte I, scène IV.
Apollonius ne nous donne pas de semblables émotions; Médée n'est digne d'entrer en parallèle ni avec Didon ni avec Alceste, cependant on ne peut lire sans intérêt la scène qui précède le départ de la fille d'Éétès. Plus effrayée encore par son crime futur que la reine de Carthage par sa faute présente, ses yeux s'enflamment, mille bruits effrayants retentissent à ses oreilles, elle se frappe le sein, et s'arrache en pleurant les cheveux. Dans son désespoir elle allait mettre fin à ses jours par un poison subtil, et tromper les projets de Junon, lorsque la déesse lui inspira le dessein de s'enfuir avec les enfants de Phryxus. Cette pensée ranima son courage, et lui fit refermer la boîte qui contenait ses nombreux poisons. Alors, imprimant ses lèvres sur son lit chaste encore, embrassant les portes et

ÉNÉIDE, LIVRE IV.

Aucun poëte latin n'égale Euripide dans l'expression variée des sentiments de la nature, dans l'art de donner, avec le secours de l'imagination, des grâces particulières aux plus touchantes paroles du cœur. Andromaque, Polyxène, Électre, Iphigénie, Hélène, Alceste, ont des inspirations qui semblent appartenir à la Grèce, et que Virgile lui-même n'a pas pu reproduire. Mais si le chantre d'Auguste est plus sobre ou moins riche de ces traits pénétrants qui arrachent à tout moment des larmes dans le dialogue d'Euripide, si ses tableaux les plus riants ont quelque chose de sévère auprès des tableaux de son maître, la raison ne lui aurait jamais permis

---

les murs de sa chambre, elle arrache les plus longs de ses cheveux pour laisser à sa mère un monument de sa virginité, en disant d'une voix plaintive : « Ma mère, recevez les adieux de votre fille, qui va se séparer de vous ; adieu, Chalciope ; adieu, toute la maison paternelle... Plût au ciel que cet étranger eût été englouti dans les flots avant d'aborder en Colchide ! » Ce dernier trait est d'une éloquence plus vive que le même trait dans Virgile ; mais ce poëte a prouvé son jugement dans la mesure des expressions qu'il prête à Didon, qui meurt avec tout son amour, et le pardon sur les lèvres. Il s'en faut bien que la même exclamation, placée par Catulle dans la bouche de la triste Ariane, ait la même force et la même éloquence que dans Apollonius et dans Virgile.

On peut comparer ici Valérius Flaccus avec son modèle.

> At trepidam in thalamis, et jam sua fata paventem,
> Colchida circa omnes pariter furiæque minæque

de commettre les fautes qui déparent les derniers adieux des deux époux. Alceste et Admète refroidissent, par de longs discours qui auraient dû la précéder, une scène dans laquelle nous ne devrions entendre que ces exclamations du regret, de l'amour et de la douleur, qui s'échappent du cœur comme des traits enflammés. On peut citer, comme

> Patris habent. Nec cærulei timor æquoris ultra
> Nec miseræ terra ulla procul; quascumque per undas
> Ferre fugam, quamcumque cupit jam scandere puppim.
> Ultima virgineis tunc flens dedit oscula vittis,
> Quosque fugit complexa locos, crinemque genasque,
> Ante per antiqui carpsit vestigia somni,
> Atque hæc impresso gemuit miseranda cubili :
> O mihi si profugæ genitor, nunc ille supremos
> Amplexus, Æeta, dares, fletusque videres
> Ecce meos! Ne crede, pater, non carior ille est
> Quem sequimur; tumidis utinam simul obruar undis* !
> Tu, precor, hæc longa placidus mox sceptra senecta
> Tuta geras; meliorque tibi sit cætera proles.
>
> Cependant de remords en secret tourmentée,
> Médée, en son palais, frissonne épouvantée.
> De son père en courroux la fureur et les cris
> D'un indomptable effroi remplissent ses esprits.
> Déjà son cœur oublie, en sa terreur profonde,
> Les malheurs de l'exil, les menaces de l'onde;
> Elle est prête à braver les plus terribles mers,
> Elle est prête à s'enfuir aux plus lointains déserts.

* Voilà encore une autre nuance du même sentiment; le vœu de Médée est, dans un autre genre, presque aussi beau de passion que le regret de Phèdre à ses derniers moments :

> Hélas! du crime affreux dont la honte me suit
> Jamais mon triste cœur n'a recueilli le fruit.

ÉNÉIDE, LIVRE IV.

un modèle à cet égard, le dialogue entre Clytemnestre et sa fille Iphigénie, qui veut aller à la mort malgré les larmes et les supplications de sa mère [1].

Dans le même poëte, Évadné mêle de doux souvenirs aux adieux qu'elle fait à la vie, dans le moment où elle va s'immoler sur le bûcher de son époux Capanée: « De quel éclat brillait le soleil, quelle douce lumière la lune répandit dans les lieux

---

> Elle baise, en pleurant, le voile et la ceinture
> De son sein, de son front virginale parure [*].
> Ce lit qu'elle va fuir, elle court l'embrasser,
> Et lorsqu'à son esprit viennent se retracer
> Cet orageux amour, cette tourmente horrible,
> Et son ancien sommeil si doux et si paisible,
> L'infortunée alors, dans un transport soudain,
> S'arrachant les cheveux, se meurtrissant le sein,
> Les yeux noyés de pleurs, retombe sur sa couche ;
> Sur ce lit chaste et pur elle imprime sa bouche,
> Et parmi les sanglots épanche ses douleurs :
> Éétès, ah! du moins, si tu voyais mes pleurs!
> Si d'un dernier baiser celle qui te fut chère
> Pouvait presser encor son vénérable père!
> Va, plains mon triste sort, mon père, et ne crois pas
> Que j'aime mieux Jason tout en suivant ses pas.
> Puisse l'onde engloutir, en ses profonds abîmes,
> Ta criminelle fille et l'auteur de ses crimes!
> Et toi, mon père, et toi, daignent les justes dieux
> Te conserver long-temps ton sceptre glorieux.
> Que tes autres enfants te coûtent moins de larmes!

[1] Acte V, scène VI.

[*] Le traducteur, gêné par l'indigence de la rime, n'a pu conserver les expressions *virgineis vittis* qui rappellent que Médée était la vierge et la prêtresse d'Hécate.

où elle éclaire les danses nocturnes des nymphes légères, quand la ville d'Argos célébra par ses chants le bonheur de mon hymen avec le généreux Capanée! Maintenant, transportée de douleur, j'accours de mon palais pour m'emparer des flammes de mon bûcher; je vais rejoindre un époux chez Pluton, qui peut seul mettre fin à ma pénible vie et à de si cruelles douleurs. Il est doux de mourir en même temps que ses amis, de partager leur tombeau, quand les dieux nous permettent ce bonheur... Je veux m'élancer du haut de cette roche sur le bûcher; la flamme unira mon corps à celui d'un époux: placée à ses côtés, je descendrai avec lui dans le palais de Proserpine. Même après la mort, je te serai fidèle, mon cher Capanée! »

Dans le *Henri VIII* de Shakespear, Catherine meurt avec le pardon sur les lèvres; elle prononce encore avec amour le nom de son barbare époux, et lui fait dire qu'elle l'a béni au moment de sa mort. Elle ajoute, en partant, à une de ses femmes: « Quand je ne serai plus, chère fille, ayez soin que je sois traitée avec honneur ; semez sur mon cercueil des fleurs vierges, afin que l'univers sache que je fus une chaste épouse [1]. »

Didon a menacé le prince troyen de le suivre

---

[1] Acte V, scène v.

partout comme une ombre en fureur, de l'entourer des flammes de son bûcher ; elle lui a souhaité une vie malheureuse, et une mort plus cruelle encore : et après ces terribles imprécations de la vengeance de l'amour, elle revient à des sentiments plus doux. Il n'y a point de ces orages et de ces retours dans l'*Octavie* d'Alfiéri. La femme de Néron, réduite, par ce barbare, à terminer ses jours par le poison, n'a point d'emportements contre lui. Mourante, elle lui dit avec une douceur angélique : « Aucun danger ne vous attend, je l'espère, à cause de ma mort : le trône est à vous ; jouissez du bonheur de le posséder en paix : je jure de ne jamais venir, comme une ombre plaintive, autour de votre lit ensanglanté, pour troubler votre sommeil... [1]. »

J'ai trouvé un autre exemple du même caractère dans l'*Adelghis* de Manzoni. La fille de Didier, répudiée par Charlemagne, a été conduite par la douleur aux portes du tombeau. Elle sent venir sa dernière heure, et prononce ces paroles, qui sont de derniers adieux à l'époux qu'elle a tant aimé : « Hermangarde est morte ; elle est morte sans ressentiment contre qui que ce soit sur la terre ; elle a prié Dieu de ne demander compte à

---

[1] Acte V, scène v.

personne de ce qu'elle a souffert, ayant tout reçu, tout accepté des mains de Dieu même. Qu'il sache bien toutes ces choses; et si son cœur superbe pouvait n'être pas blessé d'une parole plus hardie, on lui dirait aussi que je lui pardonne[1]. »

Ces traits sont délicats et touchants; ils font plaindre les trois victimes qui se montrent si douces envers la mort, et si tendres au pardon; ils nous arrachent des larmes pour la vertu malheureuse et pour l'amour trahi; mais ils ne remuent pas le cœur comme les déchirantes agitations de la reine de Carthage, qui, au moment de se percer le sein elle-même avec le glaive d'Énée, fugitif et parjure à ses yeux, ne conserve plus de son désespoir et de ses projets de vengeance que ce vœu exprimé avec une tristesse douloureuse : « Puisse le cruel Troyen, du milieu des mers, repaître ses regards des flammes de ce bûcher, et emporter avec lui les funestes auspices de ma mort! »

A peine elle achevait, ses femmes la voient tomber sous le fer; elles voient l'épée fumante de sang, et ses mains qui en sont teintes[2]. Un cri de douleur s'élève jusqu'aux voûtes du palais; la re-

---

[1] Acte IV, scène 1.

[2] Je crains, ici, une légère inadvertance du poëte : comment les femmes du palais peuvent-elles voir une scène dont Didon a écarté tous les témoins avec tant de prévoyance ?

ÉNÉIDE, LIVRE IV.

nommée, prompte à le quitter, parcourt, comme une bacchante, la ville épouvantée de la fatale nouvelle[1]. Les maisons retentissent des gémissements du peuple et des hurlements des femmes ; tout le ciel résonne de clameurs lugubres[2] : on dirait qu'inondée par des flots d'ennemis, Carthage

---

[1] Le texte porte :

> It clamor ad alta
> Atria ; concussam bacchatur Fama per urbem.

Sans doute ce style figuré exprime la rapidité du bruit qui part du palais pour se répandre dans la ville émue tout entière ; mais pourquoi ne serait-il pas permis de personnifier ce bruit ? Les images mêmes de Virgile ne nous autorisent-elles pas à ramener au dénouement de l'action cette Renommée, qui siège sur le haut de la demeure des rois pour épier leurs actions et les divulguer ? La déesse, curieuse, jalouse, et toujours prête à publier surtout les nouvelles funestes, n'a-t-elle pas éveillé les fureurs d'Iarbas, en lui apprenant la passion de la reine de Carthage pour Énée ? N'est-ce pas encore cette messagère de malheur qui s'est hâtée de révéler à Didon la fuite prochaine du Troyen ? Qui nous empêche donc de continuer la fiction de Virgile jusques au bout, et de montrer la Renommée présente à la catastrophe, qu'elle court répandre, en jouissant, avec un cruel plaisir, du trouble qu'elle excite ?

[2] Quelques critiques trouvent ici un souvenir de la ruine de Carthage après la troisième guerre punique ; d'autres pensent que Virgile fait allusion au trouble et à la douleur de cette ville après le désastre de Sicile. On peut lire à ce sujet une belle narration d'Orosius (livre IV, chapitre VI); mais Virgile se serait bien gardé de faire une description aussi longue au dénouement de sa tragédie.

tout entière, ou l'antique Sidon s'écroule, et que les flammes, furieuses, roulent sur le faîte de la demeure des hommes, et au-dessus des temples des dieux.

A ce tumulte affreux, Élise, hors d'elle-même, accourt dans un effroi qui lui donne des ailes. Déchirant son visage, se meurtrissant le sein, elle s'élance à travers la foule, et appelant par son nom la victime mourante : « Voilà donc ton dessein, ma sœur! tu me trompais moi-même! Voilà ce que me préparaient ce bûcher, ces feux, ces autels! Abandonnée de toi, par où commencer mes plaintes? As-tu dédaigné ta sœur pour compagne de ta mort? Si tu m'avais appelée à partager tes destins, la même douleur, le même fer, le même instant, nous auraient emportées ensemble! Quoi! j'ai élevé ce bûcher de mes propres mains, j'ai invoqué les dieux de nos pères sur ces autels, et tous mes soins ont abouti, cruelle, à être absente au moment du fatal sacrifice [1]! Ah! ma sœur, tu as immolé en même temps, toi, ta sœur, le peuple, le sénat, et ta ville chérie. Donnez de l'eau pour

---

[1] Le texte dit avec une simplicité touchante et qui fait image :

Sic te ut posita, crudelis ! abessem ?

Les expressions de Virgile rappellent ce trait de Bossuet sur Henriette d'Angleterre : « La voilà comme la mort nous l'a faite. »

ses blessures; donnez, que je me hâte de les laver de mes mains; et si un dernier soupir est encore errant sur ses lèvres, que ma bouche du moins le recueille ! » Elle dit, et, franchissant les degrés du bûcher, elle réchauffait dans son sein une sœur expirante, et s'appliquait à étancher le sang noir qui sortait avec violence. Didon s'efforce de soulever sa paupière appesantie, qui se referme soudain. Son sang frémit au fond de la blessure ouverte par le fer : trois fois, appuyée sur son bras, elle veut se soutenir; trois fois elle retombe sur le lit de douleur : de ses yeux égarés vers les hauteurs du ciel, elle cherche la lumière, et pousse un dernier soupir après l'avoir trouvée. Mais la puissante Junon, émue par des douleurs si longues et un trépas si difficile, envoie Iris, du haut de l'Olympe, pour dégager cette âme qui luttait contre les liens du corps. En effet, comme la mort de Didon n'était ni voulue par les destins, ni méritée par un crime; comme l'infortunée périssait avant l'âge, et saisie des transports d'une fureur soudaine, Proserpine n'avait pas encore enlevé le cheveu fatal au front de la victime, et dévoué sa tête au roi du Styx. Iris déploie ses ailes brillantes et nuancées de mille couleurs par les rayons du soleil, descend du haut des cieux, et s'arrêtant au-dessus de Didon : « Je porte, dit-elle, par l'ordre des dieux, ce gage sacré au dieu des enfers, et j'affranchis cette âme de la prison du corps. » Elle dit, et coupe le cheveu d'or; soudain toute la chaleur s'échappe du cœur de Didon, et le souffle de sa vie s'exhale dans les airs [1].

Virgile a peint rapidement la mort de l'amante d'Énée, et cependant rien ne manque à son tableau. Par un conseil de la raison, il s'étend beaucoup plus sur la désolation de Carthage, parceque les regrets de tout un peuple deviennent dans ce moment le plus magnifique éloge de la reine. La douleur de la nouvelle Tyr est une espèce d'apothéose pour Didon; elle justifie cette inspiration d'un généreux orgueil:

Et nunc magna mei sub terras ibit imago.

Nous éprouvons quelque plaisir à voir cette espèce de réparation faite par Virgile à une femme vertueuse, qui, suivant la tradition, se brûla elle-même sur un bûcher, en face de ses sujets, pour échapper au malheur de violer, par un hymen avec Iarbas, les serments que les mânes de Sichée avaient reçus d'elle.

Homère, dans la peinture de la désolation des Troyens, après la mort d'Hector, est peut-être

---

[1] Racine, dans *Phèdre*,

Et que tes vains secours cessent de rappeler
Un reste de chaleur tout prêt à s'exhaler.

moins pathétique que Virgile pour l'expression ; mais Hécube, qui s'arrache les cheveux ; mais ce vieux roi, entouré de tout un peuple en deuil de son défenseur; ce père, surmontant l'affliction publique et l'horreur de sa situation pour aller demander le cadavre d'un fils à son meurtrier, quels sujets d'émotions profondes! Quand les choses sont si grandes d'elles-mêmes, leur effet ne dépend presque plus des images ou des paroles qui les représentent.

Euripide se rapproche davantage de Virgile dans ce passage des *Phéniciennes* :

« La douleur des mères, la douleur des vierges, formaient un concert affreux, une lugubre harmonie ; les citoyens pleuraient les uns sur les autres, et les cris de la douleur publique ressemblaient au bruit du tonnerre chaque fois que le monstre ailé enlevait de la ville quelque nouvelle victime [1]. »

Mais nous ne trouvons pas ici la nouvelle opposition que nous réserve Virgile, si savant dans l'art d'émouvoir. Au milieu du deuil de Carthage, il y a quelque chose de plus déchirant que la douleur publique; c'est celle d'Élise, qui aimait Didon plus

---

[1] Il s'agit du sphinx. *Phéniciennes,* vers 1040 et suivants. On peut trouver d'autres sujets de comparaison dans *Hécube* et dans les *Troyennes.*

que sa propre vie. Les premiers cris d'Élise, à la vue de sa sœur sur le bûcher, sont l'expression la plus vraie du désespoir; seulement je craindrais que ce trait, *quid primum deserta querar?* ne sentît un peu la préparation d'un orateur qui s'écoute parler. Mais quoi de plus touchant que ces reproches douloureux de l'amitié, qui, en nous révélant toute la tendresse du cœur d'Élise, relèvent encore son caractère à nos yeux?

Comitemne sororem
Sprevisti moriens?

As-tu dédaigné ta sœur pour compagne de ta mort?

Eadem me ad fata vocasses;
Idem ambas ferro dolor, atque eadem hora, tulisset.

Avec quelle précision ces beaux vers rendent les sentiments qui se pressent dans l'âme d'Élise! « Tu me connaissais; tu savais que mon sort était inséparable du tien, que je vivais tout entière dans toi; il fallait me dire, *Mourons:* ce mot aurait suffi; la même douleur, le même glaive, le même instant, nous auraient immolées ensemble. » Et comme ces réflexions, aussi rapides que l'éclair de la pensée, sont heureusement interrompues par les exclamations suivantes :

Extinxti te, meque, soror, populumque, patresque
Sidonios.

On n'entendrait pas bien Élise si l'on ne voyait

dans ce mouvement que la conséquence de celui qui précède :

> His etiam struxi manibus, patriosque vocavi
> Voce deos, sic te ut posita, crudelis! abessem?

Élise ne semble parler ici que du crime de son absence, cause d'un malheur irréparable; mais les secrets murmures de son cœur, cette voix de la conscience, qui se réveille tout-à-coup en présence des suites de nos fautes, lui rappellent les fatals conseils que le poëte lui-même nous a montrés comme la première origine du trépas de l'amante d'Énée.

> His dictis incensum animum inflammavit amore,
> Spemque dedit dubiæ menti, solvitque pudorem.

Sans doute, quand elle contemplait dans l'ami d'Hector un envoyé des dieux; quand l'enthousiasme lui dictait des prédictions de grandeur et de gloire pour Carthage, l'illusion était la vérité pour elle; sans doute, en poussant Didon au penchant où son cœur était enclin, elle croyait assurer les destinées de l'empire et le bonheur d'une sœur adorée : mais le cruel événement a trompé de si belles espérances; Didon n'est plus, et la malheureuse Élise s'accuse de lui avoir donné la mort. Ces pensées, renfermées dans le sein d'Élise, et qui mêlent leur accent à celui des regrets qu'elle éprouve de n'avoir pas reçu les derniers soupirs de la victime de l'amour, donnent le caractère de la plus vive éloquence aux plaintes que nous venons d'entendre.

M. Parceval Grand-Maison a essayé d'imiter la divine perfection du tableau des efforts de Didon, pour répondre, sinon par des paroles, au moins par un regard, à sa sœur, et témoigner qu'elle a reconnu cette voix jadis si chère.

>La reine à la lumière
>S'efforce d'entr'ouvrir sa pesante paupière,
>La soulève un instant, et la ferme soudain.
>Son sang à gros bouillons s'échappe de son sein ;
>Trois fois se soulevant sur un bras qui chancelle,
>Trois fois elle retombe ; et, roulant sa prunelle
>En un dernier regard vers le ciel élevé,
>Voit le jour, et gémit de l'avoir retrouvé.

Delille a lutté de plus près encore avec l'original. Après en avoir étudié toutes les beautés, il a cherché long-temps, avec sa muse, des images pour les rendre ; il a senti surtout qu'il fallait imiter les coupes savantes, les heureuses suspensions des vers de Virgile, qui représentent ici la reine dans les derniers moments de l'acte de mourir[1] avec une fidélité que le peintre le plus habile ne pourrait montrer qu'imparfaitement, parceque son art ne lui permettrait de saisir qu'un seul des mouvements de la nature défaillante.

---

[1] *In atto di morir*, expression du Tasse.

ÉNÉIDE, LIVRE IV. 329

>   A ses cris
> Didon rouvre, en mourant, ses yeux appesantis ;
> Sa force l'abandonne ; au fond de sa blessure,
> Son sang en bouillonnant forme un triste murmure.
> Trois fois avec effort sur *un bras se dressant*,
> Trois fois elle retombe, et, d'un œil languissant,
> Levant un long regard vers le céleste empire,
> Cherche un dernier rayon, le rencontre, et soupire.

Ces vers sont d'un maître : le second et le troisième, si l'on y retrouvait quelque chose de ces expressions si hardiment figurées, *Infixum stridit sub pectore vulnus*, surpasseraient peut-être l'original, par un je ne sais quel prestige de l'harmonie et du rapport des sons avec une sensation douloureuse; les deux derniers produisent presque les mêmes effets que le texte, où nous voyons à la fois les efforts de Didon pour lever vers le ciel ses yeux appesantis par la mort, le rapide éclair qui les anime lorsque la lumière des cieux s'y réfléchit, et le nuage de tristesse qui efface cet éclair au dernier soupir de la victime : mais, avec tous ces sujets d'éloges, le traducteur est encore resté à une distance infinie de l'original.

> Illa, graves oculos conata attollere, rursus
> Deficit : infixum stridit sub pectore vulnus.
> Ter sese attollens cubitoque adnixa levavit,
> Ter revoluta toro est; oculisque errantibus alto
> Quæsivit cœlo lucem, ingemuitque repertam.

L'art le plus parfait n'enfante ce genre de beautés qu'avec le secours du cœur. Un spectacle douloureux attache nos regards et fait sur nous une impression conforme à sa cause; le cœur la reçoit, la conserve, la nourrit par des souvenirs; et, quand une occasion survient de retracer ce que nous avons senti, dépositaire fidèle, il nous représente les éléments d'un tableau qui ne peut manquer de ressembler à la nature. Mais, pour que le tableau mérite l'admiration, avec quel soin il faut regarder le modèle présent, par une illusion semblable à celle qui trompait Didon sur l'absence d'Énée! avec quel scrupuleux examen il faut méditer même sur les rapports des yeux, pour mettre chaque image en harmonie avec son objet! quelle religieuse obligation ne doit-on pas s'imposer de ne jamais consentir à profaner la vérité par la plus légère imposture, eût-elle pour excuse toutes les grâces de l'esprit! Ce serment de l'artiste à lui-même produit les chefs-d'œuvre; il présidait aux créations de Sophocle et de Virgile, à celles de Fénélon et de Racine; cependant le prosateur s'est montré encore plus fidèle que le poëte à la religion de la vérité. En effet, si Racine, que l'on peut regarder comme un frère du chantre de Didon, parcequ'il existe entre ce poëte et lui des rapports presque aussi intimes que ceux du sang entre deux frères, a souvent égalé l'admirable sévérité, la désespérante perfection de son maître, on peut lui reprocher des fautes de costume que Virgile ne se fut point permises, même pour plaire à la cour d'Auguste. Fénélon, au contraire, est vrai comme l'antique, ou plutôt comme la nature. Mais, quoique sa prose soutienne quelquefois le parallèle avec la poésie de l'Énéide, on ne trouverait pas dans le Télémaque de peinture qui pût approcher des effets produits par les savantes combinaisons et l'harmonie des vers que j'ai déjà tant loués, sans avoir pu exprimer toute ma juste admiration.

Le législateur de notre parnasse se vantait d'avoir appris à l'auteur d'Andromaque l'art de faire difficilement des vers faciles, mais le maître, en communiquant son secret, ne l'avait point perdu pour lui-même, et peut-être l'épisode de la Mollesse, dans le Lutrin, est-il l'exemple le plus remarquable du pouvoir de notre langue à se plier aux formes des langues anciennes, et à leur disputer le mérite de la flexibilité. Les muses vendaient leurs faveurs à Boileau. On a pu dire de lui, comme de Démosthènes, que ses ouvrages sentaient la lampe; cependant, après avoir lu cet épisode célèbre, on se demande avec étonnement si un poëte grec ou latin aurait pu lui donner plus d'élégance, de grâce et de mélodie: pas une consonnance rude, pas un mot difficile, pas un terme pénible et qui coûte des efforts à la Mollesse, pas une phrase ambitieuse et longue à prononcer; chacune des paroles de la déesse tombe séparément; on sent qu'elles sont souvent entrecoupées d'un soupir, tant le poëte a eu soin d'y marquer des repos.

Les tableaux du Lutrin rappellent souvent, par d'habiles imitations, les images du chantre de Didon. Ne retrouve-t-on pas quelque chose de lui dans ces traits?

> A ce triste discours, qu'un long discours achève,
> La Mollesse, en pleurant, sur un bras se relève,
> Ouvre un œil languissant, et, d'une faible voix,
> Laisse tomber ces mots qu'elle interrompt vingt fois.

Si la reine de Carthage avait la force de tirer quelques paroles de son cœur lorsqu'elle se relève pour regarder le ciel, c'est ainsi que Virgile l'aurait peinte au moment où Élise se serait penchée pour recueillir les derniers sons d'une voix faible et chérie. Nous retrouverions encore quelque chose de Didon mourante, dans les vers suivants :

> La Mollesse oppressée,
> Dans sa bouche à ce mot sent sa langue glacée;
> Et, lasse de parler, succombant sous l'effort,
> Soupire, étend les bras, ferme l'œil et s'endort.

Il est probable que Boileau pensait à Virgile en traçant cette peinture, dont le dernier vers, quoiqu'il présente en quelque sorte une parodie, semble cependant une heureuse inspiration de l'original. C'est ainsi que, sous la plume des grands écrivains, la nature des sujets modifie les mêmes images, et qu'ils se ressemblent le plus alors qu'ils diffèrent beaucoup; toutefois ne profanons pas, par une comparaison dont Boileau lui-même se fût offensé comme d'une injure à Virgile, un chef-d'œuvre de l'art et du sentiment. Le sommeil de la Mollesse n'est qu'une fiction agréable et pleine de savants artifices; la mort de Didon est une peinture plus éloquente que toutes les paroles du cœur le plus profondément touché.

On ne saurait donner une idée complète de la perfection de Virgile qu'en l'opposant à lui-même. Voyons-le donc aussi habile à retracer les adieux d'Eurydice au malheureux Orphée, qu'il vient de se montrer grand peintre dans les dernières douleurs de la reine de Carthage :

Illa, Quis et me, inquit, miseram, et te perdidit, Orpheu?
Quis tantus furor ?... en iterum crudelia retro
Fata vocant, conditque natantia lumina somnus.
Jamque vale: feror ingenti circumdata nocte,
Invalidasque tibi tendens, heu! non tua, palmas[1].

---

[1] Mais elle, Qui donc nous a perdus tous deux, moi, ton Eurydice, et toi, malheureux Orphée? Pourquoi cet excès de délire? Hélas! les cruelles destinées me rappellent en arrière ; et le sommeil vient fermer mes yeux humides et tremblants. Déjà l'adieu fatal !... Je fuis, emportée par un océan de ténèbres! et la faible Eurydice, hélas! qui n'est plus la tienne, tend vainement vers toi ses mains défaillantes. »

La lecture sentie, avec ses repos, ses suspensions éloquentes, avec la magie qu'elle emprunte à la variété des sons, avec la puissance d'un accent qui vient de l'âme, possède des moyens plus rapides et plus sûrs que ceux de l'analyse la plus savante, pour faire sentir toutes les perfections de ce tableau; mais, en le décomposant, le goût y reconnaîtra sans peine les mêmes artifices que dans la peinture des derniers moments de Didon.

La mort d'Étéocle et de Polynice, racontée par Euripide, nous arrache des larmes. On n'y trouve pas, on ne devait pas y trouver toutes les gradations de la peinture de Virgile. La scène a d'autres convenances à observer que l'épopée; ce que l'une se plaît à retracer en détail, paraîtrait recherché dans l'autre, toujours occupée d'arriver sans langueur au dénouement.

« Au moment où ses deux fils tombaient sur le champ de bataille, leur malheureuse mère se précipite vers eux avec la vierge sa fille; elle voit ces corps atteints du coup mortel. « O mes enfants! s'écrie-t-elle avec désespoir, j'arrive trop tard pour vous secourir. » Et, se jetant sur eux tour à tour, elle déplorait le sort de ses fils, qu'elle avait eu tant de peine à nourrir de son lait; elle pleurait; Antigone, compagne de sa mère, pleurait aussi, en prononçant ces plaintes : « O vous qui deviez nourrir notre mère dans sa vieillesse, qui trahissez l'espoir de mon hymen, frères chéris... » Étéocle, poussant à peine un soupir du fond de sa poitrine, entend la voix de sa mère, et, lui tendant une main glacée, il ne peut prononcer même une parole ; mais, de ses yeux humides de larmes, il salue sa mère pour lui témoigner son amour. Polynice respirait encore ; il regarde sa sœur et sa vieille mère, et dit : « Tu n'as plus de fils, ô ma mère ! j'ai pitié de toi, de cette sœur chérie, et de ce frère étendu mort près de moi. D'ami qu'il était, il devint mon ennemi ; mais j'étais encore son ami. Ensevelissez-nous tous deux dans la terre natale ; apaisez une ville irritée pour que j'obtienne un dernier asile dans la patrie, malgré la perte du trône. Ferme-moi les yeux, ô ma mère (et en même temps il posait sur ses paupières les mains de Jocaste); adieu, déjà les ténèbres m'environnent[1]. »

On peut trouver une ombre des beautés de Virgile dans ce passage du troisième livre des *Métamorphoses* :

> Pyrame, clamavit, quis te mihi casus ademit[2] ?
> Pyrame, responde, tua te carissima Thisbe
> Nominat, exaudi, vultusque atolle jacentes.
> Ad nomen Thisbes, oculos jam morte gravatos
> Pyrame erexit, visaque recondidit illa.

---

[1] *Phéniciennes*, acte VI, vers 1437 et suivants.
[2] Pour juger de ce que le sentiment réfléchi du vrai ajoute

« Pyrame, s'écrie-t-elle, quel malheur t'enlève à mon amour? Pyrame, réponds-moi, ta chère Thisbé t'appelle; entends sa voix, et soulève vers elle ta tête affaiblie. A ce nom de Thisbé, Pyrame ouvre ses yeux appesantis par la mort, et les referme après avoir revu son amante. »

La Fontaine, usant de toute la liberté de son génie, indépendant même lorsqu'il imite, a dit, avec un charme particulier :

> Thisbé vient, Thisbé voit tomber son cher Pyrame.
> Que devient-elle aussi ? tout lui manque à la fois,
> Les sens et les esprits aussi bien que la voix.
> Elle revient enfin; Clothon, pour l'amour d'elle,
> Laisse à Pyrame ouvrir sa mourante prunelle.

---

aux pensées d'un écrivain, il suffit de rapprocher ce vers faible, commun,

> Pyrame, clamavit, quis te mihi casus ademit?

de celui qui commence les adieux d'Eurydice à Orphée dans les Géorgiques :

> Illa, Quis et me, inquit, miseram, et te perdidit, Orpheu.

L'un est l'expression vulgaire d'une douleur assez froide, l'autre est un cri du cœur. Thisbé parle de la mort de Pyrame comme d'un malheur ordinaire et peu senti; le premier mot d'Eurydice nous révèle que deux âmes sont frappées à la fois, et qu'il n'y a plus d'Orphée quand il n'y a plus d'Eurydice. Ovide avait la conscience de ce genre de beautés, il l'a prouvé dans la fable d'Alcyone et de Ceyx; mais, emporté par son excessive facilité, il néglige souvent ce travail du style, qui est une seconde création pour la pensée.

Il ne regarde point la lumière des cieux ;
Sur Thisbé seulement il arrête les yeux.
Il voudrait lui parler ; sa langue est retenue ;
Il témoigne mourir content de l'avoir vue.

Ces derniers vers semblent avoir été inspirés par ceux-ci d'Ovide :

Labitur, et parvæ fugiunt cum sanguine vires.
Dum aliquid spectare potest, me spectat, et in me
Infelicem animam, multoque exhalat in ore.

« Il tombe; et, faible, ses forces s'enfuient avec son sang. Tant qu'il peut regarder quelque chose, il me regarde, et c'est vers moi, et presque sur mes lèvres, que ce malheureux amant exhale le dernier souffle de son âme. »

Au lieu d'affaiblir et de mutiler Virgile, comme il ne le fait que trop souvent, par des imitations serviles ou peu judicieuses, le Tasse a voulu égaler son maître; et peut-être la mort de Clorinde l'emporte-t-elle, à quelques égards, sur celle de Didon. Transportons-nous au dénouement du combat nocturne que se livrent la vierge guerrière et Tancrède son amant, qui ne la reconnaît pas sous la nouvelle armure dont elle est revêtue.

« La mer Égée, lorsque les vents qui soulevaient ses flots ont cessé de souffler, ne se calme point encore, mais elle conserve le mouvement imprimé à ses ondes bruyantes et agitées: tels les deux guerriers, quoique la perte de leur sang les privât de cette vigueur qui secondait la force de leurs bras, conservent encore toute leur fureur, et continuent de combattre avec acharnement.

» Mais enfin l'heure fatale est arrivée qui doit finir les jours de Clorinde : Tancrède dirige la pointe de son épée vers le cœur de son ennemi ; le fer s'y plonge et s'enivre de sang ; l'étoffe brillante et légère qui couvre le sein virginal en est inondée ; déjà Clorinde se sent mourir ; ses genoux, faibles et languissants, se dérobent sous elle. Tancrède poursuit sa victoire ; il serre, il presse, en la menaçant, sa victime blessée du coup mortel. Clorinde tombe, et, d'une voix mourante, elle prononce ces paroles dernières, paroles inspirées par un nouvel esprit, l'esprit de foi, de charité, d'espérance :

« Ami, tu as vaincu ; je te pardonne : toi, par-
» donne aussi, non pas à ce corps qui n'a plus rien
» à craindre, mais à mon âme ; prie pour elle, et
» donne-moi le baptême qui lavera toutes mes
» fautes. » Dans ces faibles accents résonne je ne sais quelle plaintive et douce harmonie qui ouvre le cœur de Tancrède ; elles éteignent sa fureur, et arrachent de ses yeux des larmes involontaires.

» Empressé de satisfaire un si pieux désir de son ennemi mourant, le héros religieux sent trembler sa main, en découvrant le front de Clorinde ; il la voit, il la reconnaît, et reste muet, sans couleur, sans mouvement. Quelle vue! quelle épreuve pour un amant! Il ne meurt pourtant pas encore; il rassemble ses forces pour donner, avec l'eau sainte, une vie immortelle à la vierge que son glaive vient d'immoler. Pendant qu'il prononce les paroles sacrées, une joie vive anime Clorinde; elle sourit, heureuse et satisfaite dans le sein de la mort; elle semble dire : « Le ciel s'ouvre, et je pars en paix. »

» Sur son beau visage qu'habite la pâleur, les violettes remplacent les roses, et se mêlent à la blancheur des lis. Elle fixe ses yeux au ciel; le ciel et le soleil semblent, par pitié, se tourner vers elle pour la regarder. Enfin elle soulève une main nue et glacée; à défaut de paroles, elle la présente à son chevalier, comme un gage de paix; et dans cette attitude, la belle vierge passe, et paraît s'endormir. »

Ne prononçons pas légèrement entre deux grands maîtres. Virgile nous offre la peinture de toute une passion ; nous en avons vu la naissance, les progrès, les délices fugitives et les tourments durables. Dans la Jérusalem, l'amour de Tancrède, allumé par un regard, n'éprouve pas ces alternatives de craintes, d'espérances, de bonheur et de regret, qui servent d'aliment à cette passion; l'amour de Didon est une passion incurable, celui de Tancrède peut n'être qu'une flamme passagère. Loin de nous prêter à la fiction du Tasse, nous avons peine à ne pas regarder comme romanesque et sans vraisemblance la déclaration du chevalier chrétien à une infidèle sur le champ de bataille. On n'offre point ainsi le sacrifice de sa vie à une femme dont on n'a jamais essayé d'aborder le cœur, au moins par des paroles et par des prières. Clorinde, qui paraît indifférente aux aveux de Tancrède, se montre étonnée, mais non pas touchée du généreux empressement de ce héros à parer le coup mortel qui la menace. Elle est vierge et chaste, mais, jusqu'à ce que le poëte nous la fasse mieux connaître, on est tenté de craindre que les habitudes guerrières n'aient fait succéder dans le cœur de Clorinde une espèce de froideur ou de dureté à la sensibilité naturelle de son sexe. Elle ne nous touche pas plus qu'elle ne paraît touchée elle-même ; pour Tancrède, comme il n'a point ressenti ces profondes douleurs de l'âme qui inspirent tant de pitié, peu s'en faut qu'il ne nous semble plus ridicule qu'à plaindre. Didon, enflammée par un dieu lui-même, pleine d'un généreux enthousiasme pour la gloire présente à ses yeux, trahie par Vénus et Junon réunies pour triompher des résistances de sa fidélité, nous associe à tous les sentiments qui l'agitent. Clorinde, il est vrai, ne commet point de faute ; elle meurt innocente et pure comme elle a vécu, mais rien ne nous apprend qu'elle ait jamais remporté sur elle-même une de ces victoires qui sont l'épreuve et la récompense de la vertu. Au contraire, Didon, long-temps fidèle aux mânes d'un époux qu'elle avait vengé avec le glaive, supérieure aux hommages de tous les princes de l'Afrique, partagée entre le culte d'un premier amour et les soins d'un empire, méritait de surmonter le nouveau penchant qui l'entraîne vers un héros; elle aurait gardé sa pudeur et sa renommée, si trois divinités n'eussent conspiré sa perte. Une chute involontaire, une passion qu'elle n'a pu dompter, parcequ'il eût fallu pour cela d'autres forces que celles d'une mortelle, ne permettront pas qu'on écrive sur son tombeau ces simples et touchantes paroles, *Elissa Sichæi ;* cependant nous la plaignons presque autant que la malheureuse Andromaque, qui se croit toujours l'épouse d'Hector, même après son hymen forcé avec Hélénus.

C'est par les plus savantes combinaisons que Virgile a soutenu la gradation de l'intérêt, et préparé l'effet tragique du dénouement de son drame. Les fureurs de Didon n'étaient que le transport d'une âme indignée par la trahison et l'ingratitude; mais cette âme ardente et passionnée était tendre et mélancolique, et c'est ainsi que nous la revoyons à son heure suprême. Elle aime et pardonne au moment du sacrifice: *Sic, sic juvat ire sub umbras.* Didon se frappe elle-même en prononçant les plus tendres adieux à l'amour; Clorinde pardonne, après avoir reçu de Tancrède la mort qu'elle voulait donner à son ennemi. Non seulement la situation de Didon est plus touchante, mais elle paraît plus vraie que celle de Clorinde. Ce sont les présents d'Énée, monuments d'une *amour si saintement jurée* [1], c'est l'aspect du lit conjugal, c'est un retour du cœur à des souvenirs tendres et pleins de charmes, qui ont fait prendre un autre cours aux sentiments de Didon ; le poëte a trouvé, dans la nature même, l'un des plus heureux artifices de sa composition. Mais d'où vient le changement subit de Clorinde ? Avant le combat fatal, l'héroïne a résisté aux prières d'un vieillard qui lui a servi de père, aux avis d'un songe mystérieux ; elle a rejeté avec orgueil la proposition de quitter la loi du prophète; elle a refusé d'adopter la religion chrétienne, que sa mère avait toujours professée, sans avoir pu la faire connaître à sa fille. Quelle lumière soudaine a donc éclairé la fière compagne d'Argant? Quelle puissance a dessillé les yeux de la

---

[1] Didon a regardé les présents d'Énée, et surtout l'hommage de son glaive, suspendu dans la chambre conjugale, comme des gages d'amour et des serments d'hymen ; c'est ce que Virgile nous fait bien entendre par ce trait :

Arma viri, thalamo quæ fixa reliquit
Impius.

guerrière, élevée dans la foi musulmane? D'où lui vient surtout cette vertu du pardon, la plus sublime et la plus rare des vertus qui aient été enseignées à la terre? Le secours de la grâce, une inspiration de l'amour caché dans un cœur qui brûlait en secret et n'osait découvrir sa blessure, ont-ils produit l'un et l'autre miracle? Ces doutes, auxquels le génie du Tasse lui-même n'eût peut-être trouvé qu'une seule réponse, disent assez que la raison doit donner jusqu'ici la préférence au tableau de Virgile, sur la fiction mystérieuse de son imitateur. Rien n'est beau que le vrai ; le vrai sera toujours la première condition du beau.

Mais quelle scène dramatique que celle où Tancrède, qui a été puiser l'eau du baptême dans une source voisine, revient auprès de Clorinde, et sent trembler sa main en découvrant ce front encore inconnu! Quel coup de foudre quand il retrouve son amante dans l'ennemi qu'il a frappé avec tant de fureur! A quel rôle imposant s'élève tout-à-coup ce guerrier transformé, par sa maîtresse mourante, en un ministre de la religion qui efface les fautes! Clorinde demande le ciel à Tancrède, et Tancrède le lui donne! Il faut en convenir, l'antiquité n'a point connu ce genre de sublime. Une fois la vraisemblance justifiée (elle le sera bientôt), je ne connais rien de plus achevé, pour la vérité des mœurs et la beauté de la peinture, que la joie vive et le sourire de Clorinde, pendant que Tancrède prononce les paroles sacrées. Mais il a fallu la naissance d'une religion nouvelle sur la terre, pour qu'un poëte pût enfanter ce tableau.

E, in atto di morir, lieta e vivace,
Dir parea: S'apre il cielo; vado in pace.

Le Tasse, par un dernier trait de génie, fait passer Clorinde dans la mort comme dans un sommeil:

Passa la bella donna, et par che dorma¹.

Les pâles violettes ont remplacé les roses sur son teint, mais les roses reparaîtront à côté des lis. Clorinde dort seulement, et l'harmonie des vers du poëte, aussi douce que la voix d'Iphigénie, dont la tendresse veille sur le repos de son frère, semble vous dire: « Paix, silence; ne troublez pas le som-

---

¹ Ce vers, qui fait à lui seul un tableau tout entier, rappelle une belle strophe du second chœur de la tragédie d'Adelghis par Manzoni. Hermangarde touche au dernier moment, et le chœur semble lui adresser cette apostrophe, comme si elle était présente :

Muori, e la faccia esanime
Si ricomponga in pace
Com'era allor che improvida
D'un avvenir fallace,
Lievi pensieri virginei
Solo pingea.

« Meurs; et qu'après ta mort ton visage redevienne calme

meil céleste de la vierge ; elle se réveillera plus belle que vous ne l'avez jamais vue. »

Grand et modeste Virgile, vous avez ici un rival dans votre élève; mais, ce que vous ne faites jamais, le Tasse n'a pas craint de profaner la douleur de l'amour, par de vaines recherches, et des exagérations glacées. Pourquoi n'avait-il pas autant de goût et de sens que de génie [1]? Pardonnons-lui ses fautes, en faveur des nouvelles beautés qu'il enfante, avec cette prodigue facilité qui est le luxe d'un talent supérieur. L'ermite Pierre cherche vainement à calmer, à consoler, à ranimer Tancrède, en le rappelant au ciel et à la vertu qui en est la route : toutes les paroles du sage échouent contre le désespoir de l'amour. La nuit, le jour, en tous lieux, à toute heure, il appelle Clorinde. Tout-à-coup dans un songe lui apparaît, ceinte d'une robe étoilée, cette amante qui lui arrachait des larmes; jamais elle ne fut si

---

et serein comme aux jours où, sans pressentiment de l'infidèle avenir, ton front et tes yeux ne réfléchissaient que les légères pensées d'une vierge.

[1] En comparant la douleur d'Élise, dans Virgile, à celle de Tancrède, on reconnaîtra sans peine les fautes du Tasse ; je n'en citerai qu'un seul exemple : Tancrède, en revoyant les restes de Clorinde, s'écrie : « Marques funestes de ma coupable rage ! ô mes yeux, vous n'êtes pas moins impitoyables que ma main ; elle a fait ces blessures, et vous les contemplez ! » Livre XII, strophe xxxi et suivantes.

belle; cependant l'éclat céleste qui l'environne n'empêche pas de la reconnaître. Dans la douce attitude de la pitié, elle semble essuyer les pleurs du triste Tancrède, et lui dire : « Regarde comme je suis heureuse et belle, mon fidèle ami, et que cette vue apaise ta douleur. Je suis ce que tu m'as faite : tu me ravis par une erreur à ce monde mortel, mais ta piété m'a rendue digne de m'élancer dans le sein de Dieu et parmi les chœurs célestes. Là, je goûte, en aimant, le bonheur suprême; là, j'espère que ta place se prépare auprès de moi, et qu'aux clartés du soleil de l'Éternel tu pourras contempler les beautés du ciel et les miennes. Ah! ne te ferme pas la demeure divine; ne te laisse point égarer par les erreurs des sens. Vis, et apprends que je t'aime; je ne le cache pas; oui, je t'aime autant qu'il m'est permis d'aimer une créature mortelle. » En disant ces mots, les regards de la vierge s'allument du zèle le plus ardent; alors elle se cache dans la profondeur de son nuage de lumière, et disparaît; mais sa voix a fait passer une force nouvelle dans l'âme de Tancrède.

L'apparition de Béatrix au Dante[1] a pu suggérer au Tasse celle de Clorinde; mais ce dernier a su créer des beautés nouvelles, même en imitant. Sa fiction

---

[1] Chant XXXI du Purgatoire.

ENÉIDE, LIVRE IV. 347

produit un effet vraiment dramatique; elle a encore
le mérite de nous initier à ces secrets de l'art que
le génie devine au milieu des transports d'un travail de feu. Sur la terre, le mot d'amour ne serait
jamais sorti peut-être de la bouche de Clorinde ; si
elle n'avait point entendu impunément les aveux
de Tancrède, elle avait imposé silence à son penchant pour le guerrier, dont elle connaissait la valeur et la générosité : à peine a-t-elle vu s'ouvrir les
portes du ciel devant ses pas, que, pleine de pitié
pour une douleur si profonde, elle vient consoler
Tancrède, lui révéler un mystère qu'elle peut
avouer sans honte, et lui promettre les délices
d'un attachement immortel, pour prix de sa persévérance dans la vertu! Ni le Dante ni Virgile
n'avaient trouvé une pareille inspiration dans leur
génie, et il faut d'autant plus admirer la scène
du Tasse, qu'elle concourt à l'action, en rendant un
héros tout entier à l'armée, qui a besoin de lui
pour combattre les infidèles. La vue de Clorinde
produit sur Tancrède l'effet de la mort de Patrocle sur Achille.

Le trépas de Clorinde, vierge sans remords et
sans tache, est doux comme un repos ; elle s'éteint
comme une fleur que la terre ne nourrit plus : la
fin de Didon, qui a vécu au milieu des orages des
passions, est lente et difficile. Mais ne craignez
pas que Virgile revienne sur les détails rebutants

de l'agonie qu'il a si bien peinte dans la dernière scène, où l'infortunée semble mourir plusieurs fois ; un goût exquis ne lui a permis que ces traits :

> Tum Juno omnipotens, longum miserata dolorem
> Difficilesque obitus, Irim demisit Olympo,
> Quæ luctantem animam nexosque resolveret artus.

> Alors Junon, plaignant son pénible trépas
> Et d'une longue mort les douloureux combats,
> Pour arracher cette âme à sa prison mortelle,
> Fait descendre des cieux sa courrière fidèle.

Le poëte judicieux, et toujours attentif aux besoins de sa composition, ajoute, pour augmenter la pitié et fournir une dernière excuse à la victime de l'amour et des dieux : « Comme elle ne périssait ni de l'ordre des destins, ni par un trépas mérité ; comme l'infortunée mourait, au contraire, avant le temps, et saisie d'un transport de fureur tout-à-coup allumé dans son sein, Proserpine ne lui avait pas arraché le cheveu fatal, elle n'avait pas encore dévoué sa tête au Styx. »

L'apparition d'Iris au-dessus du bûcher de Didon est une de ces riantes images qui seules feraient reconnaître le génie de l'antiquité. La Grèce et Rome elle-même embellissaient tout, jusques à la mort, que l'on nous présente toujours sous des formes hideuses. Ministre de clémence et de pitié, Iris vient terminer les combats de l'âme de Didon, avec le corps qui la retient malgré elle. Virgile compare cette âme fugitive à un souffle qui s'exhale dans les airs. Pascal, accoutumé à méditer sur le néant des choses humaines, aurait dit en lisant ces vers de Virgile: « Une ombre, une vapeur, un souffle, voilà toute la vie. » Mais je crois qu'il eût ajouté dans une illusion de sa pieuse sollicitude: « Grand poëte, que devient cette âme qui s'en va? Puisque Didon n'a point mérité une fin si cruelle, quel séjour lui réservez-vous? » Le Tasse prévient de pareilles questions. Plus calme que l'Alceste d'Euripide, dont les yeux effrayés ne voient que l'affreux vieillard du Cocyte et la barque fatale ; plus heureuse que Didon, qui nous laisse inquiets sur son avenir, l'amante de Tancrède quitte la vie avec une sublime espérance : il semble que, déployant ses ailes, elle va s'élancer vers le séjour que la vertu ouvre à ceux qui n'ont pas mérité de subir la mort, réservée au vulgaire des humains [1].

Le poëte ne se contente pas de nous offrir cette illusion, il nous donne encore la réalité en nous montrant Clorinde le front ceint d'une couronne immortelle. Ainsi la beauté morale se réunit à la beauté dramatique, pour donner le caractère de la perfection au dénouement du Tasse. Je sais que

---

[1] Virtus recludens immeritis mori
Cœlum.   Horat., lib. III, ode ii.

Virgile n'oubliera point Didon; nous la retrouverons dans les champs élysées, mais son entrevue avec le prince troyen n'aura ni la grandeur, ni le charme, ni les heureux effets de la céleste apparition de Clorinde à Tancrède.

Les amours de Didon faisaient les délices du maître de Mécènes; Ovide ne se lassait point d'admirer cet épisode; saint Augustin a donné aux malheurs de la reine de Carthage des larmes dont il s'est accusé. Aussi religieux, mais moins sévère, parcequ'il était plus tendre, et que, doué des talents d'un poëte, nourri de la lecture des Grecs et des Romains, il ne pouvait résister aux inspirations de leur génie et du sien, Fénélon a imité les plus vives peintures du quatrième livre, sans causer même une alarme à la pudeur. Le Tasse, plus libre et plus hardi, doit à Virgile la passion d'Armide et la mort de Clorinde. Racine n'eut pas de moindres obligations au maître du Tasse : Hermione, Roxane, Bérénice, Phèdre, Ariane[1], nous retracent Didon, comme des sœurs, malgré quelques différences naturelles, rappellent, par un type commun, le caractère, l'âme et la beauté de leur mère. Deux mille ans avant Racine, le même modèle avait échauffé le peintre de Biblis, de

---

[1] Ariane est de Thomas Corneille, mais souvent digne de Racine.

Phèdre, de Myrrha, de Médée, d'Alcyone et de Sapho[1]. Des traits sublimes de passion nous font reconnaître les traces du commerce que le Dante, l'Arioste et Milton entretenaient avec la muse qui soupira les plaintes, ou peignit en traits de feu les transports de l'amante d'Énée. Les hymnes de Pétrarque à la belle Laure respirent souvent toute la flamme des tableaux de Virgile. L'Héloïse d'Abailard, comme celle de Pope, est une Didon chrétienne. Nous retrouvons partout le divin original de tant de copies célèbres. Le suffrage unanime des siècles, confirmé par les efforts de tous les grands écrivains pour la reproduire, place cette création au rang des chefs-d'œuvre: malheur au téméraire qui voudrait essayer de l'en faire descendre !

Cependant, comme la divinité seule imprime le cachet de la perfection absolue à ses ouvrages, il doit être permis de remarquer des fautes dans l'épisode, qui a excité une si constante admiration. Sans affecter un rigorisme que l'on pourrait peut-être accuser de quelque hypocrisie; sans vouloir retrancher aux poëtes une seule des franchises presque illimitées qu'Horace leur accorde, on peut reprocher à Virgile d'avoir déshonoré une femme qui devait rester sans tache en présence des siècles.

---

[1] Ovide.

C'est ébranler la morale, c'est renverser un autel, que d'enlever à la vertu la place qu'elle a méritée dans l'estime de l'univers. Cette faute de Virgile est d'autant plus grave, qu'il la commet deux fois dans ce livre : l'une envers la veuve de Sichée, l'autre envers l'héritier d'Hector. A l'égard de Didon, le poëte a du moins, pour désarmer la critique, les admirables beautés qu'il a fait jaillir des combats de la passion allumée par l'Amour lui-même dans le cœur de cette reine; mais tout se réunit pour condamner la malheureuse supposition de la faiblesse du mari de Créuse. L'âge, le caractère, les travaux, les mœurs d'Énée, la mission sublime qui lui est confiée, répugnent également au démenti qu'il donne à sa vie héroïque. Pour juger la fiction du poëte, il suffit d'imaginer une nouvelle apparition d'Hector au fils d'Anchise; en effet, aux premières paroles du dernier défenseur d'Ilion, le dépositaire des destinées du peuple troyen se trouverait tellement rabaissé devant nous, que nous ne pourrions plus souffrir en lui l'imposture qui en a fait l'homme des dieux. Aussi Virgile s'est bien gardé d'envoyer son héros, de Carthage aux champs élysées. Il a fallu ajouter tout un livre au poëme pour nous empêcher de murmurer, en voyant le séducteur ou l'esclave de Didon admis au commerce des grands hommes de tous les temps. Par un inconcevable oubli, Virgile, qui a préparé de si puissantes excuses à la faute de Didon, n'a cherché aucun moyen de justifier le chef des Troyens, beaucoup plus coupable que la reine. L'amour lui-même vient effacer l'image de Sichée dans le cœur de Didon ; c'est après des combats avec un dieu qu'elle viole la foi promise aux mânes d'un époux ; pour Énée, il n'a pas besoin qu'on lui fasse oublier Créuse. Il ne se souvient ni de l'hymen royal qu'elle lui a promis ou annoncé, ni des touchants adieux exprimés dans le vers où elle se recommande avec tant de grâce à la mémoire du père d'Ascagne :

<small>Jamque vale, et nati serva communis amorem.</small>

Sans être dominé par une de ces grandes passions qui veulent occuper un cœur tout entier, il ne se rappelle à Carthage ni sa patrie, ni son peuple, ni les devoirs qui lui sont imposés. Il abuse ou profite de l'erreur d'une reine qui perd le soin de sa gloire et interrompt les travaux d'un empire [1]. Nouveau Pâris d'une autre Hélène [2], enivré de mollesse et

---

[1] <small>Non cœptæ assurgunt turres, non arma juventus
Exercet; portusve, aut propugnacula bello
Tuta parant : pendent opera interrupta.</small>

[2] <small>Et nunc ille Paris, cum semiviro comitatu,
Mæonia mentum mitra crinemque madentem
Subnixus...</small>

de volupté[1], il s'abandonne, dans un pays entouré de voisins jaloux et d'ennemis redoutables[2], il s'abandonne à un commerce illégitime, qui détruit l'honneur d'une femme célèbre par sa pudeur[3], et compromet le sort de deux nations. Encore si le prince, espoir de la nouvelle Troie, se relevait de lui-même, et par sa propre vertu, de cet état d'abaissement; mais nous avons vu que les décrets de Jupiter, et deux messages de Mercure, suffisaient à peine pour le tirer de sa léthargie morale.

Didon et le prince troyen ont ensemble des rapports de situation dont le choix prescrivait de pénibles sacrifices au poëte. Réduits au veuvage par un événement funeste, tous deux ont connu l'amour long-temps avant de se rencontrer dans les murs de la nouvelle Tyr. Virgile a dû, par conséquent, renoncer à la peinture des préludes de cette passion, pleine d'enchantements lorsqu'elle s'empare à la fois de deux âmes neuves et sans expérience. Le quatrième

---

[1] Nunc hiemem inter se luxu, quam longa, fovere,
Regnorum immemores, turpique cupidine captos.

[2] Hinc Gætulæ urbes, genus insuperabile bello,
Et Numidæ infreni cingunt, et inhospita Syrtis :
Hinc deserta siti regio, lateque furentes
Barcæi.

[3] Te propter eumdem
Extinctus pudor, et, qua sola sidera adibam,
Fama prior.

livre n'offre ni la grâce du premier amour, tel qu'il est représenté par le pinceau fidèle de Valérius Flaccus, ni la double surprise des yeux et du cœur, comme on la voit dans cette naïve Miranda [1], qui décèle par de tendres prières une inclination naissante pour le prince Ferdinand, si noble de sa personne, et si doux, quoiqu'il ne connaisse pas la crainte. Didon ne pouvait être ni Médée, ni Clorinde, ni Herminie; Énée nous aurait révoltés dans l'attitude de Jason ou de Tancrède, et plus encore dans celle du chevalier d'Armide. Il a beau nous apparaître avec tout l'éclat de la jeunesse d'un dieu, sa brillante métamorphose n'a changé que sa personne; le souvenir de Troie et les promesses de Jupiter ne nous laissent voir en lui qu'un héros de la piété filiale, un prince grave et religieux. Il n'y a point de place pour une faiblesse dans ce caractère imposant et consacré par le malheur. Au contraire, Pyrrhus, emporté par la fougue de l'âge, doit nous intéresser à ses transports pour Andromaque; nous concevons qu'il oublie la Grèce jusqu'à vouloir couronner l'auguste victime dont la tristesse est un charme et la vertu un pouvoir: il ne se mêle d'ailleurs aucun soupçon d'offense dans les

---

[1] Voyez la tempête dans Shakespeare, acte I, scène VI.

propositions de Pyrrhus; héritier d'Achille, il offre un trône et l'hymen à la veuve d'Hector. Mais Énée est soumis à la volonté des destins, qui lui réservent un autre hymen avec la fille d'un roi d'Italie : dans cette situation, toutes ses promesses d'amour à la veuve de Sichée, tous les engagements du cœur qu'il pourrait prendre avec elle, seraient ou des mensonges, ou des parjures et des conseils de déshonneur. Le poëte a senti le danger de cette alternative ; et son jugement lui a défendu d'aborder aucune scène dans laquelle il faudrait manifester la passion du prince troyen. Un seul exemple suffira pour prévenir de plus longs commentaires de ma pensée. Tout le monde a retenu, tout le monde répète avec admiration ce cri du cœur qui achève les pénibles et touchants aveux de la reine de Carthage à la confidente chérie de tous ses sentiments :

Agnosco veteris vestigia flammæ [1].

Mais ce trait et l'éloquence passionnée des mouvements qui le précèdent couvriraient Énée de ridicule, parceque nous ne saurions nous prêter à

---

[1] On trouve dans la pièce d'Antoine et Cléopâtre une élégante et nouvelle expression de la même pensée ; Énobarbus dit à Antoine : « Des cendres de ce vieil attachement vont renaître de jeunes ardeurs. »

l'illusion d'un second amour dans un homme de son âge et de son caractère. Le silence de Virgile atteste la conviction de cette vérité. En la méditant, le poëte ne pouvait se dissimuler à lui-même l'impossibilité de colorer ou de cacher la nullité du rôle d'un homme qui se laisse aimer et répond si froidement à la passion qu'il inspire sans la mériter. Nul doute que Virgile n'ait jugé en maître la faute irréparable où l'entraînait une fiction aussi contraire aux récits de l'histoire qu'aux mœurs et à la renommée de ses deux personnages; mais un pressentiment qui ne trompe pas les grands écrivains lui fit entrevoir dans l'épisode des amours de Didon le sujet d'une peinture immortelle, peut-être même une occasion de surpasser le grand Homère, qu'il avait imité tant de fois, en désespérant toujours de l'atteindre. Dans une de ces prévisions qui sont la récompense des veilles du génie, il s'enflamma de l'espoir de faire répandre des larmes à tous les siècles sur les malheurs de la reine de Carthage, et, sacrifiant les lois de la composition et la conscience de la vérité à l'éclat de sa renommée, il saisit ses pinceaux, en s'écriant peut-être malgré la modestie qu'on lui donne :

Vincet amor patriæ laudumque immensa cupido [1].

---

[1] « L'amour de la patrie et la passion immense de la gloire.

Oui, c'est à la soif de la gloire, c'est au désir ardent de vivre à jamais dans le souvenir des hommes, que nous devons la faute sublime de ce quatrième livre, dont Voltaire a dit avec raison : « C'est un effort de l'esprit humain. »

---

l'emportent dans mon cœur. » L'allusion est sans doute assez motivée ; en effet, un grand écrivain est autorisé à penser que la gloire de son nom rejaillira sur sa patrie.

ÆNEIDOS
LIBER QUARTUS.

At regina, gravi jam dudum saucia cura,
Vulnus alit venis, et cæco carpitur igni.
Multa viri virtus animo, multusque recursat
Gentis honos: hærent infixi pectore vultus,
Verbaque; nec placidam membris dat cura quietem.
Postera Phœbea lustrabat lampade terras,
Humentemque Aurora polo dimoverat umbram;
Quum sic unanimam alloquitur male sana sororem:
    Anna soror, quæ me suspensam insomnia terrent!
Quis novus hic nostris successit sedibus hospes!
Quem sese ore ferens! quam forti pectore, et armis!
Credo equidem, nec vana fides, genus esse deorum.
Degeneres animos timor arguit. Heu! quibus ille
Jactatus fatis! quæ bella exhausta canebat!
Si mihi non animo fixum immotumque sederet
Ne cui me vinclo vellem sociare jugali,
Postquam primus amor deceptam morte fefellit;
Si non pertæsum thalami tædæque fuisset;
Huic uni forsan potui succumbere culpæ.
Anna, fatebor enim, miseri post fata Sychæi
Conjugis, et sparsos fraterna cæde Penates,
Solus hic inflexit sensus, animumque labantem
Impulit. Agnosco veteris vestigia flammæ.

Sed mihi vel tellus optem prius ima dehiscat,
Vel pater omnipotens adigat me fulmine ad umbras,
Pallentes umbras Erebi, noctemque profundam,
Ante, Pudor, quam te violo, aut tua jura resolvo.
Ille meos, primus qui me sibi junxit, amores
Abstulit: ille habeat secum, servetque sepulcro.
Sic effata, sinum lacrymis implevit obortis.

Anna refert: O luce magis dilecta sorori,
Solane perpetua mærens carpere juventa?
Nec dulces natos, Veneris nec præmia noris?
Id cinerem aut Manes credis curare sepultos?
Esto: ægram nulli quondam flexere mariti;
Non Libyæ, non ante Tyro; despectus Iarbas,
Ductoresque alii quos Africa terra triumphis
Dives alit: placitone etiam pugnabis amori?
Nec venit in mentem quorum consederis arvis?
Hinc Gætulæ urbes, genus insuperabile bello,
Et Numidæ infreni cingunt, et inhospita Syrtis;
Hinc deserta siti regio, lateque furentes
Barcæi. Quid bella Tyro surgentia dicam,
Germanique minas?
Dis equidem auspicibus reor, et Junone secunda,
Huc cursum Iliacas vento tenuisse carinas.
Quam tu urbem, soror, hanc cernes, quæ surgere regna,
Conjugio tali! Teucrum comitantibus armis,
Punica se quantis attollet gloria rebus!
Tu modo posce deos veniam; sacrisque litatis,
Indulge hospitio, causasque innecte morandi;
Dum pelago desævit hiems, et aquosus Orion,
Quassatæque rates; dum non tractabile cœlum.

His dictis incensum animum inflammavit amore,
Spemque dedit dubiæ menti, solvitque pudorem.

 Principio delubra adeunt, pacemque per aras
Exquirunt : mactant lectas de more bidentes
Legiferæ Cereri, Phœboque, patrique Lyæo;
Junoni ante omnes, cui vincla jugalia curæ.
Ipsa, tenens dextra pateram, pulcherrima Dido
Candentis vaccæ media inter cornua fundit:
Aut ante ora deum pingues spatiatur ad aras,
Instauratque diem donis, pecudumque reclusis
Pectoribus inhians, spirantia consulit exta.
Heu! vatum ignaræ mentes! quid vota furentem,
Quid delubra juvant? est mollis flamma medullas
Interea, et tacitum vivit sub pectore vulnus.
Uritur infelix Dido, totaque vagatur
Urbe furens: qualis conjecta cerva sagitta,
Quam procul incautam nemora inter Cresia fixit
Pastor agens telis, liquitque volatile ferrum
Nescius; illa fuga silvas saltusque peragrat
Dictæos: hæret lateri letalis arundo.
Nunc media Ænean secum per mœnia ducit,
Sidoniasque ostentat opes, urbemque paratam:
Incipit effari, mediaque in voce resistit.
Nunc eadem, labente die, convivia quærit,
Iliacosque iterum demens audire labores
Exposcit, pendetque iterum narrantis ab ore.
Post, ubi digressi, lumenque obscura vicissim
Luna premit, suadentque cadentia sidera somnos,
Sola domo mæret vacua, stratisque relictis
Incubat: illum absens absentem auditque videtque;

Aut gremio Ascanium, genitoris imagine capta,
Detinet, infandum si fallere possit amorem.
Non cœptæ assurgunt turres; non arma juventus
Exercet; portusve, aut propugnacula bello
Tuta parant: pendent opera interrupta, minæque
Murorum ingentes, æquataque machina cœlo.

Quam simul ac tali persensit peste teneri
Cara Jovis conjux, nec famam obstare furori;
Talibus aggreditur Venerem Saturnia dictis:
Egregiam vero laudem et spolia ampla refertis
Tuque puerque tuus, magnum et memorabile nomen,
Una dolo divum si femina victa duorum est!
Nec me adeo fallit veritam te mœnia nostra,
Suspectas habuisse domos Carthaginis altæ.
Sed quis erit modus? aut quo nunc certamina tanta?
Quin potius pacem æternam pactosque hymenæos
Exercemus? habes tota quod mente petisti:
Ardet amans Dido, traxitque per ossa furorem.
Communem hunc ergo populum paribusque regamus
Auspiciis: liceat Phrygio servire marito,
Dotalesque tuæ Tyrios permittere dextræ.

Olli (sensit enim simulata mente locutam,
Quo regnum Italiæ Libycas averteret oras)
Sic contra est ingressa Venus: Quis talia demens
Abnuat, aut tecum malit contendere bello?
Si modo, quod memoras, factum fortuna sequatur.
Sed fatis incerta feror si Jupiter unam
Esse velit Tyriis urbem Trojaque profectis,
Miscerive probet populos, aut fœdera jungi.
Tu conjux; tibi fas animum tentare precando.

Perge; sequar. Tum sic excepit regia Juno :
Mecum erit iste labor: nunc qua ratione quod instat
Confieri possit, paucis, adverte, docebo.
Venatum Æneas unaque miserrima Dido
In nemus ire parant, ubi primos crastinus ortus
Extulerit Titan, radiisque retexerit orbem.
His ego nigrantem commixta grandine nimbum,
Dum trepidant alæ, saltusque indagine cingunt,
Desuper infundam, et tonitru cœlum omne ciebo
Diffugient comites, et nocte tegentur opaca:
Speluncam Dido dux et Trojanus eamdem
Devenient. Adero; et, tua si mihi certa voluntas,
Connubio jungam stabili, propriamque dicabo,
Hic Hymenæus erit. Non adversata petenti
Annuit, atque dolis risit Cytherea repertis.

 Oceanum interea surgens Aurora relinquit.
It portis jubare exorto delecta juventus:
Retia rara, plagæ, lato venabula ferro,
Massylique ruunt equites, et odora canum vis.
Reginam thalamo cunctantem ad limina primi
Pœnorum exspectant: ostroque insignis et auro
Stat sonipes, ac frena ferox spumantia mandit.
Tandem progreditur, magna stipante caterva,
Sidoniam picto chlamydem circumdata limbo;
Cui pharetra ex auro, crines nodantur in aurum,
Aurea purpuream subnectit fibula vestem.
Nec non et Phrygii comites, et lætus Iulus,
Incedunt. Ipse ante alios pulcherrimus omnes
Infert se socium Æneas, atque agmina jungit.
Qualis, ubi hibernam Lyciam Xanthique fluenta

Deserit, ac Delum maternam invisit Apollo,
Instauratque choros; mixtique altaria circum
Cretesque Dryopesque fremunt, pictique Agathyrsi:
Ipse jugis Cynthi graditur, mollique fluentem
Fronde premit crinem fingens, atque implicat auro;
Tela sonant humeris. Haud illo segnior ibat
Æneas: tantum egregio decus enitet ore.

   Postquam altos ventum in montes atque invia lustra,
Ecce feræ, saxi dejectæ vertice, capræ
Decurrere jugis: alia de parte patentes
Transmittunt cursu campos atque agmina cervi
Pulverulenta fuga glomerant, montesque relinquunt.
At puer Ascanius mediis in vallibus acri
Gaudet equo; jamque hos cursu, jam præterit illos;
Spumantemque dari pecora inter inertia votis
Optat aprum, aut fulvum descendere monte leonem.

   Interea magno misceri murmure cœlum
Incipit: insequitur commixta grandine nimbus.
Et Tyrii comites passim, et Trojana juventus,
Dardaniusque nepos Veneris, diversa per agros
Tecta metu petiere: ruunt de montibus amnes.
Speluncam Dido dux et Trojanus eamdem
Deveniunt: prima et Tellus et pronuba Juno
Dant signum; fulsere ignes, et conscius æther
Connubiis; summoque ululcarunt vertice nymphæ.
Ille dies primus leti primusque malorum
Causa fuit: neque enim specie famave movetur,
Nec jam furtivum Dido meditatur amorem:
Conjugium vocat; hoc prætexit nomine culpam.

   Extemplo Libyæ magnas it Fama per urbes;

Fama, malum qua non aliud velocius ullum;
Mobilitate viget, viresque acquirit eundo;
Parva metu primo, mox sese attollit in auras;
Ingrediturque solo, et caput inter nubila condit.
Illam Terra parens, ira irritata deorum,
Extremam, ut perhibent, Cœo Enceladoque sororem
Progenuit, pedibus celerem et pernicibus alis:
Monstrum horrendum, ingens; cui, quot sunt corpore
   plumæ,
Tot vigiles oculi subter, mirabile dictu,
Tot linguæ, totidem ora sonant, tot subrigit aures.
Nocte volat cœli medio terræque, per umbram
Stridens, nec dulci declinat lumina somno.
Luce sedet custos, aut summi culmine tecti,
Turribus aut altis, et magnas territat urbes;
Tam ficti pravique tenax quam nuntia veri.
Hæc tum multiplici populos sermone replebat
Gaudens, et pariter facta atque infecta canebat:
Venisse Æneam, Trojano a sanguine cretum,
Cui se pulchra viro dignetur jungere Dido;
Nunc hiemem inter se luxu, quam longa, fovere,
Regnorum immemores, turpique cupidine captos.
Hæc passim dea fœda virum diffundit in ora.

   Protinus ad regem cursus detorquet Iarban,
Incenditque animum dictis, atque aggerat iras.

   Hic Hammone satus, rapta Garamantide nympha,
Templa Jovi centum latis immania regnis,
Centum aras posuit; vigilemque sacraverat ignem,
Excubias divum æternas; pecudumque cruore
Pingue solum, et variis florentia limina sertis.

Isque amens animi, et rumore accensus amaro,
Dicitur ante aras, media inter numina divum,
Multa Jovem manibus supplex orasse supinis:
Jupiter omnipotens, cui nunc Maurusia pictis
Gens epulata toris Lenæum libat honorem,
Adspicis hæc? an te, genitor, quum fulmina torques,
Nequidquam horremus? cæcique in nubibus ignes
Terrificant animos, et inania murmura miscent?
Femina, quæ, nostris errans in finibus, urbem
Exiguam pretio posuit, cui littus arandum,
Cuique loci leges dedimus, connubia nostra
Repulit, ac dominum Ænean in regna recepit.
Et nunc ille Paris, cum semiviro comitatu,
Mæonia mentum mitra crinemque madentem
Subnixus, rapto potitur: nos munera templis
Quippe tuis ferimus, famamque fovemus inanem.
   Talibus orantem dictis, arasque tenentem,
Audiit omnipotens, oculosque ad mœnia torsit
Regia, et oblitos famæ melioris amantes.
Tum sic Mercurium alloquitur, ac talia mandat:
Vade age, nate, voca Zephyros, et labere pennis;
Dardaniumque ducem, Tyria Carthagine qui nunc
Exspectat, fatisque datas non respicit urbes,
Alloquere, et celeres defer mea dicta per auras.
Non illum nobis genetrix pulcherrima talem
Promisit, Graiumque ideo bis vindicat armis;
Sed fore qui gravidam imperiis belloque frementem
Italiam regeret, genus alto a sanguine Teucri
Proderet, ac totum sub leges mitteret orbem.
Si nulla accendit tantarum gloria rerum,

Nec super ipse sua molitur laude laborem;
Ascanione pater Romanas invidet arces?
Quid struit? aut qua spe inimica in gente moratur?
Nec prolem Ausoniam et Lavinia respicit arva?
Naviget; hæc summa est: hic nostri nuntius esto.

   Dixerat. Ille patris magni parere parabat
Imperio: et primum pedibus talaria nectit
Aurea, quæ sublimem alis, sive æquora supra,
Seu terram, rapido pariter cum flamine portant.
Tum virgam capit: hac animas ille evocat Orco
Pallentes, alias sub Tartara tristia mittit;
Dat somnos, adimitque, et lumina morte resignat:
Illa fretus agit ventos, et turbida tranat
Nubila. Jamque volans apicem et latera ardua cernit
Atlantis duri, cœlum qui vertice fulcit;
Atlantis, cinctum assidue cui nubibus atris
Piniferum caput et vento pulsatur et imbri:
Nix humeros infusa tegit; tum flumina mento
Præcipitant senis, et glacie riget horrida barba.
Hic primum paribus nitens Cyllenius alis
Constitit: hinc toto præceps se corpore ad undas
Misit; avi similis, quæ circum littora, circum
Piscosos scopulos, humilis volat æquora juxta.
Haud aliter terras inter cœlumque volabat
Littus arenosum ad Libyæ, ventosque secabat,
Materno veniens ab avo Cyllenia proles.

   Ut primum alatis tetigit magalia plantis,
Æneas fundantem arces ac tecta novantem
Conspicit; atque illi stellatus iaspide fulva
Ensis erat, Tyrioque ardebat murice læna

Demissa ex humeris; dives quae munera Dido
Fecerat, et tenui telas discreverat auro.
Continuo invadit: Tu nunc Carthaginis altae
Fundamenta locas, pulchramque uxorius urbem
Exstruis? heu! regni rerumque oblite tuarum!
Ipse deum tibi me claro demittit olympo
Regnator, coelum et terras qui numine torquet;
Ipse haec ferre jubet celeres mandata per auras:
Quid struis? aut qua spe Libycis teris otia terris?
Si te nulla movet tantarum gloria rerum,
Nec super ipse tua moliris laude laborem;
Ascanium surgentem et spes heredis Iuli
Respice, cui regnum Italiae Romanaque tellus
Debentur. Tali Cyllenius ore locutus
Mortales visus medio sermone reliquit,
Et procul in tenuem ex oculis evanuit auram.

 At vero Æneas adspectu obmutuit amens;
Arrectaeque horrore comae, et vox faucibus haesit.
Ardet abire fuga, dulcesque relinquere terras,
Attonitus tanto monitu imperioque deorum.
Heu! quid agat? quo nunc reginam ambire furentem
Audeat affatu? quae prima exordia sumat?
Atque animum nunc huc celerem, nunc dividit illuc,
In partesque rapit varias, perque omnia versat.
Haec alternanti potior sententia visa est.
Mnesthea, Sergestumque vocat, fortemque Cloanthum;
Classem aptent taciti, socios ad littora cogant,
Arma parent, et quae sit rebus causa novandis
Dissimulent: sese interea, quando optima Dido
Nesciat, et tantos rumpi non speret amores,

Tentaturum aditus, et quæ mollissima fandi
Tempora, quis rebus dexter modus. Ocius omnes
Imperio læti parent, ac jussa facessunt.

 At regina dolos (quis fallere possit amantem?)
Præsensit, motusque excepit prima futuros,
Omnia tuta timens: eadem impia Fama furenti
Detulit armari classem, cursumque parari.
Sævit inops animi, totamque incensa per urbem
Bacchatur: qualis commotis excita sacris
Thyias, ubi audito stimulant trieterica Baccho
Orgia, nocturnusque vocat clamore Cithæron.
Tandem his Ænean compellat vocibus ultro:

 Dissimulare etiam sperasti, perfide, tantum
Posse nefas, tacitusque mea decedere terra?
Nec te noster amor, nec te data dextera quondam,
Nec moritura tenet crudeli funere Dido?
Quin etiam hiberno moliris sidere classem,
Et mediis properas Aquilonibus ire per altum,
Crudelis? Quid? si non arva aliena domosque
Ignotas peteres, et Troja antiqua maneret,
Troja per undosum peteretur classibus æquor?
Mene fugis? Per ego has lacrymas dextramque tuam, te,
(Quando aliud mihi jam miseræ nihil ipsa reliqui)
Per connubia nostra, per inceptos hymenæos,
Si bene quid de merui, fuit aut tibi quidquam
Dulce meum, miserere domus labentis, et istam,
Oro, si quis adhuc precibus locus, exue mentem.
Te propter Libycæ gentes Nomadumque tyranni
Odere; infensi Tyrii: te propter eumdem
Extinctus pudor, et, qua sola sidera adibam,

Fama prior. Cui me moribundam deseris, hospes?
Hoc solum nomen quoniam de conjuge restat.
Quid moror? an mea Pygmalion dum mœnia frater
Destruat, aut captam ducat Gætulus Iarbas?
Saltem si qua mihi de te suscepta fuisset
Ante fugam soboles; si quis mihi parvus aula
Luderet Æneas, qui te tamen ore referret;
Non equidem omnino capta ac deserta viderer.
   Dixerat. Ille Jovis monitis immota tenebat
Lumina, et obnixus curam sub corde premebat.
Tandem pauca refert: Ego te, quæ plurima fando
Enumerare vales, numquam, regina, negabo
Promeritam; nec me meminisse pigebit Elissæ,
Dum memor ipse mei, dum spiritus hos regit artus.
Pro re pauca loquar. Neque ego hanc abscondere furto
Speravi, ne finge, fugam; nec conjugis umquam
Prætendi tædas, aut hæc in fœdera veni.
Me si fata meis paterentur ducere vitam
Auspiciis, et sponte mea componere curas;
Urbem Trojanam primum dulcesque meorum
Reliquias colerem; Priami tecta alta manerent;
Et recidiva manu posuissem Pergama victis.
Sed nunc Italiam magnam Gryneus Apollo,
Italiam Lyciæ jussere capessere sortes:
Hic amor, hæc patria est. Si te Carthaginis arces
Phœnissam, Libycæque adspectus detinet urbis;
Quæ tandem Ausonia Teucros considere terra
Invidia est? Et nos fas extera quærere regna.
Me patris Anchisæ, quoties humentibus umbris
Nox operit terras, quoties astra ignea surgunt,

LIBER IV.

Admonet in somnis, et turbida terret imago :
Me puer Ascanius, capitisque injuria cari,
Quem regno Hesperiæ fraudo et fatalibus arvis.
Nunc etiam interpres divum, Jove missus ab ipso,
(Testor utrumque caput) celeres mandata per auras
Detulit: ipse deum manifesto in lumine vidi.
Intrantem muros, vocemque his auribus hausi.
Desine meque tuis incendere teque querelis :
Italiam non sponte sequor.

Talia dicentem jam dudum aversa tuetur,
Huc illuc volvens oculos, totumque pererrat
Luminibus tacitis, et sic accensa profatur:
Nec tibi diva parens, generis nec Dardanus auctor,
Perfide; sed duris genuit te cautibus horrens
Caucasus, Hyrcanæque admorunt ubera tigres.
Nam quid dissimulo ? aut quæ me ad majora reservo ?
Num fletu ingemuit nostro ? num lumina flexit ?
Num lacrymas victus dedit ? aut miseratus amantem est ?
Quæ quibus anteferam ? jam jam nec maxima Juno,
Nec Saturnius hæc oculis pater adspicit æquis.
Nusquam tuta fides. Ejectum littore, egentem,
Excepi, et regni demens in parte locavi :
Admissam classem, socios, a morte reduxi.
Heu ! furiis incensa feror ! Nunc augur Apollo,
Nunc Lyciæ sortes, nunc et Jove missus ab ipso
Interpres divum fert horrida jussa per auras.
Scilicet is superis labor est; ea cura quietos
Sollicitat. Neque te teneo, neque dicta refello.
I, sequere Italiam ventis; pete regna per undas.
Spero equidem mediis, si quid pia numina possunt,

Supplicia hausurum scopulis, et nomine Dido
Saepe vocaturum. Sequar atris ignibus absens;
Et, quum frigida mors anima seduxerit artus,
Omnibus umbra locis adero: dabis, improbe, poenas.
Audiam; et haec Manes veniet mihi fama sub imos.
His medium dictis sermonem abrumpit, et auras
Aegra fugit, seque ex oculis avertit et aufert,
Linquens multa metu cunctantem et multa parantem
Dicere. Suscipiunt famulae, collapsaque membra
Marmoreo referunt thalamo, stratisque reponunt.

 At pius Aeneas, quamquam lenire dolentem
Solando cupit, et dictis avertere curas,
Multa gemens, magnoque animum labefactus amore,
Jussa tamen divum exsequitur classemque revisit.
Tum vero Teucri incumbunt, et littore celsas
Deducunt toto naves; natat uncta carina;
Frondentesque ferunt remos et robora silvis
Infabricata, fugae studio.
Migrantes cernas, totaque ex urbe ruentes.
Ac veluti ingentem formicae farris acervum
Quum populant, hiemis memores, tectoque reponunt:
It nigrum campis agmen, praedamque per herbas
Convectant calle angusto; pars grandia trudunt
Obnixae frumenta humeris; pars agmina cogunt,
Castigantque moras: opere omnis semita fervet.
Quis tibi tunc, Dido, cernenti talia sensus?
Quosve dabas gemitus, quum littora fervere late
Prospiceres arce ex summa, totumque videres
Misceri ante oculos tantis clamoribus aequor?
Improbe amor, quid non mortalia pectora cogis!

Ire iterum in lacrymas, iterum tentare precando
Cogitur, et supplex animos submittere amori,
Ne quid inexpertum frustra moritura relinquat.
 Anna, vides toto properari littore; circum
Undique convenere; vocat jam carbasus auras;
Puppibus et læti nautæ imposuere coronas.
Hunc ego si potui tantum sperare dolorem,
Et perferre, soror, potero. Miseræ hoc tamen unum
Exsequere, Anna, mihi; solam nam perfidus ille
Te colere, arcanos etiam tibi credere sensus;
Sola viri molles aditus et tempora noras.
I, soror, atque hostem supplex affare superbum :
Non ego cum Danais Trojanam exscindere gentem
Aulide juravi, classemve ad Pergama misi;
Nec patris Anchisæ cinerem manesve revelli.
Cur mea dicta negat duras demittere in aures?
Quo ruit? Extremum hoc miseræ det munus amanti :
Exspectet facilemque fugam ventosque ferentes.
Non jam conjugium antiquum, quod prodidit, oro;
Nec pulchro ut Latio careat, regnumque relinquat.
Tempus inane peto, requiem spatiumque furori,
Dum mea me victam doceat fortuna dolore.
Extremam hanc oro veniam (miserere sororis):
Quam mihi quum dederis, cumulatam morte remittam.
 Talibus orabat, talesque miserrima fletus
Fertque refertque soror; sed nullis ille movetur
Fletibus, aut voces ullas tractabilis audit.
Fata obstant, placidasque viri deus obstruit aures.
Ac veluti annoso validam quum robore quercum
Alpini Boreæ, nunc hinc, nunc flatibus illinc

Eruere inter se certant; it stridor, et alte
Consternunt terram, concusso stipite, frondes;
Ipsa hæret scopulis; et quantum vertice ad auras
Ætherias, tantum radice in tartara tendit:
Haud secus assiduis hinc atque hinc vocibus heros
Tunditur, et magno persentit pectore curas:
Mens immota manet; lacrymæ volvuntur inanes.
    Tum vero infelix fatis exterrita Dido
Mortem orat; tædet cœli convexa tueri.
Quo magis inceptum peragat, lucemque relinquat,
Vidit, turicremis quum dona imponeret aris,
Horrendum dictu! latices nigrescere sacros,
Fusaque in obscenum se vertere vina cruorem.
Hoc visum nulli, non ipsi effata sorori.
Præterea fuit in tectis de marmore templum
Conjugis antiqui, miro quod honore colebat,
Velleribus niveis et festa ronde revinctum:
Hinc exaudiri voces et verba vocantis
Visa viri, nox quum terras obscura teneret;
Solaque culminibus ferali carmine bubo
Sæpe queri, et longas in fletum ducere voces.
Multaque præterea vatum prædicta priorum
Terribili monitu horrificant. Agit ipse furentem
In somnis ferus Æneas: semperque relinqui
Sola sibi, semper longam incomitata videtur
Ire viam, et Tyrios deserta quærere terra.
Eumenidum veluti demens videt agmina Pentheus,
Et solem geminum, et duplices se ostendere Thebas:
Aut Agamemnonius scenis agitatus Orestes,
Armatam facibus matrem et serpentibus atris

Quum fugit, ultricesque sedent in limine Diræ.
  Ergo ubi concepit furias evicta dolore,
Decrevitque mori, tempus secum ipsa modumque
Exigit, et, mæstam dictis aggressa sororem,
Consilium vultu tegit, ac spem fronte serenat:
Inveni, germana, viam (gratare sorori)
Quæ mihi reddat eum, vel eo me solvat amantem.
Oceani finem juxta solemque cadentem,
Ultimus Æthiopum locus est, ubi maximus Atlas
Axem humero torquet stellis ardentibus aptum.
Hinc mihi Massylæ gentis monstrata sacerdos,
Hesperidum templi custos, epulasque draconi
Quæ dabat, et sacros servabat in arbore ramos,
Spargens humida mella soporiferumque papaver.
Hæc se carminibus promittit solvere mentes
Quas velit, ast aliis duras immittere curas;
Sistere aquam fluviis, et vertere sidera retro:
Nocturnosque ciet Manes: mugire videbis
Sub pedibus terram, et descendere montibus ornos.
Testor, cara, deos, et te, germana, tuumque
Dulce caput, magicas invitam accingier artes.
Tu secreta pyram tecto interiore sub auras
Erige; et arma viri, thalamo quæ fixa reliquit
Impius, exuviasque omnes, lectumque jugalem,
Quo perii, superimponas. Abolere nefandi
Cuncta viri monumenta jubet monstratque sacerdos.
Hæc effata silet. Pallor simul occupat ora.
Non tamen Anna novis prætexere funera sacris
Germanam credit, nec tantos mente furores
Concipit, aut graviora timet quam morte Sychæi.

Ergo jussa parat.
   At regina, pyra penetrali in sede sub auras
Erecta ingenti, tædis atque ilice secta,
Intenditque locum sertis, et fronde coronat
Funerea: super exuvias, ensemque relictum,
Effigiemque toro locat, haud ignara futuri.
Stant aræ circum; et crines effusa sacerdos
Ter centum tonat ore deos, Erebumque, Chaosque,
Tergeminamque Hecaten, tria virginis ora Dianæ.
Sparserat et latices simulatos fontis Averni.
Falcibus et messæ ad lunam quæruntur ahenis
Pubentes herbæ, nigri cum lacte veneni.
Quæritur et nascentis equi de fronte revulsus
Et matri præreptus amor.
Ipsa mola, manibusque piis, altaria juxta,
Unum exuta pedem vinclis, in veste recincta,
Testatur moritura deos, et conscia fati
Sidera: tum, si quod non æquo fœdere amantes
Curæ numen habet, justumque memorque precatur.
   Nox erat, et placidum carpebant fessa soporem
Corpora per terras; silvæque et sæva quierant
Æquora; quum medio volvuntur sidera lapsu;
Quum tacet omnis ager; pecudes, pictæque volucres,
Quæque lacus late liquidos, quæque aspera dumis
Rura tenent, somno positæ sub nocte silenti
Lenibant curas, et corda oblita laborum:
At non infelix animi Phœnissa; neque umquam
Solvitur in somnos, oculisve aut pectore noctem
Accipit: ingeminant curæ; rursusque resurgens
Sævit amor, magnoque irarum fluctuat æstu.

Sic adeo insistit, secumque ita corde volutat:
En quid ago? rursusne procos irrisa priores
Experiar? Nomadumque petam connubia supplex,
Quos ego sim toties jam dedignata maritos?
Iliacas igitur classes atque ultima Teucrum
Jussa sequar? quiane auxilio juvat ante levatos,
Aut bene apud memores veteris stat gratia facti?
Quis me autem, fac velle, sinet? ratibusve superbis
Invisam accipiet? Nescis, heu! perdita, necdum
Laomedonteæ sentis perjuria gentis?
Quid tum? sola fuga nautas comitabor ovantes?
An Tyriis omnique manu stipata meorum
Inferar? et quos Sidonia vix urbe revelli
Rursus agam pelago, et ventis dare vela jubebo?
Quin morere, ut merita es; ferroque averte dolorem.
Tu, lacrymis evicta meis, tu prima furentem
His, germana, malis oneras, atque objicis hosti.
Non licuit thalami expertem sine crimine vitam
Degere more feræ, tales nec tangere curas!
Non servata fides cineri promissa Sychæo!
Tantos illa suo rumpebat pectore questus.

 Æneas celsa in puppi, jam certus eundi,
Carpebat somnos, rebus jam rite paratis.
Huic se forma dei vultu redeuntis eodem
Obtulit in somnis, rursusque ita visa monere est;
Omnia Mercurio similis, vocemque, coloremque,
Et crines flavos, et membra decora juventa:
Nate dea, potes hoc sub casu ducere somnos?
Nec quæ te circum stent deinde pericula cernis?
Demens! nec Zephyros audis spirare secundos?

Illa dolos dirumque nefas in pectore versat,
Certa mori, varioque irarum fluctuat æstu.
Non fugis hinc præceps, dum præcipitare potestas?
Jam mare turbari trabibus, sævasque videbis
Collucere faces, jam fervere littora flammis,
Si te his attigerit terris Aurora morantem.
Eia age, rumpe moras : varium et mutabile semper
Femina. Sic fatus, nocti se immiscuit atræ.

   Tum vero Æneas, subitis exterritus umbris,
Corripit e somno corpus, sociosque fatigat :
Præcipites vigilate, viri, et considite transtris;
Solvite vela citi. Deus, æthere missus ab alto,
Festinare fugam tortosque incidere funes
Ecce iterum stimulat. Sequimur te, sancte deorum,
Quisquis es, imperioque iterum paremus ovantes.
Adsis o, placidusque juves, et sidera cœlo
Dextra feras. Dixit : vaginaque eripit ensem
Fulmineum, strictoque ferit retinacula ferro.
Idem omnes simul ardor habet : rapiuntque, ruuntque :
Littora deseruere : latet sub classibus æquor :
Adnixi torquent spumas, et cærula verrunt.

   Et jam prima novo spargebat lumine terras
Tithoni croceum linquens Aurora cubile :
Regina e speculis ut primum albescere lucem
Vidit, et æquatis classem procedere velis,
Littoraque et vacuos sensit sine remige portus;
Terque quaterque manu pectus percussa decorum,
Flaventesque abscissa comas : Proh Jupiter! ibit
Hic, ait, et nostris illuserit advena regnis?
Non arma expedient, totaque ex urbe sequentur,

Deripientque rates alii navalibus? Ite:
Ferte citi flammas, date vela, impellite remos.
Quid loquor? aut ubi sum? quæ mentem insania mutat?
Infelix Dido! nunc te facta impia tangunt.
Tum decuit, quum sceptra dabas. En dextra fidesque!
Quem secum patrios aiunt portasse Penates,
Quem subiisse humeris confectum ætate parentem!
Non potui abreptum divellere corpus, et undis
Spargere? non socios, non ipsum absumere ferro
Ascanium, patriisque epulandum ponere mensis?
Verum anceps pugnæ fuerat fortuna. Fuisset.
Quem metui moritura? Faces in castra tulissem;
Implessemque foros flammis; natumque patremque
Cum genere extinxem: memet super ipsa dedissem.
Sol, qui terrarum flammis opera omnia lustras,
Tuque harum interpres curarum et conscia Juno,
Nocturnisque Hecate triviis ululata per urbes,
Et Diræ ultrices, et di morientis Elissæ,
Accipite hæc, meritumque malis advertite numen,
Et nostras audite preces. Si tangere portus
Infandum caput ac terris adnare necesse est,
Et sic fata Jovis poscunt, hic terminus hæret;
At bello audacis populi vexatus et armis,
Finibus extorris, complexu avulsus Iuli,
Auxilium imploret, videatque indigna suorum
Funera; nec, quum se sub leges pacis iniquæ
Tradiderit, regno aut optata luce fruatur;
Sed cadat ante diem, mediaque inhumatus arena.
Hæc precor: hanc vocem extremam cum sanguine fundo.
Tum vos, o Tyrii, stirpem et genus omne futurum

Exercete odiis, cinerique hæc mittite nostro
Munera: nullus amor populis nec fœdera sunto.
Exoriare aliquis nostris ex ossibus ultor,
Qui face Dardanios ferroque sequare colonos,
Nunc, olim, quocumque dabunt se tempore vires.
Littora littoribus contraria, fluctibus undas,
Imprecor, arma armis: pugnent ipsique nepotesque.

Hæc ait, et partes animum versabat in omnes,
Invisam quærens quamprimum abrumpere lucem.
Tum breviter Barcen nutricem affata Sychæi,
Namque suam patria antiqua cinis ater habebat:
Annam, cara mihi nutrix, huc siste sororem:
Dic corpus properet fluviali spargere lympha,
Et pecudes secum et monstrata piacula ducat;
Sic veniat: tuque ipsa pia tege tempora vitta.
Sacra Jovi Stygio, quæ rite incepta paravi,
Perficere est animus, finemque imponere curis,
Dardaniique rogum capitis permittere flammæ.
Sic ait. Illa gradum studio celerabat anili.

At trepida, et cœptis immanibus effera Dido,
Sanguineam volvens aciem, maculisque trementes
Interfusa genas, et pallida morte futura,
Interiora domus irrumpit limina, et altos
Conscendit furibunda rogos, ensemque recludit
Dardanium, non hos quæsitum munus in usus.
Hic, postquam Iliacas vestes notumque cubile
Conspexit, paulum lacrymis et mente morata,
Incubuitque toro, dixitque novissima verba:

Dulces exuviæ, dum fata deusque sinebant,
Accipite hanc animam, meque his exsolvite curis.

Vixi, et quem dederat cursum fortuna peregi:
Et nunc magna mei sub terras ibit imago.
Urbem præclaram statui; mea mœnia vidi;
Ulta virum, pœnas inimico a fratre recepi;
Felix, heu! nimium felix, si littora tantum
Numquam Dardaniæ tetigissent nostra carinæ!
Dixit, et os impressa toro, Moriemur inultæ!
Sed moriamur, ait: sic, sic juvat ire sub umbras.
Hauriat hunc oculis ignem crudelis ab alto
Dardanus, et nostræ secum ferat omina mortis.
 Dixerat; atque illam media inter talia ferro
Collapsam adspiciunt comites, ensemque cruore
Spumantem, sparsasque manus. It clamor ad alta
Atria; concussam bacchatur fama per urbem;
Lamentis gemituque, et femineo ululatu,
Tecta fremunt; resonat magnis plangoribus æther.
Non aliter quam si immissis ruat hostibus omnis
Carthago, aut antiqua Tyros, flammæque furentes
Culmina perque hominum volvantur perque deorum.
 Audiit exanimis, trepidoque exterrita cursu,
Unguibus ora soror fœdans, et pectora pugnis,
Per medios ruit, ac morientem nomine clamat:
Hoc illud, germana, fuit? me fraude petebas?
Hoc rogus iste mihi, hoc ignes aræque parabant?
Quid primum deserta querar? comitemne sororem
Sprevisti moriens? eadem me ad fata vocasses;
Idem ambas ferro dolor, atque eadem hora, tulisset.
His etiam struxi manibus, patriosque vocavi
Voce deos, sic te ut posita, crudelis! abessem?
Extinxti te, meque, soror, populumque, patresque

Sidonios, urbemque tuam. Date vulnera lymphis;
Abluam; et, extremus si quis super halitus errat,
Ore legam. Sic fata, gradus evaserat altos,
Semianimemque sinu germanam amplexa fovebat
Cum gemitu, atque atros siccabat veste cruores.
Illa, graves oculos conata attollere, rursus
Deficit: infixum stridit sub pectore vulnus.
Ter sese attollens cubitoque adnixa levavit,
Ter revoluta toro est; oculisque errantibus alto
Quæsivit cœlo lucem, ingemuitque repertam.

 Tum Juno omnipotens, longum miserata dolorem
Difficilesque obitus, Irim demisit Olympo,
Quæ luctantem animam nexosque resolveret artus.
Nam, quia nec fato, merita nec morte, peribat,
Sed misera ante diem, subitoque accensa furore,
Nondum illi flavum Proserpina vertice crinem
Abstulerat, Stygioque caput damnaverat Orco.
Ergo Iris, croceis per cœlum roscida pennis,
Mille trahens varios adverso sole colores,
Devolat, et supra caput adstitit: Hunc ego Diti
Sacrum jussa fero, teque isto corpore solvo.
Sic ait, et dextra crinem secat: omnis et una
Dilapsus calor, atque in ventos vita recessit.

LIVRE V.

Cependant Énée, sûr de n'être plus arrêté dans sa course, vogue au milieu du golfe, et, fendant les flots noircis par l'aquilon, regarde ces murailles qui brillent, éclairées par les flammes du bûcher de la malheureuse Élise. La cause de cet incendie de l'horizon est un mystère, mais les cruelles douleurs d'une grande passion trahie[1] et le sentiment de ce que peut une femme en fureur[2] élèvent un triste présage dans le cœur des Troyens.

On ne conçoit pas la froideur d'Énée; à peine donne-t-il une larme à Troie en la quittant pour toujours; il a entendu les imprécations de Didon,

---

[1] Le texte porte :

        Duri magno sed amore dolores
Polluto.

L'expression *polluto*, qui signifie que l'amour a été trahi et souillé par le parjure d'Énée, est peut-être une inadvertance de Virgile. La même expression, dans la bouche de Didon, ne donnerait pas lieu au plus léger reproche. Nous trouverions naturel qu'elle dît à Énée au moment de sa fuite : « *Tu as souillé nos amours par un parjure.*

[2] Corneille :

    Sais-tu bien ce que peut une femme en fureur?

il a vu son désespoir, et les flammes du bûcher ne l'avertissent point que la reine de Carthage s'est donné la mort. Loin d'avoir les pressentiments prophétiques des passions, il ne soupçonne pas ce que les ames les plus indifférentes devinent sans peine! Que Virgile n'ait point fait parler Énée devant ses compagnons dans cette circonstance, la réflexion m'explique cette réserve nécessaire : mais qu'Énée soit insensible au spectacle qui frappe ses regards, qu'il n'accorde pas un souvenir à Didon, on ne sait comment expliquer cette indifférence. Craint-il d'offenser les dieux en écoutant la voix de la pitié? Avouons-le sans détour: le début de ce livre, comme celui du troisième, laisse beaucoup de choses à désirer. Virgile pouvait aisément concilier ici le respect des convenances, les ménagements dus au caractère du héros, avec la peinture des mouvements naturels. Euripide, Racine ou Fénélon, auraient dit à peu près : « La cause de cet embrasement est inconnue des Troyens: leur chef ne comprend que trop le fatal mystère ; les flammes qui éclairent l'horizon sont celles du bûcher de la reine, il le sent, et détourne ses regards avec une douleur mêlée d'effroi. Cependant, maître de lui-même, il garde le silence devant ses compagnons; il ne paraît occupé que des ordres de Jupiter. Mais son cœur éprouve un cruel supplice; malgré les décrets du maître de l'Olympe, il se reproche le trépas de Didon; et, adressant un adieu du cœur à la victime de l'amour, il demande pour elle à Vénus le séjour des champs Elysées. Ah, Didon! si tu avais pu lire dans son âme avant de monter sur l'autel du sacrifice, peut-être aurais-tu consenti à vivre, où du moins tu ne serais pas descendue sans quelque consolation chez les ombres. » Avec ces précautions si simples, on aurait encore évité de laisser planer sur Enée des soupçons qui contredisent l'idée que le poëte a voulu nous donner de son héros [1].

A peine les Troyens étaient-ils en pleine mer, qu'un orage inattendu et trop peu violent pour causer tant d'effroi au pilote Palinure, éprouvé par les périls d'une longue navigation [2], force Enée à relâcher dans les ports de Sicile. Fénélon, en imitant

---

[1] Je sais que Virgile semble avoir prévenu cette objection, en nous disant qu'un dieu lui-même avait fermé les oreilles d'Énée aux prières de la reine. Cette précaution suffit, il est vrai, quoique avec peine, à motiver l'insensibilité du héros dans un moment où céder à sa faiblesse serait d'ailleurs une résistance à l'ordre des dieux. Mais quand Énée a rempli la volonté céleste, rien ne l'empêche de montrer un cœur d'homme, à l'aspect d'un grand malheur, dont il est la cause involontaire.

[2] On peut remarquer que dans la terrible tempête du premier livre Palinure n'agit et ne parle pas plus qu'Énée; l'un et l'autre restent spectateurs inutiles du combat de la flotte contre les vents et les ondes.

quelques détails de Virgile, paraît plus rapide et plus judicieux que lui. La tempête qui trouble et alarme le pilote de Mentor est excitée par Neptune lui-même; elle engloutit le vaisseau, dont la perte inévitable fait éclater dans Télémaque le mépris de la mort présente, et dans Minerve cachée sous la figure de Mentor la constance qui enseigne à triompher des plus grands périls [1]. Le mérite d'Énée se borne à céder aux avis de Palinure[2], en témoignant le plaisir de revoir la terre où sont déposées les cendres d'Anchise. Neptune n'avait eu qu'un courroux du moment; à peine la flotte troyenne change-t-elle de route, que les zéphyrs favorables la font entrer à pleines voiles dans le port désiré.

Virgile ne montre pas beaucoup d'invention dans les incidents : une tempête jette Énée sur les côtes de l'Afrique, une tempête le ramène en Sicile. Le roi Aceste a vu de loin, sur la cime d'une montagne, l'arrivée des Phrygiens ; hérissé de la peau d'un ours de Libye, et ses traits à la main, il accourt au-devant d'eux. Ce prince, né d'une mère troyenne et du fleuve Crinise, et plein du sou-

---

[1] Voyez le sixième livre du Télémaque.

[2] Le texte dit : *magnanime Ænea*. Il faudrait du moins faire quelque chose, dans une circonstance si difficile, pour justifier cette magnifique expression.

venir de ses ancêtres, félicite sur leur retour les compagnons du fils d'Anchise, leur prodigue avec joie ses trésors champêtres, et les console de leurs fatigues par des témoignages d'amitié. Il m'est impossible de ne pas sentir la sécheresse de cette narration; elle excite d'autant plus de surprise, que Virgile n'a donné aucun développement au premier accueil que les Troyens avaient reçu en Sicile. Si la rapidité de la situation exigeait cette sobriété de détails, dans le troisième livre, peut-être le poëte devait-il donner plus d'intérêt et de charme à la seconde entrevue des Troyens avec ce vieux roi, leur compatriote, qui les croyait à jamais perdus pour lui. Cette circonstance, son âge, le dernier plaisir que les dieux lui accordent comme une faveur inespérée, promettaient ici quelques développements qui auraient donné lieu à des peintures de mœurs et à ces scènes touchantes qui font couler de douces larmes. Au lieu de tout cela, nous ne trouvons qu'un froid récit qui ne parle ni à l'esprit ni à l'âme.

Quelle différence entre la peinture de Virgile et celle de Fénélon! comme le même genre de fiction est mieux conçu, plus utile à l'action et plus dramatique dans le Télémaque que dans l'Énéide! Le héros troyen ne joue aucun rôle, ni pendant la tempête, ni au moment où il éprouve de nouveau les douceurs de l'hospitalité. Voyez au contraire l'heureux enchaînement de situations propres à développer le caractère et à former le cœur du jeune Télémaque! Rebelle aux discours de Mentor, qui lui conseillait de revenir à Ithaque, pour éviter la rencontre des Troyens et d'Énée, il est soudain puni de sa témérité. Surpris, au milieu de la flotte ennemie, il reconnaît la gravité de la faute qu'il vient de commettre, et reçoit de Mentor l'exemple de ce courage tranquille, sans trouble, sans précipitation, qui laisse à l'esprit toute la liberté nécessaire pour trouver des ressources au milieu des plus grandes extrémités. Si Minerve présente, mais revêtue de la forme d'un mortel, sauve son élève, c'est pour le jeter dans d'autres périls. A peine il touche au rivage de Sicile, que ses compagnons sont immolés, son vaisseau brûlé sous ses yeux, par un peuple cruel et soupçonneux. On lui donne des fers, ainsi qu'à Mentor, pour les conduire tous les deux devant Aceste. Quelles réflexions doit faire en ce moment Télémaque! En vain Mentor a répondu avec une adroite réserve, pour échapper au danger d'avouer que Télémaque et lui sont des Grecs; Aceste, qui les soupçonne d'un mauvais dessein, condamne l'un et l'autre à servir dans une forêt sous les esclaves qui gardaient ses troupeaux. A ce terrible arrêt, le courage abandonne Télémaque, qui avait

beaucoup espéré de la puissance des discours de
Mentor; il demande le trépas au lieu de l'esclavage, il se déclare fils d'Ulysse : fatale imprudence, qui doit perdre à la fois l'élève et le maître
qui venait de lui sauver la vie au milieu de la
flotte troyenne ! A peine Télémaque a laissé échapper l'aveu que sa faiblesse n'a pu retenir, les fureurs du peuple, unanime à demander le supplice
du fils de ce cruel Ulysse, dont les artifices avaient
renversé la ville de Troie, nous font trembler. Le
second arrêt prononcé par Aceste nous ôte toute
espérance. Dans une profonde affliction, nous disons le dernier adieu à Mentor et à Télémaque,
touchantes images d'un père et d'un fils près de
mêler leur sang aux pieds du même autel. Soudain la scène change : la surprise et le ravissement
s'emparent de nous en entendant les divines paroles de Mentor; et bientôt le poëte, car Fénélon
est digne de ce nom sacré, termine le premier
acte de son drame par le spectacle le plus propre à élever notre âme, en la fortifiant contre
les épreuves de la fortune. D'un côté, Mentor
réunit en lui la sagesse qui prévoit, l'autorité qui
ordonne, l'ascendant qui entraîne, le génie qui
commande à la fortune, et la valeur qui sait prendre, quand il le faut, sa part des dangers du soldat; de l'autre, Télémaque nous apparaît comme un
jeune héros qui veut mériter les éloges d'un grand

capitaine, son maître, son ami, et lui offrir les prémices de sa gloire. Ce n'est point assez de tous ces exemples, il faut encore que le peuple d'Aceste, sauvé de la ruine inévitable, rende grâces au courage conduit par la prudence. Tout cela est dans le premier livre de Télémaque : quelle leçon de composition pour les poëtes dramatiques et pour tous les écrivains qui ont une fable à conduire!

La scène que Virgile va mettre sous nos yeux n'a ni le mouvement, ni les alternatives, ni les péripéties de la scène de Fénélon; mais elle est touchante, et conforme au caractère du personnage. Je dois remarquer qu'au moment où Palinure déclare au prince troyen que la violence des flots le force à faire voile pour la Sicile, la première pensée du fils d'Anchise est un sentiment religieux. Pour reposer mes vaisseaux de la tempête, dit-il, quel rivage me serait plus doux que la contrée qui nous conserve Aceste, le descendant de Dardanus, et renferme dans son sein les ossements de mon père! Un seul mot sorti du cœur sert souvent de motif et de préparation à une importante situation : laissons parler Virgile, ou plutôt Delille, son interprète.

A peine à l'Orient l'Aurore de retour
Aux astres de la nuit fait succéder le jour,
Aux mânes paternels préparant son hommage,
Le héros empressé parcourt tout le rivage;

Il rassemble en un lieu tous les Troyens épars ;
Et là, d'une hauteur d'où ses libres regards
Embrassent d'un coup d'œil la foule qu'il domine :
« Vous, de qui jusqu'aux dieux remonte l'origine,
» Braves Troyens ! l'année a terminé son cours
» Depuis que dans ces lieux de l'auteur de mes jours
» J'ai déposé la cendre, et qu'à cette ombre chère
» J'ai dressé de mes mains un autel funéraire.
» Voici même, je crois, ce jour infortuné
» Où mon père... Grands dieux, vous l'avez ordonné !
» Jour à jamais funeste, à jamais vénérable !
» Oui, que le sort, pour moi toujours inexorable,
» Me jette dans les fers, m'exile sur les flots,
» Dans les Syrtes déserts ou sur les mers d'Argos,
» Ce grand jour reverra mes mains religieuses
» Honorer son retour par des pompes pieuses,
» Et des dons solennels acquitteront mes vœux.
» Enfin bénissons tous la volonté des dieux !
» Nous voici sur sa tombe, et sur sa cendre même ;
» Nous sommes dans les ports d'un prince qui nous aime :
» Honorez donc Anchise, implorez donc les vents ;
» Et qu'il souffre qu'un fils, en de plus heureux temps,
» Dans des temples pompeux consacrés à sa gloire,
» Puisse ainsi tous les ans célébrer sa mémoire !
» Pour vous montrer sa joie, à chacun des vaisseaux
» Le généreux Aceste accorde deux taureaux.
» Allez ; et puisqu'ici sa bonté nous rassemble,
» Que vos dieux et les siens soient honorés ensemble.
» Ce n'est pas tout : demain, des portes d'Orient
» Si l'Aurore revient avec un front riant,
» Et sous un ciel serein ouvre un jour sans nuage,
» Amis, préparez-vous : sur ce même rivage
» J'ordonnerai des jeux, et d'agiles vaisseaux
» Ouvriront les combats sur la scène des eaux.
» Ceux dont le trait plus sûr part avec plus d'adresse,

» Qui brillent par la force ou bien par la vitesse,
» Ou ceux qui, plus hardis, d'un ceste armant leurs mains,
» Savent à leurs rivaux porter des coups certains,
» Qu'ils viennent : la couronne et les palmes sont prêtes.
» Vous, cependant priez, et couronnez vos têtes. »
  Il dit, et ceint son front du myrte maternel ;
Chacun suit son exemple ; aussitôt vers l'autel
Il marche environné des flots d'un peuple immense :
Au cercueil de son père il arrive en silence ;
Deux fois de sang sacré, deux fois de lait nouveau,
Et deux fois d'un vin pur arrose son tombeau ;
Il fait pleuvoir des fleurs ; il soupire, et s'écrie :
« Salut, mânes divins ! salut, ombre chérie !
» Je puis donc voir encor ton pieux monument,
» De ma douleur, hélas ! trop vain soulagement !
» Quels que soient ces états où le destin m'appelle,
» Que m'importe sans toi ma fortune nouvelle ?
» Que m'importe un empire où tu ne seras pas [1] ?
» Le ciel n'a point voulu qu'en ces heureux climats,
» Où m'attend, me dit-on, un destin plus prospère,
» Mon bonheur s'embellît de celui de mon père [2]. »

Ce récit brille encore plus dans l'original que dans la copie, par cette élégance continue, par

---

[1] Cette pensée, que Delille répète deux fois par inadvertance, n'est point et ne devait pas être dans le texte. Exprimée plus vivement, et avec l'accent d'un cœur pénétré, elle aurait pu trouver sa place dans le premier moment de la douleur d'Énée versant des larmes sur la tombe ouverte pour recevoir son père ; mais, devenu plus calme, et maître de son cœur, l'homme des destinées, *spes altera Trojæ,* ne doit ni penser ni s'exprimer comme il le fait dans les vers du traducteur.

[2] Ce vers commun n'est point d'accord avec le ton du dis-

cette pureté, par ce choix d'expressions, qui font reconnaître Virgile entre tous les poëtes. Mais cette inadvertance étrange qui laisse supposer qu'Énée reconnaît par hasard, et sans en être bien sûr, au moment même de la cérémonie, le jour de la mort de son père, qu'il n'a perdu que depuis un an, suffirait pour donner quelque chose de peu naturel aux regrets du prince. La formule banale ou froide dont il se sert n'est pas suffisamment ennoblie ou réchauffée par l'énumération qui la suit; peut-être cette énumération elle-même deviendrait plus touchante si le fils d'Anchise disait aux Troyens, en les associant à sa douleur : « Ce père, ce roi que les dieux nous » ont enlevé, vous le chérissiez, vous le pleurez » comme moi. Exilés dans les déserts de Gétulie, » surpris dans les mers de la Grèce, captifs à My- » cènes, votre piété serait fidèle à honorer sa » mémoire par des sacrifices. » Il semble que ces idées se trouveraient dans une harmonie parfaite avec celles qui suivent dans le texte.

---

cours; Virgile dit avec plus de gravité, mais non pas sans quelque sécheresse :

>Non licuit fines Italos, fataliaque arva,
>Nec tecum Ausonium, quicumque est, quærere Thybrim.

C'est le nom d'Anchise, et non pas le souvenir du Tibre qui devait terminer les adieux d'Énée à son père. Delille l'a senti,

> Nunc ultro ad cineres ipsius et ossa parentis,
> Haud equidem sine mente, reor, sine numine divum,
> Adsumus, et portus delati intramus amicos.
> Ergo agite, et lætum cuncti celebremus honorem :
> Poscamus ventos, atque hæc me sacra quot annis
> Urbe velit posita templis sibi ferre dicatis.

Heyne pense que les mots *poscamus ventos* ne convenaient pas, qu'ils étaient même étrangers à la situation : je crois que Heyne se trompe. Dans tout ce discours la piété filiale transforme Anchise en un dieu des Troyens; elle veut que l'on demande des vents favorables à ce dieu auquel Énée promet des temples dans la nouvelle Pergame. Pour ne laisser aucune obscurité sur sa pensée, le poëte, profitant des libertés que sa langue lui donnait de placer les mots à sa volonté, rapproche *celebremus honorem* de *poscamus ventos*, et s'explique encore plus clairement par ce qu'il ajoute. Delille, doué d'une si vive intelligence pour interpréter Virgile, a commis véritablement la faute que le célèbre commentateur allemand a cru trouver dans le texte.

> Nous voici sur sa tombe, et sur sa cendre même ;
> Nous sommes dans les ports d'un prince qui nous aime :
> Honorez donc Anchise, *implorez donc les vents*.

Les deux hémistiches de ce vers expriment brusquement, et sans intermédiaire, des choses qui n'ont pas de liaison. Virgile, ainsi que Racine, cache une logique sévère sous des formes élégantes ;

mais il en est de lui comme d'Horace, auquel on peut ôter tout le mérite de la conséquence de ses idées, si l'on dérange l'économie de son style et les artifices de ses oppositions.

Le caractère religieux respire dans le discours d'Énée; mais la douleur véritable a un langage si touchant, ses inspirations mettent un accord si parfait entre les sentiments et les paroles, elle trouve, sans la chercher, une si vive éloquence, que je ne saurais reconnaître son digne interprète dans Énée. Il ne lui échappe pas un mot de l'âme, pas un trait qui se retienne d'abord. Le fils s'acquitte d'un devoir pieux, mais ne paie pas avec émotion sa dette à la nature. Le héros qui pleure partout, et quelquefois mal à propos, n'a point une larme à répandre sur le tombeau de son père. Euripide tombe souvent dans la déclamation, mais sa sensibilité n'est jamais stérile. Vous ne trouverez jamais chez lui de derniers adieux aussi secs que ceux d'Énée à son père:

> Salve, sancte parens, iterum: salvete, recepti
> Nequidquam cineres, animæque umbræque paternæ.
> Non licuit fines italos, fataliaque arva,
> Nec tecum Ausonium, quicumque est, quærere Thybrim.

Pénétré de la justesse de ce reproche, Delille a voulu corriger un peu le texte, et si ses efforts ne sont pas assez heureux, le sentiment des convenances qui les a inspirés au traducteur sert du moins à montrer qu'il manque quelque chose à Virgile. Une scène du Dante doit encore donner de l'autorité à ces observations.

Le poëte est abordé dans son voyage souterrain par Brunetto Latini, homme d'un grand savoir, dont il avait reçu les leçons [1]. Brunetto reconnaît son élève, et l'aborde avec autant de surprise que de joie. Leur entretien, noble et touchant, se termine par ces paroles du Dante : « Si tous mes vœux eussent été accomplis, vous ne seriez point encore banni du sein de la nature humaine. Ah ! je conserve empreinte dans mon cœur, et je contemple en ce moment avec tristesse, votre bonne et chère image, cet air paternel que vous aviez dans le monde, lorsque votre voix m'enseignait comment, de jour en jour, l'homme s'immortalise. Reconnaissant de vos leçons, je veux que ma langue n'oublie jamais de publier ce que je vous dois. » Au rapport du savant Ginguené, il n'y a rien, dans aucun poëme, de plus profondément senti ni de mieux exprimé : je partage entièrement cette opi-

---

[1] Le texte a un charme inexprimable de naïveté antique, mêlé à une certaine noblesse :

> Ch'in la mente m'è fitta, e hor m'accora,
> La cara buon imagine paterna
> Di voi, quando nel mondo ad hora ad hora
> M'insegnavate come l'huom s'eterna :

nion, et je crois que des paroles semblables à celles que nous venons d'entendre sortir de la bouche du Dante auraient réjoui l'ombre d'Anchise dans son tombeau.

Le Dante l'emporte ici sur son maître pour la pensée comme pour l'expression, mais dans ce vaste poëme de *la Divine comédie*, si riche en beautés différentes, on ne trouverait rien de pareil à la description suivante, où l'on reconnaît tout Virgile :

> Il dit, et de la tombe un serpent monstrueux
> Sort, et, développant ses plis majestueux,
> Embrasse mollement la tombe paternelle :
> D'un or mêlé d'azur son écaille étincelle,
> Et son émail changeant jette un éclat pareil
> A l'écharpe brillante où s'empreint le soleil.
> On s'étonne à sa vue; et lui, sans violence,
> Parmi les vases saints s'avançant en silence,
> Glisse, effleure les mets, et, rassemblant ses nœuds,
> Rentre au fond de la tombe, et disparaît aux yeux [1].
> « Quel est, dit le héros, ce serpent tutélaire ?
> » Est-ce un gardien sacré du tombeau de mon père?
> » Serait-ce de ces lieux le génie inconnu ? »
> Par cette incertitude un instant retenu,
> Son cœur accepte enfin ce présage propice :
> Il revient au cercueil sous cet heureux auspice;

---

[1] Ces vers de Delille ont presque la perfection de l'original, sauf toutefois cette magique harmonie que l'heureux mélange et l'étonnante variété des sons donnait aux vers de Virgile.

Immole cinq brebis et cinq jeunes taureaux,
Dont la noire couleur sied au deuil des tombeaux;
Appelle encore Anchise, invoque sa grande ombre,
Et ses mânes sortis de leur demeure sombre.
Son exemple est suivi par tous ses compagnons.
Chacun sur son pouvoir a mesuré ses dons:
Les uns font bouillonner les ondes écumantes;
D'autres sur les foyers portent les chairs fumantes,
Excitent le brasier d'un souffle haletant,
Et tournent sur le feu leur débris palpitant [1].

D'autres admireront, dans l'apparition du serpent, les artifices du poëte, l'imitation des paisibles ondulations de l'énorme reptile, par le développement de la période, la richesse et l'harmonie des vers; j'aime mieux remarquer, avec Delille, la nouveauté de l'allégorie. Cette espèce de prodige réunit, dit-il, à toutes les beautés poétiques, toutes les convenances religieuses. On sait que le serpent a joué le plus grand rôle dans la mythologie de tous les peuples. Ici, il est le gardien mystérieux des secrets de la tombe, le

---

[1] Ces derniers détails manquent de charme et terminent mal le récit; il fallait s'arrêter à ces traits :

> Nec non et socii, quæ cuique est copia, læti
> Dona ferunt, onerantque aras, mactantque juvencos.

Ou plutôt il fallait ajouter quelques naïves images à la peinture des tributs que la piété des Troyens apporte sur la tombe d'un prince qu'ils ont aimé, d'un roi qui représentait à leurs yeux l'infortuné Priam, *æquevum regem*.

génie attaché au service d'Anchise. La miraculeuse apparition de ce génie semble annoncer qu'Anchise est présent au sacrifice, qu'il entend les vœux de son fils et accepte ses offrandes ; enfin le serpent, qui, en faisant un cercle de son corps, figurait chez les anciens tour à tour le soleil ou l'éternité, peut paraître aux yeux des Troyens un emblème de l'immortalité du héros dont ils célèbrent l'apothéose.

Remarquons encore qu'Énée au tombeau de son père nous fait oublier Énée aux genoux de la reine de Carthage. Nous retrouvons ici le prince religieux qui a reçu des mains d'Hector les images des dieux de la patrie.

Homère, dans le second chant de l'Iliade, a décrit un prodige de la même nature que celui de Virgile[1]. Il n'est pas inutile de mettre les deux peintres en présence.

« Auprès d'une fontaine, devant les autels sacrés, nous offrions (c'est Ulysse qui parle) des hécatombes aux dieux immortels, sous un beau platane arrosé par un ruisseau pur, lorsqu'un grand présage apparut à nos yeux. Un dragon dont le dos était marqué de taches de sang, un dragon terrible (le dieu de l'Olympe l'avait envoyé lui-

---

[1] Vers 505 et suivants.

même à la lumière) glisse du pied de l'autel, et d'un bond il s'élance au sommet du platane. Là, sur la dernière branche, et réfugiés sous le feuillage, étaient huit tendres passereaux; la neuvième victime était la mère qui les avait mis au jour. Le dragon dévora cruellement cette couvée plaintive. La mère désolée voltigeait autour de ses petits; il la saisit elle-même et l'enveloppe malgré ses cris perçants : mais à peine a-t-il englouti les passereaux et leur mère, que le fils de Saturne, qui avait suscité ce monstre, faisant de lui un exemple mémorable, le transforme en pierre. Tous debout et immobiles nous admirons cette métamorphose : tels sont les prodiges qui avaient succédé à nos sacrifices. Alors Calchas, expliquant les oracles du ciel au milieu de nous, s'écria : Pourquoi demeurez-vous interdits et muets, ô Grecs belliqueux? c'est à vous que Jupiter envoie ce signe éclatant; il nous annonce une longue guerre, un triomphe tardif, mais dont la gloire ne périra jamais : de même que ce dragon a dévoré les huit passereaux et leur mère pour neuvième proie, ainsi nous combattrons pendant neuf années sous les murs d'Ilion; mais la dixième année nous prendrons cette ville spacieuse. Ainsi parla Calchas; maintenant l'oracle va s'accomplir. Courage donc, restez sur cette rive, Argiens belliqueux, jusqu'à ce que nous ayons soumis les superbes remparts de Priam.

« Il dit : les Argiens percent l'air de leurs cris; de toutes parts les vaisseaux rendent un son terrible, écho des clameurs de l'armée, qui applaudit au discours d'Ulysse. »

En examinant le fond des choses dans les deux prodiges, celui d'Homère paraît avoir plus d'intérêt et d'utilité. Rappelé par le prudent Ulysse, il a pour but de rallumer le courage chancelant des Grecs : il est entendu de tout le monde, grâce à l'explication de Calchas; il excite les transports unanimes de l'armée; il combat la terreur par la religion; il sert les desseins du roi des rois en retenant ses soldats, trop disposés à retourner dans leur patrie; enfin, il emprunte un grand caractère de l'autorité de Calchas, qui l'attribue à Jupiter lui-même. Si la scène de Virgile n'est pas mystérieuse pour Énée, peut-être aurait-elle besoin d'un commentaire pour le reste des spectateurs, et ce commentaire n'est point donné. L'apparition du serpent fait éclater de nouveau la piété du fils d'Anchise et celle des deux peuples, mais elle ne donne aucun mouvement à l'action, et ne produit qu'un étonnement stérile; le héros devrait tirer parti de la croyance générale pour interpréter d'une manière favorable l'événement dont lui-même est surpris. Peut-être fallait-il qu'Énée, dans l'illusion d'un fils qui s'est mis sous la protection du père que sa tendresse a placé dans l'Olympe, s'écriât : « Amis, n'en doutons point, Anchise accepte mon encens; Anchise entend ma prière et mes vœux. Lui-même il vous a envoyé, du fond de son tombeau, ce serpent revêtu des plus brillantes couleurs, l'emblème manifeste, le gage certain de son triomphe et de l'immortalité du nom troyen. » En imitant ainsi Homère, Virgile aurait encore mieux excité la reconnaissance des Troyens; et peut-être, conduit à développer le tableau naïf et vrai de leur pieux empressement à couvrir le tombeau d'Anchise de leurs présents, aurait-il senti la nécessité de nous laisser aussi une plus grande idée de ce peuple relevé par de nouvelles espérances.

La supériorité du poëte latin consiste principalement dans un style savant, noble, plein de souplesse et d'harmonie; la description du serpent et tous les détails qui la suivent sont sans doute des modèles : mais la poésie d'Homère ne manque ni d'art ni d'élégance; elle a même des qualités particulières; elle est forte, rapide et pittoresque dans l'apparition du monstre, naïve dans la peinture de la mort des passereaux, dont le poëte ne craint pas de nous peindre les cris aigus; peut-être même ces vers si connus de Virgile dans le quatrième livre des Géorgiques,

Qualis populea mœrens Philomela sub umbra
Amissos queritur fetus, quos durus arator
Observans nido implumes detraxit; at illa

Flet noctem, ramoque sedens miserabile carmen
Integrat, et mæstis late loca questibus implet.

Telle sur un rameau, durant la nuit obscure,
Philomèle plaintive attendrit la nature,
Accuse en gémissant l'oiseleur inhumain,
Qui, glissant dans son nid une furtive main,
Ravit ces tendres fruits que l'amour fit éclore,
Et qu'un tendre duvet ne couvre pas encore.

ne valent-ils pas tous ensemble le seul vers dans lequel le poëte grec nous montre la mère des passereaux voltigeant avec tristesse autour du nid où ses petits ont été immolés. La circonstance de cette mère saisie et dévorée elle-même par le monstre ajoute le plus vif intérêt au tableau. Observez bien que la simplicité comme la grâce de ces détails ne font point de disparate avec le sujet. C'est là le mérite particulier des Grecs, mérite que la dignité latine a trop dédaigné peut-être. A cette peinture succèdent les paroles de Calchas, où je trouve une gravité et une concision pleine de sens, pareille à celle d'Horace dans ses odes.

Ovide, au douzième livre de ses Métamorphoses[1], a imité le passage d'Homère; mais il en a méconnu et détruit la naïveté, l'harmonie imitative, les oppositions, et presque tous les effets.

Silius Italicus nous montre un serpent que Tisiphone, ministre du courroux de Junon contre

---

[1] Liv. XII, vers 11 et suiv.

la ville de Sagonte, fait sortir du tombeau d'Hercule; il n'est pas hors de propos de citer ce poëte, même après les deux grands maîtres, dont l'un était l'objet de sa vénération.

> Excitus sede, horrendum! perrumpit ab ima
> Cœruleus maculis auro squalentibus anguis.
> Ignea sanguinea radiabant lumina flamma;
> Oraque vibranti stridebant sibila lingua:
> Isque inter trepidos cœtus, mediamque per urbem
> Volvitur, et muris propere delabitur altis,
> Ac similis profugo vicina ad littora tendit
> Spumantisque freti præceps immergitur undis.
>   Tum vero excussi mentem, ceu prodita testa
> Expulsi fugiant manes, umbræque recusent
> Captivo jacuisse solo, sperare saluti
> Pertæsum, damnantque cibos, agit addita Erynneis [1].

O prodige! du fond de ce tombeau sort un serpent, dont la peau bleue était parsemée de taches d'or; de ses yeux de feu jaillit une flamme rouge comme le sang; sa gueule, où sa langue s'agite comme un dard, pousse d'affreux sifflements; le monstre se roule au milieu des assiégés, traverse la ville, et, se précipitant du haut des murs, il court comme un transfuge vers le rivage, d'où nous le voyons se plonger et disparaître dans les ondes écumantes.

Les vers de Silius, malgré quelques taches, sur-

---

[1] Livre II, vers 584 et suivants.

tout vers la fin, où la faiblesse de l'expression est révélée par la force de la pensée, auraient du prix, s'ils ne rappelaient pas trop exactement les deux serpents du second livre de l'Énéide. Mais du moins ce prodige a un but, il accomplit la vengeance de la reine des dieux contre les habitants de Sagonte; et ceux-ci sont d'autant plus portés à se laisser effrayer par une apparition extraordinaire, que le malheur extrême qui les environne réveille la superstition naturelle à tous les hommes. Le serpent suscité par Junon répand la terreur dans Sagonte, réduite aux dernières extrémités, et produit le même effet que les monstres accourus de Ténédos, à la voix de Minerve, pour dévorer le grand-prêtre Laocoon avec ses deux fils, et jeter l'épouvante au milieu du peuple de Priam, qui tire de ce spectacle horrible l'augure certain de sa ruine prochaine. La nouvelle fiction de Virgile n'a point d'objet déterminé.

Le poëte nous donne les préparatifs [1] du festin des Troyens, mais non pas le festin lui-même. Huit

---

[1] Ces préparatifs demanderaient des détails un peu moins techniques. Homère corrige la sécheresse d'une description pareille avec un seul trait: « De tous côtés le sang des victimes ruisselle à longs flots autour du mort. » Les Troyens apprêtent un repas ordinaire, les Grecs offrent un sacrifice à l'ami d'Achille étendu sur la terre: Patrocle sera présent à leur banquet. Homère ne quitte jamais une scène sans l'achever.

jours s'écoulent : enfin la neuvième aurore amène la solennité tant désirée. Un concours immense de peuples voisins se presse sur le rivage pour prendre part à la fête. Cette circonstance aurait pu fournir quelques riches détails, soit sur le lieu de la scène, soit sur les spectateurs, entre lesquels nous serions bien aises de trouver des physionomies particulières, des personnages propres à nous intéresser, soit par leur seule présence, soit par les souvenirs attachés à leurs noms [1]. Virgile ne veut point retarder notre impatience : il étale déjà dans le cirque les trépieds sacrés, les couronnes, les palmes, les vêtements, les armes, et tous les prix de la victoire ; le clairon donne le signal des jeux funèbres.

Ils commencent par le combat des chars ; les quatre concurrents sont Mnesthée, Gyas, Sergeste, et Cloanthe, guerriers obscurs pour nous, mais auxquels les premières familles de Rome rapportaient leur origine : cette excuse est insuffisante ; elle ne justifie pas Virgile d'être parvenu presque à la moitié de son poëme sans avoir trouvé un moyen de nous faire connaître par leurs actions les principaux chefs de l'armée

---

[1] Virgile dit seulement :

Socios in cœtum littore ab omni
Advocat Æneas, tumulique ex aggere fatur.

troyenne. Un poëte épique ne doit pas se proposer le stérile honneur de flatter l'orgueil de quelques patriciens devenus les courtisans d'un maître; il doit aspirer à la gloire de présenter à la postérité des hommes dignes de ses regards. C'est le cas d'appliquer ici à Virgile, avec un léger changement, ces deux vers de Racine :

> Dis-nous par quels exploits leurs noms ont éclaté,
> Plutôt ce qu'ils ont fait que ce qu'ils ont été.

Comme la Grèce était peuplée de héros, fils de héros, ou enfants des dieux eux-mêmes, Homère ne manque jamais de déclarer l'origine de ses guerriers, mais il s'occupe surtout de les montrer enflammés du désir ardent de soutenir le noble fardeau d'un nom connu de l'univers. Tous aspirent à l'Olympe, les uns comme à la seconde patrie des grands hommes, les autres comme au séjour où ils sont rappelés par l'auteur de leur naissance. Un poëte grec a dit que les femmes passionnées entendent dans l'air des voix qui leur donnent des conseils d'amour ; ainsi les âmes sublimes entendent sans cesse des voix célestes qui leur donnent des conseils de gloire.

Infidèle aux exemples d'Homère, qui, dès le premier chant de l'Iliade, a mis en scène avec leurs caractères et leurs passions le grand-prêtre Chrysès et sa fille, le divin Apollon, le bouillant Achille, le fougueux Calchas, la belle Briséis, le

superbe Agamemnon, le sage Nestor, le prudent
Ulysse, le tendre Patrocle, Thétis, Jupiter, Minerve, et Junon, Virgile annonce ses quatre personnages par des vers que Delille a tâché de
rendre plus élégants :

> Ils commencent : d'abord sur la plaine des eaux
> Quatre vaisseaux choisis portent quatre rivaux.
> Vantant de ses rameurs l'infatigable haleine,
> Mnesthée à sous ses lois la pesante Baleine;
> Mnesthée, ô Memmius! auteur de votre sang.
> Puis l'immense Chimère, où, sur un triple rang,
> La rame à triples coups dompte le flot rebelle,
> Sur la cime des mers flottante citadelle,
> Obéit à Gyas. Sergeste, dont le nom
> Des nobles Sergiens honore la maison,
> Fera gémir les mers sous le poids du Centaure.
> Et toi, Cluentius! né d'un sang qu'on adore,
> Cloanthe, de ton nom le fondateur fameux,
> Sur la verte Scylla fend les flots écumeux.

Stace est à une grande distance de Virgile ; il
s'arrête long-temps à la généalogie des chevaux
qui vont combattre; il leur donne dans son récit
presque autant d'importance qu'à leurs maîtres :
mais du moins Polynice, Amphiaraüs, l'heureux
Admète, Chromis fils d'Hercule, Hippodame issu
d'OEnomaüs, sont précédés par leur renommée
dans la carrière où le poëte les amène. On voit avec
plaisir paraître à côté de ces héros les deux fils de
Jason, la gloire d'Hypsipyle : l'un porte le nom
de Thoas, son aïeul maternel ; l'autre celui d'Eu-

née, parceque sa naissance avait été regardée comme un augure favorable pour les Argonautes. Ces deux jumeaux ont une parfaite ressemblance: les traits de leur visage, leurs habits, leurs chars, leurs coursiers, tout est pareil ; d'accord dans leurs vœux, ils ont la même ardeur pour la victoire, ou plutôt chacun d'eux ne désire être devancé que par son frère [1]. Ces détails heureux et simples animent une narration; Virgile devait sentir la nécessité d'orner la sienne par quelques souvenirs d'Ilion, par quelques traits qui donnassent une physionomie à ses concurrents: mais si ce grand poëte a trompé notre attente, nous allons bientôt le voir reparaître dans tout l'éclat de son talent.

> Au sein profond des eaux, à l'aspect du rivage,
> S'élève un vaste roc, qui, dans les jours d'orage,
> Cache son front battu des vents impétueux.
> Quand la mer aplanit ses flots tumultueux,
> Il paraît, et, sortant de la vague immobile,
> Offre aux oiseaux des mers un refuge tranquille.

---

[1] Il n'arrive que trop souvent à Stace de nous offrir des énigmes dans des vers où il ne trouve que l'obscurité, en cherchant la précision ; mais quelquefois il unit cette dernière qualité à une heureuse élégance, comme on va le voir par son texte :

> Geminis eadem omnia : vultus
> Currus, equi, vestes; par et concordia voti
> Vincere, vel solo cupiunt a fratre relinqui.
>   Livre VI, v. 358.

Là, leur main dresse un chêne orné de ses rameaux;
Verdoyante limite, où chacun des rivaux
Doit, repliant sa course au bout de la carrière,
Revenir, et de loin regagner la barrière.
Le sort règle les rangs : brillants de pourpre et d'or,
Sur leurs poupes montés, prêts à prendre l'essor,
Les chefs fixent les yeux témoins de cette fête [1] :
De pâles peupliers leur troupe ceint sa tête ;
Et du fruit de Pallas la brillante liqueur
De leurs corps demi-nus assouplit la vigueur.
Ils se placent, les bras étendus sur la rame;
Attentifs au signal, ils l'attendent; leur âme
Est déjà dans la lice; et l'espoir et la peur
Font bouillonner leur sang, font palpiter leur cœur [2].

---

[1] Ce vers faible remplace mal une seule expression de Virgile, *effulgent*.

[2] Le traducteur a conservé l'élégance, les coupes et les images de la poésie de Virgile dans ce passage; cependant on est en droit de lui demander compte de ces admirables traits de l'original :

Exsultantiaque haurit
Corda pavor pulsans, laudumque arrecta cupido.

A la vérité la prose, avec toute la liberté dont elle jouit, aurait peine à donner une idée suffisante du sens et de l'énergie du texte: « Leurs cœurs tressaillent et palpitent, dévorés à la fois par la crainte d'une défaite et par l'amour de la gloire attentif et brûlant. » Mais où sont, dans cette traduction, les images renfermées dans le seul mot *arrecta*, qui nous montre les corps, les bras, les yeux, les regards, l'esprit, le cœur des Troyens élevés vers la gloire? Nous voyons tout cela dans un seul trait, comme Cicéron montre à César ce que faisaient, dans la bataille de Pharsale, les bras, les yeux, la pensée, le glaive de l'accusateur de Ligarius.

ÉNÉIDE, LIVRE V.

Enfin l'airain sonore a rompu le silence;
La troupe impatiente au même instant s'élance;
Du même point déjà tout sort, tout est sorti,
Et des cris du départ l'Olympe a retenti [1].
Loin d'eux leur vol rapide a laissé la barrière;
Tous, roidissant leurs bras ramenés en arrière,
Fendent l'onde, qui fuit et roule à gros bouillons;
Tous déchirent son sein par de larges sillons.
L'eau frémit sous leur proue, et l'humide carrière
Sous leur rame s'ébranle et s'ouvre tout entière.
D'un moins rapide essor, dans la lice emportés,
Volent en tourbillons cent chars précipités :
Avec moins de transport, retenant leurs haleines,
Penchés sur le timon, et secouant les rênes,
Dans les plaines d'Élis, les jeunes combattants
De leurs coursiers rivaux aiguillonnent les flancs.
On vogue; on gagne, on perd, on reprend l'avantage;
Des nombreux spectateurs l'intérêt se partage;
On entend tour à tour les vœux de l'amitié,
L'accent du désespoir, celui de la pitié,
Dans le vague des airs leurs clameurs se confondent;
L'Olympe en retentit, les échos leur répondent;
Et l'écho du rivage et la voûte des bois
Roulent en murmurant le bruit confus des voix.

---

[1] On ne retrouve pas ici tout-à-fait le texte :

> Inde, ubi clara dedit sonitum tuba, finibus omnes,
> Haud mora, prosiluere suis.

Dans ces deux vers Virgile triomphe de lui-même : en effet, ils renferment plus de sens et font encore une plus vive image que ceux dans lesquels il a dépeint la rapidité des chars qui s'élancent dans la carrière :

> Non tam præcipites bijugo certamine campum
> Corripuere, ruuntque effusi carcere currus.

Sauf quelques imperfections, que tout le monde a pu remarquer, la traduction reproduit presque toutes les beautés de l'original ; telle est sa fidélité à imiter les savants artifices de Virgile, qu'elle peut nous révéler dans le style du poëte latin une perfection qui n'est pas dans l'auteur de l'Iliade. Homère fait le plus souvent une esquisse au trait, Virgile nous donne un tableau. L'un se contente de nous dire en deux vers pittoresques, pleins d'harmonie imitative, que les concurrents élèvent leurs boucliers au-dessus de leurs chars, secouent les rênes, et excitent l'ardeur de leurs coursiers, qui s'emparent aussitôt de la plaine; l'autre, plus magnifique, nous montre les chefs troyens debout sur la poupe de leurs vaisseaux, brillants d'or et de pourpre, tandis que le reste de la jeunesse, le front couronné de branches de peuplier, laisse voir ses membres nus et arrosés par les flots dorés de l'huile qui les fait briller au soleil. Les coupes, les suspensions, les images des vers de Virgile, représentent avec une grande vérité l'ardeur, l'attente, l'impatience des combattants, leurs vœux, et le battement de leurs cœurs tour à tour glacés par la crainte et enflammés par un glorieux espoir. L'impétuosité avec laquelle ils s'élancent tous à la fois, leurs cris belliqueux, et le bruissement de la mer, sillonnée par les navires, déchirée par les rames et la proue des galères,

Convulsum remis rostrisque tridentibus æquor,

offrent un modèle de description poétique et d'harmonie imitative. Une heureuse comparaison, empruntée à la peinture du combat des chars par Homère [1], ajoute des traits à la peinture du poëte, et donne une nouvelle preuve de la richesse de Virgile dans les détails. Cette comparaison se trouve déjà dans le troisième livre des Géorgiques :

> Nonne vides, quum præcipiti certamine campum
> Corripuere, ruuntque effusi carcere currus;
> Quum spes arrectæ juvenum, exsultantiaque haurit
> Corda pavor pulsans? illi instant verbere torto,
> Et proni dant lora ; volat vi fervidus axis :
> Jamque humiles, jamque elati sublime videntur
> Aera per vacuum ferri, atque assurgere in auras.
> Nec mora, nec requies; at fulvæ nimbus arenæ
> Tollitur; humescunt spumis flatuque sequentum :
> Tantus amor laudum, tantæ est victoria curæ!

> Le signal est donné; déjà de la barrière
> Cent chars précipités fondent dans la carrière;
> Tout s'éloigne, tout fuit; les jeunes combattants,
> Tressaillants d'espérance et d'effroi palpitants,
> A leurs bouillants transports abandonnent leur âme :
> Ils pressent leurs coursiers; l'essieu siffle et s'enflamme:
> *On les voit se baisser, se dresser tour à tour;*
> Des tourbillons de sable ont obscurci le jour;
> *On se quitte, on s'atteint, on s'approche, on s'évite ;*
> Des chevaux haletants le crin poudreux s'agite;
> Et blanchissant d'écume, et baigné de sueur,

---

[1] Liv. XXIII, vers 363 et suivants.

Le vaincu de son souffle humecte le vainqueur :
Tant la gloire leur plaît, tant l'honneur les anime !

Virgile a sagement retranché ici quelques détails vers la fin ; les nouveaux traits qu'il a substitués à ceux de la première comparaison mettent plus de rapport entre elle et les traits qu'elle reproduit sous d'autres formes ; mais son inadvertance nous laisse précisément à désirer les images qui auraient le mieux justifié l'espèce de parallèle qu'il voulait établir : « Tantôt dans leur course rapide les chars rasent humblement la terre qu'ils sillonnent, et tantôt dans leurs bonds impétueux ils paraissent suspendus en l'air [1]. » Effectivement un char qui fuit et bondit dans la carrière fait à nos yeux l'illusion d'un navire balancé par les vagues, qui tour à tour monte avec elles, reste suspendu à leur sommet, ou semble descendre dans un gouffre ouvert pour l'engloutir.

Hi summo in fluctu pendent, his unda dessiscens
Terram inter fluctus aperit.

---

[1] Virgile en traduisant ainsi ce passage,

Jamque humiles, jamque elati sublime videntur
Aera per vacuum ferri, atque assurgere in auras

l'a un peu surchargé ; malgré la beauté du trait, *atque assurgere in auras*, le second vers est inutile et détruit l'effet du premier. Delille paraît avoir senti cette faute, mais sa version trop commune ne donne pas l'équivalent du texte :

Jamque humiles, jamque elati sublime videntur.

La comparaison complète et telle qu'on vient de la voir aurait ici le mérite de réunir en quelques traits deux éléments, deux combats, et par conséquent deux genres de plaisir pour le lecteur, agréablement surpris de cet heureux artifice. Quelques personnes pourraient être tentées de préférer la brièveté expressive d'Homère à la richesse pittoresque de Virgile ; mais je les prie de considérer que nous ne sommes pas emportés par la rapidité de l'action, et que la solennité des jeux célébrés pendant le séjour nécessaire d'Énée en Sicile donnait au poëte une entière liberté pour s'abandonner aux conseils de la muse qui lui servait de guide.

Pour mieux sentir encore le prix du tableau de Virgile au moment où les vaisseaux partent tous à la fois de leur station avec la rapidité d'un char emporté par des coursiers avides de la victoire, il faut lire toutes les exagérations de Stace. Après avoir exprimé en beaux vers, mais avec beaucoup plus de chaleur et d'énergie, l'impatience des coursiers que celle des conducteurs, il donne enfin le signal du combat: tous s'élancent ensemble; mais, au lieu de voler avec eux dans la plaine, l'adorateur de Virgile ose ajouter : « Quel vaisseau » sur les ondes, quel trait dans une bataille, quel » nuage dans le ciel vole avec plus de vitesse? » Moins rapide est la flamme ou le torrent grossi

»par l'hiver; plus lentement les astres tombent
»de la voûte éthérée, plus lentement l'orage s'a-
»masse dans les airs; les torrents descendent avec
»moins d'impétuosité du haut des montagnes. »
Est-il rien de plus inconvenant que cette accumulation d'images qui glacent le lecteur, justement offensé de tant de recherche et de prétention.

Voyez le commencement du combat décrit par Virgile:

> Au milieu des clameurs et de la foule immense,
> Le premier des rivaux qui part et les devance,
> C'est Gyas. Après lui Cloanthe fend les flots :
> Ses rameurs sont plus forts; mais l'art des matelots
> De son vaisseau pesant accuse la paresse.
> Après eux, emportés d'une même vitesse,
> L'orgueilleuse Chimère et le Centaure altier
> Volent; et le Centaure est tantôt le premier,
> Et tantôt devant lui s'échappe la Baleine;
> Tantôt tous deux de front fendent l'humide plaine,
> Glissent, et, parcourant des espaces égaux,
> De leur longue carène ils sillonnent les eaux [1].
> Déjà s'offrait de près la borne désirée,
> Quand Gyas, qui croyait sa victoire assurée,
> Du milieu de la mer crie à son vieux nocher :
> « Prends la gauche, reviens, et gagne ce rocher. »
> Il dit : l'autre craignant que son vaisseau n'échoue [2],

---

[1] Le texte est parfaitement traduit dans ces vers.
[2] Le texte explique les motifs de la crainte de Menœtes :

Sed cæca Menœtes

Saxa timens.

S'écarte, et du rocher il détourne sa proue :
« Reviens, encore un coup ; reviens, rapproche-toi, »
dit Gyas ; et soudain il voit avec effroi
Cloanthe qui l'atteint [1], et qui, d'un vol rapide,
Glissant entre la borne et le vaisseau timide,
Tandis que de vains cris son rival frappe l'air,
Passe, tourne, s'échappe, et vogue en pleine mer.
Le jeune homme frémit de perdre la victoire [2],
Des pleurs mouillent ses yeux ; sans respect pour sa gloire,
Sans égard pour les siens, dans l'abîme flottant
Il pousse le nocher, le remplace à l'instant [3].
Lui-même il guide, il presse, il anime sa troupe,
Et plus près du rocher il ramène sa poupe.
Le vieillard malheureux, malgré le lourd fardeau
De l'âge et des habits qu'*appesantissait l'eau*,
Reparaît, et, montant sur la roche prochaine,
S'assied tout ruisselant. La jeunesse troyenne
Avait ri de le voir s'abreuver dans les mers,
Et rit en le voyant rendre les flots amers.
Cependant les derniers, et Mnesthée et Sergeste,
Sur Gyas arrêté par un retard funeste

---

[1] Respicit instantem tergo.

[2] Ce vers précis et ferme ne rend pas assez la force du sens de l'original.

> Tum vero exarsit juveni dolor ossibus ingens ;
> Nec lacrymis caruere genæ.

En affaiblissant l'expression de la douleur de Gyas, on rend son action plus condamnable ; il faut au moins qu'elle ait pour excuse le transport soudain d'une passion ardente.

[3] Les images du texte ont disparu dans la traduction :

> In mare præcipitem puppi deturbat ab alta.

Se disputent le prix. Plus prompt dans son essor,
Sergeste vole au but; mais son navire encor
Ne passe qu'à demi le vaisseau qui lui cède;
Une part l'accompagne, une autre le précède.

Cette première partie du combat n'a de remarquable que l'élégance, la précision du style, et la variété des images. La jeunesse de Gyas et la soif de la victoire ne sauraient justifier une violence qui blesse le respect dû à la vieillesse, les devoirs d'un chef, les lois de l'honneur, et les sentiments de justice qui s'élèvent avec tant de force au milieu d'un grand nombre d'hommes réunis; il conviendrait même que Gyas reçût une leçon paternelle d'Énée. Dans l'Iliade, la faute d'Antiloque se trouve punie par les reproches de Ménélas, et noblement expiée par le repentir du jeune coupable. Homère n'oublie presque jamais les droits de la morale. Mais la peinture de Virgile est vive, et fait illusion, et comme Menœtes reparaît bientôt, on se surprend à sourire de la gaieté des Troyens à l'aspect du malheur du pilote si indignement maltraité par le fougueux Gyas. La scène s'anime lorsque Virgile, après nous avoir montré l'ardeur de Sergeste à devancer ses rivaux, jette dans la narration ces traits touchants, ces inspirations du cœur qu'on désire quelquefois dans les odes de Pindare, sur les combats d'Olympie; telles sont les belles et nobles paroles de Mnesthée :

Cependant à grands pas, de l'un à l'autre bout,
Mnesthée allait, courait, et s'écriait partout :
« Allons, amis, allons, courbez-vous sur vos rames;
» Fiers compagnons d'Hector, vous que dans Troie en flammes
» J'ai choisis pour les miens, voici, voici l'instant
» De déployer encor ce courage éclatant
» Qui dompta les courants des mers de l'Ausonie,
» Et les Syrtes d'Afrique, et les flots d'Ionie [1].
» Je ne demande pas de vaincre mes rivaux :
» Si toutefois... mais non, ô dieu puissant des eaux !
» Donne à ton gré la palme, et règle la victoire.
» Nous, en perdant le prix, défendons notre gloire !
» D'arriver les derniers fuyons l'opprobre affreux :
» Voilà notre triomphe, et voilà tous mes vœux ! »
Sur la rame à ces mots tous se courbent ensemble;
Sous leurs vastes efforts tout le navire tremble.
L'onde en grondant s'enfuit : échappé par élans
Leur souffle entrecoupé bat leurs robustes flancs;
Leur bouche est desséchée, et leurs yeux étincellent,
Et des flots de sueur de tous côtés ruissellent.
Le sort remplit leurs vœux [2] : tandis que, trop ardent,
Sergeste suit sa course, et d'un vol imprudent

---

[1] Ces paroles semblent justifier le regret que j'ai exprimé, dans le premier livre, de ne pas voir les compagnons d'Énée développer leur courage, et donner de grands exemples sous ses yeux, pendant la tempête. Comment celui qui parle ainsi dans un combat sans danger sérieux n'a-t-il rien dit ou rien fait quand son vaisseau et toute la flotte troyenne étaient exposés à toute la fureur d'une tempête ?

Les vers du traducteur sont la plus fidèle expression des pensées du texte.

[2] Cet hémistiche ne fait pas assez ressortir la pensée de Vir-

Veut, entre le rocher et la poupe rivale,
Saisir rapidement un étroit intervalle;
Quand du terme prescrit il pense s'approcher,
Malheureux! il rencontre un perfide rocher
Dont le pied s'avançait sous les eaux moins profondes.
Le vaisseau sur l'écueil est porté par les ondes;
Le roc heurté s'ébranle; avec un long fracas
Les avirons brisés s'envolent en éclats,
Et la proue au rocher demeure suspendue!
L'épouvante est partout; une foule éperdue
De lamentables cris fait retentir les cieux.
Tout s'empresse au travail; tous, armés de longs pieux,
Soulèvent le navire, et leurs mains diligentes
Recueillent les débris de leurs rames flottantes.

Le malheur de Sergeste est un incident dramatique qui donne du mouvement à la scène. Delille a cru pouvoir y ajouter quelques coups de pinceau pour augmenter l'intérêt : je crois qu'il a eu raison; le récit de Virgile, borné à ces seuls traits,

Consurgunt nautæ, et magno clamore morantur :
Ferratasque trudes et acuta cuspide contos
Expediunt; fractosque legunt in gurgite remos.

n'offre que les détails trop exacts d'une aventure commune. Le vaisseau, qui a couru le risque d'être

---

gile, qui a eu soin de bien marquer sa transition dans ce vers :

Attulit ipse viris optatum casus honorem.

Le hasard lui-même vint apporter à ces guerriers l'honneur, objet de tous leurs désirs.

ÉNÉIDE, LIVRE V. 421

ouvert par l'écueil, ne paraît nullement en danger [1]; aussi ne s'élève-t-il pas même un cri parmi les spectateurs, que l'événement devrait émouvoir.

Tandis que le soin de gagner le navire occupe l'équipage, et attire l'attention des Troyens,

>Mnesthée alors s'anime, et sur l'onde emporté,
Au gré des vents s'élance avec agilité :
Et comme au fond d'un roc, sa demeure chérie,
Une colombe en paix et dans l'ombre nourrie,
Si quelque effroi soudain vient troubler son réduit,
Tressaille, bat de l'aile, et s'échappe à grand bruit,
Puis nage mollement, et dans un air tranquille
Soutient l'agilité de son vol immobile :
Tel glisse le vaisseau, tel, et plus prompt encor,
Il court, rase les flots, et poursuit son essor.
Sa vitesse redouble au bout de sa carrière [2].

---

[1] Virgile lui-même semble appuyer cette réflexion lorsqu'il récompense Sergeste pour avoir conservé son vaisseau et ramené ses compagnons.

>Servatam ob navem lætus sociosque reductos.

[2] Je demande quel est le poëte français qui aurait pu soutenir mieux que Delille la comparaison avec Virgile dans cette traduction, si digne de l'original par la fidélité, l'élégance, et l'harmonie. Je ne crains pas de mettre le texte sous les yeux du lecteur, pour qu'il puisse prononcer lui-même en connaissance de cause.

>Qualis spelunca subito commota columba,
Cui domus et dulces latebroso in pumice nidi,
Fertur in arva volans, plausumque exterrita pennis

Sergeste, arrêté par l'écueil, essaie en vain de reprendre sa course avec des rames brisées ; la Chimère, montée par Gyas, dépourvue de son pilote, retardée par son propre poids, a perdu toute espérance ; Cloanthe reste seul en avant ; à la vue de son unique rival, Mnesthée redouble de courage.

Alors de nouveaux cris dans les airs sont lancés ;
Et par mille clameurs, par des vœux empressés,
La commune faveur le pousse à la victoire.
Des deux parts même espoir, même ardeur pour la gloire.
L'un, fier de son succès, s'obstine à le garder,
Et veut mourir cent fois plutôt que de céder :
L'autre, heureux par l'audace, ose encor davantage ;
Son espoir fait sa force ; et, grâce à son courage,
Peut-être un même honneur égalait ces rivaux [1],

Dat tecto ingentem ; mox aere lapsa quieto,
Radit iter liquidum, celeres neque commovet alas:
Sic Mnestheus, sic ipsa fuga secat ultima Pristis
Æquora ; sic illam fert impetus ipse volantem.

[1] Ces six vers sont bien faits, mais ne rendent pas toute la pensée de Virgile :

Hi proprium decus et partum indignantur honorem
Ni teneant, vitamque volunt pro laude pacisci.
Hos successus alit : possunt, quia posse videntur.
Et fors æquatis cepissent præmia rostris.

Ceux-ci s'indigneraient de perdre un honneur qui leur appartient, et la palme que leurs mains vont saisir : ils donneraient leur vie pour la gloire. Ceux-ci sont enflammés par le succès ; ils peuvent vaincre, parcequ'ils croient le pouvoir ; et peut-être les

ÉNÉIDE, LIVRE V.

Si Cloanthe, étendant ses deux bras vers les eaux,
N'eût invoqué les dieux de ces plaines profondes :
« Humides habitants de l'empire des ondes,
» Heureux dominateurs de ces mers où je cours,
» Si je dois la victoire à vos divins secours,
» Oui, j'en fais vœu, pour prix de cet honneur suprême,
» J'immole un taureau blanc sur ce rivage même,
» Je jette dans les mers ses intestins fumants,
» Et mêle un pur nectar à leurs flots écumants. »
Il dit : et des palais de la mer azurée,
Les agiles tritons, les filles de Nérée,
Entendirent sa voix. De *sa* puissante main
Palémon le seconde ; il le pousse, et soudain,
Plus rapide qu'un trait, sa nef obéissante
Court, vole, et dans le port arrive triomphante '.

Le fils d'Anchise alors, aux accents du clairon,
De Cloanthe vainqueur fait proclamer le nom :
Le nom victorieux de toutes parts résonne.
Du laurier verdoyant lui-même il le couronne.

---

deux vaisseaux arrivant de front eussent remporté le prix à la fois.

Le sens préféré par Heyne, *ils peuvent parcequ'ils croient pouvoir,* est assurément très beau, et conforme à la nature de l'homme, dont les forces physiques et morales dépendent souvent du sentiment qu'il en a ; mais l'explication qui attribuerait à la conviction des spectateurs, manifestée par des signes certains, le redoublement d'ardeur qui peut donner la victoire à Mnesthée, ne serait point encore à dédaigner.

' Ce vers substitue une autre image à celle de Virgile, qui est plus vraie et plus pittoresque.

Ad terram fugit, et portu se condidit alto.

Il fuit vers la terre, et s'enfonce dans la profondeur du port.

Ensuite il fait conduire à chacun des vaisseaux
Et l'argent, et le vin, et trois jeunes taureaux.
Les chefs ont leur tribut. Au vainqueur il présente
Un vêtement guerrier où la pourpre éclatante,
Bordant un tissu d'or par un double contour,
En deux bandes s'alonge et serpente à l'entour.
Sur ce tissu l'on voit, armé de traits rapides,
Ganymède à grands pas presser les daims timides;
Échauffé, hors d'haleine, et le feu dans les yeux,
Il semble respirer: l'oiseau du roi des dieux
L'observe, fond sur lui, le saisit, et l'enlève [1]:
Ses gouverneurs, levant les bras vers leur élève,
Le suivent vainement de leurs yeux attendris,
Et ses chiens étonnés l'appellent à grands cris.
Celui de qui l'adresse a la seconde place,
Reçoit pour récompense une riche cuirasse
Dont l'or à triple maille a formé le tissu.
Le héros généreux dont sa main l'a reçu,
Énée, aux bords du Xanthe et sous les murs de Troie,
Avait au fier Démole arraché cette proie.
Surpris de sa richesse et de sa pesanteur,
Aux bras impatients du fier triomphateur
Ensemble la portaient Sagaris et Phégée:

---

[1] Ce vers, très bon en lui-même, efface toute la poésie du texte :

Acer, anhelanti similis; quem præpes ab Ida
Sublimem pedibus rapuit Jovis armiger uncis.

Il paraît échauffé, hors d'haleine; tout-à-coup le rapide oiseau qui porte les armes de Jupiter ravit l'enfant royal sur le sommet de l'Ida, et l'enlève dans ses serres recourbées. » En supprimant l'hémistiche inutile et fautif, *il semble respirer*, Delille aurait laissé subsister les oppositions de Virgile, et fait connaître le lieu de la scène.

De ce prix glorieux leur épaule chargée
Fléchit sous le fardeau; mais Démole autrefois
Poursuivait les Troyens sans en sentir le poids.
Deux grands bassins d'airain, deux coupes qu'embellissent
Des figures d'argent dont les formes saillissent,
Du troisième vainqueur couronnent les efforts.

Virgile est d'une admirable variété dans toute cette narration; nous voyons, nous partageons l'ardente émulation, les efforts jaloux de Cloanthe et de Mnesthée. La prière du premier ne ressemble en rien aux vœux adressés par son rival à Neptune; elle offre un caractère religieux que nous aimons à trouver dans un compagnon d'Énée. Palémon et les Néréides, dont l'intervention forme une agréable diversion, ne nous paraissent pas commettre une injustice en venant au secours du courage, qui, après avoir tout tenté pour obtenir la victoire, réclame avec confiance un appui divin. La piété fait triompher Cloanthe, comme elle assure partout le succès aux armes de son prince. Le rapport des mœurs avec le choix de l'incident, que Virgile a imité peut-être, lui donne ici un prix particulier qui manque quelquefois aux images d'Homère. Les invocations de ses héros ne nous intéressent pas toujours assez; mais lorsque Ulysse, plein de constance dans les plus rudes épreuves, implore Minerve, qui semble être pour lui un génie particulier, nous prions avec lui, et nous éprouvons une joie extrême à le voir sortir des plus grands périls, grâce à sa puissante protectrice, la fille de Jupiter.

Virgile vient de parler au cœur dans la prière de Cloanthe; il s'adresse à notre esprit dans la distribution des prix accordés aux vainqueurs. La riante imagination des Grecs lui a inspiré la pensée de jeter dans le sujet quelques ornements pleins de grâce, et ces ornements, dont il use avec tant de sagesse et de goût, il les a pris dans l'enlèvement du jeune Ganymède, fils de l'un des premiers rois d'Ilion. Ainsi les souvenirs de la patrie reviennent à la pensée des Troyens. C'est encore avec beaucoup de convenance et d'à-propos que la récompense accordée au second des vainqueurs rappelle une victoire remportée par Énée sur les bords du Xanthe.

La description semble se terminer ici de la manière la plus heureuse, et peut-être n'attendions-nous rien de plus; mais dans l'épopée, comme dans la tragédie, aucun personnage ne peut paraître sans que son entrée sur la scène et sa sortie du théâtre ne soient suffisamment expliquées aux yeux de la raison. Nous avons perdu de vue le malheureux Sergeste; Virgile ne l'a point oublié comme nous, et voici comme il le ramène en présence des vainqueurs qui ne songent qu'à leur triomphe:

Déjà tout glorieux et fiers de leurs trésors,
Ils revenaient contents, quand le triste Sergeste,

Avec peine arraché de sa roche funeste,
Honteux et dépouillé d'un rang de ses rameurs,
Seul, au milieu des ris, au milieu des clameurs,
Entraînant les débris de son vaisseau débile,
S'avance lentement. Tel on voit ce reptile
Qu'une rapide roue au milieu du chemin
A surpris, traversé de son cercle d'airain,
Ou que le voyageur, sous le poids d'une pierre,
A laissé tout sanglant et meurtri sur la terre ;
En longs élancements il se fatigue en vain :
Terrible d'un côté, l'œil ardent, l'air hautain,
Il siffle, il s'enfle, il lève une orgueilleuse tête ;
Mais de l'autre côté, que sa blessure arrête,
Il rampe, et par cent plis l'un sur l'autre roulés,
Courbe et recourbe en vain ses restes mutilés [1] :
Tel le vaisseau boiteux se traînait avec peine.
Au défaut de rameurs la voile le ramène,
Et le port avec joie accueille ses débris.
Sergeste du héros obtient lui-même un prix.
Une esclave crétoise acquitte le courage
Qui garantit sa nef et sauva l'équipage ;
Aux travaux de Minerve on instruisit sa main,
Et deux enfants jumeaux se jouaient sur son sein.

Nous sommes arrivés au dénouement ; il ne fallait pas retarder notre impatience par de longs détails : Virgile a prévenu la fatigue et l'ennui

---

[1] Quelle élégance dans ces vers du traducteur ! Virgile n'a sur lui que l'avantage d'une précision que notre langue ne pourrait atteindre sans des sacrifices que l'oreille et le goût défendent au poëte.

par une comparaison qui est un dernier coup du maître au riche tableau sorti de sa palette. La justesse des images, leur variété, l'inconcevable élégance des détails, l'illusion produite par la vérité du parallèle, la savante harmonie des oppositions rapides, sans être brusques, qui éclatent dans le texte, sont des modèles faits pour désespérer quiconque ose faire des vers après Virgile [1]. Lui seul a pu, sans aucune trace d'efforts, sans encourir le reproche de la monotonie de la perfection adressé à Racine, produire des beautés de style si achevées. Homère ne les égale point. Homère possédait au plus haut degré l'inspiration qui enfante du premier jet des beautés sublimes, et la force qui grave des pensées comme sur l'airain; mais il n'avait pas, ainsi que son religieux admirateur, cette puissance du second travail qui ajoute aux créations du génie des perfections divines.

Le présent obtenu par Sergeste sert à manifester la justice éclairée du héros. Père et conservateur des débris d'Ilion échappé à la fureur des Grecs, il devait attacher la plus grande importance au courage et à l'habileté de Sergeste.

---

[1] Et cependant Delille approche de l'original dans la traduction de ce passage.

Voir Apollonius, liv. IV, v. 1541.

ÉNÉIDE, LIVRE V. 429

Peut-être même quelques nobles paroles du fils d'Anchise eussent été nécessaires dans la situation. Les éloges sont une monnaie avec laquelle les princes habiles paient et multiplient les grandes actions.

Après ce premier combat, Énée s'avance vers une grande prairie qu'embrassaient de toutes parts des collines couronnées de forêts. Au milieu de cette vallée était un cirque où le héros paraît entouré d'une foule immense, et prend sa place sur un trône de verdure. Il invite la jeunesse au combat de la course par l'attrait des récompenses et des couronnes. De tous côtés arrivent les Troyens et les Siciliens mêlés ensemble. Euryale et Nisus sont les premiers : Euryale, dans la fleur de l'adolescence, célèbre par sa beauté; Nisus, plein d'une tendre affection pour ce jeune guerrier. Après eux viennent Diorès, de la famille de Priam; Salius et Patron, l'un Acarnanien, l'autre de la ville de Tégée et du sang d'Arcadie. Ils sont suivis de deux jeunes Siciliens, Hélymus et Panope, accoutumés à la chasse et compagnons du vieil Aceste.

Les noms des autres sont restés dans les ténèbres de l'oubli.

Énée leur propose les prix de la victoire, et promet qu'aucun des concurrents ne sortira du cirque sans récompense.

Il dit : et, de ses yeux mesurant la carrière,
Chacun des combattants se place à la barrière ;
Le signal est donné : dociles à ses lois,
Tous, comme un tourbillon, sont partis à la fois [1]
Plus léger que les vents, que l'aile du tonnerre,
A leur tête Nisus vole et rase la terre :
Salius de bien loin suit ce rival heureux :
Euryale lui cède, Hélymus à tous deux :
Après lui Diorès laisse un léger espace ;
Penché sur son épaule, il vole sur sa trace,
Ses pieds touchent ses pieds, ses pas pressent ses pas ;
Et, si l'espace étroit ne le retenait pas,
Bientôt il passerait celui qui le devance,
Ou du moins laisserait la victoire en balance.
Tout couverts de poussière, échauffés, palpitants,
Déjà touchaient au but les jeunes combattants,
Lorsqu'en un lieu rougi du sang du sacrifice,
Nisus, à qui le sort s'était montré propice,
Déjà touchant la palme, et déjà sans rivaux,
Sur le terrain trempé du meurtre des taureaux
Glisse, et se débattant sur ses jambes tremblantes,
Tombe, et roule étendu sur les herbes sanglantes.
Mais s'il perd la victoire, Euryale vainqueur,

---

[1] Le texte porte :

Hæc ubi dicta, locum capiunt ; signoque repente
Corripiunt spatia audito, limenque relinquunt
Effusi nimbo similes ; simul ultima signant.

Virgile, en produisant les mêmes effets par les mêmes artifices de style, ne manque pas de variété dans l'expression, comme on peut le voir en comparant ce passage avec celui du départ précipité des vaisseaux et des chars.

Son Euryale au moins consolera son cœur [1].
Du sol qui l'a trahi soudain il se relève,
S'oppose à Salius dont la course s'achève.
Dans son élan rapide avec force heurté,
Salius à son tour tombe précipité.
Aux soins de l'amitié fier de devoir sa gloire,
Euryale court, vole, et saisit la victoire :
Son succès réunit tous les cœurs, tous les vœux.
Hélymus suit de près ses pas victorieux ;
Et Diorès enfin triomphe le troisième.
Mais Salius réclame ; et son dépit extrême,
Aux premiers rangs du cirque adressant de longs cris,
Revendique l'honneur que la ruse a surpris :
Sa plainte, son malheur, le bon droit, sont ses armes.
Euryale a pour lui l'éloquence des larmes,
Le vœu public séduit par d'aimables dehors,
Sa naissante vertu, plus belle en un beau corps,
Son modeste silence, et sa douce tristesse [2].
Diorès le seconde ; il parle, il crie, il presse
Les juges du combat : arrivé le dernier,
Il perd, si Salius est nommé le premier,

---

[1] Il y a beaucoup plus d'âme et de vivacité dans le tour et dans les expressions de Virgile : « Mais il n'oublie point Euryale, il n'oublie pas ses amours :

Non tamen Euryali, non ille oblitus amorum.

[2] Ces vers élégants en eux-mêmes, surtout le premier, vraiment digne de Racine, sont cependant bien loin d'égaler les beaux vers de Virgile :

Tutatur favor Euryalum, lacrymæque decoræ,
Gratior et pulchro veniens in corpore virtus.

Le dernier trait du traducteur est une addition malheureuse

Et la troisième palme et la troisième place.
Le prince lui sourit, et, d'un ton plein de grâce,
« Vos prix sont assurés ; mais souffrez que mon cœur
» D'un ami malheureux console la douleur. »
Il dit : et Salius reçoit, pour récompense,
La peau d'un fier lion, dont la dépouille immense
Forme un riche trophée, et s'embellit encor,
Et de ses crins touffus, et de ses ongles d'or.
« Ah ! si les vaincus même ont un si beau partage,
» Si de vous le malheur obtient un tel hommage,
» Que réservez-vous donc, s'écrie alors Nisus,
» A moi qu'un même sort égale à Salius,
» Et qui, s'il ne l'obtient, mérite la couronne ? »
Ainsi, Nisus aux cris, aux plaintes s'abandonne,
Et montre en même temps ses vêtements mouillés,
Et de fange et de sang ses bras encor souillés.
Le prince avec bonté l'accueille, le caresse,
Choisit un bouclier, dépouille de la Grèce,
Au souverain des mers autrefois consacré,
Et que Didymaon lui-même a décoré ;
Met aux mains de Nisus cet admirable ouvrage,
Et de sa chute ainsi console au moins l'outrage.

Il y a dans ce récit par Virgile une souplesse, une légèreté dans les vers, une vérité d'illusion, et je ne sais quelles grâces du talent d'une femme, qui sont des dons particuliers à ce poëte. On dirait que ces vers sur Euryale,

---

qu'il aurait certainement supprimée dans un dernier examen. A plus de soixante-quinze ans, il conservait encore tout le talent nécessaire pour corriger, avec bonheur, les fautes que lui indiquait sa raison.

Tutatur favor Euryalum, lacrymæque decoræ,
Gratior et pulchro veniens in corpore virtus,

sortent du cœur de la jeune Médée à l'aspect de Jason, descendu dans l'arène des combats, au milieu des Grecs qui font pour sa victoire des vœux bien moins ardents que ceux de sa timide amante. A Rome on appelait Virgile la vierge; on sent, à la pudeur des détails sur l'amitié des deux jeunes héros, que le surnom était mérité. Mais ce qui donne un nouveau charme à ce morceau, c'est un mélange de la simplicité d'Homère avec l'élégance d'une muse pleine de politesse. Il serait à souhaiter, dans l'intérêt du poëme et de l'auteur, que la noble Énéide ressemblât plus souvent à la naïve Odyssée : la pompe finit par fatiguer; la simplicité de la nature ne lasse jamais.

Mais la plus brillante description, les vers les plus élégants, ont besoin du secours de quelque passion vive qui excite l'intérêt; la fable d'Apollon et de Daphné, dans Ovide, fera sentir cette vérité. Le poëte joue trop avec son sujet, cependant il nous attache; pourquoi? le voici : Daphné est une vierge chaste, qui fuit l'amour, l'hymen et ses nœuds. Vainement son père lui disait : « Ma fille, tu me dois un gendre; ma fille, tu me dois des petits-fils. » A ce discours, Daphné, qui haïssait l'hymen comme un crime, sentait son beau visage se couvrir du vif incarnat de la pudeur, et, jetant ses bras caressants autour du cou de Pénée : «Cher auteur de mes jours, répondait-elle, permets-moi de conserver à jamais ma virginité : Jupiter accorda cette grâce à Diane. » Pénée se rend aux prières de sa fille. « Mais, ô Daphné, ajoute le poëte, ta beauté ne permet pas que tu sois ce que tu veux être, et tes grâces s'opposent à tes souhaits. » Cependant Apollon a vu Daphné : il l'a vue, et brûle de s'unir à elle ; il désire, il espère ; et la science des oracles le trompe lui-même. » Non seulement cette narration est un modèle de grâce et de naïveté, mais encore on y doit remarquer et la délicatesse de la transition qui met Apollon en présence de la nymphe, et la rapidité du poëte à peindre un amour aussi prompt à s'allumer que la flamme à saisir un flambeau qui s'approche d'elle.

Certes voilà notre curiosité vivement excitée; on peut dire de nous : *arrecti oculi; arrectæ mentes.* La belle Daphné fuit l'amour, Apollon veut obtenir Daphné ; comment une mortelle va-t-elle échapper à un dieu ? Comment la passion de ce dieu peut-elle tromper sa science ? nous l'ignorons; et nous craignons pour Daphné, malgré l'espoir que nous a fait concevoir ce tour heureux, mais enveloppé d'un mystère, *suaque illum oracula fallunt.*

C'est dans cette alternative que le poëte nous

place au moment de la scène qu'il va mettre sous nos yeux. Peintre habile, il relève les charmes de la nymphe, que le désordre de sa fuite embellit encore, et ce tableau, qui nous plaît, augmente nos alarmes en augmentant l'ardeur d'Apollon. Les paroles qui ralentissent sa fuite nous donnent quelque répit ainsi qu'à la nymphe; mais, indigné de perdre ses paroles, le jeune dieu semble s'élancer tout entier sur les pas de Daphné.... La nymphe et le dieu précipitent leur course, l'un animé par la crainte, l'autre par l'espoir. Apollon paraît voler sur les traces de Daphné; toujours plus rapide, il ne lui donne aucun relâche; il est prêt à la saisir, et déjà son haleine agite les cheveux de la nymphe. Une ardente prière de la pudeur fidèle à ses serments sauve Daphné, qui échappe, par sa métamorphose en laurier, aux transports de l'amour.

On ne peut voir qu'une fiction dans ce récit; mais elle a sur nous tout le pouvoir d'une vérité dramatique. Nous avons admiré la beauté de la nymphe; nous avons vu naître et briller la flamme du dieu; nous avons tremblé pour son amante, nous sommes rassurés par le triomphe de la vertu. Il manquait un dernier trait à la scène; écoutons le magicien qui met le comble à la perfection de son ouvrage par les touchants regrets du dieu, cause involontaire du malheur de la nymphe.

« Phœbus aime Daphné même après sa métamor-
» phose; et, posant sa main sur la tige récente, il
» sent palpiter un cœur sous l'écorce nouvelle; il
» embrasse les rameaux, il couvre de baisers la
» tige de l'arbre chéri. Daphné paraît fuir encore
» cette innocente caresse. Alors le dieu lui dit :
» Puisque tu ne peux être mon épouse, au moins
» tu seras mon arbre de prédilection; c'est toi, c'est
» toi seule qui orneras mes cheveux, ma lyre, et
» mon carquois; tu vas parer le front des guerriers
» du Latium; lorsque la voix du peuple chantera
» leurs victoires, et que le Capitole verra la pompe
» de leur triomphe, tes rameaux, unis à ceux du
» chêne, orneront le seuil du palais des Césars;
» et comme mes cheveux jouissent sur ma tête
» d'une jeunesse éternelle, ainsi tes feuilles conser-
» veront l'éclat d'une éternelle verdure. »

La seule pensée de faire accorder une si noble
récompense à la vertu, par la passion même qui
voulait lui faire violence ou la séduire, est presque une pensée de génie; et le poëte a trouvé
pour sa fable le plus heureux et le plus moral
des dénouements. Sans demander à Virgile un
intérêt que son sujet ne comportait pas, j'ai voulu
seulement indiquer que le combat de la course
pourrait avoir quelque chose de plus attachant
que le malheur de Nisus, et la victoire dérobée
par le bel Euryale. Cet enfant n'a point assez

disputé de la victoire; il ne mérite point assez l'éloge que Virgile lui donne. On voudrait voir éclater sa vertu comme sa beauté. Pourquoi, par exemple, dans un âge où les premiers mouvements ont tant de droiture et de noblesse, n'aurait-il pas la crainte de paraître dérober la victoire, et la générosité de se borner au second prix? C'est alors que nous répéterions tous avec émotion :

Gratior et pulchro veniens in corpore virtus.

Non seulement Stace est plus riche d'images que Virgile dans le combat de la course, mais encore il montre plus d'invention et rend la scène plus attachante. Parthénopée est beaucoup au-dessus d'Euryale, parcequ'on nous le fait mieux connaître. Fils de la belle Atalante, léger à la course comme son illustre mère, il a pensé de bonne heure qu'il devait être digne de son origine. Au gré de l'attente générale il s'élance d'un saut devant le front de l'armée des Grecs et détache l'agrafe d'or de sa chlamyde. L'éclat de son corps, la jeunesse de ses membres, la forme heureuse de ses épaules, éblouissent tous les regards [1].... Mais ce héros dédaigne les éloges donnés à sa beauté,

---

[1] Tandem exspectatus volucri super agmina saltu
Emicat, et torto chlamydem diffibulat auro.
Effulsere artus, membrorumque omnis aperta est
Lætitia, insignesque humeri.

Ces vers sont d'un poëte grec et plein de l'enthousiasme de

il écarte la foule qui l'admire. C'est ainsi qu'un personnage s'empare de l'attention en paraissant sur la scène; à peine avons-nous vu Parthénopée que nous sommes prêt à nous écrier: Voilà le vainqueur! Stace n'est pas moins heureux au moment où le combat commence.

Tous ces légers rivaux s'emparent de l'espace, et, déjà parés de leur seule nudité, ils brillent au milieu de la lice[1]: moins prompts avaient paru les coursiers qui viennent de la franchir; on eût dit d'une nuée de flèches lancées par le Parthe fugitif. Parthénopée est sur le point de remporter la victoire, mais sa belle chevelure ayant rompu ses nœuds, Idas qui le suit la saisit, retire d'une main son rival en arrière, et de l'autre touche le but. Le partage des avis et l'indécision du roi Adraste, juge et président des jeux, sur une aussi injuste victoire, ne sont pas très raisonnables[2];

---

sa nation pour le présent divin de la beauté. Il est malheureux que Stace les ait gâtés par ces derniers traits:

Nec pectora nudis
Deteriora genis, latuitque in corpore vultus.

[1] Corripuere leves spatium, campoque refulsit
Nuda cohors.

Les vers qui suivent n'ont pas la légèreté convenable au sujet.

[2] Stace se condamne lui-même en disant:

Clypeum gerit improbus Idas,

l'injuste Idas obtient un bouclier. On ne peut justifier cette

ÉNÉIDE, LIVRE V.

mais cet incident donne lieu à une nouvelle course, et fait triompher le fils d'Atalante, à qui nous avions décerné la palme. Assurément Parthénopée a mieux mérité la palme qu'Euryale, et sa victoire nous fait pour l'avenir d'autres promesses que le succès dérobé par le tendre ami de Nisus.

Nous arrivons à l'exercice de la lutte; Énée offre des prix considérables pour le vainqueur, et même pour le vaincu.

> Aussitôt, au milieu d'un doux et long murmure,
> Darès paraît, tout fier de sa haute stature;
> Darès, qui de Pâris seul balança le nom;
> Darès, de qui le bras, sous les murs d'Ilion,
> Près du tombeau d'Hector, par un combat célèbre
> Honorant ce héros et sa pompe funèbre,
> De l'énorme Butès, ce Bébryce orgueilleux,
> Qui comptait Amycus au rang de ses aïeux,
> Terrassa la fureur, et de sa main puissante
> Coucha le front altier sur la poudre sanglante.
> Il se lève, il prélude : étendus en avant,
> Ses deux bras tour à tour battent l'air et le vent.
> Il montre leur vigueur, montre sa taille immense ¹,
> Et du prix qu'il attend s'enorgueillit d'avance.
> On cherche un adversaire à ce jeune orgueilleux
> Mais nul n'ose tenter ce combat périlleux,

---

récompense que par l'estime que les Grecs avaient pour la supériorité dans les exercices gymnastiques, et par leur indulgence pour l'amour de la gloire dans la jeunesse.

¹ Virgile nous montre d'abord l'orgueilleux Darès tout entier

Alors, fier, et déjà d'une main assurée
Saisissant le taureau par sa corne dorée,
« Fils d'Anchise, dit-il, si, glacé par l'effroi,
Nul n'ose à ce combat s'exposer contre moi,
Pourquoi ces vains délais, et cette attente vaine?
Ce taureau m'appartient, ordonnez qu'on l'emmène. »
Ainsi parle Darès d'un air triomphateur.
Les Troyens font entendre un murmure flatteur,
Et réclament pour lui les honneurs qu'il demande.
Alors le vieil Aceste avec douceur gourmande
Entelle, son ami, son digne compagnon,
Assis à ses côtés sur un lit de gazon:
« Entelle, lui dit-il, de ton antique gloire
N'as-tu donc conservé qu'une oisive mémoire?
Et d'un cœur patient verras-tu sous tes yeux
Enlever sans combat un prix si glorieux?
Où donc est cet Éryx, autrefois notre maître,
Ce dieu que la Sicile en toi crut voir renaître?
Où sont ces fiers combats, ces dépouilles, ces prix,
En pompe suspendus à tes nobles lambris? »
« La peur, dit le vieillard, gardez-vous de le croire,
N'affaiblit point en moi l'ardeur de la victoire:
Mais l'âge éteint ma force; et de ce faible corps

---

par des vers magnifiques d'harmonie, dont le premier forme, peut-être par hasard, une opposition singulière avec le précédent:

> . . . . . et fulva moribundum extendit arena.
> Talis prima Dares caput altum in prælia tollit:
> Ostenditque humeros latos, alternaque jactat
> Brachia protendens.

Darès se présente à nous comme l'Argant du Tasse se montre dans la lice où il vient défier les chrétiens.

La glace des vieux ans engourdit les ressorts.
Si j'étais jeune encor, si j'étais à cet âge
Qui de cet insolent enhardit le courage,
Sans prétendre à ce prix dont son cœur est flatté,
J'aurais d'un tel rival rabattu la fierté. »
Il dit, et de ses mains fait tomber sur le sable
De cestes menaçants un couple épouvantable,
Arme affreuse, qu'Éryx, en marchant aux combats,
Autrefois enlaçait à ses robustes bras.
L'assemblée, en silence, en contemple la forme;
Chacun tremble à l'aspect de cette masse énorme,
Où, du fer et du plomb couvrant le vaste poids,
La peau d'un bœuf entier se redouble sept fois [1].
Darès même a senti chanceler son audace.
Énée avec effort soulève cette masse;
Il déroule en ses mains, il en parcourt des yeux,
Et le volume immense et les immenses *nœuds*.
« Darès, reprend Entelle, à cet aspect recule !
Et que serait-ce donc si du terrible Hercule
Il avait vu le ceste et le combat fameux
Qui de sang autrefois rougit ces mêmes *lieux* [2] ?
L'arme que vous voyez, si vaste, si pesante,
De votre frère Éryx chargea la main vaillante,
Et des crânes rompus et des os fracassés
Les vestiges sanglants y sont encor tracés.

---

[1] Tous ces vers rendent avec un rare bonheur le texte de Virgile, et l'étonnante fidélité du traducteur ne paraît lui avoir coûté aucun effort; il semble se jouer dans ses chaînes, tant il les porte avec aisance et facilité.

[2] Ce vers ne rend pas heureusement le texte, *tristemque hoc ipso in littore pugnam.* En récompense les vers suivants du traducteur sont faits à la manière de Boileau.

Avec elle il lutta contre le grand Alcide [1];
Par elle j'illustrai ma jeunesse intrépide,
Avant qu'un trop long âge eût blanchi mes cheveux;
Et que le temps jaloux domptât ces bras nerveux.
Mais si ce fier Troyen craint ce terrible ceste,
Si c'est le vœu d'Énée et le désir d'Aceste,
De cette arme à Darès je fais grâce *en ce jour*.
A son ceste troyen qu'il renonce à son tour.
Marchons, portons tous deux dans ces luttes rivales
Et des dangers égaux, et des armes égales. »
Alors, montrant tout nus et tout prêts aux combats
Son corps, ses larges reins, ses redoutables bras,
Et sa vaste poitrine où ressort chaque veine [2],
Seul il s'avance et seul semble remplir l'arène [3].
Puis le héros troyen prend deux cestes égaux;
Lui-même il les enlace aux bras des deux rivaux
Prêts à lutter d'ardeur, de courage, et d'adresse.
Sur ses pieds à l'instant l'un et l'autre se dresse;
Tous deux les bras levés, d'un air audacieux,
Se provoquent du geste, et s'attaquent des yeux.

---

[1] On ne pouvait pas reproduire plus heureusement *his magnum Alciden contra stetit*.

[2] On regrette ici l'image

    Hæc fatus, duplicem ex humeris rejecit amictum ;

mais surtout ce vers, dont l'harmonie pittoresque semble nous montrer l'Hercule Farnèse dans Entelle :

    Et magnos membrorum artus, magna ossa, lacertosque

[3] Cet excellent vers n'a pas encore toute la force de l'original :

    Exuit, atque ingens media consistit arena.

Où donc est le fier Darès ? il est disparu. Nous ne voyons plus qu'Entelle, semblable à un colosse, debout au milieu de l'arène.

Soudain commence entre eux la lutte meurtrière.
Leur tête loin des coups se rejette en arrière :
L'un, jeune, ardent, léger, frappe, et pare à la fois ;
Entelle, plus pesant, se défend par son poids ;
Mais ses genoux tremblants le portent avec peine,
Son vieux flanc est battu de sa pénible haleine.
Mille coups à la fois, hâtés ou suspendus,
Sont reçus ou portés, détournés ou perdus.
Tantôt dans leurs flancs creux les cestes retentissent,
Sur leurs robustes seins tantôt s'appesantissent ;
L'infatigable main erre de tous côtés,
Marque leurs larges fronts de ses coups répétés,
Frappe, en volant, la tempe et l'oreille meurtrie ;
Sous le ceste pesant la dent éclate et crie.
Entelle, courageux avec tranquillité,
Oppose à son rival son immobilité,
Et, par un tour adroit, par un coup d'œil habile,
Brave, trompe, ou prévient sa menace inutile.
Tel qu'un fier assaillant, contre un antique fort
Qui sur le haut des monts brave son vain effort,
Ou contre une cité, théâtre d'un long siége,
Tantôt presse l'assaut, tantôt médite un piége,
Autour de ses remparts, va, vient, et sans succès
Tente dans son enceinte un périlleux accès :
Tel autour du vieillard, défendu par sa masse,
Darès, joignant la ruse et la force et l'audace,
Tourne, attaque en tous sens, frappe de tous côtés.
Entelle, résistant aux coups précipités,
Lève son bras, suspend l'orage qu'il médite ;
Darès l'a vu venir, se détourne, et l'évite [1].

---

[1] Le texte exprime mieux la rapidité des mouvements de Darès, *celerique elapsus corpore cessit.*

Entelle, frappant l'air de son effort perdu,
Tombe de tout son poids sur la terre étendu [1] :
Tel, aux sommets glacés que l'aquilon tourmente,
Tombe et roule un vieux pin de l'antique Érymanthe.
Troyens, Siciliens, par mille cris divers
De joie et de regret frappent soudain les airs.
Aceste le premier accourt ; et sa tendresse
Dans son vieux compagnon plaint sa propre faiblesse.
Le héros se relève [2] ; et la honte, et l'honneur,
La confiante audace, aiguillonnent son cœur;
Son courage s'irrite encor par sa colère [3],
Et s'élance, et poursuit son superbe adversaire ;
Et tantôt tour à tour, et tantôt à la fois,
Les deux cestes ligués l'accablent de leurs poids;
Moins prompte, moins pressée, et moins tumultueuse,
Sur nos toits retentit la grêle impétueuse.

---

[1] Virgile dit :

> Ipse gravis graviterque ad terram pondere vasto
> Concidit.

Si Delille n'a pas égalé tout-à-fait les effets d'harmonie de l'original, il a ajouté quelque chose à celle des vers suivants du texte :

> Ut quondam cava concidit, aut Erymantho,
> Aut Ida in magna, radicibus erecta pinus.

[2] Dans Virgile c'est Aceste qui relève son vieil ami; dans le traducteur, Entelle se relève lui-même. Ce mouvement est plus vif et plus heureux que celui de l'original.

[3] On ne pouvait pas mieux rendre,

> Acrior ad pugnam redit, ac vim suscitat ira;

mais il aurait fallu faire d'autres efforts pour dire comme Virgile :

> Tum pudor incendit vires, et conscia virtus.

ÉNÉIDE, LIVRE V.

La main suit l'autre main, les coups suivent les coups.
Point de paix, point de trêve à son bouillant courroux;
Il le chasse d'un bras, de l'autre le ramène,
Et Darès en tournant parcourt toute l'arène.
Empressé de calmer ce combat trop ardent,
Énée avec pitié voit ce jeune imprudent,
L'arrache à son rival, et plaignant sa disgrâce:
« Malheureux, où t'emporte une indiscrète audace!
Pourrais-tu méconnaître une invisible main,
Et dans les bras d'un homme un pouvoir plus qu'humain?
Fléchis devant un dieu; *les destins te l'ordonnent*[1]. »
De Darès aussitôt les amis l'environnent;
Chacun d'eux à l'envi soutient entre ses bras
Ce malheureux qu'on vient d'arracher au trépas,
Tremblant, abandonnant sa tête chancelante,
Vomissant à grands flots de sa bouche écumante
Des torrents d'un sang noir et les tristes débris
De ses os, de ses chairs, déchirés et meurtris.
Pour conduire aux vaisseaux la victime échappée
Ils partaient, oubliant et le casque et l'épée;
On leur remet le prix de ce combat fatal,
Et le taureau *doré*[2] demeure à son rival.
Tout rayonnant d'orgueil et de gloire et de joie,
« Soyez témoins, ici, fiers habitants de Troie,
Dit-il d'un ton superbe; et toi, fils de Vénus,
Vois par ce que je suis, *ce qu'autrefois je fus*[3].

---

[1] Il fallait s'arrêter avec Virgile au trait, *cede deo.*

[2] Virgile ne parle point de taureau doré.

[3] *Ce qu'autrefois je fus*, mérite une censure sévère. L'antithèse entre la vieillesse d'Entelle et la jeunesse de Darès n'est pas dans Virgile, il dit simplement et d'un ton grave :

Et qua servetis revocatum a morte Dareta.

Et de quelle mort certaine vous rappelez Darès.

Dans ma jeune saison, et quel sort ma *vieillesse*
Gardait à ce Darès si fier de sa *jeunesse*. »
Il dit, et se présente en face du taureau
Dont fut récompensé son triomphe nouveau,
Se dresse, et d'une main ramenée en arrière,
Entre sa double corne atteint sa tête altière,
Brise son large front ; du crâne fracassé
Le cerveau tout sanglant rejaillit dispersé ;
Et tel qu'un bœuf sacré sous la hache succombe,
Le taureau sous le coup tremble, chancelle, et tombe.
« Éryx, s'écrie alors le vainqueur orgueilleux,
Reçois cette victime ; elle te plaira mieux
Que ce Troyen sauvé de ma main meurtrière.
J'ai vaincu : c'en est fait, j'ai rempli ma carrière ;
Je dépose mon ceste et renonce à mon art. »

Peut-être, depuis que l'on fait des vers français, Delille seul (je n'excepte personne de la comparaison) pouvait parvenir à représenter avec cette supériorité la désespérante perfection d'un style toujours naturel, élégant, varié, plein d'harmonie imitative, et d'images si vives des objets que l'on croit assister à la scène. Delille lutte avec son maître comme Darès contre Entelle ; il est vaincu, mais par un dieu, et sa défaite est encore un titre d'honneur, puisque, avec des armes inégales, il balance quelquefois la victoire. Le grand mérite de Delille, mérite que ses critiques n'ont point assez senti, c'est l'air de facilité qui cache les efforts du travail le plus opiniâtre ; c'est l'empreinte d'originalité qu'il donne à une imitation. On lui a opposé des morceaux de Malfilâtre et de Lebrun ; ces deux poëtes l'emportent sur lui dans quelques passages : Lebrun, par exemple, a rendu d'une manière plus touchante et plus antique les derniers accents d'Orphée, appelant encore Eurydice d'une voix mourante. Mais dans les deux rivaux de Delille on reconnaît le cachet de la traduction à je ne sais quelles traces d'étrangeté. La version de Delille a toute l'aisance et la liberté d'une composition originale, où les expressions sont sorties naturellement du fond des pensées. L'épisode d'Orphée et d'Eurydice, objet des critiques souvent justes de Clément, se fait remarquer par ce genre de perfection, surtout au moment où le jeune Aristée entre dans le palais de sa mère. Enfin, on lit souvent les vers de Delille, comme on lit ceux de Racine, sans être arrêté par le sentiment des peines qu'ils ont coûtées à leur auteur.

Le combat de l'arc, qui succède à celui du ceste, jette de la variété dans la description; rapide, plein de grâce, de souplesse et de brièveté, il nous repose d'un peu de fatigue qu'a pu nous causer la lutte de Darès et d'Entelle, trop longue peut-être pour le genre d'intérêt qu'elle inspire. Ce n'est pas que ce combat, dont les concurrents sont le fils d'Hyrtacus, Hippocoon, Mnesthée encore fier de sa victoire, et le fier Eurytion, frère de ce Pandarus qui reçut l'ordre de rompre un traité avec les Grecs en lançant le premier sa flèche dans les rangs ennemis, soit très attachant ; toutefois on voit sortir avec plaisir de l'urne le nom du roi de Sicile, et d'ailleurs les vers de Virgile ont tant de grâce et de facilité qu'ils donnent du prix aux moindres détails. Les récits du poëte n'ont point cette naïveté qui, dans Homère, se mêle aux plus grandes choses, mais ils délassent le lecteur de la magnificence épique et de l'ennui dont le genre descriptif est si voisin. Lucain est un grand poëte, il a des beautés d'un ordre supérieur, des beautés qu'Homère et Virgile n'ont pas même entrevues ; malheureusement sa narration, pénible, embarrassée, surchargée de détails, manque d'entraînement. Celle de Virgile a dans sa marche la légèreté d'un ruisseau pur et transparent qui s'enfuit avec un doux murmure. Delille, trop travaillé peut-être, a cependant reproduit avec succès l'élégance et la facilité que la nature, le travail, le goût, et l'oreille, ont données à la poésie de Virgile. On en pourra juger par cette citation :

Par le fils d'Hyrtacus le premier trait lancé
Part, vole, et dans le mât le fer reste enfoncé ;
L'arbre tremble, l'oiseau s'effraie et bat de l'aile.
Mille cris frappent l'air. Une palme nouvelle
De Mnesthée à son tour tente le bras heureux.
Vers le but il dirige et sa main et ses vœux ;
Mais, sans toucher l'oiseau, la flèche décochée
Rompt le nœud qui retient la colombe attachée :
L'oiseau part, prend l'essor, s'élève jusqu'au ciel.
Alors, fier de sa force et de l'art fraternel,

Déjà, tenant son arc et sa flèche perçante,
A l'oiseau qui fend l'air d'une aile triomphante,
Tandis qu'il s'applaudit dans l'empire azuré,
Eurytion prépare un coup plus assuré :
Le trait rapide vole au séjour des orages :
Arrêté dans sa course au milieu des nuages,
Le malheureux oiseau perd le jour dans les cieux,
Et rapporte en tombant le trait victorieux.
 Nul prix d'Aceste encor n'honore la vieillesse :
Tout-à-coup, signalant son arc et son adresse,
De la corde bruyante un trait part, et soudain
Aux regards se présente un présage divin.
D'un sillon enflammé marquant au loin sa route,
Le trait vole, et se perd sous la céleste voûte.
Tels, détachés des cieux, courent en traits brûlants
D'un astre chevelu les crins étincelants.
Troyens, Siciliens, tout s'étonne et s'incline.
Le héros, admirant la volonté divine,
Embrasse ce vieillard, le comble de présents ;
Le ciel d'un prix à part honore vos vieux ans,
Lui dit-il: recevez cette coupe gravée,
Par Anchise mon père avec soin conservée¹,
Et dont le grand Cissée autrefois lui fit don
Comme un gage sacré de leur tendre union.
Il dit, met sur son front la première couronne :
Le bon Eurytion sans regret l'abandonne.

On a pris plaisir, au commencement du combat, à voir le vieil Aceste se présenter l'arc à la main

---

¹ On regrette dans le discours d'Énée ces expressions :

Ipsius Anchisæ longævi munus habebis :

Vous recevrez ce présent du vieil Anchise lui-même.

parmi les jeunes concurrents. On aime à voir une couronne placée sur les cheveux blancs du roi de la Sicile. Le respect pour la vieillesse doit être une vertu d'Énée; mais son discours à l'ami de son père, au prince dont il reçoit l'hospitalité, manque un peu d'intérêt; peut-être les Troyens devaient-ils témoigner par leurs applaudissements la joie que leur causent les honneurs justement décernés à leur vénérable allié, à l'hôte généreux qui les accueille pour la seconde fois dans ses états. Si le prodige de la flèche qui s'enflamme dans l'air a été destiné à préparer l'embrasement des vaisseaux de Troie, il ne paraît pas d'abord faire assez d'impression sur les Troyens; mais le poëte a pu penser que cette impression doit se réveiller avec plus de force dans le moment de l'incendie, auquel il ajoutera l'effroi de la superstition, plus cruelle encore que le malheur, parcequ'elle fait intervenir la colère ou la vengeance des dieux dans les chances du hasard. Peut-être, au lieu de l'erreur d'Énée, qui prend le prodige pour un augure favorable, faudrait-il qu'un soupçon de la vérité passât dans son cœur comme un trait de lumière. La Cerda remarque avec raison le choix du présent fait à Aceste par le prince troyen; c'est une coupe qui a toujours appartenu à des rois: donnée à Anchise par Cissée, père d'Hécube, transmise à Énée par son père, elle passe de sa maison dans celle du monarque de Sicile, et réunit, par un nouveau lien, trois grandes amitiés, qui n'ont jamais été démenties. L'homme a le sentiment de la brièveté de ses jours ; aussi rien ne flatte plus en lui ce besoin de se survivre dont il est tourmenté que ce qui prolonge et perpétue son existence, en faisant durer le souvenir des sentiments et des affections de son cœur. Voilà pourquoi nous disons tous en mourant à quelque ami, comme Tibulle à Délie :

Te spectem suprema mihi cum venerit hora.

Nous voulons un témoin de nos derniers moments, non pas pour jouir de ses larmes, qui nous déchirent le cœur, et que nous prions quelquefois sa constance d'épargner à notre faiblesse, mais pour obtenir la douce promesse de n'être jamais oubliés. Ceux mêmes qui peuvent prétendre par le génie à l'immortalité, demandent encore un long avenir à l'amitié.

Stace, en imitant Virgile, a peut-être mieux senti certaines convenances que son maître. Nous venons de voir qu'Aceste, presque oublié, n'ayant aucun rôle dans les jeux, quoique vieillard et roi, obtient par hasard, et grâce à un prodige, quelques honneurs; ils ne lui sont pas accordés par une inspiration sortie du cœur d'Énée, à qui tant de raisons devaient rappeler ses obligations envers son hôte et son ami. Dans la Thébaïde, les jeux touchent à leur fin : « Quel honneur pour le tombeau d'Archémore, disent les princes grecs, si Adraste daignait ajouter à la célébrité des jeux en descendant lui-même dans la lice ! cette brillante armée pourrait se glorifier de posséder autant de vainqueurs que de chefs. » En même temps, ils le supplient de décocher quelques flèches de Lycie, ou de lancer quelques traits légers dans les airs. Adraste se prête volontiers à leurs désirs... Un frêne sauvage est désigné pour servir de but. Le roseau fatal, ô prodige effrayant ! parcourt l'espace, reprend avec rapidité sa route en arrière, et vient tomber auprès du carquois dont il était sorti... On s'épuise en conjectures sur le prodige; mais, ajoute le poëte, tous se trompent: le retour de la flèche d'Adraste présageait que lui seul reviendrait de cette guerre malheureuse. On trouvera plus de sens peut-être dans cette fiction que dans celle de Virgile; mais, en lisant les vers sur le vol de la flèche, on doit sentir à quelle distance Stace se trouve du chantre d'Énée sous le rapport du style.

Les jeux troyens terminent, dans le cinquième livre de l'Énéide, les honneurs religieux rendus à Anchise par la piété de son fils; c'est le triomphe de la jeunesse, succédant au triomphe d'un roi et d'un vieillard. L'opposition est heureuse et pleine de charme.

Voici la description de cette dernière scène :

Cependant au Troyen de qui l'expérience
Soigne le tendre Ascagne et conduit son enfance,
Énée, en se baissant, donne un ordre secret :
« Va, des jeunes Troyens si l'escadron est prêt,
» Lui dit-il, qu'au tombeau de son aïeul Anchise,
» Dans leur pompe guerrière, Ascagne les conduise. [1] »
Il dit ; et, faisant place à ces aimables jeux,
Il écarte les flots de ce peuple nombreux.
Sur des coursiers vêtus avec magnificence
Dans un ordre pompeux la jeunesse s'avance :
Des regards de la foule avidement suivis,
Ils défilent aux yeux de leurs parents ravis [2].
Des festons d'olivier pressent leur chevelure ;
Deux traits d'un fer poli composent leur armure ;
Plusieurs ont un carquois, et sur chaque guerrier
L'or flexible se joue en mobile collier.
Trois escadrons divers couvrent la même plaine ;
Chaque corps séparé suit le chef qui le mène ;
Douze jeunes Troyens composent chacun d'eux.
Le premier de ces chefs est l'enfant généreux
De Polite, un des fils du vieux roi de Pergame ;
C'est le jeune Priam : son beau nom, sa *grande* âme

---

[1] Le texte dit beaucoup mieux, *et sese ostendat in armis,* et qu'il se montre sous les armes.

[2] Ce vers faible ne reproduit pas ceux de Virgile :

Quos omnis euntes
Trinacriæ mirata fremit Trojæque juventus,

Ils s'avancent. La jeunesse de Troie, comme celle de la Sicile, admire leur marche guerrière et les suit de ses acclamations.

Un jour doit aux Latins rappeler à la fois
Et le plus malheureux et le plus grand des rois [1].
Un poil taché de blanc peint son coursier de Thrace,
Dont le pied blanchissant marque à peine sa trace;
Un blanc pur, de son front relève la beauté ;
Et la vigueur en lui s'unit à la fierté.
Le second est Atys, qui d'une colonie
Fière encor de son nom enrichit l'Ausonie ;
Le bel Atys, qu'Iule admet à tous ses jeux :
Même âge, mêmes goûts les unissent tous deux [2].
Iule enfin, l'espoir et l'honneur de sa race,
S'avance, et devant lui tout autre éclat s'efface :
Un beau coursier, nourri dans les prés de Sidon,
Lui fut donné des mains de la tendre Didon.
Sur des chevaux d'Aceste, enfants de la Sicile,
Les escadrons divers suivent d'un pas docile ;

---

[1] Delille emploie dix vers à rendre les cinq vers de Virgile, et le mutile ou le défigure. Nous ne retrouvons pas dans la traduction les images, la précision et la poésie du texte :

> Una acies juvenum, ducit quam parvus ovantem
> Nomen avi referens Priamus, tua clara, Polite,
> Progenies, auctura Italos.

Le premier escadron suit avec orgueil le jeune Priam, ainsi appelé du nom de son aïeul; cet enfant, ton illustre sang, ô Polite, doit un jour accroître la race italique.

L'exagération de Delille sur le jeune Priam n'est conforme ni à la manière antique, ni aux récits de l'histoire.

[2] Virgile dit, dans un vers plein de grâce,

> Parvus Atys, pueroque puer dilectus Iulo :

Le petit Atys, enfant chéri de l'enfant Iule.

On peut déjà souhaiter quelques ornements de plus dans le

Ils avancent : le cirque à leur marche applaudit.
Leur timide pudeur par degrés s'enhardit ;
Et des héros troyens, sur leurs jeunes visages,
Les yeux avec transport retrouvent les images.
　Le cirque est traversé : des spectateurs joyeux
Long-temps leurs traits chéris ont enivré les yeux.
Tout-à-coup un cri part, un fouet bruyant résonne :
Les guerriers, attentifs au signal qu'on leur donne,
Partent en nombre égal, et se rangent par trois ;
Rappelés par leur chef, reviennent à sa voix,
Réunissent encor leurs bandes divisées,
Et, baissant en avant leurs lances opposées,
D'un escadron serré présentent le rempart :
Tour à tour on s'éloigne, on revient, on repart,
On s'aligne, on se mêle, on s'atteint, on s'évite ;
C'est tantôt un combat, et tantôt une fuite ;
Tantôt la paix suspend leur choc tumultueux :.
Tel, dans ce labyrinthe oblique et tortueux,

---

texte, il ne fallait pas encore que le traducteur y retranchât des images et un trait touchant.

> Extremus, formaque ante omnes pulcher, Iulus
> Sidonio est invectus equo, quem candida Dido
> Esse sui dederat monumentum et pignus amoris.

Le dernier, le plus beau de tous ces jeunes rivaux, l'aimable Iule s'avance sur un coursier africain, que la noble Didon lui avait donné comme un gage et un monument de sa tendresse.

　[1] Le défaut de ces quatre vers est de détruire toutes les images du texte et de convertir en prose facile et rimée une poésie élégante et pittoresque :

> Inde alios ineunt cursus, aliosque recursus,
> Adversis spatiis ; alternisque orbibus orbes
> Impediunt, pugnæque cient simulacra sub armis.

Mille feintes erreurs, mille fausses issues,
En un piége invisible adroitement tissues,
De sentier en sentier, de détour en détour,
Embarrassaient les pas égarés sans retour.';
Tel on voit des dauphins les troupes vagabondes
Se chercher, s'éviter, se jouer sur les ondes :
Tels jouaient ces guerriers; ainsi dans ces combats
Ils enlaçaient leur course et confondaient leurs pas².
Ces courses, ces tournois, et ces feintes batailles,
Ascagne, lorsque d'Albe il fonda les murailles,
Les transmit à son peuple; et des premiers Albains
Leur pompe héréditaire est passée aux Romains.
A ce dépôt sacré Rome est encor fidèle ;
Rome, renouvelant leur pompe solennelle,
Rassemble pour ses jeux les jeunes citoyens :

Et nunc terga fuga nudant; nunc spicula vertunt
Infensi; facta pariter nunc pace feruntur.

Ils s'avancent de nouveau, reviennent sur leurs pas sur deux lignes opposées, décrivent des cercles qui s'enlacent dans d'autres cercles, et présentent sous les armes l'image d'un combat; tantôt leur fuite met leur dos à découvert, tantôt en face ils se menacent de leurs dards; et bientôt, la paix faite, ils marchent de front.

'Ces vers ont précisément le genre de mérite que l'on désire dans ceux qui les précèdent; ils sont d'une rare élégance, et cependant à une distance infinie du texte : mais il faut avouer que Racine et Boileau, unissant leurs efforts, n'eussent peut-être jamais rendu d'une manière satisfaisante les vers de Virgile, où la hardiesse figurée de l'expression se cache sous un air de facilité.

Ut quondam Creta fertur labyrinthus in alta
Parietibus textum cæcis iter, ancipitemque

ÉNÉIDE, LIVRE V.

Ce sont les fils de Troie et les combats troyens :
Leurs usages, leurs lois, leurs noms, vivent encore.

Les souvenirs de la patrie ont tant de charme qu'on ne peut trop louer cet épisode du poëte. En vieillissant une institution romaine, il nous fait remonter au siècle d'Homère; il unit ensemble la chute de Troie et la naissance de Rome; attention que n'ont cessé d'avoir les auteurs latins, et particulièrement les contemporains d'Auguste, témoin ce que rapporte Tite-Live sur l'origine de la maîtresse du monde; Horace est rempli d'allusions à la même croyance, qui flattait le peuple roi. On a lu au commencement du troisième livre les beaux vers de Properce sur

---

Mille viis habuisse dolum, qua signa sequendi
Falleret indeprensus et irremeabilis error.

Tel, formé de murs impénétrables au jour, le labyrinthe de Crète présentait le tortueux embarras de mille sentiers perfides, où l'on s'égarait dans des détours trompeurs ; sans pouvoir sortir de l'erreur où l'on s'était engagé.

² Cette seconde comparaison a peut-être le défaut de faire sentir un léger défaut de justesse dans la première. On ne pouvait retrouver sa route dans le labyrinthe de Dédale ; les jeunes Troyens sortent sans peine du labyrinthe formé par les tours et les détours de leur course guerrière. Le dernier trait du tableau, *facta pariter nunc pace feruntur,* opposé au dernier trait de la comparaison , *falleret indeprensus et irremeabilis error,* accuse Virgile de quelque inattention.

ce sujet, en voici de plus admirables encore du même auteur :

> Huc melius profugos misisti, Troja, penates.
>   O quali vecta est dardana puppis ave !
> Jam bene spondebant nunc omina, quod nihil illam
>   Læserat abiegni venter apertus equi
> Cum pater in gnati tremulus cervice pependit,
>   Et verita est humeros urere flamma pios.
> Tunc animi venere Decii Brutique secures,
>   Vexit et ipsa sui Cæsaris arma Venus,
> Arma resurgentis portans victricia Trojæ.
>   Felix terra tuos, cepit, Iule, deos[1].

« Tu ne pouvais, ô Troie ! choisir un meilleur asile pour tes dieux fugitifs. Sous quels auspices voguèrent les vaisseaux troyens ! Les dieux sans doute nous donnèrent d'heureux présages lorsque les bataillons vomis des flancs ouverts du cheval de bois épargnèrent celui qui porta sur ses épaules son père tremblant et suspendu, et que la flamme respecta le fardeau d'un fils religieux. Avec Énée entrèrent en Italie les grandes âmes des Décius, les faisceaux et les haches consulaires de Brutus. Alors Vénus elle-même apporta parmi nous les armes victorieuses de Troie renaissante. Iule, l'Italie est l'heureuse contrée qui a recueilli tes dieux. »

Ainsi quand nous voulons juger de l'intérêt de

---

[1] Livre IV, 1re élégie.

cet épisode, il faut nous transformer en Romains, et nous enflammer de cet orgueil national, le principe de leur grandeur et l'aliment de leur amour de la patrie. Ajoutons, pour rendre une entière justice à Virgile, qu'en plaçant les jeunes Troyens sous les yeux de leurs parents, et l'espérance de la nouvelle Pergame en face des guerriers qui ont défendu la première, il donne à sa peinture tout le charme des sentiments de la famille et toute la force des impressions que de grands et religieux souvenirs font sur un peuple réuni pour célébrer une fête nationale. Voyez que d'heureux effets sortent naturellement de la composition du poëte! Le passé, le présent, s'y accordent avec un art admirable pour attacher les spectateurs. Nous transportons-nous par la pensée jusqu'au temps des Troyens, le fils de Polite leur retrace les derniers moments de Pergame, la mort de son père, poursuivi par le glaive de Pyrrhus, étincelant de fureur, le courage et la fin cruelle du vénérable Priam, dont il porte le nom sacré. Rejeton d'un grand arbre abattu par la foudre, cet enfant, ainsi que tous ses jeunes rivaux, est, aux yeux des compagnons d'Hector, l'image de la renaissance de la race de Dardanus. Nous croyons-nous au milieu des Romains, leur orgueil national est flatté par des tableaux qui les font remonter au premier successeur des monarques de la florissante Asie. Iule, fondateur des jeux troyens, représente Auguste, qui les a renouvelés. La tendre amitié du jeune prince pour Atys, auteur d'une colonie latine qui porte son nom, est encore une allusion à ce même Auguste, qui appartenait aux Atiens et aux Iules par sa mère. Le fils d'Énée, qui paraît enfin, monté sur un coursier africain, présent de la tendresse de Didon, nous rappelle, par les grâces de son adolescence, l'enfant que cette reine prenait sur ses genoux, et qui, dans un âge si tendre, annonçait déjà les goûts et l'ardeur du guerrier.

> At puer Ascanius mediis in vallibus acri
> Gaudet equo; jamque hos cursu, jam præterit illos;
> Spumantemque dari pecora inter inertia votis
> Optat aprum, aut fulvum descendere monte Leonem.
>
> Ascagne, aiguillonnant un coursier plein d'ardeur,
> Court, vole, va, revient, et, dans sa jeune ardeur,
> Voudrait qu'un fier lion, un sanglier sauvage
> Vînt d'un plus beau triomphe honorer son courage.

Il est à regretter que Virgile n'ait pas consacré d'autres noms héroïques; on peut être surpris encore de ce que les applaudissements des Troyens, qui reconnaissent avec joie dans cette jeunesse les vivantes images de ses aïeux, n'éclatent pas avec un peu plus de chaleur et d'abandon. Mais un maître est présent, et tout le monde se tait, en attendant qu'il donne le signal. Peut-être le silence général nous révèle-t-il que Virgile nous trompe, que nous sommes à Rome, chez un peuple qui n'est plus libre, devant la cour d'Auguste, et non pas en Sicile, avec Énée, les Troyens, et le bon Aceste.

Virgile a montré beaucoup de jugement en terminant son épisode par le souvenir de la religieuse fidélité de Rome aux institutions de ses pères. Sans doute le familier de Mécène a voulu flatter Auguste; mais il le fait avec tant de délicatesse et de pudeur, il rattache si bien l'action du prince aux vertus du peuple romain, que le censeur le plus sévère n'oserait réclamer contre la complaisance du poëte.

Le jeu troyen est décrit avec une magie de style et une vérité d'imitation vraiment merveilleuses. Heyne dit que Virgile, n'ayant pu surpasser ou seulement égaler la danse de Crète représentée par Vulcain sur le bouclier d'Achille, s'est contenté de représenter le labyrinthe, image de cette danse. Heyne cite avec raison comme l'une des plus heureuses inventions du génie poétique la peinture que je vais emprunter à l'Iliade.

A côté de cette scène, Vulcain place un agréable vallon peuplé de brebis éblouissantes de blancheur, et semé de bergeries, de cabanes, et de parcs ombragés de leurs toits.

Dans ce lieu de délices, le savant ouvrier a représenté un chœur semblable à celui que, dans la Crète, l'ingénieux Dédale inventa jadis pour

Ariane à la belle chevelure. Là, de jeunes bergers, des vierges dont la beauté appelle l'hymen, dansent avec joie, et les mains entrelacées avec grâce. Les uns sont revêtus de tuniques, les autres de fines robes de lin; celles-ci portent de brillantes guirlandes, ceux-là ont des épées d'or suspendues à des boucliers d'argent. Tantôt d'un pied léger ils voltigent en rond, aussi rapides que la roue docile que le potier essaie et fait tourner; tantôt ils se mêlent et courent former d'ingénieux labyrinthes. Répandue autour de ce chœur merveilleux, une foule enchantée ne peut se lasser de le regarder. Cependant deux danseurs remarquables entre tous commencent le chant et tournent avec rapidité au milieu du cercle qui les suit[1].

On trouve trop peu souvent dans Virgile ces riantes peintures que l'imagination d'Homère entremêle avec les grandes scènes épiques. Au mérite de l'invention, le poëte grec joint celui de l'élégance et une foule d'expressions composées qui forment de vives images; son style est à la fois simple, riche et harmonieux, mais on ne trouve pas en lui la savante poésie de son rival. Chacun des vers de Virgile présente un tableau, quelquefois même

---

[1] *Iliade*, chant XVIII, vers 587 et suivants.

il en offre deux sans confusion. Elliptique et hardi comme Horace dans ses odes, on dirait cependant qu'il n'a fait qu'obéir à une heureuse inspiration. Son expression, aussi claire que sa pensée, semble promettre un succès facile à leur interprète ; cependant, lorsqu'on essaie d'en reproduire les beautés, on reconnaît le savant artifice du travail en éprouvant le désespoir d'être réduit à l'impuissance d'y atteindre.

Il faut cependant faire succéder une observation critique aux éloges si justes de la description de Virgile. Malgré les raisons alléguées en sa faveur, le lecteur ne peut s'empêcher de désirer quelques traits de plus dans le jeune Ascagne. Le fils d'Énée, le neveu d'Hector ne sort pas assez de la foule ; il ne fait rien de particulier ; nous le perdons de vue pendant toute la durée de la course ; les yeux des spectateurs ne devraient pas pouvoir le quitter ; sa grâce, son adresse, sa bonne mine, son air guerrier, sa vigueur à maîtriser un coursier généreux, devraient attirer sur lui tous les regards. Est-ce donc là cet enfant privilégié, ce digne sang des dieux, à qui l'on rappelait chaque jour ces mots consacrés par la bouche d'Andromaque :

> Ecquid in antiquam virtutem animosque viriles
> Et pater Æneas et avunculus excitat Hector ?

On ne répond pas à ces objections par l'excuse

banale du dessein qu'avait Virgile de flatter Auguste; une épopée doit être destinée à conquérir le suffrage des siècles, et non pas à obtenir le vain honneur de plaire à un homme. Je ne regrette point que Virgile n'ait pas fait ressembler ses courses équestres à un tournoi, où le héros, protégé par l'amour, devait toujours enfanter des prodiges et remporter la palme. J'aime par-dessus tout la simplicité antique, ennemie de ce faste de paroles qui altère souvent la véritable grandeur sur notre théâtre. Je ne voudrais pas voir dans la grave Énéide les folles exagérations de l'Arioste, mais je crois que l'imagination du poëte aurait pu mieux répondre à notre attente. Ovide, dont l'Art d'aimer, si léger, si frivole, étincelle parfois de beautés sublimes, nous offre quelques unes des pensées qui devaient inspirer le chantre d'Iule. Il s'agit de la guerre préparée contre les Parthes; le poëte voit le jeune César (Germanicus), prêt à partir, armé de la foudre de son père, et s'écrie :

> Ecce parat Cæsar domito quod defuit orbi
>   Addere, nunc Oriens ultime noster eris.
> Parthe dabis pœnas : Crassi gaudete sepulti,
>   Signaque barbaricas non bene passa manus ;
> Ultor adest : primisque ducem profitetur ab annis,
>   Bellaque non puero tractat agenda puer.
> Ingenium celeste suis velocius annis

ÉNÉIDE, LIVRE V. 465

Surgit, et ignavæ fert male damna moræ [1].
Parvus erat, manibusque duos Tyrinthius angues
Pressit; et in cunis jam Jove dignus erat.
Auspiciis animisque patris, puer, arma movebis,
Et vinces animis auspiciisque patris [2].

« Germanicus s'élance pour ajouter à notre empire ce qui nous manque de l'univers dompté par nos armes. Limite du monde, Orient, tu seras romain ; Parthe, tu vas payer ta victoire. Réjouissez-vous dans la tombe, mânes de Crassus, et vous étendards violés par la main des barbares, voici votre vainqueur ! Ses premières années annoncent un capitaine ; enfant, il gouverne d'une main savante la guerre interdite à son âge, mais dans les âmes célestes le génie devance les années ; il ne peut souffrir le tort qu'un lâche repos ferait à sa gloire. Faible encore, le héros de Tyrinthe étouffa dans ses mains les serpents, ministres de Junon ; dès le berceau, il se montrait digne de Jupiter. Tendre fils de César, tu vas conduire la guerre sous les auspices et les inspirations d'un père : tu vaincras sous les auspices et les inspirations d'un père. »

---

[1] Il est curieux de retrouver ici la source de ces deux beaux vers du Cid :

Je suis jeune, il est vrai, mais aux âmes biens nées,
La valeur n'attend pas le nombre des années.

[2] *Art d'aimer*, liv. I, vers 177 et suivants.

Sans doute Virgile ne devait pas se livrer à cet enthousiasme qui aurait dépassé la mesure du vrai dans la situation ; il avait d'ailleurs besoin de se réserver pour le moment où le jeune Ascagne paraîtrait dans la lice des véritables combats. Mais on peut penser que plusieurs des idées d'Ovide, et notamment celles qui expriment le vol rapide du génie dans une grande âme, et la maturité précoce des héros que la nature choisit pour les mettre en face des siècles à venir, convenaient au sujet. Virgile, si sage, si habile observateur des convenances, n'aurait pas eu à craindre de tomber dans l'exagération en caressant cette noble illusion également propre à flatter les compagnons d'Hector qui espéraient le voir revivre dans son neveu, ou les enfants de Mars, qui adoraient dans le jeune Marcellus la brillante image de ce Marcellus surnommé le glaive du peuple romain.

Après avoir rendu la plus éclatante justice à Virgile ; après avoir fait valoir la variété de ses tableaux, l'illusion des scènes dont ils se composent, la pureté de son goût, surtout la perfection d'un style destiné à servir éternellement de modèle aux poëtes, il est temps de chercher les éléments d'une comparaison plus utile encore que toutes les réflexions qui nous ont été suggérées ici par notre examen littéraire des défauts et des beautés du rival d'Homère.

Le hasard et un souvenir d'Énée donnent seuls naissance à la solennité des jeux célébrés sur le tombeau d'Anchise ; Homère, que Virgile avait devant les yeux, amène bien plus habilement les honneurs funèbres décernés au fils de Ménœtius par celui de Pélée.

Patrocle est l'ami, le compagnon, le frère d'armes d'Achille : quand ce héros, irrité contre les Grecs, se retire dans sa tente, Patrocle le sert et le console. Lorsque la Grèce entière s'humilie en vain devant l'inexorable Achille, une larme de Patrocle l'attendrit. Au seizième chant de l'Iliade, les Grecs ne peuvent résister à l'impétuosité d'Hector ; Diomède, Eurypile, Agamemnon, Ulysse, sont blessés ; Patrocle versant des pleurs amers sur les désastres de la Grèce, vient supplier Achille de lui prêter ses armes pour aller combattre les ennemis. Achille cède aux vœux de son ami, en lui recommandant de se retirer de la lice aussitôt qu'il aura repoussé les Troyens. Après une prière secrète d'Achille à Jupiter, en faveur de Patrocle, ce dernier part avec les Thessaliens : tout fuit, tout se disperse, tout tombe sur son passage ; on dirait que l'ombre d'Achille marche devant le fils de Ménœtius. Mais l'ivresse de la victoire et la soif du sang l'entraînent ; il oublie les ordres d'Achille, et reçoit le coup mortel de la lance d'Hector ; les Grecs disputent long-temps aux Troyens la dépouille de Patrocle sur qui se concentre en ce moment tout l'intérêt de l'action.

Cependant, envoyé du champ de bataille par Ménélas, le jeune Antiloque vient révéler à Achille la perte qu'il a faite. A cette nouvelle, un nuage de douleur se répand sur la figure du héros; il souille de cendre son noble front et ses vêtements divins; il reste étendu tout entier dans la poussière et s'arrache les cheveux. Cependant les captives qu'il avait enlevées à la guerre avec Patrocle, poussant des cris de désespoir, se précipitent hors des tentes autour du fils de Thétis, se meurtrissent la poitrine, et tombent évanouies, tandis que le jeune Antiloque versait un torrent de larmes en tenant les mains d'Achille; ce généreux ami souffrait mille douleurs dans la crainte que le héros ne se donnât la mort avec son glaive.

Achille pousse des hurlements terribles, sa mère l'entend, et vient pour le consoler, mais il lui annonce la résolution d'immoler le vainqueur de Patrocle. « O mon fils, répond Thétis en versant des larmes, ta mort est prochaine, puisque tu parles ainsi. Hélas! ton heure fatale doit suivre de près l'heure fatale d'Hector. — Ma mère, reprend Achille, le cœur gonflé de courroux, je veux mourir, puisqu'il ne m'a point été donné de secourir mon ami qu'on allait égorger. Il expire loin de sa patrie! Il m'a vainement appelé pour écarter de lui le coup mortel! moi, qui ne dois pas revoir la terre natale, je n'ai été d'aucun secours ni à Patrocle, ni à mes autres compagnons immolés en foule par le noble Hector. Je suis resté assis près de mes vaisseaux comme un poids inutile de la terre; et cependant, si quelques-uns l'emportent sur moi dans les conseils, il n'est point de Grec qui m'égale sur le champ de bataille! Ah! périsse la discorde parmi les dieux et les mortels! périsse cette fatale colère qui pousse le plus sage jusqu'aux transports de la fureur! passion cruelle! d'abord elle est douce en s'insinuant dans le cœur de l'homme, et bientôt elle y grandit comme un sombre ouragan. Je ne l'ai que trop senti depuis l'éclat de ma violente querelle avec le roi Agamemnon. Mais oublions le passé quelque pénible que soit cet effort. Soumettons à la nécessité un cœur jusqu'ici trop rebelle. Maintenant je vais courir au meurtrier de mon cher Patrocle, au barbare Hector; ensuite je mourrai quand Jupiter et les autres dieux de l'Olympe l'auront résolu. L'invincible Hercule lui-même ne put échapper au trépas; le fils de Saturne chérissait ce héros, cependant les destins et la haine de Junon ont triomphé de lui. Il en sera de même de moi, si mon sort le veut ainsi. On me verra étendu mort sur la terre, mais avant je remporterai une éclatante victoire, et j'aurai coûté des larmes et des sanglots aux femmes troyennes. Que mes ennemis sentent enfin qu'Achille s'est long-temps éloigné des combats. Ne me retiens plus, ô ma mère; malgré ta tendresse pour moi, tu ne saurais me fléchir.[1] »

Le cri d'Achille *Courons au meurtrier de Patrocle!* est un arrêt de mort. Le fils de Priam expire sous les coups d'Achille dont l'implacable colère ne s'arrête dans les excès de sa vengeance qu'au souvenir de Patrocle qui attend la sépulture.

Une autre scène commence : Patrocle repose sur le lit funèbre; Achille paraît à la tête de ses soldats; ils conduisent trois fois leurs superbes coursiers autour du corps de Patrocle; le sable est mouillé des pleurs des Thessaliens : leurs armes en sont inondées, tant ils regrettent le compagnon de leurs exploits. Achille ouvre le deuil; de fréquents soupirs sortent de sa poitrine; il interpelle le mort; il le prend à témoin de sa fidélité à honorer la tombe d'un ami, et traîne une dernière fois, devant lui, le magnanime Hector qu'il laisse le front dans la poussière. Quitte envers les mânes de Patrocle, Achille offre à ses Thessaliens le repas funèbre; mais, avant d'y prendre place, ils ont laissé éclater tout leur attachement pour Patrocle, et se sont montrés pénétrés d'une pro-

---

[1] *Iliade*, chant XVIII.

fonde douleur. L'idée de faire offrir des présents aux mânes du père d'Énée est un trait heureux et naïf dans Virgile; mais ce trait perd de son prix, parce qu'il n'est précédé d'aucune marque de regrets, accompagné d'aucune parole des Troyens. Virgile aurait dû rendre Anchise plus intéressant et plus cher aux Troyens; affligés de la perte d'un prince chéri par eux comme un père, ils auraient eu des larmes pour lui, et les tributs de leur piété, déposés sur sa tombe, seraient devenus le plus touchant des hommages.

Les premiers honneurs offerts à Anchise par son fils se terminent par ce repas vulgaire dont nous avons parlé. Une autre scène s'ouvre dans Homère. Les rois entraînent, non sans peine, le divin fils de Pélée jusqu'à la tente d'Agamemnon : il y paraît défiguré par ses larmes; on l'invite à effacer dans l'onde le sang et la poussière dont il est encore souillé, il s'y refuse, en jurant qu'il ne peut approcher du bain avant d'avoir mis le corps de Patrocle sur le bûcher, et de lui avoir consacré l'offrande de sa chevelure. Un sentiment de déférence pour le roi des rois, avec lequel il s'est réconcilié, le contraint d'assister au festin; mais bientôt on l'entend demander un bûcher pour Patrocle. Après le banquet, chacun va chercher le repos; Achille entouré des vaillants Thessaliens, se couche sur la terre, au bord du rivage battu par les flots, et remplit l'air de ses gémissements. A peine il se repose des fatigues qu'il avait éprouvées dans la poursuite d'Hector, l'ombre de son ami lui apparaît; Patrocle annonce au héros une mort prochaine, et demande que, comme ils ont été nourris ensemble dans la maison paternelle, leurs cendres ne soient point séparées; à ces paroles, Achille se réveille, et ses cris rallument dans tous les cœurs la tristesse et le deuil.

Par les ordres d'Agamemnon, un magnifique bûcher se prépare; les Thessaliens accourent revêtus de leurs armes; au milieu d'eux est le corps de Patrocle porté par ses compagnons. Le grand Achille paraît ensuite, soutenant de ses mains la tête de son ami. Arrivé au lieu marqué pour la triste cérémonie, Achille coupe sa chevelure flottante; Pélée l'avait promise au fleuve Sperchius, mais son fils, qui ne doit plus revoir la terre natale, veut que Patrocle emporte chez les morts ce présent de l'amitié. La douleur d'Achille est éloquente et simple comme la nature. Tout entier à son ami, il se désespère en le voyant consumer par les flammes, et, se traînant autour du bûcher, il exhale de profonds gémissements jusqu'au lever de l'aurore. Les flammes sont éteintes, il s'éloigne du bûcher, et se repose épuisé de fatigue; le doux sommeil vient fermer sa paupière, mais bientôt, réveillé par le tumulte des chefs qui s'assemblaient autour d'Agamemnon, il se lève, et leur adresse ces paroles :

« Atride, et vous chefs de la Grèce, achevons
» d'éteindre avec la liqueur du vin les flammes
» dont l'ardeur dévorante a rempli tout le bû-
» cher, et soyons attentifs à recueillir les cendres
» de Patrocle ; renfermons-les dans une urne d'or,
» jusqu'au moment où je serai moi-même caché
» dans le séjour des ombres. Je ne veux point que
» l'on consacre à Patrocle un magnifique tom-
» beau ; contentons-nous pour lui d'une modeste
» sépulture ; vous qui me survivrez, avant de par-
» tir sur vos vaisseaux vous pourrez ériger un
» vaste et superbe monument. » Ce dernier trait, quoique indécis, indique assez qu'Achille se souvient de la prière de Patrocle ; d'ailleurs, le poëte avait dit plus haut, en parlant des apprêts des funérailles : ils déposent ces bois sur le rivage où le fils de Pélée avait prescrit d'élever une tombe pour Patrocle et pour lui-même.

En opposant ici Homère à Virgile, je compare il est vrai des choses différentes, des caractères qui n'ont point de ressemblance ; Achille et le prince troyen ne sont point dans la même situation. Les regrets d'Énée, après une année de tristesse, ne doivent point avoir les transports de la douleur d'Achille en face du corps d'un ami et du cadavre de son meurtrier. Mais nous n'avons pas été contents du récit de la mort d'Anchise par Énée, qui n'accorde en passant à son père que quelques larmes stériles et sans suite dont on pourrait dire : *Lacrimæ volvuntur inanes*. Virgile qui pouvait avoir eu ses raisons pour passer rapidement sur ce récit à la fin d'une narration déjà trop longue, devait saisir la nouvelle occasion qu'il s'était ménagée de nous montrer tout entier le cœur d'Énée. Mais je le demande, avons-nous entendu le langage d'un fils religieux qui, après avoir sauvé son père par un acte immortel de courage et de piété, regrette en lui un ami, un guide, un oracle, et presque un dieu tutélaire? pouvons-nous supposer un moment qu'Énée aimait aussi tendrement Anchise qu'Achille aimait Patrocle ; cependant un père est plus qu'un ami, et, comme l'a dit Ducis après Shackspeare :

On remplace un ami, son épouse, une amante ;
Mais un vertueux père est un bien précieux
Qu'on ne tient qu'une fois de la bonté des Dieux [1].

Maintenant si nous examinons la composition des deux épisodes, voyons ce qui nous empêcherait de donner l'avantage à Homère.

Le lieu de la scène? Nous sommes en face de

---

[1] *Hamlet*, acte v, scène ii.

Troie dont la douleur est le premier tribut aux mânes de Patrocle. Les témoins de l'action? à la place de deux peuples presque indifférents dont il faut réveiller la piété par un prodige, nous trouvons une armée entière qui pleure le modèle des soldats et des amis. Les personnages placés sur le second plan du tableau? Virgile habitué au spectacle d'une cour où un maître attire tous les regards, ne met en évidence que le seul Énée. Le roi de Sicile même ne fait rien dans la cérémonie funèbre. Il nous eût été doux de voir le pieux Aceste saluer la tombe d'Anchise, offrir des présens magnifiques au mort, et lui dire adieu comme à un ami que l'on espère rejoindre bientôt. Dans l'Iliade, tous les rois prennent une part égale au désespoir et au sacrifice d'Achille. Ils viennent le chercher pour l'arracher à un spectacle trop cruel. Agamemnon préside aux apprêts des funérailles; il obéit aux ordres du fils de Pélée; il n'est plus roi, il est homme. Nous n'avons pas besoin de revenir sur le héros de ce drame complet; il surpasse tout le monde sans obscurcir personne; presque pareil aux dieux, sa supériorité ne peut nuire à des mortels.

Telles sont les funérailles de Patrocle, telle est le douloureux prélude des jeux célébrés autour de sa tombe récente. Ils commencent par la course des chars. Achille ne combat point, mais écoutez ses excuses et vous reconnaîtrez combien les sentiments sont profonds dans les grands caractères.

« Fils d'Atrée et vous Grecs belliqueux, voilà
» les prix qui attendent les vainqueurs ; si la lice
» était ouverte en l'honneur de quelque autre
» guerrier, je remporterais le prix de la victoire :
» vous savez que mes chevaux surpassent en vi-
» tesse tous ceux de l'armée ; ils sont immortels.
» Neptune lui-même en fit présent à mon père qui
» me les a donnés à son tour. Je ne courrai donc
» point ; je laisserai en paix ces invincibles cour-
» siers ; aussi bien ils ont perdu un écuyer dont la
» vaillance égalait la douceur ; ses mains répan-
» daient des flots d'huile sur leur longue crinière,
» après l'avoir purifiée dans une eau limpide : ils se
» souviennent de lui, et le regrettent ; debout, la
» tête penchée, la crinière flottante sur le sable,
» vous les voyez immobiles et la tristesse dans le
» cœur [1]. » Ainsi parlait Achille avant de donner le signal.

---

[1] Quelle peinture ! Les coursiers d'Achille sont plus tristes de la perte de Patrocle que les Troyens de la mort de leur roi. Le passage d'Homère rappelle ces vers de Racine :

> Ses superbes coursiers qu'on voyait autrefois
> Pleins d'une ardeur si noble obéir à sa voix,

La lutte navale de Virgile est imitée avec trop d'exactitude peut-être, quoiqu'avec beaucoup de talent, de la course des chars d'Homère. Dans ce dernier poëte les concurrents sont le roi Eumèle, fils d'Admète, le vaillant Diomède, le blond Ménélas et le jeune Antiloque, personnages bien plus intéressants que Cloanthe, Sergeste, ou Nisus, et même que son Euryale. Nous connaissions les guerriers grecs depuis long-temps; cependant Homère s'applique à les marquer d'un trait caractéristique qui nous fait connaître les justes motifs de leurs prétentions à la palme. La lice n'est pas encore ouverte. Nestor appuyé sur le char de son fils lui adresse de sages exhortations. « Antiloque, » dit-il, Jupiter et Neptune t'ont chéri dès tes » plus jeunes ans, ils t'ont enseigné à conduire » habilement un char, tu n'a pas besoin de beau- » coup d'avis. Tu sais voler avec dextérité autour » de la borne, mais tes chevaux sont devenus » paresseux à la course et je tremble pour toi; tes » rivaux ne te surpassent point en ruses et en ha-

---

L'œil morne maintenant et la tête baissée,
Semblaient se conformer à sa triste pensée.

Mais le poëte grec plus simple est encore un interprète plus touchant et plus vrai de la nature. Osons être plus naïfs et moins pompeux, nous ferons verser plus de larmes.

» bileté, mais ils gouvernent des coursiers plus
» agiles. Mon fils, aie recours à toutes les ressources
» de ton art, de peur que le prix n'échappe de tes
» mains. L'art est plus utile au bûcheron que la
» force; c'est avec l'art qu'un pilote dirige sur la
» sombre mer un léger vaisseau battu par les aqui-
» lons; c'est avec l'art qu'un écuyer surpasse ses
» concurrents. Celui qui, se reposant sur la vitesse
» de ses chevaux, court en imprudent dans la vaste
» carrière, s'abandonne à leurs écarts au lieu de les
» contenir. Mais le disciple de l'expérience, condui-
» sît-il des coursiers inférieurs aux autres, l'œil tou-
» jours fixé sur la borne, habile à la côtoyer, saisit
» l'instant où il faut retenir les rênes, et, maître
» de tous ses mouvements, observe de près le rival
» dont il est précédé. Je vais te désigner l'écueil
» fatal, il est facile à connaître. Tu vois debout sur
» la terre à la hauteur d'une coudée, le tronc aride
» d'un chêne ou d'un hêtre qui a résisté aux injures
» de l'air. Des deux côtés d'un chemin étroit, pa-
» raissent deux pierres blanches qu'entoure un ter-
» rain uni. Ces pierres sont une tombe antique ou
» quelque limite d'un âge reculé; telle est la borne
» qu'Achille marque à votre course. Fais tes efforts
» pour en approcher; quand tu y seras parvenu,
» incline-toi légèrement sur la gauche, et, animant
» d'une voix menaçante le coursier qui est à ta
» droite, lâche-lui les rênes, et dirige l'autre si près

ÉNÉIDE, LIVRE V. 479

» de la borne que le moyeu de la rapide roue semble
» le raser; mais garde-toi de heurter contre la pierre,
» de peur de blesser tes chevaux ou de briser ton
» char; tu causerais de la joie à tes rivaux et de la
» honte à toi-même. Mon fils, soit prudent, la raison
» le commande. Si tu franchis heureusement l'obs-
» tacle, nul ne pourra t'atteindre ou te devancer
» malgré son ardente poursuite, quand même le
» divin Orion, ce coursier d'Adraste et sorti d'une
» race immortelle, ou les chevaux de Laomédon
» voleraient sur les traces de ton char. »

Après avoir donné ces leçons à son fils, le vieillard va reprendre sa place, Achille tire au sort les noms des concurrents; ils s'élancent dans la carrière, rien n'égale la vivacité de la peinture de leurs efforts. Les Dieux même interviennent dans la querelle; Apollon prend parti contre Diomède que Minerve protège, sans doute parce que dans les combats il admet la prudence à donner des conseils au courage [1]. Dans ce moment, les me-

---

[1] Cette intervention des dieux ajoute des traits d'imagination au tableau de la vérité; il ne faut pas qu'un poëte ressemble à un copiste vulgaire qui ne sait rien prêter à la nature; mais même dans un système qui mettait à ses ordres les dieux de l'Olympe, Homère passe les limites permises, en nous montrant la sage Minerve qui brise le joug des coursiers du fils d'Admète et l'expose à la mort. Toutefois cette injustice donne de l'intérêt

naces d'Antiloque à ses chevaux, nous font lire dans le cœur de ce jeune homme palpitant de crainte, et brûlant d'espérance. Nous reconnaissons la jeunesse à la témérité qui lui fait affronter le danger de heurter le char de Ménélas dans un passage dangereux, et de s'y briser avec lui. Antiloque n'entend pas, ou plutôt ne veut pas entendre les avis de Ménélas effrayé, il vole et franchit tous les obstacles. Ménélas indigné s'écrie : « Antiloque, non, il n'est point de mortel plus perfide que toi, et c'est à tort que nous vantions ta sagesse; cours, mais malgré ta fraude, tu ne raviras le prix que par un parjure. » Puis excitant ses coursiers, il atteint en un moment le fils de Nestor. Alors une vive querelle s'élève entre Idoménée roi de Crète et le violent Ajax qui prennent un égal intérêt, l'un à Mérion et l'autre à Eumèle; la voix d'Achille les apaise, en leur montrant que le sort va bientôt couronner le vainqueur. Comme il disait, Diomède arrive triomphant; Antiloque vient après lui, il a devancé Ménélas par la ruse, mais il ne l'a devancé que d'un moment. Mérion succède à Ménélas; le fils d'Admète arrive

---

à la scène : soyons plus judicieux qu'Homère quand nous le pouvons; mais imitons-le dans son attention à ne pas laisser refroidir sa narration.

le dernier. L'excellence de ses coursiers, son habileté connue de toute l'armée, lui auraient mérité le second prix; Achille le lui donne pour réparer un injuste malheur, mais il accorde la première palme à Diomède. Tous les Grecs applaudissent à cet arrêt; Antiloque seul crie à l'injustice, et s'emporte jusqu'à menacer Achille lui-même. Le héros qui se reconnaît dans cette fougue, si naturelle à un jeune courage, sourit de la colère de son compagnon chéri, et consent à donner un autre prix à Eumèle, qui le reçoit avec des transports de joie. Soudain, Ménélas se lève le cœur enflammé de colère contre le fils de Nestor. Un de ses hérauts lui remet le sceptre en main, ordonne aux Grecs le silence, et le chef, semblable à un Dieu, parle en ces mots : « Antiloque, toi, si sage autrefois, qu'as-tu fait? Tu as terni ma gloire, tu as blessé mes chevaux pour me devancer avec les tiens qui leur sont inférieurs. Vous tous, chefs de la Grèce, prononcez entre nous, sans faveur. Je ne voudrais pas qu'aucun de vous eût à dire : Ménélas a opprimé Antiloque par un mensonge et lui a ravi le prix. Mais non; je veux juger moi-même le débat, et personne n'appellera de ma sentence tant elle aura d'équité. Viens, Antiloque, élève de Jupiter, viens te placer debout devant ton char, prends le fouet sonore que ta main vient d'agiter, touche les coursiers et jure par

Neptune, qui environne la terre, que tu n'as point volontairement employé la ruse pour embarrasser ma course. » A ces paroles, le vertueux jeune homme rentre en lui même, il demande noblement excuse à Ménélas, en ajoutant : « Je te cède le coursier que j'ai reçu; dusses-tu me demander un sacrifice plus grand encore, je le ferais sans peine plutôt que de m'exposer au malheur d'être à jamais rejeté du cœur d'un roi chéri de Jupiter, et de me parjurer devant les Dieux. » En disant ces mots, il conduit le coursier devant Ménélas, et le lui présente. Touché de tant de vertu, Ménélas répond : « C'est moi qui te cède le prix, parce que tu n'as été jusques ici ni léger, ni téméraire, et que la jeunesse seule a triomphé de ta prudence. Il eût mieux valu ne pas chercher à tromper ceux qui méritaient la victoire. Sache qu'aucun autre que toi ne m'eût apaisé aussi facilement; mais vous avez déjà tant souffert pour ma cause, toi, ton vénérable père et ton frère chéri, que je ne puis résister à tes prières; reçois le prix qui m'appartient, afin que tous les Grecs reconnaissent que mon âme n'est ni superbe ni implacable. »

Il restait pour cinquième prix, une coupe profonde : Achille la prend, traverse le cirque, et s'approchant de Nestor : « Accepte ce prix, ô vieillard, et conserve le comme un souvenir de Patrocle, couché dans ce tombeau. Hélas! tu ne le verras plus parmi les Grecs. Je te donne cette coupe sans que tu entres dans la lice ; non, je ne veux pas que tu combattes lorsque tu es affaissé par le poids des années. Nestor reçoit le présent avec joie, et se répand en un long récit des exploits de sa jeunesse ; Achille l'écoute avec bienveillance et ne se lève qu'après avoir entendu tous les éloges que se donne le vieillard. »

Je ne saurais supposer que personne ose préférer l'élégante description de Virgile à cette peinture de mœurs où la nature éclate avec tant de vérité, où les caractères des différents acteurs se montrent d'une manière si frappante. Sans doute on remarque un peu de prolixité dans le discours de Nestor, les Grecs étaient grands parleurs, Voltaire l'a dit ; et d'ailleurs ils savaient écouter la vieillesse, Achille le prouve. Homère veut peindre la nature, il remplit son but. Nous ne devons pas le juger sur les règles prescrites au génie par notre impatience. J'aime à voir qu'un père tout occupé de son fils retarde, sans y penser, une foule de concurrents, et les plaisirs d'une armée ; j'aime dans les Grecs ce respect pour les cheveux blancs.

Qu'est-ce que le tendre Euryale avec ses grâces de femme? que sont ces larmes et sa victoire embellie par sa beauté, auprès de la peinture d'Antiloque? Estimé de tous les Grecs, loué par son père, avec l'assentiment de toute l'armée, il vient d'entendre les conseils de la sagesse; sans doute il va les suivre; au contraire. A peine il est entré dans la lice que le démon de la gloire s'empare de lui. Ce jeune homme si sage veut vaincre à quelque prix que ce soit. Encore tout rempli de sa passion après un injuste triomphe, il s'emporte contre Achille lui-même pour obtenir la récompense promise. Ne reconnaissons-nous pas dans ces contradictions le cœur orageux de la jeunesse, semblable à une mer où soufflent d'un moment à l'autre des vents contraires? Antiloque est coupable; mais attendez un moment, et sa vertu va jeter le plus grand éclat. Pour sentir tout l'intérêt de la scène, il faut se rappeler que Nestor est présent. Ménélas, sans rien perdre de sa dignité, même dans sa colère, parce qu'elle est juste, se conduit en homme et en roi; quoique frère du superbe Atride, il sait sacrifier son ressentiment; et, sans paraître y penser, il apprend à l'armée des Grecs qu'elle ne sert pas un prince ingrat. Quant à Achille, ses raisons pour ne pas entrer dans la lice sont naïves et touchantes! son indulgence envers Antiloque est aussi aimable que fondée sur l'observation des mœurs. Il y a une passion souveraine dans le cœur d'Achille, c'est l'amitié; elle s'y élève au-dessus de toutes les autres. *Altius surgit*, pour me servir de l'expression de Virgile ¹. Nous admirons Achille rendant hommage à la vieillesse de Nestor; mais comme il nous arrache des larmes avec le souvenir de Patrocle! le nom de Patrocle est toujours dans son cœur ou sur ses lèvres. Énée au contraire ne paraît plus penser qu'il célèbre des jeux en l'honneur de son père.

Le combat de la course dans Homère a servi de modèle à Virgile.

Ajax est aussi léger que Nisus; Ulysse est protégé comme Euryale par la faveur de l'assemblée qui l'encourage par des applaudissements.

Le fils de Laërte invoque encore le secours de Minerve : cette déesse lui inspire une nouvelle vigueur, et fait tomber son rival sur le gazon humide du sang des taureaux qu'Achille avait immolés près du bûcher de Patrocle. Ulysse profite de cette faveur de la déesse et emporte le prix. Si, dans Virgile, Nisus commet une injustice révoltante en ravissant la palme à celui qui devait l'obtenir, il a pour excuse un excès d'amitié qui produira bientôt un dévouement sublime, et nous pardonnons sans peine cette faute, parce que nous

---

¹ .... Sævæ jamque altius iræ.
Dardanio surgunt ductori.

Xᵉ Liv. v. 813.

voudrions tous être aimés ainsi; mais Homère paraît moins judicieux, en prêtant, pour la seconde fois, une telle partialité à la déesse de la sagesse. Au reste, Homère n'a sans doute pas jugé de cette faute comme nous; au contraire, il paraît n'avoir pensé qu'à nous montrer encore plus évidemment la protection déclarée de Minerve pour le fils de Laërte. Il fait dire à Ajax, fâché d'être réduit au second prix : « Destins ennemis, c'est Pallas qui m'enlève la victoire, Pallas qui, comme une mère, environne toujours Ulysse. » Ces reproches excitent un rire universel dans l'armée; peut-être le poëte, occupé de plus hautes pensées que le respect de certaines convenances, a-t-il jugé qu'on ne saurait trop faire sentir aux Grecs qu'une prudence divine préside, sous les traits d'Ulysse, à leur glorieuse entreprise.

Antiloque n'obtient que le troisième prix, et, riant le premier de sa disgrâce, il s'écrie : « Mes
» compagnons, je ne dirai rien que vous ne sa-
» chiez tous mieux que moi, les dieux se déclarent
» toujours pour la vieillesse; Ajax est un peu plus
» âgé que moi, et Ulysse né parmi les hommes
» d'un autre siècle, est déjà dans son automne ;
» cependant il serait difficile à aucun des Grecs
» d'entrer en lice avec lui, je n'en excepte qu'A-
» chille. »

La modestie d'Antiloque, fidèle à son respect

pour la vieillesse, est encore plus intéressante que les larmes d'Euryale; elle sert d'ailleurs à reporter l'attention vers Achille qui répond avec la naïveté d'un homme épris de tous les genres de gloire : « Cher Antiloque, cet éloge sorti de ta bouche n'aura pas en vain flatté mon cœur; je double le prix qui t'est destiné. »

Rien de plus heureusement inventé que de pareilles situations, mais on ne saurait les copier avec succès; elles perdent tout leur prix à sortir de la place que le génie leur a donnée. L'imitation de Virgile montre toute la distance qui sépare le talent du génie. Elle nous fait sentir qu'Homère doit être le sujet des méditations constantes d'un poëte dramatique, et que tous ceux qui aspirent au grand, doivent se familiariser avec le poëte qui envoyait de si hautes inspirations à Phidias : avec le chantre d'Achille, on peut faire encore des dieux.

Le combat du ceste, décrit par Virgile, est à la fois plus judicieux, plus élégant, plus varié, plus dramatique et plus riche de couleurs que le récit d'Homère. La défaite du présomptueux Darès et le triomphe de la vieillesse d'Entelle, sont des beautés qui se retiennent parce qu'elles touchent au cœur humain. Dans la colère qui ranime ses forces, le vieux compagnon d'Éryx, pressant, accablant son rival sans lui laisser aucun repos, ressemble à Démosthène écrasant le redoutable Eschyne des foudres de son éloquence. Cependant la punition de Darès, quoique la suite d'un combat à toute outrance, est bien forte pour sa faute, mais Virgile, fidèle à l'observation des mœurs, a eu l'attention d'apaiser nos murmures par l'humanité d'Énée qui préserve d'une mort inévitable l'orgueilleux rival d'Entelle.

Le personnage d'Aceste, au moment où il réveille l'amour de la gloire dans le cœur de son vieil ami, est tracé à la manière naïve d'Homère. On dirait Laërte parlant de sa renommée d'autrefois avec le bon Eumée, simple pasteur qui était fils de roi, et capable encor, malgré sa vieillesse, d'aider Ulysse à reconquérir le trône.

Après avoir donné la victoire à Virgile sur un adversaire contre lequel il a lutté tant de fois avec désavantage, nous allons lui susciter dans Théocrite un rival dont il aura peine à triompher. Dans sa vingt-deuxième idylle ce grand poëte décrit ainsi le combat de Pollux et d'Amycus :

« Cependant, loin de leurs compagnons, Castor,
» habile à dompter les coursiers, et Pollux au
» teint brun et vermeil, erraient dans cette vaste
» solitude; en regardant une sombre forêt élevée
» sur le haut d'une montagne, ils aperçoivent dans
» le creux d'une roche escarpée des sources d'eau
» vive, et, au-dessous, des ruisseaux dont les ondes
» argentées surpassent l'éclat du crystal. Auprès

» de ces ruisseaux, s'élèvent les pins altiers, les
» platanes, les peupliers blancs et les cyprès dont
» le feuillage est tout entier sur la cime ; à leurs
» pieds toutes les fleurs odorantes qui émaillent
» les prairies vers la fin du printemps, et qu'aime
» à butiner l'abeille industrieuse. Là reposait, sans
» avoir d'autre toit que le ciel, un géant farouche
» et terrible. Son immense poitrine s'élève comme
» un mont; les chairs de son large dos ont la
» dureté du fer; en regardant le monstre, on le
» prendrait pour un colosse fabriqué sous les
» coups du marteau. Sur ses bras nerveux, à l'ex-
» trémité de l'épaule, se prononcent des muscles
» semblables à ces cailloux dont un torrent a poli
» les contours en les roulant dans ses flots tour-
» noyants. On voit pendre du dos et du col de ce
» géant une peau de lion dont les griffes se rat-
» tachent sur sa poitrine. Pollux, accoutumé aux
» triomphes du pugilat, l'interpelle le premier en
» ces termes :

Pollux. Salut à toi, étranger, qui que tu sois ;
apprends nous quel est cette contrée ? quels sont
ses habitants ?

Amycus. Salut ! quand je vois des hommes que
je n'ai jamais vus ?

P. Sois tranquille. Nous ne sommes ni injustes
ni nés de parens injustes.

A. Je suis tranquille ; et ce n'est point à toi qu'il appartient de me rassurer.

P. Tu me parais féroce, prompt à la colère et plein d'orgueil.

A. Je suis tel que tu me vois, et ne vais pas fouler la terre qui t'appartient.

P. Que n'y viens-tu ? tu ne retourneras pas chez toi sans avoir reçu les dons de l'hospitalité.

A. Tu ne me recevras pas chez toi, et tu n'as rien à espérer ici.

P. Maître ou génie du lieu, ne m'accorderas-tu pas de boire un peu de cette eau ?

A. Tu le sauras quand la soif brûlante aura desséché tes lèvres.

P. Faut-il acheter cette faveur par de l'argent ? Ou quel autre prix y mets-tu ?

A. Avance, toi seul contre un seul homme ; viens combattre avec lui corps-à-corps, tes mains contre ses mains, tes cuisses contre ses cuisses, tes pieds contre ses pieds, les yeux et le poing menaçans ; n'épargne ni ton courage ni ton adresse.

P. Où est le fier mortel contre lequel il faut lever mes mains et mon ceste ?

A. Ici ; devant toi ; il se nomme Amycus ; il est prêt au combat.

P. Et le prix de la victoire ?

A. Vaincu, je t'appartiens; vainqueur, je suis ton maître.

P. C'est un combat de coqs que tu m'annonces.

A. Combats de coqs ou de lions, n'importe. Voilà mes conditions.

Il dit et fait aussitôt retentir dans les airs la trompette marine. A ce signal, les Bébryces, à la longue chevelure, accourent en foule vers un épais platane. De son côté, l'intrépide Castor vole au vaisseau magnésien et appelle ses compagnons au spectacle du combat.

Les deux athlètes arment leurs mains du ceste, environnent de longues courroies leurs bras robustes, et s'élancent au milieu de la lice; leurs regards mutuels semblent lancer la mort. D'abord on s'épuise en longs efforts pour se disputer l'avantage de recevoir le soleil par derrière; mais enfin, ô Pollux! tu devances avec adresse ton redoutable ennemi. L'astre du jour frappe de ses rayons le visage tout entier d'Amycus; celui-ci furieux, s'avance en préparant ses coups; le fils de Tyndare prévient l'attaque, et décharge un coup violent sur la joue d'Amycus; la rage du barbare redouble, il rallume le combat, et se précipite de tout le poids de son corps sur son adversaire, les Bébryces poussent un cri de joie; les Grecs, de leur côté, animent le courage de Pollux; ils craignent de voir leur courageux ami accablé dans une étroite arêne sous la masse de ce nouveau Tityus. Le fils de Jupiter tournait sans cesse autour de lui, et, le frappant tour à tour de ses deux mains, arrêtait la furie du fils de Neptune, tout redoutable qu'il était. Celui-ci s'arrête comme enivré des coups qu'il a reçus : un sang noir sort de sa bouche; ses joues, ses mâchoires, sont horriblement meurtries, l'enflure du visage a rapproché ses yeux. A cet aspect, les Grecs poussent d'effroyables clameurs. Pollux presse, harcelle le géant de tous côtés par de fausses attaques, et, le voyant incertain dans sa défense, il le frappe avec violence entre les deux sourcils, et lui découvre le front jusqu'à l'os. Le monstre, renversé du coup, tombe et reste étendu sur le gazon ; mais il se relève, et le combat recommence avec plus de furie. Les assaillans se font de cruelles blessures avec les cestes, mais le bras droit du prince des Bébryces ne tombe que sur la poitrine de son ennemi, tandis que l'invincible Pollux lui déchire le visage par des plaies hideuses. Accablé par la sueur et la fatigue, le corps d'Amycus s'affaisse, et le géant n'est plus qu'un enfant; au contraire, le roi d'Amiclée puise de nouvelles forces dans la lutte, et son teint s'enflamme d'une plus vive couleur. Comment le fils de Jupiter terrassa-t-il ce féroce mortel? Muse, tu le sais, viens nous l'apprendre ; moi je ne suis que ton interprète, et je répéterai ce que ta bouche aura dit.

Amycus, méditant quelque grand dessein, saisit de sa main gauche la gauche de Pollux, et, penché obliquement hors de la portée des coups, le menace sur la droite avec une main terrible; le coup devait écraser le roi d'Amiclée, mais celui-ci dérobe rapidement sa tête, et fait tomber tour à tour son ceste sur les tempes et sur les épaules d'Amycus. Un sang noir coule de sa tempe entr'ouverte; un second coup déchire la bouche d'Amycus; on entend craquer ses dents brisées par le ceste. Le vaillant Pollux redouble ses attaques, et frappe à coups précipités sur les joues et les mâchoires du géant, qu'il fracasse enfin. Étendu tout entier sur la terre, respirant à peine, et avouant sa défaite, Amycus étend ses deux mains suppliantes : il se voyait aux portes de la mort : vaillant Pollux, tu n'abusas point de ce triomphe, il te suffit d'entendre le vaincu invoquer Neptune son père, et jurer par le nom révéré de ce dieu, de n'être plus hostile et cruel envers les étrangers. »

Ce combat fait partie d'un hymne en l'honneur des deux fils de Léda, hymne dont le début n'a été ni surpassé, ni même égalé par Horace et Virgile dans leurs belles imitations. Le lieu de la scène, plus pittoresque que dans l'Énéide, forme un heureux contraste avec l'espèce de monstre qui habite une si riante solitude. On croit voir dans Amycus l'original de quelque portrait tracé avec la sauvage énergie du Dante et de Michel-Ange. Le dialogue qui les peint au naturel, et d'une manière si vive, met promptement aux prises les deux adversaires, il est d'une rare concision. Leur combat moins varié, mais plus rapide que celui des athlètes de Virgile, nous attache davantage, parce que Pollux est plus intéressant que Darès, et Amycus plus terrible qu'Entelle. Nous éprouvons quelque plaisir à voir abaisser par un vieillard l'orgueil d'un jeune présomptueux; nous tremblons pour Pollux, dont les périls nous occupent bien autrement que la chute de l'élève d'Éryx. La victoire du compagnon d'Aceste paraît heureusement amenée; les paroles qu'il adresse aux spectateurs, n'ont rien que de conforme aux mœurs du personnage, et à la nature même des choses; mais nous ne voyons en lui qu'un athlète, c'est-à-dire un homme orgueilleux de sa force, furieux jusques au délire dans la victoire, et capable d'immoler son rival, sans en avoir plus de pitié que d'une victime destinée au sacrifice. Pollux est d'une nature divine, et quand il a terrassé le nouveau Tityus qui pouvait l'écraser, et dont il ne devait attendre qu'une mort cruelle, il se contente d'un pardon magnanime qui impose au tyran les devoirs de l'humanité envers ses semblables. Grâce au frère de Castor, les étrangers ne recevront plus la mort au lieu de l'hospitalité chez le roi des Bébryces.

Sous le rapport de l'exécution, Virgile a plus d'un avantage. Après avoir si bien représenté le fier Darès, il s'est surpassé lui-même dans Entelle, qui toutefois n'approche pas du roi des Bébryces. Théocrite a négligé d'opposer le portrait du jeune et beau Pollux à celui du féroce Amycus. Son récit ne nous offre pas les détails touchants et vrais de l'entretien d'Aceste avec le vieil ami qu'un dernier retour de passion pour la gloire, ramène dans la lice. L'étonnement et la frayeur de Darès à l'aspect des cestes d'Eryx commencent déjà sa défaite. Ces beaux vers

> Et magnos membrorum artus, magna ossa, lacertosque,
> Exuit, atque ingens media consistit arena.

font d'Entelle une image d'Hercule, prêt à combattre Antée. On ne trouve pas autant d'imagination dans Théocrite, que dans son rival. La belle comparaison d'Entelle avec une ville assiégée par un ennemi vigilant qui l'attaque en vain de tous côtés, conviendrait encore mieux au géant Amycus, dont la masse inébranlable résisterait à toutes les insultes du jeune demi-dieu. Dans la première partie du combat, Entelle est moins violent qu'Amycus. Théocrite exprime la chute du roi des Bébryces, comme une chute ordinaire; Virgile peint le même malheur avec le talent d'un poëte qui manie en maître une langue qu'il a créée.

> Ipse gravis, graviter que ad terram pondere vasto
> Concidit; ut quondam cava concidit, aut Erymantho,
> Aut Ida in magna, radicibus eruta pinus.

Ces beaux vers semblent avoir quelque exagération; toutefois elle ne blesse point la vérité, parce qu'elle représente la chose non pas telle qu'elle est, mais comme elle paraît être aux yeux des spectateurs, qui croient voir tomber ici le fils de Jupiter, pareil à un chêne déraciné. Les jugements des yeux dépendent des impressions du dedans, et notre imagination gouvernée elle même par notre cœur, agrandit ou rapetisse même les objets présents, que nous pourrions mesurer d'un regard. Peut-être en raison de l'illusion qu'il a voulu peindre, Virgile a-t-il trop froidement exprimé l'effet de la chute d'Entelle sur les spectateurs; ce n'est point assez de ce vers :

> Consurgunt studiis Teucri et Trinacriia pubes ;
> It clamor cœlo.

quelques traits énergiques et rapides, en continuant l'illusion, auraient ajouté au mérite de l'opposition, si habilement préparée par le poëte. En effet, l'athlète sicilien se relève avec bien plus de force que le roi des Bébryces; ici Théocrite est froid, et Virgile est de feu :

> At non tardatus casu, neque territus heros,
> Acrior ad pugnam redit, ac vim suscitat ira ;
> Tum pudor incendit vires, et conscia virtus,
> Præcipitemque Daren ardens agit æquore toto,
> Nunc dextra ingeminans ictus, nunc ille sinistra.

En récompense, les efforts, les attaques, les périls, les alternatives de la lutte, ont plus de force et de vérité dans Théocrite. Il nous montre toutes les circonstances d'un combat de lions acharnés. Virgile nous indique d'une manière plus faible et quelquefois commune, la défaite de Darès qui, fuyant presque sans pouvoir résister, inspire du mépris et du dégoût. Au contraire, Amycus blessé, couvert de sang, dispute long-temps la victoire; en vain son visage est défiguré par des plaies, en vain, trempé de sueur, affaissé sur lui même, le superbe géant est devenu tout petit, il donne encore de grandes peines à Pollux. Il va même porter un coup terrible au roi d'Amyclée qui ne l'évite que par son adresse, et profite d'un moment de surprise, pour écraser son rival. Le dénouement achève d'élever Théocrite au-dessus de Virgile, en nous révélant une pensée qui a présidé à la composition, et qui tient aux mœurs des deux personnages. Le roi des Bébryces vainqueur, aurait égorgé le vaincu; Pollux pardonne parce qu'il est fils de Jupiter, et que son courage n'était point une fureur comme celui du féroce Amycus.

Le même sujet a été traité d'une manière assez faible par Apollonius de Rhodes, postérieur de quelques années à Théocrite dont il n'a fait qu'une pâle copie. On y remarque cependant quelques traits qui manquent à son modèle.« Les deux rivaux offrirent aux yeux des spectacles bien différents. Amycus ressemblait à un fils de l'affreux Typhon, ou aux géants que la terre irritée enfanta contre Jupiter; Pollux était aussi beau que l'étoile du soir : un léger duvet ombrageait encore ses joues, la grâce de la jeunesse brillait dans ses yeux, mais il avait la force et le courage d'un lion. » Dans Apollonius, la mort du roi des Bébryces produit entre eux et les Argonautes un combat où les Doriens déploient la plus grande valeur.

Un poëte du second rang qui s'élève quelque fois au premier par de belles conceptions, et même par des traits d'éloquence ou d'imagination qu'on ne remarque point assez, Valérius Flaccus, en imitant Théocrite, a su ajouter des ornements d'un grand prix au tableau du chantre de Pollux et de Castor.

Les Bébryces et leur roi, semblable au cruel

Polyphême, sont peints d'une manière assez énergique, mais Neptune qui, à l'arrivée des Argonautes, prédit la mort prochaine de son fils, pourrait s'exprimer avec plus d'éloquence. Nous ne croyons pas beaucoup à sa douleur; et quand elle serait mieux exprimée, elle nous indignerait au lieu de nous toucher, parce qu'Amycus est un monstre de cruauté. Cependant Jason fait reconnaître les lieux où il aborde, par un fidèle messager. Au détour d'un vallon obscur celui-ci rencontre un jeune homme qui pleurait la mort d'un ami de son âge, immolé par Amycus. A peine Timas (c'est le nom de l'Argien) a reconnu les armes de sa patrie, que, comme Achéménide, il s'écrie : « Fuyez ce rivage horrible. » Et bientôt les Grecs entendent de sa bouche toutes les cruautés du géant et le récit de la mort du jeune Lycas. Valérius a eu tort de s'exposer à donner une si faible imitation du tableau de Virgile, mais on peut remarquer chez lui qu'au lieu de fuir, comme les Troyens, les Argonautes s'enflamment de colère, et de courage, et veulent tous combattre le monstre [1]. Cependant l'aspect de sa ca-

---

[1] La pensée est bien, mais les expressions paraissent froides et sans mouvement :

    Hæc ubi non ulla formidine moti
Accipiunt, dolor et duras insurgere mentes,
Terga sequi, properosque jubet conjungere gressus.

verne [1] toute remplie de débris sanglans et défigurés rappelle à leur esprit les avis de Timas, la peur se glisse dans leur âme, l'image du monstre absent apparaît à leurs yeux plus effrayante peut-être que ne le serait sa présence et leur muette horreur se peint dans leurs yeux immobiles [2].

> Mais relevant un front rayonnant d'espérance :
> Qui que tu sois barbare, oui, je promets d'avance,
> Dit fièrement Pollux, que ta tête à son tour
> Décorera bientôt ton horrible séjour,
> Pourvu qu'un sang mortel circule dans tes veines.
> Ces mots ont ranimé les âmes incertaines :

---

[1] On se rappelle que Théocrite donne pour séjour à son Amycus, une grotte charmante, située dans un pays riant et fertile ; Valérius, au contraire, nous prépare à l'horreur du monstre que nous ne voyons pas encore, par l'horreur du lieu qu'il habite. La description du poëte mériterait d'être comparée avec diverses descriptions du même genre, mais je réserve ce rapprochement pour une autre place.

[2] Hospitis hic primum monitis rediere Timantis,
Et pavor et monstri subiit absentis imago ;
Atque oculos inter se cuncti tenuere silentes.

Notre imagination nous rend souvent les objets beaucoup plus terribles qu'ils ne nous paraîtraient si nous pouvions les voir. Le dernier vers de ce passage est digne de Virgile, et d'autant plus beau, qu'il précède immédiatement celui-ci :

Donec sydereo Pollux interritus ore.

A leurs bras maintenant ils osent se fier :
Tous veulent voir le monstre et tous le défier [1].

Le géant arrive enfin sur la scène; il n'a presque rien d'humain ; on dirait d'un rocher qui s'élève sur une haute montagne, et, seul et debout, domine toutes les hauteurs qui l'environnent [2]. Son discours trop long est bien loin d'avoir la naïveté féroce, la brièveté menaçante des paroles que Théocrite lui prête [3]. Tous les Argonautes

Se lèvent; mais Pollux est déjà dans l'arène,
Déjà son vêtement au loin est rejeté.

---

[1] Chant IV, traduction de Dureau Delamalle fils.

[2] Le texte est Virgilien.

Mortalia nusquam
Signa manent : instar scopuli qui montibus altis
Summus abit, longeque jugo stat solus ab omni.

Il y a cependant quelques traits d'une rare précision :

Neptuni domus, atque egomet Neptunia proles....
Nec lacrymæ (ne ferte preces) superive vocati
Pectora nostra movent : aliis rex Jupiter oris.

« C'est ici la maison de Neptune, et moi je suis son fils... Point de prière avec moi : les larmes ou le nom des dieux invoqués ne sauraient m'émouvoir. Que le roi Jupiter commande en d'autres lieux. » Cette pensée, un peu trop brièvement exprimée peut-être, demanderait un léger commentaire dans notre langue : Le roi qui commande ici, ce n'est pas Jupiter ; c'est moi, ou Neptune mon père.

> Au moment du combat Castor épouvanté
> Pâlit, et dans son cœur son sang glacé s'arrête.
> Hélas ! ce n'est plus là cette pompeuse fête
> Où son frère, au milieu d'un concours solennel,
> Combattait sous les yeux de leur père immortel.
> Ce n'est plus l'OEbalie et cet amphithéâtre
> Qui renvoyait les cris d'une foule idolâtre.
> Où sont le mont Taygète et ses brillants côteaux,
> Le fleuve paternel qui lavait dans ses flots
> D'un front victorieux l'honorable poussière ?
> Un laurier l'attendait au bout de la carrière.
> Ici la mort présente et l'abîme entr'ouvert.

L'effroi de Castor à l'aspect de son frère en face du géant, semble un trait sorti du cœur de Virgile.

Le souvenir de la Grèce et de ses combats si heureusement rappelés, ajoute les grâces de l'imagination au charme d'une sensibilité vraie, et fait ressortir ce beau vers du texte, que le traducteur a si bien rendu :

> Præmia sed manes, reclusaque janua leti.

La mort ou Amycus c'est la même chose; c'est ce que le poëte nous fait entendre par un rapprochement à la manière d'Horace :

> Illum Amycus nec fronte trucem, nec mole tremendum,
> Vixdum etiam primæ spargentem signa juventæ,
> Ore renidenti lustrans obit, et fremit ausum,
> Sanguineosque rotat furiis ardentibus orbes.

ENÉIDE, LIVRE V. 503

Non aliter jam regna poli, jam capta Typhæus
Astra petens, Bacchum ante acies, primamque deorum
Pallada, et oppositos doluit sibi virginis angues.

« Amycus à l'aspect d'un adversaire qui n'est ni d'un aspect farouche, ni imposant par sa masse, et porte à peine sur son visage les premiers signes de la jeunesse, le parcourt avec un air moqueur, et, s'indignant de cette audace, roule sur lui des yeux sanglants et enflammés de fureur. Ainsi Typhée, déjà maître en idée de l'empire de Jupiter, s'offensa de voir devant lui Bacchus en tête de l'armée céleste, et, au premier rang des dieux, la vierge Pallas et ses serpents opposés aux attaques des fils de la Terre. » Ces traits d'imagination jetés dans le récit, amènent naturellement les paroles menaçantes d'Amycus à Pollux. « Qui que tu sois,
» malheureux, enfin hâte-toi; tu ne garderas pas
» long-temps cet éclat de ta beauté; tu ne rappor-
» teras point à ta mère des traits faciles à recon-
» naître. Quoi? voilà celui que tes injustes com-
» pagnons m'envoient! Toi mourir de la main
» d'Amycus? » Il dit et montre à nu ses vastes épaules, sa large poitrine, et les muscles effrayants de ses membres informes. A cette vue, les Argonautes détournent leurs regards avec effroi; le fils de Tyndare lui-même est étonné. Un regret tardif de la présence d'Alcide se réveille dans les

cœurs, et tous parcourent de leurs tristes regards les monts où n'est point ce héros :

> Deficiunt visu Minyæ, miratur et ipse
> Tyndarides : redit Alcidæ jam sera cupido,
> Et vacuos mœsto lustrarunt lumine montes.

Combien ce passage l'emporte pour la pensée, les images, le sentiment et l'expression, sur les passages qui lui répondent dans le cinquième livre de l'Énéide, soit à l'aspect de Darès, soit à l'apparition de son terrible rival!

Si Valérius n'égale ni l'énergie du premier peintre d'Amycus, ni l'harmonie imitative des vers de Virgile sur Entelle debout au milieu de l'arène, il faut avouer qu'il surpasse ses maîtres par des images originales et puisées dans la connaissance du cœur humain, qui auront encore l'avantage de relever singulièrement la victoire de Pollux. C'est aussi dans l'étude du cœur humain que Valérius a puisé la triste et cruelle image de la fureur des deux adversaires, jusqu'alors étrangers l'un à l'autre, et devenus tout à coup semblables à deux tigres qui se rencontrent dans un désert de l'Afrique :

> Odia aspera surgunt
> Ignotis prius, atque incensa mente feruntur
> In medium sanguis Jovis et Neptunia proles.

Hinc illinc dubiis intenta silentia votis :
Et pater orantes cæsorum tartarus umbras
Nube cavâ tandem ad meritæ spectacula pugnæ
Emittit ; summi nigrescunt culmine montes.

« Une haine cruelle s'élève tout à coup dans le cœur de ces deux adversaires qui ne se connaissaient pas avant ce moment. Le sang de Jupiter et le fils de Neptune s'élancent avec rage au milieu de l'arène. Des deux côtés un silence attentif et occupé par des vœux dont l'issue est pleine d'incertitude. Soudain le Tartare lui-même, sensible aux prières des victimes d'Amycus, les envoie au spectacle de son juste supplice. Cachés dans un nuage, ces noirs fantômes obscurcissent le sommet des montagnes. » La raison la plus sévère, l'esprit le plus rebelle aux innocents mensonges de la poésie, ne peuvent qu'admirer cette grande fiction, non moins belle par le fond des choses, que par la forme dont elle est revêtue [1].

Dans les détails du combat, Valérius se montre moins dramatique que Théocrite, moins savant, moins riche de contrastes que Virgile; il est souvent inférieur à l'un et à l'autre, soit pour la vi-

---

[1] Cette manière admirable d'annoncer l'événement rend inutile et froide la prédiction de Neptune. Il ne faut pas dire d'une manière vulgaire ce que l'on peut faire entrevoir par une grande image dramatique.

gueur, soit pour l'élégance du style, mais son dénouement a plus de noblesse et d'intérêt que celui du combat d'Entelle :

> Labentem propulit heros,
> Ac super insistens : Pollux ego missus Amyclis,
> Et Jove natus, ait : nomen mirantibus umbris
> Hoc referes ; sic et memori noscere sepulcro.

Voici le sens de ces vers, qui ont la précision, l'énergie et la rapidité que l'on remarque dans les vers lyriques d'Horace : le héros pousse le géant qui tombe, et, le pied sur le monstre mourant : « Je suis Pollux envoyé d'Amyclée pour te punir, Pollux le fils de Jupiter; tu apprendras ce nom aux ombres étonnées de te voir; gravé sur ta tombe fidèle à le conserver, il te fera connaître de l'avenir. » Peut-être, malgré toute l'adresse de Virgile à les préparer, malgré des raisons dont j'essaierai de faire valoir toute la force dans leur lieu, nous restera-t-il des doutes sur la convenance des paroles d'Énée au jeune héros qu'il vient d'immoler :

> Hoc tamen, infelix, miseram solabere mortem :
> Æneæ magni dextra cadis.

Mais l'imitation de Valérius est irréprochable. Un jeune homme victorieux, fier de sa naissance et de sa gloire achetée par de grands périls, a pu justement adresser cet adieu à un monstre dont il vient de délivrer la terre. Valérius ajoute : « Aussitôt les Bébryces prennent la fuite; n'ayant aucun amour pour le roi qui leur est enlevé, ils se précipitent vers les montagnes et dans la forêt. Tel fut le sort du tyran : il fallait la main d'un héros pour terrasser le redoutable gardien des passages du Pont, qui espérait une force inaltérable et la jeunesse éternelle de son père. Le voilà par terre cet effroi des mortels ; son vaste corps couvre le sol comme un fragment de l'Éryx ou de l'Athos. Le vainqueur lui-même ne peut se rassasier du plaisir de contempler ce colosse abattu, et attache long-temps sur lui ses regards immobiles d'étonnement :

> At manus omnis
> Heroum densis certatim amplexibus urgent,
> Armaque ferre juvat, fessasque adtollere palmas.
> Salve, vera Jovis proles, vera o Jovis, undique, proles,
> Ingeminant, o magnanimis memoranda palæstris
> Taygeta, et primi felix labor ille magistri !
> Dumque ea dicta ferunt, tenues tamen ire cruores
> Sidereâ de fronte vident, nec sanguine Pollux
> Territus, averso siccabat vulnera cestu.
> Illius excelsum ramis caput, armaque Castor
> Implicat, et viridi connectit tempora lauro ;
> Respiciens que ratem, patriis, ait, has precor oris,
> Diva, refer frondes, cumque hâc freta curre corona.

« Mais tous les héros pressent à l'envi Pollux dans leurs embrassements ; ils se plaisent à porter ses armes, et à délivrer ses mains de ce noble fardeau; et de toutes parts on entend ces paroles : Salut, ô véritable sang de Jupiter! ô Taygète, que ta noble palestre laissera un long souvenir! Pollux, quel heureux fruit de l'art dont tu fus le premier maître! Au milieu de ces exclamations, les Grecs aperçoivent quelques traces de sang qui coulent sur ce front radieux comme un astre, mais Pollux, au lieu de s'effrayer, essuie sa blessure avec le revers de son ceste, et lève la tête vers le ciel. En ce moment, Castor couronne d'un verd laurier le front et les armes de son frère, et regardant le navire immortel : « Puisses-tu, dit-il, porter ce verd feuillage aux rives de la patrie, et courir avec nous sur les mers sous les heureux auspices de la victoire de Pollux! »

Malheur à ceux qui ne sentiraient pas la beauté de ce dernier épisode, où l'âme et l'imagination d'un poëte se révèlent à la fois. Valérius n'a point oublié le sacrifice solennel que les Argonautes doivent à Neptune pour l'apaiser, et le consoler de la mort de son fils. Enfin, pendant tout le repas qui couronne ses travaux et réunit ses compagnons autour de lui, Pollux, honoré d'un tribut particulier, goûte de nouveau les plaisirs du triomphe, en entendant ses exploits vantés par les Argonautes ou chantés par un poëte sublime. Mais l'ivresse de la victoire ne lui fait point oublier d'offrir des libations à Jupiter, auteur de la victoire de son fils.

Un poëte capable d'une telle composition mérite d'être placé à côté des maîtres qu'il laisse quelquefois bien au-dessous de lui.

L'imprudent Stace, non content d'oser tenter le tableau d'Entelle et de Darès après Virgile, nous donne de suite un combat du ceste et une lutte, sans faire attention aux répétitions inévitables dans lesquelles il s'engage. Capanée, en arrivant sur la scène, ressemble beaucoup trop à Darès, dont il offre la copie décolorée; mais le rival que le poëte lui suscite est d'une heureuse invention; voici comment on nous le fait connaître :

> Obstupuere animi, fecit que silentia terror.
> Tandem insperatus nuda de plebe Laconum,
> Prosilit Alcidamas ; mirantur Dorica regum
> Agmina : sed socii fretum Polluce magistro
> Norant, et sacras inter crevisse palæstras.
> Ipse deus posuitque manus et bracchia finxit
> (Materiam suadebat amor), tunc sæpe locavit
> Comminus, et simili stantem miratus in irâ
> Sustulit exultans, nudumque ad pectora pressit [1].

« Tous les guerriers restent interdits, et la terreur impose le silence à l'armée. Enfin, un rival inespéré s'élance hors des rangs de la légion nue

---

[1] *Thébaïde*, Livre VI.

de Sparte ; c'est Alcidamas : les autres Grecs s'étonnent de son audace ; mais ses compagnons savent que, fort des leçons de Pollux son maître, il a grandi dans les palestres sacrées. Le demi-dieu qui l'aimait tendrement, s'était fait un plaisir de façonner les mains, de dresser les bras de son élève; souvent il le plaçait en face de lui comme un digne athlète, et, charmé de le voir aussi ferme, aussi furieux que son maître dans le combat, il l'enlevait de terre avec des transports de joie, et le pressait nu contre son sein paternel. »

Ces détails ont la naïveté homérique; ils sont encore exprimés par des vers qui rappellent la précision, l'élégance et la clarté d'Horace. Mais Horace, avec son jugement, n'aurait pas comparé Capanée au géant Tityus, tel qu'il serait s'il se relevait tout à coup des champs stygiens, où il subit un éternel supplice. L'auteur de l'épître aux Pisons n'aurait pas surtout représenté Alcidamas sous les traits de l'enfance, en le plaçant vis-à-vis d'un tel adversaire :

> Hic paulo ante puer : sed enim maturius ævo
> Robur, et ingentes spondet tener impetus annos.

« Celui-ci naguère était encore un enfant, mais sa force a mûri avant le temps, et son ardeur, dans un âge si tendre, promet des années de grandeur et de gloire. » Ces deux vers charmants affaiblissent l'image du fier Alcidamas, luttant contre Pollux, charmé de son audace. D'après cette image qui donnait l'essor à notre imagination, nous avions fait un Alcidamas : c'était un jeune homme plein d'une vigueur naturelle et acquise. Nous sommes surpris de le voir presque transformé en un enfant qui entre dans l'adolescence. Avec l'illusion que nous avait causée la joie de Pollux, à l'aspect de son élève, nous étions disposés à admettre le prodige de la victoire d'Alcidamas sur Argyllée ; mais, grâce à la maladresse du poëte, nous serons incrédules quand il nous montrera l'athlète pareil à l'énorme géant, dont le vaste corps couvrait neuf arpens de terre, accablé par Alcidamas. Fénélon n'a point commis cette faute; non seulement Télémaque est déjà dans la force de l'âge quand il combat contre le terrible Hippias, mais encore il doit la victoire au secours de Minerve.

Les détails de l'adresse, des ruses, des attaques, des retraites, des insultes du jeune Lacédémonien, attestent de l'imagination dans Stace, qui, souvent trop fidèle à Virgile, rallume du moins la fureur de Capanée par un incident nouveau, par l'aspect du sang que fait couler un coup d'Alcidamas : le combat devient plus acharné que jamais, et bientôt les deux athlètes, accablés de fatigue, sont obligés de l'interrompre un moment. Le reste est une copie décolorée de Virgile et de Valérius, copie dans laquelle Stace n'a pas même eu l'adresse d'éviter le parallèle avec des choses d'une perfection achevée, telle que la chute d'Entelle, à laquelle il oppose ces faibles vers :

> Ecce iterum immodice venientem eludit et exit,
> Sponte ruens, mersus que humeris effunditur ille
> In caput. Assurgentem alio puer improbus ictu
> Perculit, eventu que impalluit ipse secundo.

« Mais voilà que Capanée revient avec force, Alci-
» damas l'élude et se retire. Capanée entraîné par
» les mains, et la tête précipitée la première,
» tombe sur son front ; il veut se relever, mais
» l'intrépide enfant le renverse d'un autre coup,
» et pâlit lui-même de frayeur du succès de son
» audace. » Si l'on veut admettre cette victoire d'un enfant, on sera bien obligé de convenir qu'elle ne nous prépare aucunement à l'ordre qu'Adraste est obligé de donner pour arracher Alcidamas des mains du féroce Capanée, qui va l'immoler à son orgueil. Il manque ici quelque chose à la pensée, et plus encore au mouvement du style :

> Illum ab humo conantem ut vidit Adrastus,
> Tollentemque manus, et non toleranda parantem.

Ce n'est pas ainsi que se relève un homme furieux de honte et de colère, et altéré de vengeance. Virgile, plus judicieux et plus peintre, dit : *At non tardatus heros.*

Ce grand poëte n'aurait pas commis la faute de faire succéder la lutte au combat du ceste, et de nous présenter pour la seconde fois, un autre Darès, ou un autre Entelle dans Agyllée, comme un nouvel Alcidamas dans le fils de Tydée. Il y a pourtant de la variété, de la chaleur, de la rapidité dans le combat; mais la manière dont Tydée enlève de terre le monstrueux Agyllée, comme autrefois Hercule enleva le fils de la terre Antée, sent l'exagération d'un écrivain qui ne consulte pas avant tout la raison. Virgile s'est bien gardé de montrer ainsi Darès supendu dans les airs entre les bras d'Entelle, et cependant cette supposition eût été bien moins choquante que celle de Stace. C'est encore avec assez peu de convenance que Tydée, fier de sa victoire, s'écrie : « Que serait-ce donc si les champs de Dircé » n'eussent pas vu couler une assez grande partie » de mon sang, lorsque la trahison me couvrit de » blessures sous les murs de Thèbes. » C'est manquer de jugement, que d'ôter par de pareilles suppositions, toute vraisemblance à la victoire de Tydée, sur un géant qui ressemblait à Hercule pour la masse : *Herculea non mole minor.* Vainement opposerait-on à cette remarque l'exploit prodigieux de ce même Tydée, qui, attaqué dans un défilé par cinquante assassins, donne la mort à tous, sauf à un seul, qu'il charge d'aller apprendre à Étéocle le sort des complices de sa trahison. Ce fait qui passe toutes les proportions du possible ne rend pas plus croyable le nouveau mensonge du poëte en faveur de son héros.

On trouvera quelques beaux détails dans le combat d'Hercule et d'Antée, au quatrième livre de la Pharsale, mais il faut les acheter par des exagérations ridicules.

> Nondum post genitos tellus effeta gigantas
> Terribilem lybicis partum concepit in antris.
> Nec tam justa fuit terrarum gloria Typhon,
> Aut Tityos, Briareusque ferox : cœloque pepercit
> Quod non Phlegræis Antæum sustulit arvis.

La terre qui n'était pas encore épuisée après avoir mis au jour les géans, enfanta le plus terrible de tous dans les champs de Lybie; ni Typhée, ni Tityus, ni le féroce Briarée, ne donnaient un aussi juste orgueil à leur mère : elle épargna le ciel en ne lui suscitant pas Antée pour rival dans les champs de Phlégra.

Rassurons-nous, l'Antée de Lucain n'est pas même de la famille de ceux qui firent trembler d'effroi la maison du vieux Saturne :

> Unde periculum fulgens
> Contremuit domus Saturni veteris.

Pour voir, pour entendre de véritables géans, il faut les chercher dans Horace :

> Magnum illa terrorem intulerat Jovi
> Fidens juventus horrida brachiis,

Fratresque tendentes opaco
Pelion imposuisse Olympo.
Sed quid Typhœus, et validus Mimas,
Aut quid minaci Porphyrion statu,
Quid Rhœtus, evulsisque truncis
Enceladus jaculator audax,
Contra sonantem Palladis ægida
Possent ruentes? [1].

« Elle avait inspiré une grande terreur à Jupiter lui-même ; cette jeunesse affreuse pleine de confiance dans le nombre de ses bras menaçans, cette famille de furieux dont les efforts voulaient entasser le Pélion sur l'Olympe.

Mais que pouvaient Typhée, le robuste Mimas et Porphyrion à la taille menaçante? que pouvaient Rhétus et Encelade, lançant avec audace vers le ciel des arbres déracinés ? que pouvaient-ils contre l'égide de Pallas, dont le seul bruit arrêtait l'essor de leurs fureurs ? »

Le style de Lucain est grave et plein de force, mais il n'a ni ce mouvement, ni cette rapidité, même dans les circonstances où la chaleur de la situation devrait entraîner le peintre. C'est ainsi qu'il exprime, par une réflexion froidement exagérée, ce qu'il pourrait rendre par des images vives et vraies :

Nunquam sperare novercæ

---

[1] *Horace*, liv. III., ode IV.

Plus licuit ; videt exhaustos sudoribus artus ,
Cervicemque olim siccam quum ferret Olympum.

« Jamais il ne fut autant permis à la céleste marâtre de concevoir de cruelles espérances ; elle voit épuisés de sueurs ces membres et ce cou robustes qui étaient secs lorsque le demi-dieu portait tout l'Olympe sur ses épaules. » La description du lieu de la scène est faible, le combat sans mouvement, la mort d'Antée froidement décrite, la victoire d'Hercule privée de tout intérêt.

Voici la fin de l'épisode : Hercule, fatigué de voir Antée reprendre des forces toutes les fois qu'il parvient à toucher la terre, lui dit :

Hærebis, pressis intra mea pectora membris.
Huc, Antæe, cades. Sic fatus, sustulit alte
Nitentem in terras juvenem. Morientis in artus
Non potuit nati Tellus permittere vires.
Alcides medium tenuit. Jam pectora pigro
Stricta gelu, terrisque diu non credidit hostem.

« Tu resteras enchaîné, les membres pressés contre ma poitrine ; c'est là que tu tomberas , Antée. A ces mots, il enlève le jeune athlète qui s'efforçait de s'appuyer sur la Terre. Elle ne peut faire renaître des forces nouvelles dans les membres de son fils mourant, qu'Alcide tient suspendu dans l'air. Déjà le cœur du géant était glacé par le froid mortel, et cependant le héros ne voulut pas de long-temps confier à la Terre l'ennemi qu'il avait vaincu. »

Le rival que Lucain s'efforce de rendre si redoutable à l'Olympe, oppose une trop faible résistance à Hercule, il ne lui fait point acheter assez la victoire. C'est ici que Théocrite, Arioste, ou le Tasse, auraient déployé tout leur talent de peintre, et nous auraient laissé une impression profonde de terreur, mêlée à quelque pitié, dont le germe se trouve dans ces beaux vers d'Horace :

> Injecta monstris Terra dolet suis,
> Mœretque partus fulmine luridum
> Missos ad orcum [1].

« La Terre s'afflige de couvrir des monstres sortis de ses entrailles, elle pleure ses enfants précipités par la foudre dans le Tartare. »

Je ne saurais assez m'étonner qu'un homme d'un goût aussi pur que Malfilâtre, un admirateur de Virgile, un poëte exercé à sentir, à connaître, à défendre la perfection du style virgilien, ait pu présenter comme digne de parallèle avec les tableaux du maître, la lutte d'Hercule et du fleuve Achéloüs. Bien loin de mériter cet imprudent éloge, elle est au contraire, ou pleine de ces négligences par lesquelles Ovide rabaissait le langage des dieux, ou sans harmonie et sans couleur, ou faible et

---

[1] *Horace*, liv. III, ode IV,

prosaïque, ou lâche et diffuse. Écoutons le début du prétendu rival de Virgile :

> Talia dicentem jam dudum lumine torvo
> Spectat, et accensæ non fortiter imperat iræ;
> Verbaque tot reddit : melior mihi dextera lingua.
> Dummodo pugnando superem, tu vince loquendo.
> Congrediturque ferox.

A ces paroles, Hercule me regarde avec un œil enflammé, il ne commande pas fortement à la colère qui l'anime, et me répond par ce peu de paroles : « Mon bras vaut mieux que ma langue; pourvu que je triomphe dans le combat, tu peux me vaincre en paroles. » Et furieux il s'avance.

Quand Virgile a dit :

> Talia dicentem jam dudum aversa tuetur
> Huc illuc volvens oculos, totumque pererrat
> Luminibus tacitis, et sic accensa profatur :

Il s'est bien gardé de refroidir la scène par des expressions semblables à celles-ci :

> Accensæ nec fortiter imperat iræ,

que la circonstance rend si ridicules. En effet, Achéloüs vient de dire au héros en le provoquant : « Vainement tu te vantes d'être sorti des flancs d'Alcmène, Jupiter n'est pas ton père, ou il l'est par un mensonge; tu déshonores ta mère en te disant issu du maître des dieux : choisis, ou d'avoir usurpé le nom de fils de Jupiter, où de publier toi même la honte de ton origine. » Il suffirait du caractère connu d'Hercule, pour condamner l'expression d'Ovide, mais avec la colère dont le fils d'Alcmène doit être animé, à peine si l'on consent à lui donner le temps de prononcer les paroles qu'Ovide lui prête. *Congrediturque ferox*, voilà tout ce que nous attendions de lui.

> Puduit modo magna locutum
> Cedere. Rejeci viridem de corpore vestem,
> Bracchiaque opposui, tenuique a pectore varas
> In statione manus, et pugnæ membra paravi.

« Après mes superbes discours, j'eus honte de reculer. Je rejette ma robe verdoyante, j'oppose mes bras à l'ennemi, je tiens en garde mes mains recourbées et je prépare mon corps au combat. »

Est-ce donc avec cette froideur, avec cette monotonie, qu'Apollonius, Théocrite, Virgile, Valerius et même Stace, préludent au combat ? est-ce un poëte peintre, ou un froid prosateur, qui ont employé ces expressions ?

> Tenuique a pectore varas
> In statione manus et pugnæ membra paravi.

Ce langage inanimé convient-il à Achéloüs enflammé d'amour pour Déjanire, et rival d'Hercule qui veut obtenir la préférence sur lui ?

Virgile dit d'Entelle qu'il compare à un fort assis sur une montagne et insulté par un ennemi vigilant :

> Stat gravis Entellus, nisuque immotus eodem,
> Corpore tela modo atque oculis vigilantibus exit.

Ovide ose défigurer ces deux beaux vers par une imitation qui est un crime de lèse-poésie :

> Me mea defendit gravitas, frustraque petebar.

La comparaison ajoutée par Virgile est plus juste et plus heureuse que celle d'Ovide, mais au moins cette dernière est heureusement exprimée :

> Haud secus ac moles, quam magno murmure fluctus
> Oppugnant, manet illa, suoque est pondere tuta.

Plus loin nous trouverons :

> Ter, *sine profectu*, voluit nitentia contra
> Rejicere Alcides a se mea pectora : *quarto*
> Excutit amplexus, adductaque brachia solvit;
> Impulsumque manu (*certum mihi vera* fateri)
> Protinus avertit : tergoque onerosus inhæsit.
> Si qua fides, (*neque enim ficta mihi gloria voce*
> Quæritur) *imposito pressus mihi monte videbar*.

Tout le monde remarquera les mots *sine profectu*, *quarto*, si étrangement placés, dans des vers. On sentira de même tout ce qu'ont de déplacé dans la bouche d'un dieu et de froid dans la circonstance, ces paroles *certum mihi vera fateri*, et surtout la répétition, *siqua fides*, et la réflexion qui la suit. On ne peut refuser le mérite de l'élégance à plusieurs détails de ce récit, mais où sont les vives images que la passion prodigue dans ses discours? Virgile qui n'est qu'un simple témoin, exprime de la manière la plus pittoresque la chute d'Entelle, tandis qu'Achéloüs, l'un des acteurs du combat, Achéloüs qui a senti Hercule sur lui, tomber de tout son poids, Achéloüs qui joint l'orgueil d'un dieu à la haine d'un rival, rend avec cette froideur ce qu'il éprouvait en se sentant vaincu et accablé par le fils de Jupiter, qui n'était encore qu'un mortel! Non, la vérité n'est point ici, et le poëte a méconnu le langage des passions les plus ardentes.

Nous avons vu renverser sur la terre, Amycus, Darès, Agyllée, et certes leur chute n'a été représentée dans aucun des poëtes précédens, par des vers glacés comme ceux-ci :

> Tum denique Tellus
> Pressa genu nostro est, et arenas ore momordi.

Il paraît qu'Achéloüs n'a conservé aucune indignation de sa défaite; c'est du moins ce qu'on doit supposer au calme de ses paroles. Le dieu vaincu continue son récit :

> Inferior virtute, meas devertor ad artes ;
> Elaborque viro, longum formatus in anguem.

Inferior virtute n'est pas bien dans la bouche d'un rival; la vertu peut faire un tel aveu, la passion n'y consentirait jamais; ensuite nous avons à reprocher une singulière uniformité de ton, de formes, d'images et de tours à la narration d'Ovide; ce n'est point ainsi que Virgile raconte les Métamorphoses d'Aristée :

> Vix defessa senem passus componere membra,
> Cum clamore ruit magno, manicisque jacentem
> Occupat. Ille suæ contra non immemor artis,
> Omnia transformat sese in miracula rerum,
> Ignemque, horribilemque feram, fluviumque liquentem.

Quel feu! quelles oppositions! quelle vérité de peinture! Les vers du poëte suivent dans leur vol toute la rapidité des changemens du dieu.

Nous avons vu plus haut qu'Hercule ne recherche pas la gloire des paroles, et maintenant il oublie son laconisme. C'était assez pour ce héros digne de Sparte que de dire au nouveau Protée : « Ce fut un des jeux de mon berceau que de vaincre des serpents. » Il pouvait encore rappeler avec une énergique précision sa victoire sur l'Hydre de Lerne; mais après avoir adressé cette singulière question à son rival :

> Pars quota Lernææ serpens eris unus Echidnæ ?[1]

---

[1] Quelle partie, toi qui n'es qu'un seul serpent, ferais-tu de l'hydre de Lerne ?

il s'engage dans une description de poëte où se trouvent à la vérité ces deux beaux vers :

> Hanc ego ramosam natis e cæde colubris,
> Crescentemque malo domui, domitamque reduxi.

Ensuite il ajoute :

> Quid fore te credas, falsum qui versus in anguem
> Arma aliena moves, quem forma precaria celat?

Il n'y a plus d'Hercule ici, c'est Ovide qui fait de l'esprit et gâte par la recherche et la manie des détails, une pensée qui, revêtue d'une expression précise et forte, pouvait entrer convenablement dans le sujet.

J'ai cru devoir insister sur ces réflexions, parce que le nom et le talent de Malfilâtre, peuvent égarer le jugement des jeunes littérateurs, et que le plus grand des dangers pour les nourrissons des muses, est d'admirer sur parole des choses qui, loin d'être vraiment belles, offensent à la fois la vérité, le goût, et sont indignes du rang où l'erreur voudrait les placer. Personne ne rend plus de justice que moi au poëte des peintres; personne ne sent plus que moi combien il y a de moissons à faire dans l'étude de ce génie à la fois grec et romain; j'espère lui payer aussi mon tribut dans un travail vraiment utile; mais mon devoir et mon but m'ordonnent également de ne jamais abandonner les droits de la raison.

L'arioste abonde en combats singuliers qui ont servi de modèle au Tasse. Le théâtre de l'action y est souvent représenté d'une manière plus pittoresque et plus vive que dans Virgile. Les spectateurs introduits par le poëte de Ferrare, ne sont pas deux peuples presque indifférents, mais des témoins animés, les uns par la haine, les autres par l'amitié, tous également épris de la gloire. Des deux côtés, apparaissent des princes, des guerriers illustres, dont on aime à interroger l'attitude et la physionomie. Ainsi, lorsque la discorde ayant allumé un vaste incendie de colère dans les cœurs des Sarrasins, amène, devant le monarque des Maures, Rodomont, Roger, Mandricard et Marphise, impatients d'entrer en lice; lorsque le prince n'a pu trouver d'autre moyen de suspendre leurs fureurs que de choisir la voie du sort pour régler l'ordre des combats, non seulement le brillant amphithéâtre nous offre des personnages connus par leur rang et par leurs exploits, mais encore, dans le cours de ces violentes querelles, tantôt les spectateurs cherchent à calmer la rage des adversaires, tantôt, par leurs signes et leurs regards, ils rendent témoignage à la vérité contre un traître. Agramant surtout joue un rôle important; ses soins, sa prudence et sa fermeté au milieu d'un effroyable tumulte le présentent à nos yeux comme un prince occupé des devoirs et des intérêts d'un capitaine et d'un roi[1].

Les combats de l'Arioste ne sont pas de froids spectacles, mais des drames pleins de vie et de chaleur. Au vingt-cinquième chant, l'héroïque et tendre Bradamante paraît en proie aux tourments de la jalousie. Inconsolable amie de Roger, qu'elle croit un traître, elle rencontre la belle Fleur de Lys, malheureuse aussi par l'amour, mais d'une autre manière. Son courage venge cette infortunée par la défaite de Rodomont. Le combat est terrible entre le Sarrasin et la guerrière; mais quel intérêt y répandent les sentiments des trois personnages? Rodomont, tout féroce qu'il est, sent son cœur s'amollir au nom de son nouvel adversaire, mais il ne perd rien de son courage; Bradamante, dévouée aux intérêts de son sexe, venge la mort de la tendre Isabelle immolée par Rodomont, s'expose à la mort pour rendre le repos à une autre femme qui mourra de douleur si sa vaillante protectrice vient à succomber; et celle-ci se montre aussi généreuse après la victoire que terrible dans le combat. Ici

---

[1] L'Arioste, chant XXVII.

se succèdent un grand nombre de scènes dignes de toute l'attention d'un lecteur qui se plaît à méditer les créations du génie. D'abord, le défi envoyé par Bradamante à Roger, son triomphe sur quatre chevaliers qu'elle défait l'un après l'autre, l'erreur des spectateurs qui, en voyant tant d'adresse et de vigueur, attribuent ses exploits à Brandimart ou à Renaud lui-même; la rougeur qui couvre ses joues au moment où elle se trouve forcée de prononcer le nom de Roger avant de combattre Ferragus à moitié vaincu par l'aspect de ses charmes; l'effet du nom de Bradamante sur Roger tremblant d'avoir perdu le cœur de cette belle et valeureuse amante. A ces premiers incidents remplis de vérité, succèdent la double défaite de Marphise, si heureusement inventée pour éloigner le combat entre deux personnes si chères; la mêlée qui le recule encore, les sentiments qui en préviennent le douloureux spectacle, la fatale méprise qui réveille la colère de la jalouse Bradamante, son combat furieux avec sa prétendue rivale, les efforts de Renaud pour les séparer. Le poëte change et rallume ici l'intérêt par l'obligation où se trouve Roger lui-même de se défendre contre la fureur de Marphise, devant Bradamante détrompée par un évènement qui doit exciter des mouvements si divers dans son âme Fidèle aux mœurs et à la vérité, l'Arioste accroît sans cesse les transports de Marphise, impuissante, comme Cléopâtre, à modérer sa rage, et d'ailleurs cruellement blessée dans les intérêts d'une passion aussi noble qu'ardente, l'amour de la gloire; de même, dans les ménagements de Roger pour l'héroïne, qui sont encore un artifice pour prolonger avec quelque vraisemblance une lutte inégale, l'Arioste nous révèle l'attention constante d'un véritable peintre à soutenir le caractère de ses personnages. Il y a là tout un drame en même-temps qu'un modèle de l'art peindre, d'intéresser, et de faire contraster les passions, les mœurs et les caractères. Quel sera le dénouement? L'Arioste l'a trouvé dans un prestige, mais ce prestige, regardé comme l'un des privilèges de l'épopée, met fin au combat d'une manière si imprévue et si heureuse en apprenant à Marphise et à Roger le secret de leur naissance; il rapproche avec tant de naturel, deux amants dignes l'un de l'autre et cruellement abusés, que la raison craindrait ici le reproche d'un injuste rigorisme. Il faut accorder beaucoup de liberté aux écrivains, c'est le conseil d'Horace; le poëte ne ressemble pas à l'esclave dont Tibulle à dit : *crura sonant ferro, sed canit inter opus*; il chante mal, ou ne chante pas du tout quand il porte des fers. Remarquons encore que le moyen employé par l'Arioste prépare habilement la conversion de héros, et lève tout obstacle à son union avec Bradamante, l'un des ressorts du poëme; mais observateur des convenances du sujet jusqu'au dernier moment, le poëte concilie les nouveaux sentiments de Roger avec sa fidélité au roi Agramont qui lui a ceint l'épée de chevalier.

Dans la seconde partie de l'Énéide, je reviendrai plusieurs fois sur l'Arioste dont je comparerai les combats avec ceux de l'Énéide; je passe à son élève qui est son rival de gloire, et dont la Jérusalem offre des rapports plus marqués avec le cinquième livre du poëme latin.

Le Tasse, dans la rencontre d'Othon avec Argant, mais surtout dans les deux combats de ce farouche Sarrazin avec Tancrède, a souvent imité Virgile, et même avec une exactitude qui sent un peu trop l'intention réfléchie de faire un larcin à son maître; mais il n'en est pas moins digne des plus grands éloges.

Argant qui vient provoquer les Chrétiens, est bien plus fier et plus terrible que l'athlète de Sicile apparaissant dans l'arène. Mais écoutez le Tasse :

> Ivi solo discese, ivi fermosse,
> In vista de' nemici il fero Argante :
> Per gran cor, per gran corpo, e per gran posse
> Superbo, e minaccevole in sambiante :
> Qual Encelado in Flegra, o qual mostrosse
> Nell' ima valle il Filisteo gigante.

ÉNÉIDE, LIVRE V.

Là descend l'infidèle. Il s'arrête, son œil
Etincelle à la fois de colère et d'orgueil,
Sa taille gigantesque imprime l'épouvante,
Dans chacun de ces traits la menace est vivante.
Tel sans doute parut le géant Philistin
Dont le pâtre David brisa le front hautain.
Phlègre dut voir ainsi le rebelle Encelade
Du radieux Olympe essayer l'escalade [1].

La férocité d'Argant répond à son air et à son langage. Il a frappé du coup mortel Othon qui tombe devant lui.

Heureux d'une victoire à ce prix obtenue
L'infâme Sarrazin perd toute retenue,
Et lâche, sans pitié, sur ce corps palpitant
Fait repasser vingt fois son coursier haletant.
Voilà, dit-il, voilà le trop juste salaire
De tout présomptueux qui brave ma colère [2].

---

[1] Nous empruntons ces vers à la belle traduction de M. Baour-Lormian. Le Tasse aurait dû s'arrêter à la première comparaison.

[2] Le texte présente ici de ces beautés familières au Dante, et qui consistent dans la force et dans la simplicité de l'expression.

Nell'ira Argante infellonisce, e strada
Sovra il petto del vinto al destrier face.

A la vue de ce crime, aux menaces qui le rendent plus odieux encore, Tancrède s'élance en criant : « Ame vile, qui portes l'infamie jusqu'au sein de la victoire! quels titres de louanges attends-tu d'une action si déloyale et si atroce? Il faut que tu aies vécu parmi les brigands d'Arabie ou dans quelque autre troupe barbare : fuis la lumière; va dans les forêts, sur les montagnes, exercer ta cruauté [1] avec les autres bêtes féroces. »

Il se tait. Le païen, peu accoutumé à souffrir l'outrage, mord ses lèvres, écumant de fureur. Il veut répondre, mais sa bouche ne laisse échapper qu'un son confus semblable au cri d'un animal qui rugit, ou au bruit de la foudre qui déchire

---

   E così, grida, ogni superbo vada
   Come costui che sotto i piè mi giace.

La colère rend Argant coupable de félonie, il pousse son coursier sur le corps du malheureux Othon, renversé devant lui, et s'écrie : qu'il en soit ainsi de tout téméraire comme de celui qui est ici sous mes pieds !

 Cette horrible exclamation rend plus belle à mes yeux la générosité de Pollux dans Théocrite, mais elle est dans les mœurs du personnage, et par conséquent nous ne devons que des éloges au poëte qui le fait agir et parler comme Amycus, vainqueur de quelque malheureux étranger amené par le hasard sur un rivage inhospitalier.

 [1] L'italien dit en un seul mot : incrudelir.

avec violence la nue qui la retient prisonnière [1].
ainsi chaque mot d'Argant, tel qu'un tonnerre,
semblait sortir avec peine de sa poitrine embrasée.

Mais lorsque tous deux, par des menaces furieuses, ont tour à tour excité leur orgueil et
leur colère, l'un et l'autre, plus rapides que l'éclair,
tournent leurs chevaux et s'éloignent pour prendre leur course. Maintenant, muse, viens renforcer ma voix; inspire-moi une fureur pareille à
leur fureur; que mes vers ne soient pas indignes
de ce combat, et que mes chants fidèles fassent
retentir le bruit des armes.

Les deux guerriers sont en arrêt, et présentent
en l'air leurs nerveuses lances. Jamais il n'y eut
de course, de saut, de vol rapide, de furie égale
à l'attaque d'Argant et de Tancrède, élancés l'un
contre l'autre ; leurs lances se brisent sur leurs
casques, elles volent en mille tronçons, en mille
brillantes étincelles. Le seul retentissement de

---

[1] Les vers italiens sont remarquables par cette harmonie imitative dont Homère, Théocrite et Virgile offrent tant d'exemples :

> Risponder vuol, ma'l suono esce confuso,
> Siccome strido d'animal che strugge;
> O come apre le nubi ond' egli è chiuso,
> Impetuoso fulmine, e sen fugge.

leurs armes fait trembler la terre immobile et résonner les montagnes [1]; mais ni l'impétuosité, ni la fureur de leurs coups, ne font plier ces fronts superbes. Leurs coursiers se heurtent d'une si rude manière qu'ils ne peuvent se relever de leur chute. Les deux habiles guerriers tirent l'épée, se débarrassent des étriers, et combattent de pied ferme sur la terre.

Chacun d'eux avec adresse règle ses mouvements, ses regards, ses pas sur ceux de son adversaire [2]; ils varient l'attaque et la défense. Tantôt ils tournent, tantôt ils fondent en avant, tantôt ils cèdent; maintenant ils feignent de frapper dans un endroit, et ensuite on voit tomber le coup sur une partie qui ne semblait pas menacée. Ensuite ils se découvrent d'un côté, et tentent de tromper l'art avec la science de l'art lui-même [3]. Tancrède présente à l'infidèle le côté droit, mal défendu par son épée et par son bouclier; Argant s'élance pour le frapper, et laisse son côté gauche sans défense. Tancrède rabat d'un coup le fer cruel

---

[1] Sol de' colpi il rimbombo intorno mosse
L'immobil terra, e risonarne i monti.

[2] Cautamente ciascuno ai colpi move
La destra, ai guardi l'occhio, ai passi il piede.

[3] E tentar di schernir l'arte con l'arte.

de son ennemi, et le blesse en même temps. A l'instant il recule, se ramasse sous ses armes, et se met en garde. Le féroce Argant, étonné de se sentir humide de son sang, soupire et frémit avec une horreur extraordinaire. Ivre de douleur et de rage, emporté par l'impétuosité de sa colère, il élève ensemble et la voix et l'épée. Il s'apprête à frapper, et au moment même il est blessé entre l'épaule et le bras.

Tel qu'un ours dans les forêts des Alpes, qui sent le dur épieu dans ses flancs, soudain entre en furie, se précipite de lui-même sur les armes, et affronte avec audace les périls et la mort, tel on voit l'indomptable Circassien, furieux d'accumuler, de recevoir blessure sur blessure, et outrage sur outrage [1], avoir une si grande soif de la vengeance, qu'il méprise les périls, et oublie sa défense. Avec une hardiesse téméraire, avec une force extrême, avec une respiration infatigable, il imprime à son fer un mouvement si violent que la terre en tremble, et l'air en étincelle. Tancrède n'a le temps ni d'attaquer ni de se couvrir, ni presque de respirer; rien ne peut assurer sa défense contre la furie et les efforts d'Argant. Ramassé sous ses armes, il attend vainement que

---

[1] Giunta piaga alla piaga, ed onta all'onta.

la tempête de ces terribles coups se dissipe. D'abord il oppose sa résistance, ensuite il s'éloigne et fait des voltes et des pas de maître. Mais le fier païen ne se rallentit point, et le héros est enfin forcé de s'abandonner à ses transports. Furieux, il fait voler le fer de toutes ses forces, de toute sa violence. La colère l'emporte sur la raison et l'art. La fureur donne des forces et les accroît; jamais le glaive ne s'abat qu'il ne déchire ou la cuirasse ou la cotte-maille : aucun coup ne tombe en vain. La terre est couverte d'armes, les armes sont couvertes de sang, et la sueur ruisselle avec le sang. Leurs épées brillent comme l'éclair, éclatent comme le tonnerre, et frappent comme la foudre.

Chrétiens et Sarrazins assistent, remplis d'incertitude, à ce spectacle aussi meurtrier qu'atroce. Partagés entre la crainte et l'espérance, ils en attendent la fin, ils suivent toutes les chances de revers ou de succès. Parmi tant de spectateurs, on ne voit aucun geste, on n'entend aucun mot, chacun reste muet, immobile ; il n'y a de mouvements que ceux de la crainte qui fait battre le cœur. Déjà les deux guerriers étaient épuisés de fatigue, peut-être même, ils allaient trouver en combattant un trépas prématuré, si la nuit n'eût répandu tant d'obscurité, que ses ombres dérobaient aux regards même les objets les plus proches. Des deux côtés, un héraut s'avance pour séparer les rivaux, et ils les séparent en effet. Le chrétien est Aridée, l'autre est Pindore, homme prudent et sage, qui avait porté le défi d'Argant.

Voltaire a imité cette partie du combat, au huitième chant de la Henriade ; le vieux d'Ailly, orgueilleux de trente ans de combats, répand la terreur sur son passage :

> Un seul guerrier s'oppose à ses coups menaçans,
> C'est un jeune guerrier dans la fleur de ses ans,
> Qui dans cette journée illustre et meurtrière
> Commençait des combats la fatale carrière,
> D'un tendre hymen à peine il goûtait les appas,
> Favori des amours il sortait de leurs bras.....
> Il marche vers d'Ailly dans sa fureur guerrière :
> Parmi des tourbillons de flamme, de poussière,
> A travers les blessés, les morts et les mourants ;
> De leurs coursiers fougueux tous deux pressent les flancs ;
> Tous deux sur l'herbe unie, et de sang colorée,
> S'élancent loin des rangs, d'une course assurée :
> Sanglants, couverts de fer, et la lance à la main,
> D'un choc épouvantable ils se frappent soudain.
> La terre en retentit, leurs lances sont rompues !
> Comme en un ciel brûlant deux effroyable nues,
> Qui, portant le tonnerre et la mort dans leurs flancs,
> Se heurtent dans les airs, et volent sur les vents :
> De leur mélange affreux les éclairs rejaillissent ;
> La foudre en est formée, et les mortels frémissent.
> Mais loin de leurs coursiers, par un subit effort,
> Ces guerriers malheureux cherchent une autre mort ;

Déjà brille en leurs mains le fatal cimeterre.
La discorde accourut, le démon de la guerre,
La mort pâle et sanglante, étaient à ses côtés.
Malheureux, suspendez vos coups précipités !
Mais un destin funeste enflamme leur courage ;
Dans le cœur l'un de l'autre ils cherchent un passage,
Dans ce cœur ennemi qu'ils ne connaissent pas.
Le fer qui les couvrait brille et vole en éclats,
Sous les coups redoublés leur cuirasse étincelle ;
Leur sang qui rejaillit rougit leur main cruelle ;
Leur bouclier, leur casque, arrêtant leur effort,
Pare encor quelques coups, et repousse la mort.
Chacun d'eux, étonné de tant de résistance,
Respectait son rival, admirait sa vaillance.

Dans cette belle traduction d'un grand poëte, on retrouve les beautés du Tasse reproduites avec cette liberté qui peut seule enfanter des copies dignes du modèle créé par le génie ; cependant, à quelle distance l'imitateur est resté de l'original ! Tancrède et Argant nous sont connus par les révélation du poëte et par leurs propres actions ; nous les distinguerions d'abord dans les deux armées. A peine paraissent-ils en présence, qu'ils s'emparent de notre attention, l'un par sa jeunesse et sa brillante valeur, l'autre par sa force et sa violence. Nous ne savons rien des deux combattants de la Henriade, quand ils sont amenés pour la première fois sur le théâtre des combats, où ils ne feront que passer. Ce que le poëte nous apprend d'eux au moment même, est vague et ne suffit pas pour les peindre. Leur naissance, leur physionomie, leurs mœurs, leurs passions, nous sont étrangères. Le Tasse ne nous a point laissés dans cette ignorance sur ses héros. C'est par hasard et sans autres motifs, que les deux d'Ailly se rencontrent; une pudeur semblable à celle d'Entelle après sa chute, le sentiment de son courage,[1] le désir de réparer sa faute d'un moment,[2] la pitié d'un ami, la colère d'un chevalier qui, loin d'insulter ou de frapper un ennemi désarmé, est

---

[1] Tum pudor incendit vires et conscia virtus.

[2] Tancrède avait été choisi par Godefroi pour réprimer la fureur d'Argant, mais arrêté par la vue soudaine de Clorinde qui, la visière de son casque relevée, lui était apparue sur une éminence dans toute sa majestueuse beauté, il s'était laissé prévenir par le jeune Othon; et lorsque sortant de sa rêverie d'amour, on l'avait entendu s'écrier : Arrête, arrête, c'est à moi de combattre; Othon était déjà aux prises avec le plus terrible des guerriers infidèles. Le Tasse exprima en vrai poëte les sentiments de Tancrède :

> E vuol che'l suo valor con chiara emenda
> Copra il suo fallo, e, come fuol, risplenda.

Il veut que sa valeur, par une éclatante réparation, couvre sa faute, et brille aussi pure que la flamme.

toujours prêt à lui dire : *Prendi un altra spada*, prends une autre épée, entraînent Tancrède au combat. Il vole au devant du féroce vainqueur d'Othon, comme Achille au devant du meurtrier d'Hector. Les paroles de feu qui lui échappent, sont les cris de la valeur indignée, et ces cris, en nous montrant la générosité de son âme, font éclater Argant tout entier. La strophe qui compare son cri inarticulé au rugissement d'une bête féroce, au déchirement de la nue par le tonnerre, est deux fois belle, d'abord en elle-même, et ensuite par le contraste qu'elle marque entre le chrétien et l'infidèle.

Dans la Henriade, nous voyons un assaut entre deux guerriers dignes l'un de l'autre; dans le Tasse nous assistons à un combat où Tancrède ressemble à Pollux et Argant au roi des Bébryces. La fureur des héros de Voltaire est une fureur froide et tranquille, auprès de la juste colère du chevalier français, et de la rage du guerrier sarrazin, surtout au moment où il se sent blessé :

Il fero Argante che se stesso mira
Del proprio sangue suo macchiato e molle,
Con insolito orror freme e sospira,
Di cruccio e di dolor turbato e folle :
E portato dall'impeto e dall'ira,
Con la voce la spada insieme estolle.

Ce tableau terminé par le trait de Virgile

> Ostendit dextram insurgens Entellus, et alte
> Extulit.

rappelle Théocrite qu'il surpasse sous le rapport de l'énergie, des images, de la passion et de l'harmonie imitative. En effet le poëte grec, même par ces belles expressions, *stat vulneribus ebrius*, n'approche pas des vers du Tasse,

> Con insolito orror freme e sospira
> Di cruccio e di dolor turbato e folle.

qui conviendraient si bien à Darès poursuivi sans relâche par Entelle, et près de perdre la vie sous les coups de son adversaire. Virgile se contente de dire : *precipitem, fessum Dareta*. La comparaison avec l'ours des Alpes blessé, soutient la situation d'une manière nouvelle. Ni Homère, ni Théocrite, ni Virgile, ni Valérius, n'égalent la vigueur du Tasse, quand ils veulent exprimer l'infatigable ardeur de Pollux, d'Entelle ou d'Amycus, à presser leur adversaire.

> E congiungendo a temerario ardire
> Estrema forza, e infaticabil lena,
> Vien che sì impetuoso il ferro gire,
> Che ne trema la terra, e'l ciel balena.

Lorsque Nisus furieux s'élance au milieu de

l'escadron des Latins, et court à Volscens qu'il brûle d'immoler à sa vengeance, Virgile, aussi rapide que les mouvements et le glaive de l'ami de Nisus, dit :

> At Nisus ruit in medios, solumque per omnes
> Volscentem petit, in solo Volscente moratur.
> Quem circum glomerati hostes hinc cominus atque hinc
> Perturbant : instat non secius, ac rotat ensem
> Fulmineum, donec Rutuli clamantis in ore
> Condidit adverso, et moriens animam abstulit hosti.

Les détails par lesquels le Tasse nous montre Argant rassemblant toutes ses forces pour accabler Tancrède, sont motivés par le caractère du Sarrazin, par la rage qu'il éprouve, par la situation du combat, et peignent admirablement l'adversaire du guerrier chrétien. Argant est là tout entier ; la comparaison, que le lecteur n'a point oubliée, sert encore, par l'extrême justesse de tous ses rapports et l'énergie des expressions, à montrer que le poëte Italien connaissait bien son art.

Peut-être doit-on blâmer, comme propre à détruire l'illusion, ce vers qui nous transporte d'un champ de bataille dans une salle d'armes :

> Or v'oppon le difese, ed or lontano
> Sen va co' giri et co' maestri passi.

La pensée est juste, l'expression seule ne convient pas; mais avec quelle furie se rallume la fière bataille! Voltaire en a reproduit plusieurs images avec un luxe de poésie qui ne saurait égaler la concision rapide et pittoresque du Tasse. Il a d'ailleurs éparpillé les traits dont l'ensemble donne à l'original la vigueur du pinceau du Dante.

> Sparsa è d'arme la terra, e l'arme sparte
> Di sangue, e'l sangue col sudor si mesce :
> Lampo nel fiammeggiar, nel romor tuono,
> Fulmini nel ferir le spade sono.

Dans la Henriade, le combat semble n'avoir point de spectateurs ; il n'émeut personne que le poëte qui l'a inventé. Dans la Jérusalem il tient les deux armées dans l'incertitude, l'espérance et la crainte, et laisse une double impression de surprise et d'effroi dans tous les cœurs. Quant à la manière dont la lutte est suspendue entre Argant et Tancrède, l'auteur des notes de la traduction en vers du Tasse, par M. Baour-Lormian, a remarqué avec raison que la pacifique intervention des deux hérauts ne saurait produire l'effet imposant et religieux qu'elle produit dans Homère; mais du moins le poëte a profité du retour de la nuit pour soutenir jusques au bout le caractère d'Argant et celui de Tancrède, en interrompant leur combat d'une manière naturelle.

Au chant XIX, Tancrède retrouve son ennemi

qui résiste seul aux Chrétiens victorieux; il le leur arrache en quelque sorte des mains en le couvrant de son bouclier, afin d'aller lui disputer seul la victoire dans un lieu solitaire où ils n'auront tous deux d'autre témoin que le ciel. Le duel de Turenne et du jeune d'Aumale dans le dixième chant de la Henriade, est une image assez vive, quoique affaiblie peut-être, de la nouvelle description du Tasse. Les caractères des deux rivaux éclatent bien mieux dans ce dernier poëte : Tancrède a la conscience de la victoire; Argant montre l'orgueil de la force, et quelque chose du caractère inflexible du Prométhée d'Eschyle que la foudre ne peut épouvanter au moment où elle tombe sur sa tête. La générosité de Tancrède, dont la colère expire au moment où il voit son adversaire affaibli, contraste bien avec les refus insultants que le Sarrasin oppose à la proposition de rendre ses armes : le combat recommence; Argant tombe, sa chute dilate ses plaies entr'ouvertes; son sang coule à gros bouillons; de sa main gauche il s'appuie sur la terre, il se relève sur ses genoux, et se défend encore. Rends-toi, lui crie le généreux Tancrède qui lui fait de nouvelles offres sans lui porter aucun coup; mais d'une atteinte imprévue, le traître Argant le blesse au talon, et ne cesse de le menacer encore. Tancrède furieux, l'immole à sa vengeance. Argant meurt comme il a vécu; mourant, il menace encore; superbes, formidables et féroces sont ses derniers mouvements et ses dernières paroles. Pour mettre le comble à l'admirable vérité de cette peinture, Tancrède, épuisé de sang, essaie en vain de quitter le théâtre de sa victoire; après quelques pas pénibles, tous les objets semblent tourner autour de lui; le jour se couvre de ténèbres à ses yeux affaiblis et trompés; il s'évanouit, et en cet état on peut à peine distinguer le vaincu du vainqueur.

Dans cette comparaison qui n'est nullement destinée à rabaisser Virgile, en paraissant lui demander des beautés que ne comportait pas son sujet, j'ai eu d'abord l'intention de montrer quel est le caractère des imitations du génie, et plus encore de faire voir que le choix des personnages et la nature des actions qu'on leur prête, sont la source de l'intérêt; mais j'avais surtout le désir de prouver sans cesse que la vie d'un poëme est dans le jeu des passions, et que les plus beaux épisodes, lorsqu'ils ne servent pas à développer un caractère, à faire marcher l'action, ou à changer la face des choses par une péripétie, perdent la moitié de leur prix. En effet, que Darès ou Entelle, par exemple, soient vaincus ou vainqueurs, peu importe au but du poëme; mais la chute d'Argant, du plus terrible défenseur des infidèles, relève Tancrède, satisfait à la justice, et prépare la victoire de Godefroi et le triomphe de la religion, qui sont le sujet de la Jérusalem.

Fénélon a imité Homère et Virgile, et confondu dans les combats de la lutte et du ceste, les traits qu'il emprunte à ses deux maîtres, sans les égaler [1]; mais nous allons le voir plus grand, plus dramatique, plus impétueux, plus passionné, enfin plus antique et plus habile qu'eux-mêmes, dans le combat d'Hippias avec Télémaque.

Phalante avait un frère nommé Hippias, célèbre dans toute l'armée par sa valeur, par sa force et par son adresse. Pollux, disent les Tarentins, ne combattait pas mieux du ceste; Castor n'eût pu le surpasser pour conduire un cheval; il avait presque la taille et la force d'Hercule. Toute l'armée le craignait; car il était encore plus querelleur et plus brutal qu'il n'était fort et vaillant.

Hippias ayant vu avec quelle hauteur Télémaque avait menacé son frère, va à la hâte prendre les prisonniers pour les emmener à Tarente sans attendre le jugement de l'assemblée. Télémaque, à qui on vint le dire en secret, sortit en frémissant de rage. Tel qu'un sanglier écumant qui cherche le chasseur par lequel il a été blessé, on le voyait

---

[1] Je veux parler du combat de Télémaque contre un Rhodien.

errer dans le camp, cherchant des yeux son ennemi, et branlant le dard dont il voulait le percer; enfin il le rencontre, et, en le voyant, sa fureur redouble. Ce n'était plus ce sage Télémaque instruit par Minerve sous la figure de Mentor, c'était un frénétique ou un lion furieux.

Aussitôt il crie à Hippias : « Arrête, ô le plus lâche de tous les hommes! arrête; nous allons voir si tu pourras m'enlever les dépouilles de ceux que j'ai vaincus. Tu ne les conduiras point à Tarente; va, descends tout à l'heure sur les rives sombres du Styx. » Il dit, et il lança son dard; mais il le lança avec tant de fureur, qu'il ne put mesurer son coup; et le dard ne toucha point Hippias. Aussitôt Télémaque prend son épée, dont la garde était d'or, et que Laërte lui avait donnée quand il partit d'Ithaque, comme un gage de sa tendresse. Laërte s'en était servi avec beaucoup de gloire pendant qu'il était jeune, et elle avait été teinte du sang de plusieurs fameux capitaines des Épirotes dans une guerre où Laërte fut victorieux. A peine Télémaque eut tiré cette épée, qu'Hippias, qui voulait profiter de l'avantage de sa force, se jeta pour l'arracher des mains du jeune fils d'Ulysse. L'épée se rompt dans leurs mains, ils se saisissent et se serrent l'un l'autre. Les voilà comme deux bêtes cruelles qui cherchent à se déchirer; le feu brille dans leurs yeux; ils se raccourcissent, ils s'alongent, ils se baissent, ils se relèvent, ils s'élancent, ils sont altérés de sang. Les voilà aux prises; pieds contre pieds, mains contre mains ; ces deux corps entrelacés paraissent n'en faire qu'un. Mais Hippias, d'un âge plus avancé, semblait devoir accabler Télémaque, dont la tendre jeunesse était moins nerveuse. Déjà Télémaque, hors d'haleine, sentait ses genoux chancelants. Hippias, le voyant ébranlé, redoublait ses efforts. C'était fait du fils d'Ulysse; il allait porter la peine de sa témérité et de son emportement, si Minerve, qui veillait de loin sur lui, et qui ne le laissait dans cette extrémité de péril que pour l'instruire, n'eût déterminé la victoire en sa faveur.

Elle ne quitta point le palais Salente, mais elle envoya Iris, la prompte messagère des dieux. Celle-ci, volant d'une aile légère, fend les espaces immenses des airs, laissant après elle une longue trace de lumière qui peignait un nuage de mille diverses couleurs; elle ne se reposa que sur le rivage de la mer où était campée l'armée innombrable des alliés : elle voit de loin la querelle, l'ardeur et les efforts des deux combattants; elle frémit à la vue du danger où était le jeune Télémaque; elle s'approche, enveloppée d'un nuage clair qu'elle avait formé de vapeurs subtiles. Dans le moment où Hippias, sentant toute sa force, se crut victorieux, elle couvrit le jeune nourrisson de Minerve de l'égide que la sage déesse lui avait confiée. Aussitôt Télémaque, dont les forces étaient épuisées, commence à se ranimer. A mesure qu'il se ranime, Hippias se trouble; il sent je ne sais quoi de divin qui l'étonne et qui l'accable. Télémaque le presse et l'attaque, tantôt dans une situation, tantôt dans une autre; il l'ébranle, il ne lui laisse aucun moment pour se rassurer; enfin, il le jette par terre et tombe sur lui. Un grand chêne du mont Ida, que la hache a coupé par mille coups dont toute la forêt a retenti, ne fait pas un plus terrible bruit en tombant; la terre en gémit; tout ce qui l'environne en est ébranlé.

Cependant la sagesse était revenue avec la force au dedans de Télémaque. A peine Hippias fut-il tombé sous lui, que le fils d'Ulysse comprit la faute qu'il avait faite d'attaquer ainsi le frère d'un des rois alliés qu'il était venu secourir : il rappela en lui-même avec confusion les sages conseils de Mentor : il eut honte de sa victoire, et comprit qu'il avait mérité d'être vaincu. Cependant Phalante, tranporté de fureur, accourait au secours de son frère; il eût percé Télémaque d'un dard qu'il portait, s'il n'eût craint de percer aussi Hippias que Télémaque tenait sous lui dans la poussière. Le fils d'Ulysse eût pu sans peine ôter la vie à son ennemi; mais sa colère était apaisée, il ne songeait plus qu'à réparer sa faute en montrant de la modération. Il se lève en disant : « O Hippias! il me suffit de vous avoir appris à ne mépriser jamais ma jeunesse; vivez : j'admire votre force et votre courage. Les dieux m'ont protégé, cédez à leur puissance : ne songeons plus qu'à combattre ensemble les Dauniens. »

Pendant que Télémaque parlait ainsi, Hippias se relevait couvert de poussière et de sang, plein de honte et de rage. Phalante n'osait ôter la vie à celui qui venait de la donner si généreusement à son frère; il était en suspens et hors de lui-même. Tous les rois alliés accourent : ils mènent d'un côté Télémaque, et de l'autre Phalante et Hippias qui, ayant perdu sa fierté, n'osait lever les yeux. Toute l'armée ne pouvait assez s'étonner que Télémaque, dans un âge si tendre, où les hommes n'ont point encore toute leur force, eût pu renverser Hippias semblable en force et en grandeur à ces géants, enfants de la terre, qui tentèrent autrefois de chasser de l'Olympe les immortels.

Mais le fils d'Ulysse était bien éloigné de jouir du plaisir de cette victoire. Pendant qu'on ne pouvait se lasser de l'admirer, il se retira dans sa tente, honteux de sa faute; et ne pouvant plus se supporter lui-même, il gémissait de sa promptitude. Il reconnaissait combien il était injuste et déraisonnable dans ses emportements : il trouvait je ne sais quoi de vain, de faible et de bas dans cette hauteur démesurée. Il reconnaissait que la véritable grandeur n'est que dans la modération, la justice, la modestie et l'humanité : il le voyait ; mais il n'osait espérer de se corriger après tant de rechutes ; il était aux prises avec lui-même, et on l'entendait rugir comme un lion furieux. »

Je ne connais pas de peinture plus belle que cette narration antique faite par un moderne. C'est de l'Homère, du Virgile, du Fénélon en même temps. Le combat de Darès et d'Entelle pourrait disparaître de l'Énéide sans que la composition perdît de son prix; plus utile au poëme, plus propre à produire au grand jour les passions du héros, que les jeux funèbres célébrés par le pieux Énée, la cruelle dispute de Télémaque avec Hippias mérite encore plus d'éloges pour la pensée que pour l'exécution. Si l'on veut sentir cette vérité, il faut remonter un peu dans le poëme, et voir comment l'auteur a composé le caractère de Télémaque. N'imitant jamais sans créer, Fénélon donne au fils d'Ulysse la colère d'Achille, l'impétuosité d'Ajax et quelque ressemblance avec Antiloque; mais Télémaque n'est pas si prompt à réparer ses fautes; il lui faut déjà comme aux rois des leçons qui terrassent son orgueil.

Vivant à la fois par la pensée dans le siècle d'Homère et dans celui de Louis XIV, et voulant présenter le miroir aux défauts du duc de Bourgogne, Fénélon ajoute des traits au modèle qu'il imite. Dans l'Odyssée, Pénélope est la plus sage des mères, elle a du respect pour son fils; Télémaque, élève du malheur, annonce déjà dans toute sa personne quelque chose de l'autorité paternelle; le Télémaque de Fénélon, flatté dès l'enfance, a été nourri par Pénélope, malgré Mentor, dans une hauteur et une fierté qui ternissent ses meilleures qualités. Les deux suppositions sont conformes à la nature, les deux poëtes sont conséquents. Antiloque fait les délices de l'armée; elle admire et prévient peut-être son repentir; Télémaque, malgré sa valeur et ses vertus, n'est point aimé; aussi toutes les voix s'éleveraient pour le condamner, s'il n'avait pour rival un homme querelleur, brutal, et redouté même de ses compagnons.

Rien de plus naturel et de plus vif que la manière dont le combat s'engage. Hippias et Télémaque sont entraînés dans l'arène avant que nous ayons pu le soupçonner. Pendant les savants efforts d'Entelle et de Darès pour obtenir la palme, nous restons froids comme les Troyens et les Siciliens, qui ne donnent une marque d'intérêt qu'au seul incident de la chute du vieil athlète; nous pâlissons d'effroi pendant la lutte acharnée de Télémaque et d'Hippias, semblables à deux bêtes cruelles qui cherchent à se déchirer. Le retour de colère et la crainte de la honte qui rallument les forces d'Entelle, et jettent l'étonnement dans le cœur de Darès, sont d'un mouvement bien plus vif que l'intervention de Minerve dans Fénélon, mais comme nous avons tremblé pour Télémaque, le prodige sans lequel il ne peut être sauvé, produit sur nous plus d'effet encore qu'un effet de la nature si habilement saisi par Virgile. Entelle, fier de sa victoire et encore plein de la rage du combat, va souiller son triomphe en l'achevant; la sagesse d'Énée l'arrête et sauve Darès; on ne peut que louer cette opposition, mais elle ne nous inspire pas ce plaisir mêlé de terreur, de surprise, d'admiration et d'amour de la justice, que nous causent la victoire et la noblesse de Télémaque. Observez bien que les spectateurs ignorent les secours que lui prête Minerve, et attribuent à sa vertu ce qu'il doit à la déesse. Le malheur de Darès, se retirant à demi-mort du champ de bataille, excite un regret stérile qui meurt au moment même; mais quelle longue curiosité s'attache à Hippias, couvert de sang et de poussière, plein de honte et de rage; à Phalante qui n'ose ôter la vie à celui qui vient d'épargner si généreusement les jours de son frère; à Télémaque honteux de sa faute, même après l'avoir réparée autant qu'il était en lui! Ajoutez à toutes ces beautés d'un ordre supérieur, à cette suite de scènes dramatiques, le désespoir de Télémaque seul dans sa tente, aux prises avec lui-même, rugissant comme un lion furieux; faites paraître enfin Philoctète et Nestor, qui changent leurs graves remontrances en des paroles de tendresse pour adoucir le désespoir du fils d'Ulysse, indigné contre lui-même après tant de rechutes, et vous reconnaîtrez dans tout l'épisode une des plus belles créations du bon sens, du génie et de la sensibilité. Mais, si oubliant un instant Télémaque et Mentor, vous vous rappelez que ces divines leçons d'une morale toute en action sont sorties, telles que vous les voyez, du cœur d'un homme vertueux, pour former et corriger un prince appelé au trône, vous répandrez des larmes en sentant quel amour de la patrie, quelle pitié pour ses semblables, quelle haute philosophie, quels principes religieux, modifiés par une âme comme il n'en fut jamais, ont imprimé au Télémaque un caractère que l'on demanderait en vain aux chefs-d'œuvre d'Homère et de Virgile.

Dans le combat de l'arc, Virgile nous donne une traduction élégante et fidèle de l'Iliade; il s'est contenté d'ajouter à l'original quelques traits d'imagination, tels que le prodige de la flèche qui s'enflamme dans les airs.

Les jeux célébrés par Enée se terminent, ainsi

que nous l'avons vu, par la course équestre, qui représente aux Troyens une institution de leur pays. Cette idée est heureuse et riante, elle a du charme et de la grâce à la fois ; mais on désirerait encore qu'Énée occupât une place dans cette dernière scène, ne fût-ce que par quelques paroles sorties du cœur, et adressées soit à Aceste, soit à quelqu'un des chefs qui ont la confiance et l'amitié de leur prince. Il manque ici, dans le poëme, une mère qui admire son fils et voie un spectacle dont la malheureuse Andromaque fut privée pour toujours, après la mort d'Astyanax, ainsi qu'elle le dit elle-même dans Sénèque [1] :

> Nec stato lustri die solemne referens Troici,
> Lusus sacrum puer citatus nobiles turmas ages.

Homère même, au dernier moment, conserve un rôle à son héros. Il reste à obtenir le prix du javelot; Agamemnon se présente dans la lice, Mérion veut lui disputer la victoire; Achille se lève, et, se tournant vers le roi : « Nous savons, ô fils d'Atrée, quelle est ta supériorité sur tes rivaux, et que tu mérites le premier rang par ta force et par ton adresse; emporte le prix; qu'il soit déposé dans ta tente; et, si telle est ta volonté,

---

[1] Troyennes, acte III, scène II.

donnons le javelot à Mérion, c'est moi qui t'en prie. » Comme ce dernier trait achève de peindre le caractère d'Achille !

Dans l'Odyssée la fin des jeux célébrés chez Alcinoüs contribue aussi à faire ressortir le héros; le triomphe de la sagesse et de la force d'Ulysse est amené de la manière la plus naturelle. Invité par Laodamas à entrer dans la lice, Ulysse refuse en alléguant ses douleurs et ses maux. Euryale ose attribuer ce refus à une indigne cause ; offensé de cette insulte, le fils de Laërte lui répond : « jeune étranger tu as mal parlé; tu viens de ressembler à un hôte rempli d'insolence. Les dieux, je le vois, n'accordent pas en même temps la beauté, l'esprit et l'éloquence. L'un n'a pas reçu les grâces du corps en partage, mais ses discours l'embellissent; tous ceux qui l'entendent le regardent avec admiration; il parle avec une noble assurance relevée par le charme de la modestie, et ressemble à un oracle au milieu de la foule répandue autour de lui : s'il s'avance dans une ville, chacun le suit des yeux comme une divinité. Un autre a les traits et la démarche des immortels, mais ses discours ne répandent pas un charme irrésistible sur toute sa personne : ainsi brille en toi la beauté, dont un dieu même ne pourrait former un modèle plus accompli, mais tu n'as point reçu le don de la sagesse; tu as excité la colère au fond de mon cœur par l'indécence de tes paroles. Loin d'être étranger aux jeux de l'arène, comme tu le supposes avec injustice, je crois avoir été, au temps de ma jeunesse et de ma vigueur, l'un des premiers athlètes; aujourd'hui je suis accablé par les revers et les chagrins. Que de maux n'ai-je pas soufferts au milieu de tant de combats avec les hommes et les tempêtes! Cependant, après toutes ces épreuves, je vais encore tenter les hasards de la lice. Ta langue, semblable à un piquant aiguillon, m'excite à entrer dans la carrière. » Il dit, et sans quitter son manteau, il s'élance de son siége, et envoie par delà le but une pierre deux fois plus grande et plus lourde que le disque jeté par les Phéaciens; la pierre vole et tombe avec un bruit terrible. Ce peuple de hardis nautoniers, ces fameux rameurs, accoutumés aux périls de la mer, se croient frappés, et s'inclinent vers la terre. Après ce triomphe, Ulysse, charmé des paroles de Minerve qui, sous la forme d'un Phéacien, applaudit à sa vigueur, Ulysse ajoute d'un ton plus doux et plus paisible : « Je provoque aux combats de la lutte, du ceste, et même de la course, les jeunes Phéaciens. Je n'accepte, dit-il, que le jeune Laodamas, il est mon hôte : qui voudrait combattre un ami? Malheur à l'homme vil et insensé qui appelle dans la lice le bienfaiteur qui lui ouvre sa maison. Dans un pays étranger commettre cette injustice, c'est tourner ses propres armes contre soi-même; mais je ne refuse aucun autre rival. » Après ce défi, Ulysse fait de lui-même un éloge que nous blâmerions peut-être, quoique assurément nous ne soyons pas très réservés dans le plaisir que nous éprouvons de nous rendre une justice pleine de complaisance. Cependant Homère a préparé une adroite excuse à Ulysse dans cette réponse d'Alcinoüs : « Etranger, dit-il, tes paroles n'ont pu nous déplaire ; indigné que ce jeune homme présent dans la lice ait insulté à ton courage, tu veux nous montrer les vertus qui forment ton cortége; aucun mortel, s'il est sage, ne refusera d'y croire et de les admirer. »

Fénélon, en terminant les jeux de l'île de Crète, a eu aussi l'attention de couronner les exploits du fils d'Ulysse, par les réponses qu'il fait aux questions des sages. Homère place partout l'éloge de la vieillesse; Cicéron lui a consacré un traité philosophique; mais ni l'un ni l'autre n'approche de la peinture qu'en a tracée Fénélon dans son Thermosiris, et dans le récit de Télémaque : « Je me
» sentis saisi de respect et de honte quand j'ap-
» prochai de ces vieillards que l'âge rendait véné-
» rables sans leur ôter la vigueur de l'esprit.
» Leurs cheveux étaient blancs, plusieurs n'en
» avaient presque plus. On voyait reluire sur

» leurs visages graves une sagesse douce et tran-
» quille ; ils ne se pressaient point de parler, ils
» ne disaient que ce qu'ils avaient résolu de dire.
» Quand ils étaient d'avis différents, ils étaient si
» modérés à soutenir ce qu'ils pensaient de part
» et d'autre, qu'on aurait cru qu'ils étaient tous
» d'une même opinion. La longue expérience des
» choses passées, et l'habitude du travail, leur don-
» naient de grandes vues sur toutes choses ; mais
» ce qui perfectionnait le plus leur raison, c'était
» le calme de leur esprit délivré des folles pas-
» sions et des caprices de la jeunesse ; la sagesse
» toute seule agissait en eux, et le fruit de leur
» longue vertu était d'avoir si bien dompté leurs
» humeurs, qu'ils goûtaient sans peine le doux
» plaisir d'écouter la raison. En les admirant, je
» souhaitai que ma vie pût s'accourcir pour ar-
» river tout à coup à une si estimable vieillesse ;
» je trouvai la jeunesse malheureuse d'être si impé-
» tueuse et si éloignée de cette vertu si tranquille
» et si éclairée. »

On peut reprendre dans le Télémaque un excès
d'abondance qui surcharge et fait languir le style.
Fénélon, suivant la remarque de Voltaire, aime
un peu à discourir comme les Grecs ; ou plutôt
son excessive facilité l'entraîne, mais du moins
il règne dans ses paroles un goût de la vertu, un
accent de conviction, un élancement continuel

du cœur vers la perfection morale, qui ont un attrait particulier. On le lit comme les disciples de Platon écoutaient l'abeille de l'Attique, dans cette académie, sur le seuil de laquelle une ingénieuse allégorie avait placé la statue de l'amour.

Nous avons comparé ensemble les jeux d'Homère et de Fénélon avec ceux de Virgile ; nous avons remarqué dans les deux premiers poëtes le soin constant de faire agir et parler le héros d'une manière digne de lui. Auprès d'Ulysse et de Télémaque le personnage d'Énée nous a paru faible et un peu pâle. L'image d'Auguste toujours présente devant les yeux de Virgile, communique à sa description cette froide dignité d'une cour où le prince agit et parle peu, pour ne pas se commettre.

Les jeux de l'Iliade, de l'Odyssée, du Télémaque, finissent d'une manière heureuse ; ceux que célèbre Énée sont interrompus par un événement tragique.

Pendant la solennité qui avait attiré un si grand concours, Junon, méditant une vengeance contre un peuple ennemi, envoie Iris du haut des cieux avec un message sinistre.

Sur son arc radieux Iris a pris l'essor,
Vole aux vaisseaux Troyens, parcourt au loin la plage :
Tout est désert au port, désert sur le rivage,
Et le peuple est en foule à la solennité.

Seulement sur un bord solitaire, écarté,
Les Troyennes en pleurs, des noirs gouffres de l'onde
Contemplaient tristement l'immensité profonde :
Elles pleuraient Anchise ; et leurs chagrins amers
Semblaient s'accroître encore au sombre aspect des mers.
Eh quoi ! toujours errer sur cet espace immense !
A peine interrompu, notre exil recommence !
Il faut braver encore et les vents et les flots.

Ces vers sont dignes d'un poëte; mais leur beauté ne sert qu'à faire mieux sentir la supériode Virgile :

> At procul in sola secretæ Troades acta
> Amissum Anchisen flebant, cunctæque profundum
> Pontum aspectabant flentes... Heu tot vada fessis,
> Et tantum superesse maris [1] !

Le souvenir d'Anchise, qui était une image de Priam, répare un oubli de Virgile, dans le IIIe livre, où les Troyens ne témoignent pas, d'une manière assez vive, le regret que leur cause la perte du père de tout un peuple. Ce souvenir paraît encore justifier mes observations sur la froideur du discours d'Énée au tombeau de son père

---

[1] Homère, que Virgile imite peut-être ici, n'a point la lugubre harmonie et l'effet dramatique de cette admirable description. Voyez l'Odyssée, liv. v, v. 156.

et sur le peu d'intérêt que les spectateurs prennent à la scène[1]. Pendant qu'on se réjouit en présence d'une tombe, les femmes seules ont des larmes dans les yeux, parce qu'elles ont des regrets dans le cœur. Elles regardent la mer, et leur tristesse s'augmente. Quels sont donc les secrets rapports entre l'état de leur âme et le terrible élément dont l'aspect les épouvante? Dans cet élément terrible, ont été engloutis leurs époux, leurs enfants, et les richesses de Pergame; il leur apparaît comme une vaste tombe prête à dévorer ce qui reste de Troie. Une autre pensée ajoute à cette douloureuse impression. « Notre malheureux prince, le bon et vénérable Anchise, notre ami, notre père, qu'est-il venu chercher à travers les flots? la mort. Après l'avoir suivi dans sa longue navigation, qu'allons-nous chercher sur l'immensité des mers? d'affreux périls, et la mort au fond des abîmes, ou dans une terre étrangère. Avant de rendre les derniers soupirs, reposons-nous sur un rivage qui possède les restes sacrés d'Anchise; demandons au roi Aceste, une ville pour l'habiter, et un asile hospitalier pour nos

---

[1] Montaigne qui cite Virgile, dans son chapitre sur l'amitié parle de la perte qu'il a faite, dans Etienne de la Boétie, avec un accent de tendresse qui arrache des larmes.

mânes, quand nous ne serons plus. Tous ces sentiments se trouvent renfermés dans les vers de Virgile; il en est d'eux comme d'une scène de la nature qui réveille à la fois une foule de mouvements dans les âmes passionnées.

Tandis que Junon, l'éternelle ennemie des Troyens, prend plaisir à contempler du haut de l'Olympe, le désespoir de leurs épouses et de leurs mères, Iris, fidèle aux ordres de la déesse, et ministre de sa haine, quitte les traits et les vêtements divins; elle revêt la forme de Béroë, antique épouse de Doryclès de Thrace, qui, jadis eut un nom, un rang et des fils. Sous ce déguisement, Iris se mêle aux femmes troyennes et leur parle en ces termes :

Ah ! peuple infortuné, faut-il que de tes jours
Ilion embrasé n'ait pas fini le cours !
Quel funeste avenir le destin te prépare !
Depuis que dans tes murs entra le Grec barbare,
Flots grondans, bords affreux, rocs inhospitaliers,
Que n'as-tu pas souffert durant sept ans entiers ?
Traînés de mers en mers, de naufrage en naufrage,
Du repos fugitif nous poursuivons l'image.
Pourquoi tant de travaux ? Pourquoi tant de dangers ?
Ces rivages pour nous ne sont pas étrangers :
Ici régnait Eryx, frère du fils d'Anchise :
Ici commande Aceste ; à sa noble franchise
Que ne confions-nous les malheureux Troyens,
Si long-temps vagabonds, une fois citoyens ?

O terre où je suis née ! ô malheureux Pergame !
O mes dieux vainement échappés de la flamme !
Ne pourrai-je de vous revoir au moins le nom,
Retrouver quelque lieu qu'on appelle Ilion ?
Quand verrai-je d'Hector la cité renaissante,
L'aimable Simoïs, les bords heureux du Xanthe ?
Cassandre cette nuit s'est montrée à mes yeux ;
Croyons-en une fois l'interprète des dieux :
— « Depuis assez long-temps le destin nous exile ;
Voici votre Ilion, et voici votre asile,
M'a-t-elle dit ; brûlez ces poupes et ces mâts
Qui promènent nos maux de climats en climats.... »
Alors j'ai vu sa main remettre dans la mienne
La torche destinée à la flotte Troyenne.
Le temps presse ; courons, secondez mes transports,
Vous voyez quatre autels élevés sur ces bords ;
La flamme y fume encore en l'honneur de Neptune :
Recevez ces flambeaux des mains de la Fortune.

Peinture exagérée, de ce que les Troyennes ont souffert pendant sept ans dans leurs courses péniblement infructueuses ; insinuation perfide de ce qu'elles peuvent souffrir encore ; effroi jeté dans leurs cœurs, par l'image de ce qu'elles poursuivent sur les vastes mers et qui fuit toujours devant leurs regards ; aucun artifice ne manque au début de la fausse Béroë, pour préparer les esprits à la proposition d'incendier la flotte. Quelle habileté dans ce rapprochement ! L'Italie, que cherchent les Troyens, est au bout du monde ;

pourquoi ne se fixeraient-ils pas en Sicile, où régna le frère d'Énée, où Aceste leur offre l'hospitalité ? Qui leur défend de fonder une ville dans ses états, et de lui donner des citoyens ? Cette pensée sert de transition à un mouvement d'éloquence qui retentit dans tous les cœurs : « O patrie ! ô mes dieux pénates, vainement sauvés de la fureur des Grecs, ne sera-t-il plus de remparts qui portent le nom de Troie ? ne verrai-je nulle part les fleuves d'Hector, le Xanthe et le Simoïs ? » Après cette exclamation de l'amour de la patrie, qui rappelle les touchantes paroles d'Énée sur Ilion et Pergame, sur le Xanthe et la porte Scée, dont il retrouve les faibles images en Épire, tout à coup Iris ajoute comme par une inspiration de la douleur et du désespoir :

Quin agite, et mecum infaustas exurite puppes.

Ce cri doit ébranler tous les cœurs ; la déesse achève de les bouleverser par une image d'autant plus terrible, qu'elle est liée à d'anciens et profonds souvenirs : « Sachez que dans la nuit, l'ombre de Cassandre m'est apparue ; elle me tendait des flambeaux enflammés. » En ce moment la déesse regarde l'effet de ses paroles, elle voit sur les figures l'expression de la terreur qui mène au désespoir, et, rappelant avec adresse le nom de Troie, comme un nom magique dont elle sent ici tout le pouvoir, elle s'écrie : « Voici le temps d'agir, point de retard après un si grand présage ; voyez ces quatre autels de Neptune ; le dieu lui-même fournit des flambeaux à notre audace [1].

A ces mots, saisissant la première avec force un brandon enflammé, elle l'agite, le fait étinceler dans l'air, et le lance sur la flotte. A cette vue, les Troyennes demeurent frappées d'étonnement et d'épouvante. La plus âgée d'entre elles, Pyrgo, la royale nourrice des enfants de Priam, s'écrie : « Troyennes, ce n'est point ici Béroë, l'épouse de Doryclés ; voyez cet éclat divin, ces yeux ardents ! quelle majesté ! quels traits ! quel son de voix ! quelle démarche ! Moi-même, il n'y a qu'un instant, j'ai quitté Béroë malade, et affligée d'être seule privée du plaisir de rendre à l'ombre d'Anchise les honneurs qui lui sont dus [2].

---

[1] Fénélon a imité cet épisode d'une manière assez faible dans le VIIe livre de Télémaque, mais il devait aussi proportionner le ton au sujet. Les Nymphes brûlant le vaisseau de Télémaque par le conseil de l'Amour, ne pouvaient ressembler aux femmes Troyennes incendiant la flotte d'Enée.

[2] Ce mouvement dramatique rappelle l'inspiration soudaine qui arrache à Rodogune ce cri d'un effet si tragique :

Seigneur, voyez ses yeux
Déjà tout égarés, troublés, et furieux,

ENEIDE, LIVRE V.

Elle dit, et d'un œil et d'un cœur incertain [1],
Sur les vaisseaux, objets de crainte et d'espérance,
Long-temps leurs sombres yeux s'arrêtent en silence.
Faut-il quitter la terre objet de tant de vœux ?
Ou faut-il renoncer aux promesses des Dieux ?
Elles doutaient encor, quand l'agile courrière
S'envole, et trace en arc un sillon de lumière.
Ce prodige frappant étonne les regards :
Les acclamations partent de toutes parts ;
Et leurs mains, saisissant le feu du sacrifice
Qui dut rendre à leurs vœux le dieu des mers propice,
Ont dépouillé l'autel de feuilles, de rameaux.
Le feu part, vole, tombe et court sur les vaisseaux :
Et la poupe et la proue, et les mâts et les rames,
Du rapide incendie alimentent les flammes.

On ne trouverait ni dans Démosthène ni dans Cicéron, aucun discours où l'effet des paroles fût plus habilement préparé, pour exercer une influence sur les cœurs. Aucun poëte dramatique ne saurait offrir une scène mieux conduite que celle de

---

Cette affreuse sueur qui couvre son visage,
Cette gorge qui s'enfle. Ah ! bon dieu ! quelle rage ?
Pour vous perdre après elle, elle a voulu périr.
Acte v, s. iv.

[1] At matres, primo ancipites, oculisque malignis.....
(Virg.)
Il fallait rendre surtout cette dernière expression.

Virgile. Plus l'action qu'Iris voulait faire commettre aux Troyennes est atroce, inouie et criminelle, plus il fallait motiver l'ascendant irrésistible des discours et des exemples de la Déesse. Par un artifice semblable à celui du bruit révélateur, qui retentit dans les flancs du colosse près de franchir le seuil de Troie, Virgile a jeté dans son récit les exclamations de Béroë qui devraient empêcher le fatal événement, mais les Troyennes sont aveuglées comme le peuple d'Ilion ; cependant elles hésitaient encore ; ainsi que dans le second livre, un prodige achève de les pousser au desespoir, et la flotte est embrasée.

Ici, Virgile, en imitant son maître, le surpasse à tous égards. Au quatrième livre de l'Iliade, Homère prête à Jupiter le dessein assez puérile d'offenser Junon : l'ironie des paroles du dieu ne manque pas son effet ; la superbe reine de l'Olympe éclate en reproches ; le faible Jupiter qui avait affecté un moment la menace, abandonne à la vengeance de son épouse le roi Priam et le peuple troyen, dont il chérit la religieuse fidélité à couvrir ses autels de sacrifices ; il fait plus, il consent à ce que la sage Pallas se charge d'aller exciter les Phrygiens à insulter, malgré leur accord, les Grecs couverts de gloire. Toute cette fiction, qui peut peindre des mœurs vraies en elles-mêmes, est tout à fait indigne de l'épopée.

Le rôle de Minerve empruntant la figure de Laodocus, fils d'Antenor, pour engager Pandarus à violer la trève, en lançant sa flèche contre Ménélas, la récompense qu'elle promet à ce crime, au nom de Troie et de Pâris, blessent la vraisemblance, aussi bien que la morale, et répugnent au caractère de la fille de Jupiter. Après avoir employé un ressort si peu judicieux, Homère a été réduit à charger Minerve de prévenir l'effet de ses coupables conseils, en écartant la flèche troyenne du cœur de Ménélas qui n'est que légèrement blessé; Virgile n'a commis aucune de ces fautes. A la vérité l'événement fait briller toute la tendresse d'Agamemnon pour son frère, et rallume la guerre d'une manière terrible; mais les moyens destinés à produire ces deux effets accusent l'absence de la raison et de l'art, qui ont présidé à la fiction du poëte latin. Il faut encore remarquer que chez lui il n'y a point d'intervalle entre l'incendie de la flotte troyenne et les mouvemens qu'elle doit exciter; dans l'Iliade la situation languit.

Homère est plus vrai, plus rapide, plus dramatique au moment où Neptune, qui a pris les traits de Calchas pour relever le courage des Grecs, s'élève dans les airs avec la rapidité de l'épervier, prodige qui ajoute à l'effet de ses paroles sur les deux Ajax qu'il vient d'animer d'une nouvelle flamme en les touchant de son sceptre. Le dieu n'est pas d'une éloquence aussi vive peut-être que celle de la Pyrgo de Virgile ; mais on ne saurait trop admirer la manière énergique et simple dont les deux guerriers, et surtout le Télamonien, expriment leurs transports. « Je » sens, dit-il, mes mains s'agiter autour de ma » lance ; mon courage s'élève ; mes pieds brûlent » de voler aux combats ! J'aspire à soutenir seul » l'attaque du redoutable Hector. » Dans toute la suite du chant, Neptune joue un grand rôle, et l'on ne peut pas dire, en voyant l'effet de sa présence au milieu d'une action qu'elle rend plus terrible :

Nec deus intersit, nisi dignus vindice nodus.

Dans Stace, la situation des femmes de Lemnos qui, délaissées depuis trois ans par leurs maris, regardent avec tristesse, regret et désir, la mer qui a emporté loin d'elles les objets de leurs affections ; le discours de Polyxo qui les invite à punir par le meurtre, au moment du retour, les coupables auteurs de tant de larmes, sont des imitations de Virgile, mais peu judicieuses, quoique semées de quelques grandes beautés de détail. De ce nombre sont la présence de Vénus à un crime affreux qui dément son caractère connu, et la mort d'un enfant offert tout à coup par sa mère pour première victime, sans qu'il y ait au moins, pour prétexte à un si barbare sacrifice, quelque forfait, comme celui qui enivra la raison, et alluma la fureur de Progné, sœur de Philomèle, et femme de l'affreux Térée. On ne peut s'empêcher de remarquer le moment où les Lemniennes jurent, dans le bois voisin du temple de Minerve, de donner la mort à leurs époux :

>Hic sanxere fidem. Tu martia testis Enyo,
>Atque inferna Ceres ; stygiæque acheronte recluso
>Ante preces venere deæ. Sed fallit ubique
>Mixta Venus. Venus arma tenet, Venus admovet iras.

« C'est là qu'elles engagèrent leur foi au crime. Tu fus témoin de leurs sermens, cruelle Bellone, et toi aussi Cérès infernale. Les filles du Styx rompant les barrières de l'Achéron, vinrent au milieu de leurs sœurs, avant d'être invoquées. Mêlée en secret à cette troupe, Vénus les trompe, Vénus porte des armes, Vénus allume leur fureur. »

Voici comme le poète décrit le sacrifice :

>Nec de more cruor ; natum Caropeia conjux
>Obtulit, accingunt sese, et mirantia ferro
>Pectora, congestisque avide simul undique dextris
>Perfringunt, ac dulce nefas in sanguine vivo
>Conjurant, matremque recens circumvolat umbra.

« Ici point de victime ordinaire : l'épouse de

Caropé offre son fils; les barbares s'apprêtent; l'enfant recule épouvanté par l'aspect du fer; mille mains avides s'élancent à la fois, déchirent sa poitrine; sur son sang encore chaud, ces impies jurent le crime qui leur semble si doux à commettre : une ombre plaintive voltige autour de la cruelle mère.

Ce tableau rapide et dramatique rappelle le début de l'ode d'Horace contre la magicienne Canidie :

« Ah! par tous les dieux qui régissent le ciel, la terre et le genre humain, que signifient ces mouvemens tumultueux? Que veulent dire ces affreux regards que vous lancez toutes sur moi? Et toi, je t'en conjure par tes enfants, si quelquefois Lucine, appelée à tes cris, t'a secourue dans un véritable accouchement, par ces habits de pourpre, qui ne me défendent pas, par Jupiter qu'irritera ce crime, pourquoi me fixes-tu avec les yeux d'une marâtre, ou d'une bête féroce blessée par le fer? Ainsi se plaignait tout tremblant, tandis qu'on lui enlevait les insignes de son âge, un enfant dont le corps délicat aurait attendri le cœur de l'homme le plus barbare. » La pièce finit d'une manière admirable, par les imprécations de Thyeste, vomies par l'enfant qui n'espère plus fléchir la rage de ces furies.

La pitié du Lycaste de Stace, à la vue de Cydimon son frère du même âge qu'elle [1], l'empressement d'Hypsipyle à voler au secours de son père, empressement qui accuse de lenteur le zèle d'Enée à voler au secours du sien, auquel il ne songe qu'en voyant périr un roi du même âge, *regem æquævum*, le salut miraculeux de Thoas, la peinture de l'effroi, des regrets, du désespoir de tous ces monstres de cruauté à l'aspect de leurs crimes qu'elles s'empressent de cacher dans la terre, ou de faire disparaître dans les flammes [2], la fraude heureuse d'Hypsipyle pour accréditer le bruit de la mort de son père, l'horreur qu'inspire Polyxo, le sacrifice expiatoire, l'opposition des chants d'Orphée avec les horreurs dont l'île a été le théâtre, composent un ensemble qui mérite de fixer l'attention; mais la brièveté, la chaleur, le mouvement dramatique de Virgile, et sa divine poésie mettent son épisode bien au-dessus du trop long récit de Stace.

---

[1] Flet super soror exarmata Lycaste
Cydimon, heu! similes perituro in corpore vultus
Aspiciens, floremque genæ et quas finxerat auro
Ipsa comas.

[2] Ce sont les expressions même du texte dont j'ai voulu reproduire la hardiesse :

Quamquam inter similes habitus pudor, impia terræ
Infodiunt scelera, aut festinis ignibus urunt.

Le crime des Lemniennes s'achève sans obstacle, et tout entier ; la coupable erreur des femmes troyennes abusées par Iris, n'aura pas les cruelles conséquences que le déchirant tableau du poète nous a fait redouter :

Soudain Eumèle accourt ; et son récit affreux
Près du tombeau d'Anchise a suspendu les jeux.
On regarde ; déjà, s'élançant de sa proie,
En tourbillons fumants la flamme se déploie.
Ascagne au lieu fatal accourant le premier,
Vole, et pousse en avant son superbe coursier ;
Rien ne peut l'arrêter, ni leurs jeux, ni leurs charmes,
Ni ses parens troublés, ni ses maîtres en larmes :
« Arrêtez ! arrêtez ! leur dit-il. Ces vaisseaux
» Ne sont pas ceux qu'Hector poursuivait sur les eaux ;
» C'est votre flotte ; hélas ! c'est votre espoir qu'on brûle :
» Iule est devant vous, reconnaissez Iule. »
Il dit, et jette au loin le casque radieux
Qui, dans ces jeux guerriers, couvrait ses beaux cheveux.
Enée accourt lui-même, et les Troyens le suivent.
Mais ces cœurs égarés, que leurs forfaits poursuivent,
A peine du héros ont reconnu les traits,
Dans les bois, les rochers, les lieux les plus secrets,
Vont cacher, vont pleurer leur délire funeste :
Junon sort de leur cœur, le remords seul y reste.
Mais le feu destructeur n'est pas encor dompté ;
Ni les eaux, ni des bras l'ardente activité
Ne peuvent apaiser la flamme dévorante ;
Et l'étoupe enflammée, et la poix odorante,

D'une lente fumée exhalent la vapeur :
Dans le fond des vaisseaux se cache un feu trompeur,
L'invisible ennemi lentement les dévore,
Et jusqu'au sein des mers la flamme vit encore.
Énée élève au ciel et ses cris et ses vœux,
Déchire ses habits et conjure les dieux :
« O Jupiter ! dit-il, si le courroux céleste
» Des malheureux Troyens n'a pas proscrit le reste,
» Si Troie est chère encore à tes yeux attendris,
» Epargne sa misère, et sauve ses débris;
» Ou, si je suis coupable, arme-toi, prends ta foudre;
» Que leur chef malheureux tombe réduit en poudre ! »

On aime à voir dans le jeune Ascagne; ce mouvement généreux qui l'entraîne vers le théâtre du désastre; on sent que celui qui obéit d'abord à cet instinct du courage, volera de même au devant des périls de la guerre. Les mots qu'il adresse aux femmes troyennes, sont simples et touchants. On ne saurait que louer l'effet de la présence d'Énée sur les femmes troyennes. Cet effet est encore plus dramatique que la puissance du sage, dont le seul aspect apaise une sédition dans le premier livre [1]. Les lecteurs attentifs reconnaîtront en-

---

[1] Ac, veluti magno in populo cum sæpe coorta est
Seditio, sævitque animis ignobile vulgus,
Jamque faces et verba volant, furor arma ministrat ;
Tum pietate gravem ac meritis si forte virum quem

core dans ce passage un modèle de l'art de faire sortir de la scène des personnages qui n'y doivent plus rester. Quel rôle auraient joué les femmes troyennes dans un pareil moment! Leur fuite dans les forêts est bien plus éloquente que tous les cris de leur repentir; il est d'ailleurs dans le caractère de la faiblesse de passer de la fureur à la crainte, et de n'oser supporter ni le spectacle de ses fautes, ni les reproches qu'elles méritent.

Cependant l'incendie augmente. Que fait Énée? montre-t-il un grand caractère dans le danger? donne-t-il les ordres d'un chef vigilant pour arrêter les progrès du fléau destructeur? parle-t-il à son peuple pour lui rendre le courage? non, il déchire ses vêtements, lève les mains aux ciel, et invoque Jupiter. Sa prière est belle. Le prodige qui la suit

---

Conspexere, silent, atque arrectis auribus adstant;
Ille regit dictis animos, et pectora mulcet.

Ainsi quand signalant sa turbulente audace
Se déchaîne une ardente et vile populace,
La rage arme leurs bras : déjà volent dans l'air
Les pierres, les tisons, et la flamme et le fer.
Mais d'un sage orateur si la vue imposante
Dans l'ardeur du tumulte à leurs yeux se présente,
On se tait, on écoute, et ses discours vainqueurs
Gouvernent les esprits et subjuguent les cœurs.

DELILLE.

serait encore plus beau, si le héros eût joint le courage à la piété. On éprouve un plaisir secret en voyant les dieux intervenir en faveur des mortels, qui méritent par une vertu sublime les secours du ciel. Peut-être si Hercule n'eût pas été si grand sur le bûcher qui consumait sa dépouille mortelle, Jupiter lui-même n'aurait pas ouvert l'Olympe à son fils.

Le Tasse imitateur de Virgile, mais plus fécond, plus varié, plus soigneux de motiver la conduite de ses personnages, place Godefroi dans la même situation qu'Énée, mais en créant d'autres incidents. Une sécheresse affreuse qui a tari toutes les sources règne en Égypte; pour comble de malheur, les ruisseaux ont été empoisonnés par un roi barbare. Les chrétiens poussés à bout par leurs souffrances s'emportent jusqu'à l'insulte, à la révolte ou à la fuite. Voici comment le Tasse peint la nouvelle épreuve qui doit servir à faire éclater la vertu et la foi de leur chef:

Les Chrétiens en tumulte au loin jettent leurs armes,
Leurs yeux secs et sanglants ne versent plus de larmes,
« Que prétend Godefroi? Qu'ose-t-il espérer?
» A de nouveaux combats croit-il se préparer?
» Lui seul ne voit-il pas la colère divine
» De ce camp malheureux prononcer la ruine?
» Pense-t-il désormais que nos faibles efforts
» Puissent briser ces murs, puissent dompter ces forts?

» Ah ! pour lui conserver et le sceptre et l'empire,
» Faut-il que dans les feux chacun de nous expire ?
» Et le pouvoir d'un seul est-il un si grand bien
» Qu'on le doive acheter de tout le sang chrétien?
» Mais qu'importe à l'orgueil du tyran qui nous brave
» Le supplice et la mort de tout un peuple esclave ?
» Et voilà ce héros si grand, si généreux,
» Ce loyal chevalier, ce prince valeureux !
» Tandis que sous les traits dont le ciel nous accable,
» Inconnus, méprisés, nous mourons sur le sable,
» Que les fleuves riants pour nous se sont taris,
» Le barbare entouré de lâches favoris,
» Voit aux vins de Lesbos réservés pour sa table,
» L'eau du Jourdain mêler sa fraîcheur délectable,
» Et, défiant du sort les redoutables jeux,
» Au milieu des festins lève un front courageux. »
Ils disaient : Mais Tazin, qui sans cesse déplore
L'absence des soleils levés sur le Bosphore,
Tazin de tous les Grecs attise le courroux.
» Sous ces drapeaux ingrats, amis resterons-nous ?
» Que Bouillon, s'il le veut, enchaîne à sa folie
» Les destins et le bras des peuples d'Italie,
» Qu'il reçoive avec eux une mort qui l'attend,
» Peu m'importe : pour moi je m'éloigne à l'instant. »
Et l'ombre de sa fuite a caché le mystère.
Tous ceux que le trépas d'Hogues et de Clotaire
Avait laissés sans chefs, ceux dont le désespoir
Ne connaît plus de frein, reste sourd au devoir,
S'apprêtent à quitter ces rives homicides.
Godefroi les entend : il voit fuir les perfides....
Il les voit, et contre eux justement irrité,
Il ne veut point s'armer de son autorité.

Mais plein de cette foi qui peut dans les campagnes
Changer le cours des eaux, transporter les montagnes,
Le héros sur son cœur croise humblement les mains,
Et s'adresse en ces mots au maître des humains :
« O mon père ! ô mon Dieu ! dans l'Egypte embrasée
» Si jadis, épanchant la manne et la rosée,
» Tu daignas secourir ton peuple malheureux ;
» Soumis à ton pouvoir, si le chef des Hébreux,
» Sous la verge d'airain, d'une montagne aride
» Fit jaillir le torrent d'une eau fraîche et limpide,
» En faveur des Chrétiens désolés, sans appui,
» Près de la ville sainte, ô mon père, aujourd'hui
» Daigne renouveler cet éclatant prodige !
» Vois en pitié nos maux, vois nos pleurs.... mais que dis-je ?
» Peut-être à ton amour n'avons-nous plus de droits.
» Si notre ingratitude a méconnu tes lois,
» Par ces affreux tourments elle est assez punie ;
» Et ta miséricorde est toujours infinie.
» De ces infortunés le trépas est certain :
» Puisqu'ils sont tes soldats, relève leur destin. »
Ainsi Bouillon priait : un ange de lumière
L'écoute, et dans l'espace enlève sa prière.
Elle pénètre au ciel. Le Dieu fort et puissant
Jette sur les Chrétiens un œil compatissant,
Et de ce front serein qui chasse les tempêtes :
« Ecartons les fléaux amassés sur leurs têtes.
» Assez les éléments, le monde et les enfers
» Ont déchaîné les maux que mon peuple a soufferts.
» Pour ces guerriers que j'aime un nouveau sort commence.
» Couverts de mon appui, certains de ma clémence,
» Aux succès de leurs vœux ils verront désormais
» Et la terre et le ciel s'attacher à jamais.

» Que le jeune Renaud vers les champs de sa gloire
» Revole, et sur l'Egypte obtienne la victoire.
» Je le veux. » En ces mots le Seigneur a parlé.
Aux sons de cette voix tous les cieux ont tremblé.
L'orageux Océan, les plaines, les abîmes,
Les coteaux et les monts aux gigantesques cimes,
Tout frémit : sur la gauche on voit briller l'éclair ;
La foudre au même instant gronde, éclate dans l'air;
Et déjà les Chrétiens, par mille cris de joie,
Ont salué la foudre et le Dieu qui l'envoie.

Cette scène est pleine de vie, de mouvement et d'oppositions. La révolte parle le langage injuste et outrageant de la passion qui empoisonne tout dans le cœur des malheureux. L'homme qui souffre s'attaque à Dieu même ; comment respecterait-il une autorité humaine ? Si Godefroi n'eût pas déjà réprimé une sédition par le pouvoir de son éloquence puisée dans la conscience de sa vertu, on pourrait penser qu'il n'ose pas punir, et que sa prière est un subterfuge de sa faiblesse. Mais nous savons de quelle sévérité il peut s'armer au besoin ; nous savons qu'il commande en souverain à son armée ; nous avons vu Tancrède et Renaud lui-même, se soumettre à ses lois, et s'abaisser devant lui. Nous admirons sa foi, sans soupçonner son courage, quand il invoque le Dieu de l'univers. Voyez d'ailleurs quel admirable trait de caractère ! il tremble que Dieu ne soit irrité des murmures des Chrétiens, et demande pardon pour eux. N'est-ce pas là une action plus grande que celle de menacer ou de frapper? Le Dieu qui exprime une tendresse de père pour les soldats de Godefroi, n'est-il pas plus touchant que le Jupiter de Virgile gardant le silence? Godefroi n'est-il pas vengé de la manière la plus digne de lui, par le salut de l'armée qui reconnaît la puissance des vœux de son cœur? Dans Virgile, les Troyens ne paraissent pas sentir qu'ils doivent à Énée les secours divins; dans la Jérusalem, les Chrétiens saluent avec des cris de joie, la foudre qui annonce dans la pluie un bienfait du ciel accordé à la vertu. Le Tasse termine son épisode, par les pensées suivantes : « O foi vive des Chrétiens ! qui sait bien honorer Dieu peut délivrer les airs de toute maligne influence, changer l'ordre et la température des saisons, et triompher du sort comme de la colère des astres ennemis. » Ces derniers traits ne ressemblent-ils pas à la fin d'un hymne en l'honneur de Godefroi.

Pendant que l'armée goûte l'heureux oubli des longues souffrances qu'elle a éprouvées, Dieu, content de la vertu de Godefroi, envoie l'ombre de Dudon lui donner l'ordre de pardonner à Renaud, sans offenser en rien les droits et l'honneur de l'autorité suprême. Le conseil s'assemble, Guelfe demande la grâce du fils de Berthold, et

Godefroi, docile aux ordres du ciel, s'honore aux yeux de l'armée entière par la vertu de la clémence. Voilà de l'Homère agrandi avec la raison, l'âme et la piété de Fénélon : Virgile est loin de mériter ici un semblable éloge.

On s'attendait à voir Énée remercier Jupiter et rendre la confiance à son peuple par des actions de grâce, où il ferait entrer adroitement le mérite de ses prières, que le ciel a daigné écouter ; mais le héros paraît anéanti de son malheur, et ne sait quel parti prendre. Malgré les ordres suprêmes qu'il a reçus, son incertitude et sa faiblesse hésitent à savoir s'il doit rester en Sicile ou s'emparer de l'Italie. Il faut que le sage Nautès, élève de Pallas, et instruit dans la science de l'avenir, vienne le rassurer. « Fils d'une déesse, lui dit-il d'une voix consolante, sachons supporter le flux et le reflux du sort. Quoi qu'il arrive, la constance doit triompher de la fortune. Aceste, du sang des dieux, est ton ami ; associe ce prince à tes projets, accorde lui une alliance qu'il désire. Confie à sa bonté ceux qui ont perdu leurs vaisseau, ceux que rebutent ta haute entreprise et tes revers, les vieillards chargés d'années, les femmes fatiguées de la mer, tout ce qui est infirme et alarmé des périls. Choisis-les toi-même, et permets qu'ils se reposent au sein d'une cité nouvelle ; ils l'appelleront Aceste si ce roi veut lui donner son nom. »

ENEIDE, LIVRE V.

Ces paroles d'un vieillard qu'il aime raniment Énée; ependant toujours craintif, sans vigueur d'esprit, sans fermeté dans le cœur, il a encore besoin de l'un de ces prodiges tant prodigués par Virgile, sans fruit et sans nécessité[1]. L'apparition de Dudon à Godefroi est plus belle, plus utile, et d'un bien plus grand caractère que celle que le poëte latin va mettre sous nos yeux.

> Phébé brillait au ciel : tout à coup, ô surprise !
> A ses yeux apparaît l'ombre auguste d'Anchise :
> » O toi, triste jouet des fureurs de Junon,
> » Toi que poursuit partout le destin d'Ilion,
> » Toi que j'aimai vivant, cent fois plus que la vie,
> » Toi qui des Grecs vainqueurs évitas la furie,
> » Le dieu par qui ta flotte a triomphé des feux
> » A, du trône des airs, jeté sur toi les yeux :
> » Du prévoyant Nautès écoute la sagesse.
> » Que des Troyens choisis la brillante jeunesse

---

[1] Virgile dit :

> Talibus incensus dictis senioris amici :
> Tum vero in curas animum diducitur omnes.

Delille a cru voir une contradiction dans ces deux vers, dont le second semble démentir l'expression *incensus*, et, volontairement infidèle, il a traduit ainsi le texte :

> Le héros se ranime à ces accents divins,
> Et, plein d'un noble espoir, poursuit ses grands desseins.

» Te suive aux champs latins : des peuples belliqueux,
» Des peuples indomptés t'attendent en ces lieux.
» Mais avant, il te faut, passant la rive sombre,
» Visiter les beaux lieux où repose mon ombre ;
» Car je n'habite pas le séjour des forfaits,
» Mais le vert Elysée et sa tranquille paix.
» Pour y guider tes pas, par plus d'un sacrifice
» La sibylle à tes vœux rendra l'enfer propice.
» Là tu verras ton père et ta postérité.
» Adieu : Phébé déjà voit pâlir sa clarté ;
» Et me privant trop tôt d'une vue aussi chère,
» Les coursiers du soleil nous soufflent la lumière.

Ce nouvel emploi du merveilleux ne satisfait guère la raison. Anchise est doublement inutile ici : on aurait pu souhaiter sa présence au moment de la fureur des femmes troyennes ; touché de leur piété pour lui, on eût été satisfait de trouver dans son apparition un moyen de leur épargner un crime ; mais il ne revient que pour répéter ce que nous savons depuis long-temps. Et puis, qu'est-ce que l'ombre d'un mortel, auprès du prodige envoyé par Jupiter, et qui prouve d'une manière si évidente une protection toute particulière ? Quelle nécessité qu'Anchise ajoute son autorité aux conseils sages d'un vieillard et d'un ami qu'Énée doit croire sans peine ? La Sibylle pouvait annoncer à Énée les ordres d'Anchise, et l'inviter à descendre dans le séjour des ombres. Le voyage du héros nous laisserait du moins quelque surprise ; peut-être eût-il été mieux encore que le pieux Énée demandât aux dieux, une faveur accordée à si peu de mortels.

Fénélon amène avec beaucoup d'art et de vraisemblance la descente de Télémaque aux enfers. Télémaque ne trouvant nulle part son père qu'il avait tant cherché, conclut, à la fin, qu'Ulysse est dans le séjour des ombres, et se détermine à l'aller chercher jusques dans cet asile redouté. Rempli de ce dessein, il était encore agité par des songes qui lui représentaient son père Ulysse.

« Cette image d'Ulysse revenait toujours sur la
» fin de la nuit, avant que l'aurore vînt chasser
» du ciel, par ses feux naissants, les inconstantes
» étoiles, et de dessus la terre le doux sommeil,
» suivi des songes voltigeants. Tantôt il croyait le
» voir nu dans une île fortunée, sur la rive d'un
» fleuve, dans une prairie ornée de fleurs, et en-
» vironné de nymphes qui lui jetaient des habits
» pour se couvrir ; tantôt il croyait l'entendre
» parler dans un palais tout éclatant d'or et d'ivoire,
» où des hommes couronnés de fleurs l'écoutaient
» avec plaisir et l'admiraient. Souvent Ulysse lui
» paraissait tout à coup dans les festins où la joie
» éclatait, parmi les délices, où l'on entendait les
» tendres accords d'une voix, avec une lyre plus

» douce que la lyre d'Apollon, et que les voix de
» toutes les muses.

» Télémaque en s'éveillant, s'attristait de ces
» songes si agréables. « O mon père! ô mon cher
» père Ulysse! s'écriait-il, les songes les plus affreux
» me seraient plus doux : ces images de félicité me
» font comprendre que vous êtes déjà descendu
» dans le séjour des âmes bienheureuses, que les
» dieux récompensent de leur vertu par une éter-
» nelle tranquillité; je crois voir les champs Ély-
» sées. O dieux ennemis de mon père! vous m'en-
» voyez ces songes funestes pour arracher toute
» espérance de mon cœur. Je ne suis que trop
» certain que mon père n'est plus, je vais chercher
» son ombre jusque dans les enfers...... »

On ne sait ce qu'il faut le plus admirer ici ou
d'un artifice qui paraît si naturel, ou de ces riantes
imaginations de la jeunesse qui se montrent dans
les songes de Télémaque, ou de ces heureuses allusions aux aventures d'Ulysse dans l'Odyssée, ou
de cette tendresse de cœur qui enfante des illusions
si douces, ou de cet accent de l'amonr filial qui
anime les paroles d'un fils si religieux. Il faut
bien en convenir, après avoir lu Homère et Fénélon, l'esprit remarque avec peine quelque sécheresse et un peu de froideur dans Virgile.
Cependant nous allons trouver ici le héros troyen

digne de notre intérêt et du rôle que les dieux lui ont imposé.

Sorti de l'entretien de son père, Énée, après s'être acquitté d'un sacrifice envers les dieux, répare sa flotte, et jette les fondements de la ville nouvelle qui doit recevoir les débris du peuple troyen.

>Aussitôt de leurs murs le soc décrit le tour ;
>Chacun demande au sort le lieu de son séjour :
>Ces murs portent le nom, le nom sacré de Troie.
>Aceste à ses sujets les unit avec joie.
>Au rendez-vous du peuple un lieu vaste est marqué :
>On désigne une enceinte au sénat convoqué ;
>Sur le mont appelé du nom d'Eryx son frère,
>Enée élève ensuite un beau temple à sa mère ;
>Enfin un prêtre, un bois, un culte solennel,
>Consacrent à jamais le tombeau paternel.

>Durant neuf jours entiers, les festins, les offrandes,
>Les prières, les vins couronnés de guirlandes,
>Ont imploré les dieux et de l'onde et des airs ;
>Un souffle bienfaisant leur aplanit les mers ;
>L'Autan les encourage. Alors, le long des rives,
>De leurs derniers adieux roulent les voix plaintives ;
>Et le jour et la nuit de longs embrassements
>Du départ douloureux retardent les moments.
>Tous brûlent de partir : ceux même que leur âge,
>Que leur sexe timide attachait au rivage,
>Ont oublié la crainte en ces moments de deuil ;
>L'air n'a plus de tempête, et la mer plus d'écueil ;

Et la terre à leurs yeux a perdu tous ses charmes.
Leur monarque attendri joint ses pleurs à leurs larmes,
Et du dépôt sacré qu'il laisse sur ce bord
A son auguste ami recommande le sort.
Eryx de trois taureaux reçoit le sacrifice ;
Le sang d'une brebis rendra la mer propice.
Les cables sont rompus, le signal est donné ;
Chaque navire flotte aux vents abandonné.
Une coupe à la main, l'olive sur la tête,
Le héros pour calmer le dieu de la tempête,
Des intestins sanglants qu'il jette dans les mers
Et des flots d'un vin pur rougit les flots amers.
On part ; la terre fuit, un vent frais les seconde,
L'eau blanchit sous la rame, et le vaisseau fend l'onde.

Delille traduit ici l'original avec beaucoup de bonheur ; les vers semblent couler de source, ils sont faciles, élégants, harmonieux, fidèles au texte, sans avoir la trace la plus légère d'étrangeté. Ce mérite est rare dans une traduction. Peut-être, la scène un peu plus développée par celui qui l'a conçue, aurait-elle eu plus de charme et d'intérêt ; mais nous sommes pressés d'arriver à la fin de toutes ces descriptions, qui ont suspendu l'action assez long-temps. Virgile a écouté les conseils de la raison, en supprimant des détails dans lesquels sa sensibilité nous aurait fait répandre de douces larmes. Il s'est montré peintre de la nature en exprimant les regrets de la nouvelle colonie qui ne voudrait plus se séparer des autres débris d'Ilion. Ce dernier incident tire un nouveau prix de la peinture qui précède, et dans laquelle nous avons vu Énée lui-même tracer avec la charrue l'enceinte de la nouvelle Aceste, image de l'ancienne Troie.

Tant qu'Énée était à la cour de Didon ou chez le vieil Aceste, Vénus, toujours occupée de son fils, ne concevait point d'inquiétudes sur lui ; mais maintenant qu'il va de nouveau parcourir les mers, elle reprend toutes ses alarmes, et Virgile la ramène à propos sur la scène. Déjà, pendant l'incendie de la flotte troyenne, nous nous demandions si Vénus avait abandonné son peuple favori, et le héros dont le salut lui était si cher ; nous la voyons avec plaisir auprès de Neptune ; nous aimons à reconnaître sa tendresse dans les plaintes qu'elle confie à ce dieu, le maître des flots et l'arbitre des orages. « Neptune, dit-elle, l'ardent courroux, l'insatiable vengeance de Junon me forcent à descendre aux plus humbles prières. Rien ne peut l'adoucir, ni le temps ni la piété. Rebelle aux destins, rebelle à Jupiter lui-même, elle ne se repose jamais. Ce n'est point assez pour sa coupable haine d'anéantir au sein de la Phrygie une ville superbe, et d'en traîner les débris à travers toutes les infortunes ; Junon poursuit encore la cendre et les ossemens de Troie ensevelie. Seule elle sait la cause de tant de fureurs.

Vous même, vous m'en êtes témoin, vous avez vu quelle tempête elle a tout à coup excitée dans les mers de Libye; elle a troublé la mer et le ciel, secondée, mais en vain, de tous les orages déchaînés par Éole; et c'est dans votre empire qu'elle a osé cet attentat! Par un nouveau crime excitant les femmes des Troyens, elle a embrasé lâchement leurs vaisseaux, et forcé mon fils, par la perte de sa flotte, à délaisser ses compagnons sur une terre étrangère. Qu'il soit permis du moins, je vous en conjure, qu'il soit permis aux navires qui lui restent, de déployer sans danger leurs voiles sur les ondes, qu'Énée puisse atteindre les flo... 'u Tibre et les champs de Laurente, si je ne demande ici que ce que permettent les destins, si les murs de Lavinie lui sont vraiment accordés. »

Le dominateur des mers profondes répond avec douceur : « Vous avez, Cythérée, tous les droits à compter sur un empire qui vous a donné le jour. Moi-même j'ai mérité votre confiance; souvent j'ai enchaîné pour vous les plus grandes fureurs du ciel et des flots; la terre aussi a vu mes sollicitudes pour votre Enée, j'en atteste le Xante et le Simoïs. Lorsque le véritable Achille, poursuivant les bataillons troyens, les écrasait contre leurs remparts, et semait partout la mort; lorsque les fleuves gémissaient surchargés de cadavres;

lorsque le Xante ne pouvait trouver un passage, et rouler ses flots dans la mer, j'enlevai dans un nuage, j'arrachai au trépas votre fils qui avait osé braver Achille avec des armes inférieures, et sous des auspices inégaux ; cependant je désirais de renverser les murs de la parjure Troie bâtis par moi-même : mes sentiments pour votre fils m'animent encore, banissez toute crainte ; Énée, selon vos désirs, abordera en Sicile au port de l'Averne. Un seul Troyen, perdu dans l'abîme, excitera ses regrets ; un seul paiera de sa tête le salut de tous. »

Le discours de la déesse, sans avoir cet accent de tendresse, sans respirer cette éloquence du cœur qu'on y devrait trouver, convient du moins à la situation ; si Vénus n'exprime pas assez vivement les douleurs et la crainte d'une mère, au moins ses paroles n'ont rien qui puisse étonner le lecteur judicieux ; mais en est-il de même de la réponse de Neptune ? Le souvenir d'un événement assez peu honorable pour Énée, devait-il trouver sa place dans un moment où le héros s'apprête à descendre vivant au séjour des ombres et à préluder, par un courage plus qu'humain, à ses hautes destinées ? Neptune, en assurant le salut des Troyens, ne demande qu'une victime ; cette petite vengeance de la perfidie de Laomédon, n'est-elle pas indigne de la majesté du dieu ? Les grandes passions, comme la colère qui a excité Neptune à renverser Ilion, n'ont pas de rancune; une fois satisfaites, elles pardonnent, comme Euripide l'a si bien senti dans le prologue des Troyennes. Pourquoi Neptune, généreux à demi, veut-il perdre le mérite d'un service qu'il promet, en y mettant un prix qui en ôte toute la grâce? D'ailleurs quel est le Troyen qui doit périr? serait-ce Ascagne? Il ne fallait pas laisser ce doute au cœur d'une mère. *Res est solliciti plena timoris amor.* Si le discours de Neptune ne portait pas l'empreinte d'une tendre affection pour Vénus, je ne ferais pas cette remarque; mais le cœur a des délicatesses et une prévoyance qui ne permettent ni la faute de Neptune, ni la réserve qui peut laisser des inquiétudes à Vénus. Cette dernière partie de l'observation me paraît si vraie, qu'on trouverait naturel d'entendre Vénus dire avec empressement: « Quel est cet infortuné qui doit périr? quel est la victime choisie parmi mon peuple? ne serait-ce pas le jeune Ascagne, cet enfant, notre espérance? Parlez, Neptune, parlez; hâtez-vous de rassurer une mère [1] ».

---

[1] Fénélon, dans le liv. XI du Télémaque, amène aussi Vénus devant Neptune qui, plein de complaisance pour elle, soulève les flots contre Télémaque.

Cependant, après avoir réjoui le cœur de la déesse par des paroles caressantes, Neptune attelle au jourg d'or ses fougueux coursiers, met les freins à leur bouche écumante, et ses mains divines leur abandonnent toutes les rênes. Il vole; son char léger rase la surface de la mer azurée; les ondes s'abaissent devant lui; les vagues gonflées s'aplanissent sous l'essieu du char tonnant, et les nuages fuient de tous côtés dans la vaste étendue du ciel. Le cortége du dieu se montre sous mille formes variées : d'un côté, les immenses baleines, le char du vieux Glaucus, Palémon, fils d'Ino, les agiles Tritons, et toute l'armée de Phocas; de l'autre Thétis et Mélite, la nymphe Panopée, Nésée et Spio, Thalie et Cymodocé.

    Le héros s'applaudit; dans son âme flottante
L'espoir d'un sort meilleur verse la douce attente.
Par son ordre on relève, on redresse les mâts;
La vergue sur leur tige étend son double bras;
A ce mobile appui la toile suspendue,
Et tantôt resserrée et tantôt étendue,
Tourne d'un bord à l'autre, et de ses plis mouvants
Interroge, et saisit, et recueille les vents.
La flotte agile vole, et d'une main habile
Palinure conduit sa vitesse indocile.
    La nuit avait rempli la moitié de son cours,
Et chacun du sommeil implorait le secours :
Les nautoniers lassés sous leurs oisives rames,
Aux songes de la nuit abandonnaient leurs âmes.

Quand, de l'air ténébreux dissipant la vapeur,
Glisse du haut des cieux un fantôme trompeur.
Il cherche Palinure au milieu de sa troupe,
Sous les traits de Phorbas il s'assied sur la poupe,
S'adresse au vieux Nocher, et lui parle en ces mots :
« Palinure, tu vois, tout se livre au repos ;
» D'elle-même, et docile au souffle qui la guide,
» La flotte sans effort suit sa course rapide :
» Dors, dérobe un instant à ton pénible emploi ;
» Auprès du gouvernail je veillerai pour toi.
— » Qui ! moi ! moi ! je pourrais du généreux Enée
» Confier à la mer la haute destinée !
» Non, non ; je connais trop les flots capricieux,
» Et du traître élément le calme insidieux.
» Du ciel le plus serein, de la mer la plus belle,
» Ecoute qui voudra la promesse infidèle ;
» Je ne me livre point à ces garants trompeurs. »
Il dit : et du sommeil repoussant les vapeurs,
Tient constamment les yeux fixés sur les étoiles,
S'attache au gouvernail, et dirige les voiles.
Alors le dieu sur lui secouant ses pavots,
Que du Léthé paisible abreuvèrent les flots
Sur sa paupière humide et déjà languissante
Il épanche en secret la sève assoupissante ;
Et son œil vers le ciel levé non sans effort,
Tombe, s'ouvre à demi, se referme et s'endort.
A peine il sommeillait, soudain le dieu sinistre,
De la cruelle mort le frère et le ministre,
Avec le gouvernail, avec une moitié
De la poupe en éclats, d'une main sans pitié
Pousse le malheureux. Précipité dans l'onde,
Il appelle les siens sous la vague profonde ;

Sa voix meurt avec lui dans le gouffre des mers,
Et le dieu malfaisant disparaît dans les airs.
Cependant, sur la foi de l'époux d'Amphitrite,
Le vaisseau sans effort suit sa course prescrite.
Des sirènes bientôt s'offrent les bords affreux
Blanchis des ossemens de tant de malheureux,
Où, par les vents bruyants sans cesse repoussée,
Sans cesse vient mugir la vague courroucée.
Le héros se réveille : il voit tous ses vaisseaux
Sans guide, abandonnés à la merci des eaux ;
Lui-même, il les conduit dans la nuit ténébreuse ;
Et, pleurant d'un ami la perte douloureuse,
« Infortuné, dit-il, dont l'œil fut trop séduit
» Par le perfide éclat d'une brillante nuit,
» Sur des bords inconnus, malheureux Palinure,
» Ton corps va donc languir privé de sépulture !

Délille a senti que la description du cortège de Neptune, dans Virgile, se terminait par une énumération sans imagination et sans grâce, et il rétablit dans sa traduction l'ordre des images d'Homère.

Voici comment monsieur Aignan a traduit le passage du quatorzième livre de l'Iliade, imité par le poëte latin :

Placé sur l'un des monts de l'âpre Samothrace,
Le monarque des flots d'un seul aspect embrasse
Du trop célèbre Ida les fertiles coteaux,
Les Troyens et leurs tours, les Grecs et leurs vaisseaux.

Furieux, il s'élance au secours de la Grèce ;
La terre tremble au loin sous le dieu qui la presse.
Il fait trois pas, et touche à son brillant palais
Que le temps destructeur ne détruira jamais.
Il plonge dans l'abîme, à son char il attelle
Ses coursiers aux crins d'or et de race immortelle ;
Leur pied d'airain s'agite ; ils appellent les airs.
De son armure d'or le souverain des mers
Se couvre, et part soudain ; sous son élan rapide
Les flots respectueux courbent leur dos humides ;
La baleine bondit et reconnaît son roi ;
L'Océan, sous le dieu dont il chérit la loi,
Tressaille, se divise, et la plaine azurée
Par les coursiers divins est à peine effleurée.
Sur la face des eaux légèrement porté,
Le char vole à Pergame avec rapidité [1].

Cette traduction n'égale pas la divine beauté de l'original, mais elle suffirait pour faire sentir que l'élégance, les effets pittoresques, et l'harmonie de Virgile n'égalent point la magnificence de la peinture d'Homère.

Fénélon, dans le quatrième livre de Télémaque, a embelli Homère avec les grâces d'une riante imagination ; mais le triomphe d'Amphitrite est une description bien placée dans la bouche de Télémaque, tranquille auprès de Calypso, et pre-

---

[1] *Iliade*, ch. XIII, v. 17.

nant, comme un jeune homme, quelque plaisir à charmer par d'agréables images la belle déesse et les jeunes nymphes qui l'écoutent. Virgile aurait eu tort de déployer la même richesse de couleurs; sa sobriété doit servir de leçons, mais cette sobriété devient quelquefois de la parcimonie. Fénélon, dans sa magnificence tempérée par le goût, peut nous apprendre ce qu'on peut ajouter à Virgile; Ovide, quand il ne se laisse point entraîner à une abondance stérile ou contraire à la vérité, nous donne souvent les mêmes leçons; mais il faut du jugement pour profiter à son école. Le commerce de ce poëte, inégal et facile, n'est pas sans dangers parce qu'il a beaucoup d'attraits.

La fiction de la perte de Palinure, imitée du troisième livre de l'Odyssée, est encore moins judicieuse dans l'imitateur que dans le modèle. La supercherie de Morphée, mais surtout l'action qui la suit, offrent un caractère odieux; elle est froidement cruelle, et n'a pas même pour excuse ou pour motif une de ces passions véhémentes qu'Homère prêtait sans scrupule à ses dieux. Fénélon plus sensé, Fénélon qui jugeait ses maîtres en les imitant, a montré plus de raison que Virgile. Dans le Télémaque, Neptune veut aussi complaire à Vénus, mais il ne choisit pas pour victime un homme expérimenté dans l'art de conduire un vaisseau; il aime d'ailleurs, dans les Phéniciens, un peuple qui honore son empire. Le dieu se contente d'envoyer au pilote Athamas des songes qui trompent ses yeux en lui montrant une fausse Ithaque, erreur qui jette Mentor et Télémaque dans l'île de Crète. Mais si vous admettez une fois la pensée de Virgile, vous serez ensuite forcé d'admirer l'illusion de vérité qu'il a répandue dans le court entretien de Morphée et de Palinure, et le talent du peintre dans l'assoupissement graduel et dans la chute du pilote. Énée donne des regrets assez faibles au guide de toute sa flotte; nous retrouverons, il est vrai, Palinure dans le sixième chant, mais un poëte appliqué à faire connaître le cœur de l'homme, ne doit jamais négliger les inspirations qui en sortent dans les premiers moments de la douleur. On ne se réserve pas ainsi pour pleurer ses amis; les larmes coulent au moment de leur perte, et les paroles s'échappent avec un accent qui pénètre d'abord tous ceux qui les entendent. Il manque ici quelques vers mélancoliques comme Virgile savait en faire, et un premier tribut de reconnaissance pour les services du malheureux Palinure.

Un poète bien inférieur à Virgile, mais qui a beaucoup de sens, Valerius Flaccus a réparé les omissions de Virgile; après avoir exprimé les regrets et les alarmes des Grecs sur la perte de Typhis, leur guide sur un élément terrible, et qu'ils connaissent si peu, il met dans la bouche de

Jason le touchant éloge de cet habile pilote, que chacun de ses compagnons voudrait sauver de préférence à tout autre.

O noble appui d'Argo, sans ton expérience
Comment nous hasarder sur cette mer immense ?
Qui saura, comme toi, consulter dans les cieux
Au sein des sombres nuits nos guides radieux.
En quelles mains, dis-moi ; veux-tu que je confie
Le sort de tant de rois, et de ta nef chérie [1] ?
Qui pourra de mes nuits assurer le repos ?
Voilà ce qu'ont produit tant d'assidus travaux,
Et cette activité fatale et meurtrière
Qui souvent du sommeil a frustré ta paupière
Et s'épuisait toujours en de nouveaux efforts,
Depuis que de Colchos se rapprochaient les bords.
Combien ta mort de nous éloigne la Colchide [2] !
Mais que ton art du moins nous protége et nous guide,
Et si le même attrait qui nous charme ici bas,
Dans nos âmes survit après le noir trépas,
A ta poupe reviens, ombre chère et propice,
Pour instruire un pilote au gouvernail novice.

On lit dans le texte :

Nunc quoque, si tenui superant in imagine terræ,
Adsis umbra, precor, venturi prescia cœli,
Rectoremque tuæ moneas navis.

Le texte dit avec une rare précision :
Cui Mynias, caramque ratem, cui sidera tradis ?

[2] . . . . . et admotis nimium mens anxia Colchis.

38*

Ah! si les soins de la terre survivent encore dans notre vaine image, ombre chérie, rends-nous ta présence, je t'en supplie; habile à deviner les menaces ou les promesses du ciel, viens guider par tes conseils le novice pilote de ton vaisseau [1].

Assurément, ces heureuses inspirations valent mieux que l'indifférence de la flotte troyenne, et les faibles regrets d'Enée qui, parfois trop facile à s'attendrir, aurait pu être moins avare de larmes et de paroles dans cette circonstance. Des critiques ont remarqué encore qu'Enée prend le gouvernail de sa flotte, sans que cette action tourne en rien à sa gloire, ni au salut des siens, dont une mer aplanie et un ciel serein favorisent la navigation.

Trop souvent les inventions de Virgile n'ont pas plus de motifs que de conséquences; n'étant ni nécessaires ni utiles, ni propres à faire éclater les sentiments et les passions des personnages, elles n'inspirent qu'un médiocre intérêt. A l'exemple d'Homère, Fénélon a toujours un but dans ses fictions. L'exemple que nous citions tout à l'heure sert de preuve à cette opinion qu'une dernière citation va confirmer encore.

---

[1] Liv. v, v. 44 et suivans.

Les Vents, dociles aux ordres de Neptune, ont poussé le vaisseau de Télémaque sur les côtes de l'Hespérie. Déjà l'aurore annonçait le jour, quand le pilote s'écria : « Enfin, je n'en puis plus douter, nous touchons presque à l'île d'Ithaque ; Télémaque, réjouissez-vous : dans une heure vous pourrez revoir Pénélope, et peut-être trouver Ulysse remonté sur son trône. »

A ce cri, Télémaque qui était immobile dans les bras du sommeil, s'éveille, se lève, monte au gouvernail, embrasse le pilote, et de ses yeux à peine encore ouverts, regarde fixement les rivages de sa patrie. « Hélas ! où sommes-nous ? dit-il : ce n'est point là ma chère Ithaque. Vous vous êtes trompé, Athamas, vous connaissez mal cette côte si éloignée de votre pays. » Athamas persiste dans son erreur, et peint avec les couleurs les plus vives cette Ithaque dont un dieu trompeur montre à ses yeux fascinés l'image la plus fidèle. « Vous vous trompez, ô Athamas, répond Télémaque, je vois au contraire, une côte assez relevée, mais aride ; j'aperçois une ville qui n'est point Ithaque. O dieux ! Est-ce ainsi que vous vous jouez des hommes ! » Tout à coup les yeux d'Athamas sont changés, il reconnaît Salente ; et pendant que Télémaque déplorait son malheur, le vaisseau, secondé par le souffle des vents, vole et entre dans le port.

La douleur de Télémaque pourrait être plus vivement exprimée; son père, victime du même malheur, dans l'Odyssée, parle avec bien plus de chaleur, ses regrets ont bien plus d'amertume; mais les sentiments d'un homme long-temps éprouvé, ont des racines bien plus profondes que ceux de la jeunesse. Ulysse est époux, père et fils tout ensemble; il redemande un trône et un peuple; il regrette surtout sa patrie qui fuit devant lui depuis dix années, cette patrie qu'il a connue dès le berceau, où son enfance a été nourrie, où il a goûté les premiers plaisirs de la jeunesse, où son amour a été couronné par un hymen plein de délices, où la plus belle, la plus chaste des femmes lui a donné un héritier de sa couronne, où il espère arriver pour embrasser sa mère Anticlée, pour fermer les yeux du vénérable Laërte. Un infortuné qui a de tels sentiments dans le cœur, et que les dieux ont soumis à de si longues épreuves, ne peut parler de sa patrie sans nous arracher des larmes. Toutefois l'amour filial aurait dû suffire pour donner plus d'âme aux regrets de Télémaque, que l'on nous a représenté comme occupé depuis si long-temps à chercher son père; il ne mérite point assez les leçons que lui fait Mentor sur la nécessité du courage. Mais rendez sa surprise plus vive et plus douloureuse, prêtez un accent plus vrai à ses reproches sur la cruelle illusion d'Athamas, peignez avec plus de force le passage subit de la joie à des regrets si cruels, et vous aurez, dans la scène que Fénélon a placée sous vos yeux, un nouveau modèle de l'art de mettre en harmonie toutes les parties d'un poëme, et de leur donner l'enchaînement des scènes qui contribuent à remplir une grande action dramatique.

Le séjour d'Énée en sicile, et l'épisode des jeux funèbres, paraissent n'occuper que dix ou douze jours dans les voyages d'Énée; cette raison répond aux critiques qui accusaient cet incident de faire languir l'action; certes on peut facilement prendre quelque patience pour entendre les admirables vers de Virgile, et se délasser un moment par les divers spectacles qu'il expose à nos regards. Si le cinquième livre a, comme le troisième, le défaut de ne pouvoir soutenir la comparaison avec l'apparition d'Hector, la catastrophe de Troie, l'épisode d'Andromaque, les images et la peinture éloquente d'une passion qui exerce un si grand empire sur le cœur de tous les hommes; si Énée ne joue pas ici un rôle assez élevé; s'il ne se montre pas assez digne de cette faveur du ciel qui ne s'attache qu'à des vertus sublimes et à de grandes actions, il se relève du moins de son abaissement à Carthage. Il ne pouvait sans rougir passer des bras de Didon trahie ou délaissée, aux Champs-Élysées. Le poëte habile efface, par une transition habilement préparée, le souvenir importun des fautes du héros, transformé par Vénus en un dieu, qui trahit notre attente par une conduite vulgaire. C'est en sortant du bûcher paternel que le plus religieux des fils va descendre au séjour des âmes justes; c'est le fondateur d'une ville nouvelle, c'est un prince récemment honoré par Jupiter d'un prodige favorable à tout le peuple troyen, qui va chercher les secrets d'un autre monde, et voir apparaître devant lui sa postérité.

FIN DU DEUXIÈME VOLUME.

AENEIDOS

LIBER QUINTUS.

Interea medium Aeneas jam classe tenebat
Certus iter, fluctusque atros Aquilone secabat,
Moenia respiciens, quae jam infelicis Elissae
Collucent flammis. Quae tantum accenderit ignem
Causa latet; duri magno sed amore dolores
Polluto, notumque furens quid femina possit,
Triste per augurium Teucrorum pectora ducunt.
  Ut pelagus tenuere rates, nec jam amplius ulla
Occurrit tellus, maria undique et undique coelum;
Olli caeruleus supra caput adstitit imber,
Noctem hiememque ferens, et inhorruit unda tenebris.
Ipse gubernator puppi Palinurus ab alta:
Heu! quianam tanti cinxerunt aethera nimbi?
Quidve, pater Neptune, paras? Sic deinde locutus,
Colligere arma jubet, validisque incumbere remis;
Obliquatque sinus in ventum, ac talia fatur:
Magnanime Aenea, non, si mihi Juppiter auctor
Spondeat, hoc sperem Italiam contingere coelo.
Mutati transversa fremunt, et vespere ab atro
Consurgunt venti, atque in nubem cogitur aër.

Nec nos obniti contra, nec tendere tantum,
Sufficimus: superat quoniam fortuna, sequamur;
Quoque vocat vertamus iter. Nec littora longe
Fida reor fraterna Erycis, portusque Sicanos,
Si modo rite memor servata remetior astra.
Tum pius Aeneas: Equidem sic poscere ventos
Jam dudum, et frustra cerno te tendere contra;
Flecte viam velis. An sit mihi gratior ulla,
Quove magis fessas optem demittere naves,
Quam quæ Dardanium tellus mihi servat Acesten,
Et patris Anchisæ gremio complectitur ossa?
Hæc ubi dicta, petunt portus, et vela secundi
Intendunt Zephyri: fertur cita gurgite classis,
Et tandem læti notæ advertuntur arenæ.

At procul excelso miratus vertice montis
Adventum sociasque rates, occurrit Acestes,
Horridus in jaculis et pelle Libystidis ursæ;
Troïa Criniso conceptum flumine mater
Quem genuit. Veterum non immemor ille parentum,
Gratatur reduces; et gaza lætus agresti
Excipit, ac fessos opibus solatur amicis.

Postera quum primo stellas oriente fugarat
Clara dies, socios in cœtum littore ab omni
Advocat Aeneas, tumulique ex aggere fatur:
Dardanidæ magni, genus alto a sanguine divûm,
Annuus exactis completur mensibus orbis,
Ex quo relliquias divinique ossa parentis
Condidimus terra, mæstasque sacravimus aras.
Jamque dies, ni fallor, adest, quem semper acerbum,
Semper honoratum (sic di, voluistis) habebo.

Hunc ego Gætulis agerem si syrtibus exsul,
Argolicove mari deprensus, et urbe Mycenæ;
Annua vota tamen solemnesque ordine pompas
Exsequerer, struerēmque suis altaria donis.
Nunc ultro ad cineres ipsius et ossa parentis,
Haud equidem sine mente, reor, sine numine divûm,
Adsumus, et portus delati intramus amicos.
Ergo agite, et lætum cuncti celebremus honorem:
Poscamus ventos, atque hæc me sacra quot annis
Urbe velit positâ templis sibi ferre dicatis.
Bina boum vobis Troja generatus Acestes
Dat numero capita in naves: adhibete Penates
Et patrios epulis, et quos colit hospes Acestes.
Præterea, si nona diem mortalibus almum
Aurora extulerit, radiisque retexerit orbem,
Prima citæ Teucris ponam certamina classis:
Quique pedum cursu valet, et qui viribus audax,
Aut jaculo incedit melior levibusque sagittis,
Seu crudo fidit pugnam committere cestu;
Cuncti adsint, meritæque exspectent præmia palmæ.
Ore favete omnes, et tempora cingite ramis.

 Sic fatus, velat materna tempora myrto;
Hoc Helymus facit, hoc ævi maturus Acestes,
Hoc puer Ascanius; sequitur quos cetera pubes.
Ille e concilio multis cum millibus ibat
Ad tumulum, magna medius comitante caterva.
Hic duo rite mero libans carchesia baccho
Fundit humi, duo lacte novo, duo sanguine sacro;
Purpureosque jacit flores, ac talia fatur:
Salve, sancte parens, iterum: salvete, recepti

Nequidquam cineres, animæque umbræque paternæ.
Non licuit fines Italos, fataliaque arva,
Nec tecum Ausonium, quicumque est, quærere Tibrim.
Dixerat hæc, adytis quum lubricus anguis ab imis
Septem ingens gyros, septena volumina traxit,
Amplexus placide tumulum, lapsusque per aras,
Cæruleæ cui terga notæ, maculosus et auro
Squamam incendebat fulgor; ceu nubibus arcus
Mille jacit varios, adverso sole, colores.
Obstupuit visu Æneas. Ille, agmine longo
Tandem inter pateras et levia pocula serpens,
Libavitque dapes, rursusque innoxius imo
Successit tumulo, et depasta altaria liquit.
Hoc magis inceptos genitori instaurat honores,
Incertus geniumne loci, famulumne parentis,
Esse putet; cædit binas de more bidentes,
Totque sues, totidem nigrantes terga juvencos:
Vinaque fundebat pateris, animamque vocabat
Anchisæ magni, Manesque Acheronte remissos.
Nec non et socii, quæ cuique est copia, læti
Dona ferunt, onerantque aras, mactantque juvencos:
Ordine ahena locant alii; fusique per herbam
Subjiciunt verubus prunas, et viscera torrent.
  Exspectata dies aderat, nonamque serena
Auroram Phaëtontis equi jam luce vehebant:
Famaque finitimos et clari nomen Acestæ
Excierat: læto complerant littora cœtu,
Visuri Æneadas, pars et certare parati.
Munera principio ante oculos circoque locantur
In medio; sacri tripodes, viridesque coronæ,

Et palmæ, pretium victoribus; armaque, et ostro
Perfusæ vestes, argenti aurique talenta:
Et tuba commissos medio canit aggere ludos.

Prima pares ineunt gravibus certamina remis
Quattuor ex omni delectæ classe carinæ.
Velocem Mnestheus agit acri remige Pristin,
Mox Italus Mnestheus, genus a quo nomine Memmî;
Ingentemque Gyas ingenti mole Chimæram,
Urbis opus, triplici pubes quam Dardana versu
Impellunt, terno consurgunt ordine remi;
Sergestusque, domus tenet a quo Sergia nomen,
Centauro invehitur magna; Scyllaque Cloanthus
Cærulea, genus unde tibi, romane Cluenti.

Est procul in pelago saxum, spumantia contra
Littora, quod tumidis submersum tunditur olim
Fluctibus, hiberni condunt ubi sidera Cori:
Tranquillo silet, immotaque attollitur unda
Campus, et apricis statio gratissima mergis.
Hic viridem Aeneas frondenti ex ilice metam
Constituit signum nautis pater, unde reverti
Scirent, et longos ubi circumflectere cursus.
Tum loca sorte legunt; ipsique in puppibus auro
Ductores longe effulgent ostroque decori.
Cetera populea velatur fronde juventus,
Nudatosque humeros oleo perfusa nitescit:
Considunt transtris, intentaque brachia remis;
Intenti exspectant signum; exsultantiaque haurit
Corda pavor pulsans, laudumque arrecta cupido.
Inde, ubi clara dedit sonitum tuba, finibus omnes,
Haud mora, prosiluere suis; ferit æthera clamor

Nauticus; adductis spumant freta versa lacertis.
Infindunt pariter sulcos; totumque dehiscit
Convulsum remis rostrisque tridentibus æquor.
Non tam præcipites bijugo certamine campum
Corripuere, ruuntque effusi carcere currus;
Nec sic immissis aurigæ undantia lora
Concussere jugis, pronique in verbera pendent.
Tum plausu fremituque virûm, studiisque faventum,
Consonat omne nemus; vocemque inclusa volutant
Littora; pulsati colles clamore resultant.
Effugit ante alios, primisque elabitur undis
Turbam inter fremitumque Gyas: quem deinde Cloanthus
Consequitur, melior remis; sed pondere pinus
Tarda tenet. Post hos æquo discrimine Pristis
Centaurusque locum tendunt superare priorem.
Et nunc Pristis habet, nunc victam præterit ingens
Centaurus; nunc una ambæ junctisque feruntur
Frontibus, et longa sulcant vada salsa carina.
Jamque propinquabant scopulo, metamque tenebant,
Quum princeps medioque Gyas in gurgite victor
Rectorem navis compellat voce Menœten:
Quo tantum mihi dexter abis? huc dirige gressum;
Littus ama, et lævas stringat sine palmula cautes:
Altum alii teneant. Dixit; sed cæca Menœtes
Saxa timens proram pelagi detorquet ad undas.
Quo diversus abis? iterum; pete saxa, Menœte,
Cum clamore Gyas revocabat. Et ecce Cloanthum
Respicit instantem tergo, et propiora tenentem.
Ille inter navemque Gyæ scopulosque sonantes
Radit iter lævum interior, subitoque priorem

LIBER V.

Præterit, et metis tenet æquora tuta relictis.
Tum vero exarsit juveni dolor ossibus ingens;
Nec lacrymis caruere genæ; segnemque Menœten,
Oblitus decorisque sui sociûmque salutis,
In mare præcipitem puppi deturbat ab alta.
Ipse gubernaclo rector subit, ipse magister:
Hortaturque viros, clavumque ad littora torquet.
At gravis, ut fundo vix tandem redditus imo est,
Jam senior, madidaque fluens in veste Menœtes,
Summa petit scopuli, siccaque in rupe resedit.
Illum et labentem Teucri et risere natantem;
Et salsos rident revomentem pectore fluctus.
Hic læta extremis spes est accensa duobus,
Sergesto Mnestheique, Gyan superare morantem.
Sergestus capit ante locum, scopuloque propinquat,
Nec tota tamen ille prior præeunte carina;
Parte prior, partem rostro premit æmula Pristis.
At media socios incedens nave per ipsos
Hortatur Mnestheus: Nunc, nunc, insurgite remis,
Hectorei socii, Trojæ quos sorte suprema
Delegi comites: nunc illas promite vires,
Nunc animos, quibus in Gætulis syrtibus usi,
Ionioque mari, Maleæque sequacibus undis.
Non jam prima peto Mnestheus, neque vincere certo:
Quamquam o! sed superent quibus hoc, Neptune, dedisti.
Extremos pudeat rediisse: hoc vincite, cives,
Et prohibete nefas. Olli certamine summo
Procumbunt; vastis tremit ictibus ærea puppis,
Subtrahiturque solum: tum creber anhelitus artus
Aridaque ora quatit; sudor fluit undique rivis.

Attulit ipse viris optatum casus honorem :
Namque, furens animi, dum proram ad saxa suburget
Interior, spatioque subit Sergestus iniquo,
Infelix saxis in procurrentibus hæsit.
Concussæ cautes, et acuto in murice remi
Obnixi crepuere, illisaque prora pependit.
Consurgunt nautæ, et magno clamore morantur:
Ferratasque trudes et acuta cuspide contos
Expediunt; fractosque legunt in gurgite remos.
At lætus Mnestheus, successuque acrior ipso,
Agmine remorum celeri, ventisque vocatis,
Prona petit maria, et pelago decurrit aperto.
Qualis spelunca subito commota columba,
Cui domus et dulces latebroso in pumice nidi,
Fertur in arva volans, plausumque exterrita pennis
Dat tecto ingentem ; mox aëre lapsa quieto,
Radit iter liquidum, celeres neque commovet alas :
Sic Mnestheus, sic ipsa fuga secat ultima Pristis
Aequora ; sic illam fert impetus ipse volantem.
Et primum in scopulo luctantem deserit alto
Sergestum, brevibusque vadis, frustraque vocantem
Auxilia, et fractis discentem currere remis.
Inde Gyan ipsamque ingenti mole Chimæram
Consequitur: cedit, quoniam spoliata magistro est.
Solus jamque ipso superest in fine Cloanthus;
Quem petit, et summis adnixus viribus urget.
Tum vero ingeminat clamor, cunctique sequentem
Instigant studiis, resonatque fragoribus æther.
Hi proprium decus et partum indignantur honorem
Ni teneant, vitamque volunt pro laude pacisci.

LIBER V.

Hos successus alit: possunt, quia posse videntur.
Et fors æquatis cepissent præmia rostris,
Ni palmas ponto tendens utrasque Cloanthus
Fudissetque preces, divosque in vota vocasset:
Di quibus imperium est pelagi, quorum æquora curro,
Vobis lætus ego hoc candentem in littore taurum
Constituam ante aras, voti reus, extaque salsos
Porriciam in fluctus, et vina liquentia fundam.
Dixit: eumque imis sub fluctibus audiit omnis
Nereïdum Phorcique chorus, Panopeaque virgo;
Et pater ipse manu magna Portunus euntem
Impulit: illa Noto citius volucrique sagittâ
Ad terram fugit, et portu se condidit alto.

Tum satus Anchisa, cunctis ex more vocatis,
Victorem magna præconis voce Cloanthum
Declarat, viridique advelat tempora lauro:
Muneraque in naves, ternos optare juvencos,
Vinaque, et argenti magnum dat ferre talentum.
Ipsis præcipuos ductoribus addit honores:
Victori chlamydem auratam, quam plurima circum
Purpura Mæandro duplici Melibœa cucurrit:
Intextusque puer frondosa regius Ida
Veloces jaculo cervos cursuque fatigat,
Acer, anhelanti similis; quem præpes ab Ida
Sublimem pedibus rapuit Jovis armiger uncis;
Longævi palmas nequidquam ad sidera tendunt
Custodes, sævitque canum latratus in auras.
At, qui deinde locum tenuit virtute secundum,
Levibus huic hamis consertam auroque trilicem
Loricam, quam Demoleo detraxerat ipse

Victor apud rapidum Simoënta sub Ilio alto,
Donat habere viro, decus et tutamen in armis.
Vix illam famuli Phegeus Sagarisque ferebant
Multiplicem, connixi humeris; indutus at olim
Demoleos cursu palantes Troas agebat.
Tertia dona facit geminos ex ære lebetas,
Cymbiaque argento perfecta, atque aspera signis.
Jamque adeo donati omnes, opibusque superbi,
Puniceis ibant evincti tempora tæniis;
Quum, sævo e scopulo multa vix arte revulsus,
Amissis remis, atque ordine debilis uno,
Irrisam sine honore ratem Sergestus agebat.
Qualis sæpe viæ deprensus in aggere serpens,
Aerea quem obliquum rota transiit, aut gravis ictu
Seminecem liquit saxo lacerumque viator,
Nequidquam longos fugiens dat corpore tortus,
Parte ferox, ardensque oculis, et sibila colla
Arduus attollens; pars vulnere clauda retentat
Nexantem nodis, seque in sua membra plicantem :
Tali remigio navis se tarda movebat;
Vela facit tamen, et velis subit ostia plenis.
Sergestum Aeneas promisso munere donat,
Servatam ob navem lætus sociosque reductos.
Olli serva datur operum haud ignara Minervæ,
Cressa genus Pholoë, geminique sub ubere nati.

   Hoc pius Aeneas misso certamine tendit
Gramineum in campum, quem collibus undique curvis
Cingebant silvæ; mediaque in valle theatri
Circus erat, quo se multis cum millibus heros
Consessu medium tulit, exstructoque resedit.

Hic qui fortè velint rapido contendere cursu
Invitat pretiis animos, et præmia ponit.
Undique conveniunt Teucri, mixtique Sicani :
Nisus et Euryalus primi ;
Euryalus forma insignis viridique juventa,
Nisus amore pio pueri : quos deinde secutus
Regius egregia Priami de stirpe Diores :
Hunc Salius, simul et Patron; quorum alter Acarnan,
Alter ab Arcadio Tegeæ sanguine gentis :
Tum duo Trinacrii juvenes, Helymus Panopesque,
Assueti silvis, comites senioris Acestæ :
Múlti præterea quos fama obscura recondit.
Aeneas quibus in mediis sic deinde locutus :
Accipite hæc animis, lætasque advertite mentes :
Nemo ex hoc numero mihi non donatus abibit.
Gnosia bina dabo levato lucida ferro
Spicula, cælatamque argento ferre bipennem :
Omnibus hic erit honos. Tres præmia primi
Accipient, flavaque caput nectentur oliva.
Primus equum phaleris insignem victor habeto.
Alter Amazoniam pharetram, plenamque sagittis
Threïciis, lato quam circumplectitur auro
Balteus, et tereti subnectit fibula gemmâ.
Tertius Argolica hac galea contentus abito.
Hæc ubi dicta, locum capiunt; signoque repente
Corripiunt spatia audito, limenque relinquunt
Effusi nimbo similes ; simul ultima signant.
Primus abit, longeque ante omnia corpora Nisus
Emicat, et ventis et fulminis ocior alis.
Proximus huic, longo sed proximus intervallo,

Insequitur Salius. Spatio post deinde relicto,
Tertius Euryalus.
Euryalumque Helymus sequitur. Quo deinde sub ipso
Ecce volat, calcemque terit jam calce Diores,
Incumbens humero : spatia et si plura supersint,
Transeat elapsus prior, ambiguumve relinquat.
Jamque fere spatio extremo fessique sub ipsam
Finem adventabant, levi quum sanguine Nisus
Labitur infelix ; cæsis ut forte juvencis
Fusus humum viridesque super madefecerat herbas.
Hic juvenis, jam victor ovans, vestigia presso
Haud tenuit titubata solo ; sed pronus in ipso
Concidit immundoque fimo sacroque cruore.
Non tamen Euryali, non ille oblitus amorum ;
Nam sese opposuit Salio, per lubrica surgens.
Ille autem spissa jacuit revolutus arena.
Emicat Euryalus, et munere victor amici
Prima tenet, plausuque volat fremituque secundo.
Post Helymus subit, et nunc tertia palma Diores.
Hic totum caveæ consessum ingentis et ora
Prima patrum magnis Salius clamoribus implet ;
Ereptumque dolo reddi sibi poscit honorem.
Tutatur favor Euryalum, lacrymæque decoræ,
Gratior et pulchro veniens in corpore virtus.
Adjuvat, et magna proclamat voce Diores,
Qui subiit palmæ, frustraque ad præmia venit
Ultima, si primi Salio redduntur honores.
Tum pater Aeneas : Vestra, inquit, munera vobis
Certa manent, pueri ; et palmam movet ordine nemo :
Me liceat casus miserari insontis amici.

Sic fatus, tergum Gætuli immane leonis
Dat Salio, villis onerosum atque unguibus aureis.
Hic Nisus : Si tanta, inquit, sunt præmia victis,
Et te lapsorum miseret; quæ munera Niso
Digna dabis, primam merui qui laude coronam,
Ni me, quæ Salium, fortuna inimica tulisset?
Et simul his dictis faciem ostentabat, et udo
Turpia membra fimo. Risit pater optimus olli,
Et clypeum efferri jussit, Didymaonis artes,
Neptuni sacro Danais de poste refixum.
Hoc juvenem egregium præstanti munere donat.

 Post, ubi confecti cursus, et dona peregit :
Nunc, si cui virtus animusque in pectore præsens,
Adsit, et evinctis attollat brachia palmis.
Sic ait; et geminum pugnæ proponit honorem :
Victori velatum auro vittisque juvencum;
Ensem, atque insignem galeam, solatia victo.
Nec mora; continuo vastis cum viribus effert
Ora Dares, magnoque virûm se murmure tollit :
Solus qui Paridem solitus contendere contra;
Idemque ad tumulum quo maximus occubat Hector
Victorem Buten immani corpore, qui se
Bebrycia veniens Amyci de gente ferebat,
Perculit, et fulva moribundum extendit arena.
Talis prima Dares caput altum in prœlia tollit :
Ostenditque humeros latos, alternaque jactat
Brachia protendens, et verberat ictibus auras.
Quæritur huic alius : nec quisquam ex agmine tanto
Audet adire virum, manibusque inducere cestus.
Ergo alacris, cunctosque putans excedere palma,

Aeneæ stetit ante pedes; nec plura moratus,
Tum læva taurum cornu tenet, atque ita fatur :
Nate dea, si nemo audet se credere pugnæ,
Quæ finis standi? quo me decet usque teneri?
Ducere dona jube. Cuncti simul ore fremebant
Dardanidæ, reddique viro promissa jubebant.
Hic gravis Entellum dictis castigat Acestes,
Proximus ut viridante toro consederat herbæ :
Entelle, heroum quondam fortissime frustra,
Tantane tam patiens nullo certamine tolli
Dona sines? ubi nunc nobis deus ille, magister
Nequidquam memoratus, Eryx? ubi fama per omnem
Trinacriam, et spolia illa tuis pendentia tectis?
Ille sub hæc : Non laudis amor, nec gloria cessit
Pulsa metu; sed enim gelidus tardante senecta
Sanguis hebet, frigentque effetæ in corpore vires.
Si mihi, quæ quondam fuerat, quaque improbus iste
Exsultat fidens, si nunc foret illa juventas;
Haud equidem pretio inductus pulchroque juvenco
Venissem : nec dona moror. Sic deinde locutus,
In medium geminos immani pondere cestus
Projecit, quibus acer Eryx in prœlia suetus
Ferre manum, duroque intendere brachia tergo.
Obstupuere animi : tantorum ingentia septem
Terga boum plumbo insuto ferroque rigebant.
Ante omnes stupet ipse Dares, longeque recusat :
Magnanimusque Anchisiades et pondus et ipsa
Huc illuc vinclorum immensa volumina versat.
Tum senior tales referebat pectore voces :
Quid, si quis cestus ipsius et Herculis arma

LIBER V.

Vidisset, tristemque hoc ipso in littore pugnam?
Hæc germanus Eryx quondam tuus arma gerebat:
Sanguine cernis adhuc fractoque infecta cerebro.
His magnum Alciden contra stetit: his ego suetus,
Dum melior vires sanguis dabat, æmula necdum
Temporibus geminis canebat sparsa senectus.
Sed, si nostra Dares hæc Troius arma recusat,
Idque pio sedet Aeneæ, probat auctor Acestes,
Aequemus pugnas. Erycis tibi terga remitto;
Solve metus; et tu Trojanos exue cestus.
Hæc fatus, duplicem ex humeris rejecit amictum;
Et magnos membrorum artus, magna ossa, lacertosque,
Exuit, atque ingens media consistit arena.
Tum satus Anchisa cestus pater extulit æquos,
Et paribus palmas amborum innexuit armis.
Constitit in digitos extemplo arrectus uterque,
Brachiaque ad superas interritus extulit auras.
Abduxere retro longe capita ardua ab ictu;
Immiscentque manus manibus, pugnamque lacessunt.
Ille pedum melior motu, fretusque juventa:
Hic membris et mole valens; sed tarda trementi
Genua labant; vastos quatit æger anhelitus artus.
Multa viri nequidquam inter se vulnera jactant,
Multa cavo lateri ingeminant, et pectore vastos
Dant sonitus; erratque aures et tempora circum
Crebra manus; duro crepitant sub vulnere malæ.
Stat gravis Entellus, nisuque immotus eodem,
Corpore tela modo atque oculis vigilantibus exit.
Ille, velut celsam oppugnat qui molibus urbem,
Aut montana sedet circum castella sub armis,

Nunc hos, nunc illos aditus, omnemque pererrat
Arte locum, et variis assultibus irritus urget.
Ostendit dextram insurgens Entellus, et alte
Extulit; ille ictum venientem a vertice velox
Praevidit, celerique elapsus corpore cessit.
Entellus vires in ventum effundit, et ultro
Ipse gravis graviterque ad terram pondere vasto
Concidit: ut quondam cava concidit, aut Erymantho,
Aut Ida in magna, radicibus eruta pinus.
Consurgunt studiis Teucri et Trinacria pubes;
It clamor coelo; primusque accurrit Acestes,
Aequaevumque ab humo miserans attollit amicum.
At, non tardatus casu neque territus, heros
Acrior ad pugnam redit, ac vim suscitat ira;
Tum pudor incendit vires, et conscia virtus:
Praecipitemque Daren ardens agit aequore toto,
Nunc dextra ingeminans ictus, nunc ille sinistra.
Nec mora, nec requies: quam multa grandine nimbi
Culminibus crepitant, sic densis ictibus heros
Creber utraque manu pulsat versatque Dareta.
Tum pater Aeneas procedere longius iras
Et saevire animis Entellum haud passus acerbis:
Sed finem imposuit pugnae, fessumque Dareta
Eripuit, mulcens dictis; ac talia fatur:
Infelix! quae tanta animum dementia cepit!
Non vires alias, conversaque numina, sentis?
Cede deo. Dixitque, et proelia voce diremit.
Ast illum fidi aequales, genua aegra trahentem,
Jactantemque utroque caput, crassumque cruorem
Ore ejectantem mixtosque in sanguine dentes,

LIBER V.

Ducunt ad naves : galeamque ensemque, vocati,
Accipiunt; palmam Entello taurumque relinquunt.
Hic victor, superans animis, tauroque superbus :
Nate dea, vosque hæc, inquit, cognoscite, Teucri,
Et mihi quæ fuerint juvenali in corpore vires,
Et qua servetis revocatum a morte Dareta.
Dixit, et adversi contra stetit ora juvenci,
Qui donum adstabat pugnæ; durosque reducta
Libravit dextra media inter conua cestus
Arduus, effractoque illisit in ossa cerebro.
Sternitur, exanimisque tremens procumbit humi bos.
Ille super tales effundit pectore voces :
Hanc tibi, Eryx, meliorem animam pro morte Daretis
Persolvo : hic victor cestus artemque repono.

   Protenus Aeneas celeri certare sagitta
Invitat qui forte velint, et præmia ponit :
Ingentique manu malum de nave Seresti
Erigit; et volucrem trajecto in fune columbam,
Quo tendant ferrum, malo suspendit ab alto.
Convenere viri, dejectamque ærea sortem
Accepit galea : et primus clamore secundo
Hyrtacidæ ante omnes exit locus Hippocoontis :
Quem modo navali Mnestheus certamine victor
Consequitur, viridi Mnestheus evinctus oliva.
Tertius Eurytion, tuus, o clarissime, frater,
Pandare, qui quondam, jussus confundere fœdus,
In medios telum torsisti primus Achivos.
Extremus galeaque ima subsedit Acestes;
Ausus et ipse manu juvenum tentare laborem.
Tum validis flexos incurvant viribus arcus

Pro se quisque viri, et de promunt tela pharetris:
Primaque per coelum nervo stridente sagitta
Hyrtacidae juvenis volucres diverberat auras,
Et venit, adversique infigitur arbore mali.
Intremuit malus, timuitque exterrita pennis
Ales, et ingenti sonuerunt omnia plausu.
Post acer Mnestheus adducto constitit arcu,
Alta petens; pariterque oculos telumque tetendit:
Ast ipsam miserandus avem contingere ferro
Non valuit; nodos et vincula linea rupit,
Queis innexa pedem malo pendebat ab alto.
Illa Notos atque atra volans in nubila fugit.
Tum rapidus, jam dudum arcu contenta parato
Tela tenens, fratrem Eurytion in vota vocavit,
Jam vacuo laetam coelo speculatus; et alis
Plaudentem nigra figit sub nube columbam.
Decidit exanimis, vitamque reliquit in astris
Aetheriis, fixamque refert delapsa sagittam.
Amissa solus palma superabat Acestes;
Qui tamen aërias telum contendit in auras,
Ostentans artemque pater, arcumque sonantem.
Hic oculis subitum objicitur magnoque futurum
Augurio monstrum: docuit post exitus ingens;
Seraque terrifici cecinerunt omina vates.
Namque volans liquidis in nubibus arsit arundo,
Signavitque viam flammis, tenuesque recessit
Consumpta in ventos: coelo ceu saepe refixa
Transcurrunt crinemque volantia sidera ducunt.
Attonitis haesere animis, superosque precati,
Trinacrii Teucrique viri: nec maximus omen

LIBER V.

Abnuit Aeneas; sed lætum amplexus Acesten
Muneribus cumulat magnis, ac talia fatur:
Sume, pater; nam te voluit rex magnus Olympi
Talibus auspiciis exsortem ducere honores.
Ipsius Anchisæ longævi hoc munus habebis,
Cratera impressum signis, quem Thracius olim
Anchisæ genitori in magno munere Cisseus
Ferre sui dederat monumentum et pignus amoris.
Sic fatus, cingit viridanti tempora lauro,
Et primum ante omnes victorem appellat Acesten.
Nec bonus Eurytion prælato invidit honori,
Quamvis solus avem cœlo dejecit ab alto.
Proximus ingreditur donis, qui vincula rupit:
Extremus, volucri qui fixit arundine malum.

At pater Aeneas, nondum certamine misso,
Custodem ad sese comitemque impubis Iuli
Epytiden vocat; et fidam sic fatur ad aurem:
Vade age, et Ascanio, si jam puerile paratum
Agmen habet secum, cursusque instruxit equorum,
Ducat avo turmas, et sese ostendat in armis,
Dic, ait. Ipse omnem longo decedere circo
Infusum populum, et campos jubet esse patentes.
Incedunt pueri, pariterque ante ora parentum
Frenatis lucent in equis: quos omnis euntes
Trinacriæ mirata fremit Trojæque juventus.
Omnibus in morem tonsa coma pressa corona:
Cornea bina ferunt præfixo hastilia ferro;
Pars leves humero pharetras; it pectore summo
Flexilis obtorti per collum circulus auri.
Tres equitum numero turmæ, ternique vagantur

ÆNEIDOS

Ductores; pueri bis seni, quemque secuti,
Agmine partito fulgent, paribusque magistris.
Una acies juvenum, ducit quam parvus ovantem
Nomen avi referens Priamus, tua clara, Polite,
Progenies, auctura Italos; quem Thracius albis
Portat equus bicolor maculis, vestigia primi
Alba pedis frontemque ostentans arduus albam.
Alter Atys, genus unde Atii duxere Latini;
Parvus Atys, pueroque puer dilectus Iulo.
Extremus, formaque ante omnes pulcher, Iulus
Sidonio est invectus equo, quem candida Dido
Esse sui dederat monumentum et pignus amoris.
Cetera Trinacriis pubes senioris Acestæ
Fertur equis.

 Excipiunt plausu pavidos, gaudentque tuentes
Dardanidæ, veterumque agnoscunt ora parentum.
Postquam omnem læti consessum oculosque suorum
Lustravere in equis, signum clamore paratis
Epytides longe dedit, insonuitque flagello.
Olli discurrere pares, atque agmina terni
Diductis solvere choris; rursusque vocati
Convertere vias, infestaque tela tulere.
Inde alios ineunt cursus, aliosque recursus,
Adversis spatiis; alternisque orbibus orbes
Impediunt, pugnæque cient simulacra sub armis.
Et nunc terga fuga nudant; nunc spicula vertunt
Infensi; facta pariter nunc pace feruntur.
Ut quondam Creta fertur labyrinthus in alta
Parietibus textum cæcis iter, ancipitemque
Mille viis habuisse dolum, qua signa sequendi

LIBER V.

Falleret indeprensus et irremeabilis error :
Haud alio Teucrûm nati vestigia cursu
Impediunt, texuntque fugas et prælia ludo;
Delphinum similes, qui per maria humida nando
Carpathium Libycumque secant, luduntque per undas.
Hunc morem, hos cursus, atque hæc certamina, primus
Ascanius, longam muris quum cingeret Albam,
Rettulit, et priscos docuit celebrare Latinos,
Quo puer ipse modo, secum quo Troïa pubes :
Albani docuere suos : hinc maxima porro
Accepit Roma, et patrium servavit honorem;
Trojaque nunc, pueri, Trojanum dicitur agmen.
Hac celebrata tenus sancto certamina patri.

   Hic primum fortuna fidem mutata novavit.
Dum variis tumulo referunt solemnia ludis,
Irim de cœlo misit Saturnia Juno
Iliacam ad classem, ventosque adspirat eunti,
Multa movens, necdum antiquum saturata dolorem.
Illa, viam celerans per mille coloribus arcum,
Nulli visa, cito decurrit tramite virgo.
Conspicit ingentem concursum, et littora lustrat,
Desertosque videt portus classemque relictam.

   At procul in sola secretæ Troades acta
Amissum Anchisen flebant, cunctæque profondum
Pontum adspectabant flentes : Heu ! tot vada fessis
Et tantum superesse maris! vox omnibus una.
Urbem orant; tædet pelagi perferre laborem.
Ergo inter medias sese, haud ignara nocendi,
Conjicit, et faciemque deæ vestemque reponit.
Fit Beroë, Tmarii conjux longæva Dorycli,

Cui genus, et quondam nomen, natique fuissent;
Ac sic Dardanidûm mediam se matribus infert:
O miseræ, quas non manus, inquit, Achaïca bello
Traxerit ad letum, patriæ sub mœnibus! o gens
Infelix, cui te exitio fortuna reservat!
Septima post Trojæ excidium jam vertitur æstas,
Quum freta, quum terras omnes, tot inhospita saxa,
Sideraque, emensæ ferimur; dum per mare magnum
Italiam sequimur fugientem, et volvimur undis.
Hic Erycis fines fraterni, atque hospes Acestes:
Quid prohibet muros jacere, et dare civibus urbem?
O patria! et rapti nequidquam ex hoste Penates!
Nullane jam Trojæ dicentur mœnia? nusquam
Hectoreos amnes, Xanthum et Simoënta, videbo?
Quin agite, et mecum infaustas exurite puppes.
Nam mihi Cassandræ per somnum vatis imago
Ardentes dare visa faces: Hic quærite Trojam,
Hic domus est, inquit, vobis. Jam tempus agi res;
Nec tantis mora prodigiis; en quattuor aræ
Neptuno; deus ipse faces animumque ministrat.

Hæc memorans, prima infensum vi corripit ignem;
Sublataque procul dextra connixa coruscat,
Et jacit. Arrectæ mentes stupefactaque corda
Iliadum. Hic una e multis, quæ maxima natu,
Pyrgo, tot Priami natorum regia nutrix:
Non Beroë vobis, non hæc Rhœteïa, matres,
Est Dorycli conjux: divini signa decoris
Ardentesque notate oculos; qui spiritus illi,
Qui vultus, vocisve sonus, vel gressus eunti.
Ipsa egomet dudum Beroën digressa reliqui

Aegram, indignantem tali quod sola careret
Munere, nec meritos Anchisae inferret honores.
Haec effata.
At matres, primo ancipites, oculisque malignis
Ambiguae, spectare rates, miserum inter amorem
Praesentis terrae, fatisque vocantia regna;
Quum dea se paribus per coelum sustulit alis,
Ingentemque fuga secuit sub nubibus arcum.
Tum vero attonitae monstris, actaeque furore,
Conclamant, rapiuntque focis penetralibus ignem
Pars spoliant aras, frondem ac virgulta facesque
Conjiciunt: furit immissis Vulcanus habenis
Transtra per, et remos, et pictas abiete puppes.
Nuntius Anchisae ad tumulum cuneosque theatri
Incensas perfert naves Eumelus; et ipsi
Respiciunt atram in nimbo volitare favillam.
Primus et Ascanius, cursus ut laetus equestres
Ducebat, sic acer equo turbata petivit
Castra; nec exanimes possunt retinere magistri.
Quis furor iste novus? quo nunc, quo tenditis, inquit,
Heu! miserae cives? non hostem, inimicaque castra
Argivûm, vestras spes uritis. En ego vester
Ascanius. Galeam ante pedes projecit inanem,
Qua ludo indutus belli simulacra ciebat.
Accelerat simul Aeneas, simul agmina Teucrûm.
Ast illae diversa metu per littora passim
Diffugiunt; silvasque, et sicubi concava furtim
Saxa, petunt: piget incepti, lucisque; suosque
Mutatae agnoscunt; excussaque pectore Juno est.
Sed non idcirco flammae atque incendia vires

Indomitas posuere : udo sub robore vivit
Stupa, vomens tardum fumum ; lentusque carinas
Est vapor, et toto descendit corpore pestis;
Nec vires heroum infusaque flumina prosunt.
Tum pius Aeneas humeris abscindere vestem,
Auxilioque vocare deos, et tendere palmas:
Juppiter omnipotens, si nondum exosus ad unum
Trojanos, si quid pietas antiqua labores
Respicit humanos; da flammam evadere classi
Nunc, pater, et tenues Teucrûm res eripe leto;
Vel tu, quod superest, infesto fulmine morti,
Si mereor, demitte, tuaque hic obrue dextra.
Vix haec ediderat, quum effusis imbribus atra
Tempestas sine more furit, tonitruque tremiscunt
Ardua terrarum, et campi; ruit aethere toto
Turbidus imber aqua, densisque nigerrimus Austris;
Implenturque super puppes; semiusta madescunt
Robora; restinctus donec vapor omnis, et omnes,
Quattuor amissis, servatae a peste carinae.
  At pater Aeneas, casu concussus acerbo,
Nunc huc ingentes nunc illuc pectore curas
Mutabat, versans : Siculisne resideret arvis,
Oblitus fatorum, Italasne capesseret oras.
Tum senior Nautes, unum Tritonia Pallas
Quem docuit, multaque insignem reddidit arte;
Hic responsa dabat, vel quae portenderet ira
Magna deûm, vel quae fatorum posceret ordo;
Isque his Aenean solatus vocibus infit :
Nate dea, quo fata trahunt retrahuntque sequamur.
Quidquid erit, superanda omnis fortuna ferendo est.

LIBER V.

Est tibi Dardanius divinæ stirpis Acestes :
Hunc cape consiliis socium, et conjunge volentem.
Huic trade amissis superant qui navibus, et quos
Pertæsum magni incepti rerumque tuarum est;
Longævosque senes, ac fessas æquore matres,
Et quidquid tecum invalidum metuensque pericli est,
Delige : et his habeant terris sine mœnia fessi.
Urbem appellabunt permisso nomine Acestam.
   Talibus incensus dictis senioris amici :
Tum vero in curas animum diducitur omnes.
Et nox atra polum bigis subvecta tenebat:
Visa dehinc cœlo facies delapsa parentis
Anchisæ subito tales effundere voces :
Nate, mihi vita quondam, dum vita manebat,
Care magis, nate, Iliacis exercite fatis,
Imperio Jovis huc venio, qui classibus ignem
Depulit, et cœlo tandem miseratus ab alto est.
Consiliis pare quæ nunc pulcherrima Nautes
Dat senior : lectos juvenes, fortissima corda,
Defer in Italiam; gens dura atque aspera cultu
Debellanda tibi Latio est. Ditis tamen ante
Infernas accede domos ; et Averna per alta
Congressus pete; nate, meos. Non me impia namque
Tartara habent, tristes umbræ; sed amœna piorum
Concilia Elysiumque colo. Huc casta Sibylla
Nigrarum multo pecudum te sanguine ducet.
Tum genus omne tuum, et quæ dentur mœnia, dices.
Jamque vale : torquet medios nox humida cursus;
Et me sævus equis Oriens afflavit anhelis.
Dixerat, et tenues fugit, ceu fumus, in auras.

Aeneas, Quo deinde ruis? quo proripis? inquit;
Quem fugis? aut quis te nostris complexibus arcet?
Hæc memorans, cinerem et sopitos suscitat ignes;
Pergameumque Larem, et canæ penetralia Vestæ,
Farre pio et plena supplex veneratur acerra.

Extemplo socios primumque arcessit Acesten;
Et Jovis imperium, et cari præcepta parentis,
Edocet, et quæ nunc animo sententia constet.
Haud mora consiliis, nec jussa recusat Acestes.
Transcribunt urbi matres, populumque volentem
Deponunt, animos nil magnæ laudis egentes.
Ipsi transtra novant, flammisque ambesa reponunt
Robora navigiis, aptant remosque rudentesque;
Exigui numero, sed bello vivida virtus.
Interea Aeneas urbem designat aratro;
Sortiturque domos; hoc Ilium, et hæc loca Trojam,
Esse jubet. Gaudet regno Trojanus Acestes,
Indicitque forum, et patribus dat jura vocatis.
Tum vicina astris Erycino in vertice sedes
Fundatur Veneri Idaliæ; tumuloque sacerdos
Ac lucus late sacer additur Anchiseo.

Jamque dies epulata novem gens omnis, et aris
Factus honos: placidi straverunt æquora venti,
Creber et adspirans rursus vocat Auster in altum.
Exoritur procurva ingens per littora fletus:
Complexi inter se noctemque diemque morantur.
Ipsæ jam matres, ipsi quibus aspera quondam
Visa maris facies, et non tolerabile numen,
Ire volunt, omnemque fugæ perferre laborem.
Quos bonus Aeneas dictis solatur amicis,

LIBER V.

Et consanguineo lacrymans commendat Acestæ.
Tres Eryci vitulos, et tempestatibus agnam,
Cædere deinde jubet, solvique ex ordine funem.
Ipse, caput tonsæ foliis evinctus olivæ,
Stans procul in prora, pateram tenet, extaque salsos
Porricit in fluctus, ac vina liquentia fundit.
Prosequitur surgens a puppi ventus euntes:
Certatim socii feriunt mare, et æquora verrunt.

At Venus interea Neptunum, exercita curis,
Alloquitur, talesque effundit pectore questus:
Junonis gravis ira, nec exsaturabile pectus,
Cogunt me, Neptune, preces descendere in omnes:
Quam nec longa dies, pietas nec mitigat ulla;
Nec Jovis imperio fatisve infracta quiescit.
Non media de gente Phrygum exedisse nefandis
Urbem odiis satis est, nec pœnam traxe per omnem
Relliquias; Trojæ cineres atque ossa peremptæ
Insequitur: causas tanti sciat illa furoris.
Ipse mihi nuper Libycis tu testis in undis
Quam molem subito excierit: maria omnia cœlo
Miscuit, Aeoliis nequidquam freta procellis:
In regnis hoc ausa tuis.
Per scelus ecce etiam Trojanis matribus actis
Exussit fœde puppes, et classe subegit
Amissa socios ignotæ linquere terræ.
Quod superest, oro, liceat dare tuta per undas
Vela tibi; liceat Laurentem attingere Tibrim;
Si concessa peto, si dant ea mœnia Parcæ.

Tum Saturnius hæc domitor maris edidit alti:
Fas omne est, Cytherea, meis te fidere regnis,

Unde genus ducis : merui quoque ; sæpe furores
Compressi et rabiem tantam cœlique marisque.
Nec minor in terris, Xanthum Simoëntaque testor,
Aeneæ mihi cura tui. Quum Troïa Achilles
Exanimata sequens impingeret agmina muris,
Millia multa daret leto, gemerentque repleti
Amnes, nec reperire viam atque evolvere posset
In mare se Xanthus; Pelidæ tunc ego forti
Congressum Aenean, nec dis nec viribus æquis,
Nube cava rapui, cuperem quum vertere ab imo
Structa meis manibus perjuræ mœnia Trojæ.
Nunc quoque mens eadem perstat mihi; pelle timorem.
Tutus quos optas portus accedet Averni :
Unus erit tantum, amissum quem gurgite quæret;
Unum pro multis dabitur caput.

His ubi læta deæ permulsit pectora dictis,
Jungit equos auro genitor, spumantiaque addit
Frena feris, manibusque omnes effundit habenas.
Cæruleo per summa levis volat æquora curru :
Subsidunt undæ, tumidumque sub axe tonanti
Sternitur æquor aquis; fugiunt vasto æthere nimbi.
Tum variæ comitum facies; immania cete,
Et senior Glauci chorus, Inoüsque Palæmon,
Tritonesque citi, Phorcique exercitus omnis.
Læva tenent Thetis, et Melite, Panopeaque virgo,
Nesæe, Spioque, Thaliaque, Cymodoceque.

Hic patris Aeneæ suspensam blanda vicissim
Gaudia pertentant mentem : jubet ocius omnes
Attolli malos, intendi brachia velis.
Una omnes fecere pedem ; pariterque sinistros,

LIBER V.

Nunc dextros, solvere sinus; una ardua torquent
Cornua, detorquentque: ferunt sua flamina classem.
Princeps ante omnes densum Palinurus agebat
Agmen; ad hunc alii cursum contendere jussi.
    Jamque fere mediam cœli nox humida metam
Contigerat; placida laxarant membra quiete
Subremis fusi per dura sedilia nautæ :
Quum levis ætheriis delapsus Somnus ab astris
Aëra dimovit tenebrosum, et dispulit umbras,
Te, Palinure, petens, tibi somnia tristia portans
Insonti; puppique deus consedit in alta,
Phorbanti similis; funditque has ore loquelas:
Iaside Palinure, ferunt ipsa æquora classem;
Aequatæ spirant auræ; datur hora quieti :
Pone caput, fessosque oculos furare labori.
Ipse ego paulisper pro te tua munera inibo.
Cui vix attollens Palinurus lumina fatur :
Mene salis placidi vultum fluctusque quietos
Ignorare jubes? mene huic confidere monstro?
Aenean credam quid enim fallacibus Austris,
Et cœli toties deceptus fraude sereni?
Talia dicta dabat; clavumque affixus et hærens
Nusquam amittebat, oculosque sub astra tenebat :
Ecce deus ramum Lethæo rore madentem,
Vique soporatum Stygia, super utraque quassat
Tempora; cunctantique natantia lumina solvit.
Vix primos inopina quies laxaverat artus;
Et super incumbens, cum puppis parte revulsa,
Cumque gubernaclo, liquidas projecit in undas
Præcipitem, ac socios nequidquam sæpe vocantem.

Ipse volans tenues se sustulit ales ad auras.
Currit iter tutum non secius æquore classis,
Promissisque patris Neptuni interrita fertur.
Jamque adeo scopulos Sirenum advecta subibat,
Difficiles quondam, multorumque ossibus albos :
Tum rauca assiduo longe sale saxa sonabant;
Quum pater amisso fluitantem errare magistro
Sensit, et ipse ratem nocturnis rexit in undis,
Multa gemens, casuque animum concussus amici :
O nimium cœlo et pelago confise sereno,
Nudus in ignota, Palinure, jacebis arena !

FIN DU DEUXIÈME VOLUME.

ERRATA DU SECOND VOLUME.

QUATRIÈME LIVRE.

Page 105, — 12, *ce qui se prépare;* lisez : *ce qui se passe.*

— 105, — 13, *à la triste nouvelle;* lisez : *à une si triste nouvelle.*

— 181, — 27, *l'amour-propre d'Auguste;* lisez : *la mémoire de César.*

— 270, — 26, *injustice.* lisez : *injustice?*

— 316, à la note, *reget;* lisez : *regret.*

— 371, — 23, *admissam;* lisez : *amissam.*

— 374, — 17, *ronde;* lisez : *fronde.*

CINQUIÈME LIVRE.

Page 439, — 4, *la palme;* lisez : *le prix.*

— 459, — 16, *des Troyens,* lisez : *des Troyens?*

— 459, — 17, *des Romains,* lisez : *des Romains.*

— 462, — 19, *avec;* lisez : *parmi.*

— 489, — 4, *et qu'aime;* lisez : *et sur lesquelles aime.*

— 512, — 11, *par les mains;* lisez : *par son propre élan.*

— 555, — 24, *n'accepte;* lisez : *n'excepte.*

— 570, — 28, *du Lycaste de Stace;* lisez : *de Lycaste dans Stace.*

www.ingramcontent.com/pod-product-compliance
Lightning Source LLC
Chambersburg PA
CBHW071200230426
43668CB00009B/1024